严玉森集

严伟集

仪征文库

〔清〕严玉森 撰

严伟 撰

赵阳 点校

(上)

广陵书社

图书在版编目（CIP）数据

严玉森集 / （清）严玉森撰 ; 赵阳点校. 严伟集 / 严伟撰 ; 赵阳点校. -- 扬州 : 广陵书社, 2024. 12. （仪征文库）. -- ISBN 978-7-5554-2410-9

Ⅰ. Z429.5

中国国家版本馆CIP数据核字第2024YA3318号

书　　名　严玉森集　严伟集
撰　　者　〔清〕严玉森　严　伟
点　　校　赵　阳
责任编辑　徐大军
出版发行　广陵书社
扬州市四望亭路 2-4 号　　邮编　225001
（0514）85228081（总编办）　85228088（发行部）
http://www.yzglpub.com　　E-mail:yzglss@163.com
印　　刷　苏州市越洋印刷有限公司
开　　本　889 毫米 ×1194 毫米　1/32
印　　张　30.875
字　　数　690 千字
版　　次　2024 年 12 月第 1 版
印　　次　2024 年 12 月第 1 次印刷
标准书号　ISBN　978-7-5554-2410-9
定　　价　280.00 元（全 2 册）

目　录

上　册

严玉森集

虚阁遗稿卷二

古今体诗二

虚阁遗稿卷三

古今体诗三

虚阁遗稿卷四

古今体诗四

虚阁遗稿卷六

文二

虚阁先生年谱

附录：诗文评论

严伟集

政本书

下学斋二十议

民国春秋

严山文牍

下 册

严山文牍卷下

心太平斋笔记

南窗琐记

南窗琐记

八年一瞬记

近代诗选

近代诗选卷之二

近代诗选卷之三

南汤山志

严山自订年谱

附录

二、友朋唱酬

三、诗文评论

严玉森集

〔清〕严玉森 撰

赵 阳 点校

整理前言

严玉森（1838—1900），字汝成，号鹿溪，又号六希（或作六溪）。晚号晦虚，又号恒斋，别字虚阁，世称“虚阁先生”。江苏仪征人。他出生于道光十八年戊戌（1838）三月二十九日子时，卒于光绪二十六年庚子（1900）十二月十八日丑时。同治十二年癸酉（1873）顺天乡试中举，官户部云南清吏司主事。其高祖文秀，国学生。曾祖德胜，仪征奇兵营千总，敕封武略骑尉。祖湧魁，议叙县丞，诰赠朝议大夫，户部云南司主事加三级。父恩，国学生，陕西洛川县知县，历署泾阳、耀州、石泉等州县，钦加同知衔，诰授奉政大夫。严玉森为家中长子，二弟玉成，三弟玉辉，玉辉出嗣四叔父静庵公。

严玉森一生，可以分为三个时期：

一是居家读书时期，从道光十八年戊戌至咸丰六年丙辰（1838—1856）。严玉森自幼聪慧，五岁时，家里聘请陈棣生、洪启禄为塾师，同时其母舅刘长福先生也为他作启蒙教育。九至十一岁时，祖父对他的教育尤为重视。“先生尝言，丙午、丁未、戊申之间，先王父课夜读最勤。”这种严格的课读方式成效也很明显，严玉森很快就在同龄人中脱颖而出，以诗才赢得了刘蕴辉先生的赞誉。严玉森学业精进，已经不满足陈、洪二位启蒙塾师的指教，向祖父提出来想要更好的老师。祖父于是延请同邑江丹书先生教之文艺,“不半年,脱手成文,宿学称之”。十一岁的时候,严玉森已经开始结纳诗友。十五岁时,斋课之暇,热衷于诗友酬唱,所咏“君年十四我十五,春风白袷城南游”[1]之句,尽显少年意气风发之感。然而清朝后期已然乱世,咸丰三年(1853),十六岁的严玉森已开始亲身体验颠沛流离的生活。太平天国攻陷金陵不久,仪征失守,严玉森随家人奔波避难,居无定所。但即便栖身于牛棚中,他也研经不辍,旧业不废。兵火使江南地区的藏书楼和大量藏书都遭到了毁灭,在乱世中能获得书籍成了奢望,严玉森每幸得借书之处,就如饥者得食,视为快事。

二是应试求仕时期,从咸丰七年丁巳至光绪三年丁丑(1857—1877)。二十岁开始,严玉森正式走上应试求仕之路。咸丰七年三月,赴泰州应童子试,补县学生。咸丰九年,江南借浙闱乡试,以乡试往杭州,试不第。同治元年,二十五岁的严玉森娶妻樊宜人。这一年,严玉森的诗歌创作已较丰富,且交游亦广。相较于少年时期的交游,这个时期大多结交忘年之契,尤其是当时年已七十、甘泉范雨村(膏庵)老先生,折行辈与之交。二十六岁时,在孙致弥(松坪)学使主持的岁考中,以试古第一补廪膳生。二十七岁,赴顺天乡试不第,于是纳粟为主事,签分户部云南司行走。在此,严玉森遇到了他一生中最为服膺信赖的老师,上元许宗衡(海秋)先生。在许宗衡的“我园”寓所,严玉森居住六年之久。许宗衡去世之后,严玉森留在“我园”,为其督校《玉井山馆诗文笔记》。同治六年丁卯乡试不第,严玉森萌生放弃举业的念头。同治九年庚午乡试,依旧不第。同治十一年,入大司农潘祖荫幕府,他的不少诗文后被刻进了潘主持的《滂喜斋丛书》

1 严玉森:《述旧长歌寄厉海瓯扬州》,《虚阁遗稿》卷一。

中。同治十二年八月，严玉森顺天乡试中式第六十三名，保和殿覆试一等第四。翌年三月应礼部试，不第。自此，严玉森绝意进取。每逢会试，他都借称身体欠佳离开京城，不应科举。直至光绪三年，因严父督促应礼部试，不得已又前往，然而半路生病，索性折返。孔子说“四十而不惑”，严玉森在四十岁时更加明确了自己的想法，心意阑珊，无意仕途。

三是山林云游时期，从光绪四年戊寅至二十六年庚子（1878—1900）。严玉森在相当长时间里，一直处于孤愤郁结的状态。特别是在滞留衡山、华山的近四年中，他或据案悲吟，或独坐太息。晚年他曾对自己的侄子严伟说：“吾四十岁后，不敢复读《离骚》，读辄泪下。读苏、辛词亦然。”由此可见，严玉森四方云游，不仅是因为心存超然远举之志，某种程度，也是为了排遣内心的悲痛、失望和无奈。在游历武昌、衡山、襄樊、洞庭湖等地，并在南岳长寿庵居住之后，他逐渐找到了平静心态的方法，即专注于自己的文学创作和个人的修养，这可以让人真正放下对功名利禄的执着。此后，他广泛结交朋友，与樊增祥（樊山）、顾曾烜（晴谷）等人都有深度交流，还在凤翔府凤起书院、高陵县景槐书院、盩厔县双峰书院担任过主讲。晚年时，他更专注于宋明以来儒者之学，尤其是朱子小学。他也曾让自己的弟弟严玉辉拜师学习，并受业于张仲轩先生。但乡试不利后，严玉森出于对科举的鄙薄与失望，也是为了养家糊口的需要，他让玉辉改为学习刑名家言，玉辉最终进入张聪盎（仲轩）幕府。严玉森人生最后的阶段，也有一些人生快意的时刻，不过人生道路选择上的洒脱，虽然可以暂时摆脱科举对封建读书人的禁锢，但是亲朋好友的生死别离，以及清代后期的时代动荡、时局不稳，也让他深深陷入另一种巨大的压力和痛苦之中。光绪二十六年十二月十八日丑时，严玉森在病痛中卒于同州(今陕西省大荔县),年六十三岁。

严玉森生活于清朝逐步走向没落的时期。道光时期,外忧内患,第一次鸦片战争爆发,清廷外交上的隐忍和节节败退,激发了国内尖锐的阶级矛盾。道光三十年,洪秀全等在金田起义。咸丰时期,太平军攻克南京并建都,与清政府分庭抗礼。随着第二次鸦片战争爆发,清王朝面临着更严重的打击。同治时期,农民起义被镇压,清政府对外采取姑息政策,国内外局势稍微平缓。光绪年间,光绪皇帝虽想有所作为,但是国家的颓势已经一发不可收,甲午战争、戊戌变法都给了清统治者以致命的打击。严玉森一生都生活在时代的震荡中,从幼年时期被家庭的着意培养,试图走仕途经济之路,即使太平天国战乱、流离失所之际都没有放弃读书的坚定,到屡试不第、怀才不遇的痛苦和无奈,不得不直面个人困顿的命运和国家动荡的前途。严玉森喜读杜诗,手抄杜诗,于《北征》一篇,独作端楷,且有"吾于《北征》,终身诵之不忘"之语,其忧怀民生、欲匡时济世的理想跃然纸上。家族的希望,自己的梦想,蒿目时艰,长日将近,种种冲击和压力让本就恃才傲物,性伉爽、好讥弹的严玉森,变得更加卓尔不群。严玉森在世人眼里是不合群的,"辈下皆目为狂生",李慈铭也有"严生本畸行"的诗句。金坛冯煦曾记录与严玉森的一段交往:

> 与六溪沿缘南洼畔,莹然一泓,万苇澄碧。闲涉高阜,望西山晴翠,溶溶扑眉宇。六溪意有所触,其言若庄若谐,若可知若不可知。或纵声歌老杜《哀江头》《哀王孙》诸作,声情激楚,如哀猿咽霜,凄鹤警露。荛童牧竖,闻六溪歌声,愕眙皇骇,疑有心疾者然。盖六溪连蹇不得志,浮湛曹司,与委琐局促者流竞鸡虫之得失。起居既前卒,旧游诸老亦无有真知

六溪者，故激而为祢衡之骂、阮籍之哭，殆古之伤心人欤！既予下第南归，六溪亦侘傺走秦中，郁郁以卒。至是，遂不再见六溪。[1]

然而世事浮生，再激烈的情绪，也只能如哀猿凄鹤。况且，严玉森是个清廉自持的人，从不愿同流合污。光绪八年壬午，“时云南铜案发，京僚多获谴者，先生独无所染”[2]。其弟严玉辉总结自己兄长独立不羁的一生：“只以刚肠嫉恶，不谐于人；远避权势，若将浼己，以故潦倒，以京僚终。”[3]有高洁情操的人，身处这样黑暗冷酷又兵荒马乱的时代，注定只能是个悲剧。这样的身世经历必然会直接影响到严玉森的思想和文学创作。

严玉森平生治学范围广博，游心词翰，探讨经史，又潜心于理学与经世之学，兼喜释老，其中最为人称道的是他的诗文创作。严玉森自述自己学诗的经历：“吾十岁后，便已喜声律。时往来真州烟水之区，读阮亭诗句，有会于心，于是手抄阮亭诗一册。按此册至今犹存敝簏中。尔时为诗，规仿阮亭而已。丙辰，吾年十九，避地居乡间，得陶、杜诗，喜不置，于是弃阮亭诗。后谒湖东，聆绪论，乃知诗自有真，恨所趋之误。”他一开始喜欢规仿王士祯的诗，而在避乱期间，得陶、杜诗，喜不自胜，就放弃学习王士祯。再后来见到了“江北盛文藻，湖东资楷模”的甘泉范雨村先生，严玉森才明白“诗自有真”的道理。自此严玉森作诗不再跟随前人亦步亦趋，而是用诗自由地表达内心的感受和思想。从他现存的诗歌来看，诗歌的题材广泛，主要以纪游诗、寄赠诗及感怀诗为主。但是

1　冯煦：《虚阁遗稿序》，《虚阁遗稿》卷首。

2　严玉辉：《虚阁先生年谱》。

3　严玉辉：《虚阁先生年谱》。

无论哪一类题材,字里行间深沉的寄托之意,俯拾皆是,这可能正是他“诗自有真”的创作实践吧。以纪游诗为例,严玉森的遗诗首录的即作于咸丰九年的《焦山四之一》《西湖》及《失题》三首,因为此年及前后都身处避乱中,诗中夹杂了深沉的身世之感。《焦山四之一》:“不须佳句碧纱笼,早悟澄江雪练空。百代兴衰潮上下,万家离别岸西东。身从戈马丛中老,诗自波涛险处工。椽笔一枝蘸江海,笑招山水角豪雄。”面对澄江雪练的空灵之美,不由想到历史的兴衰如潮起潮落。正如国家不幸诗家幸一样,经历战乱的诗笔,犹如在波涛险处磨砺出,就蘸取江海的浩渺,笑迎山水之间的豪雄风姿吧。如果这首诗还有一些豪迈之情,《西湖》的“流水青山两寂寥”,就更显寂寥孤独,以及逡巡世事的茫然惆怅之感。严玉森在绝意仕进之后,开启了云游山水的生活,本意以山水避世,然而内心深处的压抑和痛苦依然是无法真正排解的。其去世前两年有一首小诗《泾野祠》:“泾野祠前共耐寒,南山春冷笛声残。从今东渭桥边水,衰病萧萧不忍看。”诗中的“耐寒”及“春冷”不禁让人黯然:已是春天来临,但仍处苦寒中,依稀残留的笛声不是生活的亮色,反更生孤寂之感。诗中后两句描述流逝的水、无常的生命、衰颓的身体,更让人不由联想到杜甫的《登高》。严玉森四十岁后远离科举,在游历山水中,努力排解了二十多年,依然是衰愁病苦的人生啊!

严玉森的古文也为人称道。《年谱》中说:同治丁卯,“肆力于古文。其所为文,独得桐城遗范”。严玉森五十一岁时在日记中追溯自己学习古文的历程,“庚申,始习古文”。“庚申”为咸丰十年,严玉森二十三岁,因世乱而避地邵伯,但是此时他的创作仍以诗歌为主。直至四年后,甲子年入都,执弟子礼入许宗衡门下,开始喜读《日知录》《古文辞类纂》等书。许宗衡的古文为当时所推重，《赌棋山庄词话》中有云："近日古文，自梅伯言曾亮之后，众推上元许海秋宗衡。其文夷犹自得，不为桐城末派所囿，诗词亦入格。"[1]可见，严玉森的古文既导源于桐城派，同时又深受不为桐城末派所囿的许宗衡的影响。咸丰癸丑进士、兵部主事黄云鹄（字翔云，黄侃之父）以古文著称，世人皆以为他与许宗衡在伯仲之间，但是黄云鹄每每读到严玉森的文章，都自叹不如，曾说："吾文能豪而不能细，能阔而不能深。严子之文，未易觏也。"足见对严氏古文的推崇。

严玉森的古文在思想上以"阐道明理"为特色。无论自己有感而发写的文章，如《伊川自比诸葛论》《黄宪论》，还是为人所托，如受李荆南所托写的《芋斋记》，抑或为人作的序，如《〈元杨文宪公遗集〉序》，代朱逌然（肯甫）作《校经堂记》，代胡广文作《正谊书院记》，字里行间都讲求光明之境、至正之学、忠爱之思、民物之怀。这几乎成了他古文的主旋律。其文风清真雅正，情感真挚。其代潘祖荫作的《〈玉井山馆笔记〉序》[2]，实为佳构。

> 己巳九月，许丈海秋遽賈于我园，故旧嗟痛。海内人士以荫与丈迹最密，皆驰书京师，问其著述，且讯遗孤。荫既谋梓其诗文词集若干卷，以应四方学者之求。近复得《笔记》一卷，属严生玉森校而刻之。《旧游日记》，则未成之书，亦附于后。
>
> 我园者，当京师宣武城南，去荫居最近，故徐氏之壶园也。丈性嗜典籍，又重宾客。春风扇扬，花树如锦，荫屡预其

1 谢章铤：《赌棋山庄词话》续编五，凤凰出版社，2019 年，第 241 页。
2 严玉森：《虚阁遗稿》卷五。

间焉。丈既云逝，旧从游者，皆若虚行无所依，固不独文章之事末由质正。每过其门，心辄酸恻，盖五六年如一日也。

《笔记》所载，事不一类，言近指远，味于无穷。丈昔与叶丈润臣交最深，今此书得与《桥西杂记》并存，岂亦有由而然与？同治十三年四月。

全文虽短，但是代潘立言，言辞庄重肃穆。整篇先叙事，“己巳九月，许丈海秋遽�于我园”。海内朋友纷纷来函询问他的著作，并询问他的遗孤。“荫既谋梓其诗文词集若干卷，以应四方学者之求。近复得《笔记》一卷，属严生玉森校而刻之。《旧游日记》，则未成之书，亦附于后。”交代情况后，再做评述和抒怀。“丈性嗜典籍，又重宾客。春风扇扬，花树如锦，荫屡预其间焉。丈既云逝，旧从游者，皆若虚行无所依，固不独文章之事末由质正。”每逢春风吹拂花开之时，花树如锦，我经常参加这里的聚会，与众人共度良时。如今许丈已逝，曾与他一同游玩的朋友们感到失落，无处可依。这不仅仅是因为他的文学才华，更因为他品德高尚。“每过其门，心辄酸恻，盖五六年如一日也。”而五六年来如一日的哀痛，更是严玉森自己内心的真实写照。

还有舆地类考证文章，如《运河续考》，极有见地，具有学术价值。

严玉森著述颇丰，但存世不多。首先是因为整理诗集时的正常删存。“先生存诗，自丙辰至甲子，凡十馀帙。甲子入都，嘱丁鸩楼先生删存八帙，厚近尺。自甲子至己巳，又积若干帙。”他从十九岁开始肆力作诗，到二十七岁时，诗稿已存了十卷，到了京都，先删了两卷，仍存有厚近尺的八卷诗。到三十二岁时，又添入新作。许宗衡为其精心编辑，“我园先生谓伤于多，乃大加芟刈，仅存二帙,厚寸许”,并欣慰地告知严玉森“兹编足以传矣”。但是正常整理的删存并不是存世不多的主要原因,主要原因是严玉森自己毁稿。第一次毁稿是在同治十三年,此时离许宗衡去世已经五六年,而严玉森科考之路也很不顺利,于是焚甲戌以前诗草,“我园先生所手订者,悉付一炬。嗣有作,遂不存稿”。第二次毁稿是在光绪四年,“历武、邓、襄樊而下,涉洞庭,投诗文、杂著图书于湖”。因此,其之前的诗文旧稿几无存留。其弟严玉辉整理其遗稿时说,“间尝计兄生平著述,宜得数十万言。尤好为古近体诗,宜得四千馀首。今诗之存者才十二三”,只得到处搜罗断章零句。如文集中所存的南岳诸诗,都是从别人的集子中抄得的。李元度于光绪九年辑《南岳志》,搜刻先生诸什,才得以保存。但是这样的情况也是极为少见,因为严玉森为人极自重,不追逐流俗,不热衷于刊刻自己的诗文。像当时很多人热捧的《登瀛社稿》,严玉森兴致索然,其“于时文,鄙不屑道。我园先生以家贫亲老勉之,乃强为文。同时,汪柳门侍郎鸣銮、吴清卿中丞,竞赴登瀛社会文,强先生往偕,勉而后应。嗣刻《登瀛社稿》,先生只投文数篇,非所欲也”[1]。潘祖荫《滂喜斋丛书》中也收录了数篇他的诗,但是“先生顾不乐,而又无术以峻拒之,乃绝口不谈金石,以迂直见嘲于廉生者至再,不顾也”。所以严玉辉只能尽力辑录残篇,“间有字句不完者,阙之”。严伟说:“先世父遗诗四卷、文二卷。诗自己未至丁亥,稿尽毁。今所存者,为家大人求诸故旧朋好,或他人刻本中,尽乃得此。”[2] 足见《虚阁遗稿》整理之不易。

严玉森今存诗文集有:(1)《虚阁遗稿》六卷,民国八年(1919)

---

1 严玉辉:《虚阁先生年谱》。

2 严伟:《虚阁遗稿后序》。

仪征严氏《无闷堂丛书》铅印本。此本即严玉森去世后二十年，其侄严伟重新编辑，并以在去世兄长（即当年严玉辉的长子鼎润，后过继给严玉森）的行箧中找到的手辑遗文二卷补充进去，请冯煦以及陈彝之孙陈延韡为之作序，时间在民国八年九月。此《遗稿》六卷后被收入《清代诗文集汇编》第737册（上海古籍出版社2010年版）。（2）《虚阁先生诗剩》八卷，光绪三十四年（1908）铅印本，由严伟初印于关外，错讹较多，流传不广。此本所录均为诗歌，其内容与《遗稿》前四卷多同。本书整理时，以《诗剩》作为参校，凡是与《遗稿》有出入的，皆出校记。此外，文中有字句不完整、姓名缺漏的，尽力搜罗考证。如卷五代朱肯甫作《送湖南巡抚邵公亨豫入都序》，《遗稿》中“亨豫”两字作缺字处理，在《年谱》中未有缺字符号，题为《送湖南巡抚邵公入都序》。《光绪朝东华录》中记载光绪四年己未，“调邵亨豫为湖南巡抚”。光绪五年癸酉，“邵亨豫为礼部左侍郎”。再结合文中所述“光绪五年冬十月，湖南巡抚翰林前辈邵公奉天子命，入为礼部侍郎”，判断此处所指当为邵亨豫，所缺两字应为“亨豫”。但因资料残缺，文中有些缺漏之处暂无从查证。如卷六中有《胡用仪□□□序》一文，仅在《清宣宗起居注》卷八十六道光二十七年五月中查到一条记录：“又奉谕旨：前据璧昌奏淮商捐输海防经费，恳请鼓励一折，当交该部议奏。兹据该部查照章程，开单呈览。该商等踊跃输将，自应分别加恩，以昭激劝。”其中提及了胡用仪“候选未入流胡用仪，著分发湖北补用”，但是不能确定是否为文中所指之人，也没有其他资料以资证明，所以只能暂作存疑，待将来有机会搜罗到更多文献再做查证。

由严玉辉口述并鉴定、严伟记录的《虚阁先生年谱》，清末抄本，今藏中国国家图书馆，后被收入《北京图书馆藏珍本年谱丛刊》

第174册(北京图书馆出版社1999年版)。此本前有根香庐主人陈侃题识:“壬午四月朔,于东安市场摊上,得此《年谱》稿本,归检《滂喜斋丛书》,获知虚阁严姓,尝师事吾郡潘文勤公。此《年谱》稿向无刊本,惜为俗手撕去数页,遂多残阙。暇当征之仪征友人,或可稔其生平。拾残补阙,期诸异日。”

严玉森虽为清末名士,但他不是世家出身,未能科举高第,又未曾位居清要,再加上在世时,无意留存己稿,所以虽然有机会交往文化圈中的核心人物如潘祖荫、许宗衡等,但终究并不属于核心圈,声名未能耀世。在整理过程中,整理者注意到一个细节,严玉森《虚阁遗稿》中癸酉年收有《李悉伯侍御慈铭庭中海棠闰六月复花,伯寅侍郎欣然有作,悉伯和之。侍郎以两诗命和,爰赋长句》,《虚阁先生年谱》“癸酉”年记录了两条与李慈铭相关的条目,一条是:“有《国花堂宴集图》题诗一首,同座者为李君悉伯、王君廉生,馀人不复可考。”另一条是:“闰六月,和悉伯侍御、郑庵司农海棠复花之作”,“侍御庭中海棠复花,侍御与司农皆以诗属和,为赋长句一篇,刻《滂喜斋》中”。足见严氏对与李慈铭交往的重视。可是李慈铭年谱中癸酉年仅有二月二十七日于极乐寺赏花所作诗,全无提及严玉森之处。也有可能是李慈铭对玉森之哲师许宗衡颇为不屑[1],而严玉森的诗文风格又极似其师,所以李对严并不十分重视。正如严玉森遗稿或者年谱中已有不少“馀人不复可考”之处一般,严玉森在一些他曾经交往过的师友文献中也是缺位的。严玉森曾经评价胡用仪“潜德弗耀”,而其遗稿

1 李慈铭在光绪元年七月十一日的日记中写道:“许海秋……居京师,极负时名。殇后,伯寅刻其玉井山馆集及笔记。诗文皆摸拟桐城,绝无真诣,记尤浅率。盖道光以后,名士皆剽窃浮言,坐致虚声,不知有根底之学也。”见《清诗纪事》,第2797页。

中胡用仪资料恰恰又缺少了关键信息,这是非常遗憾的事情。实际上,文化圈除了有核心层之外,时代的学风和文风是由不计其数的学者文人,在声气相求中,构成的庞大而细密的网。某个细小的联结点的断裂或者缺失,于整体似乎无关紧要,但是他们关乎局部细节。当研究特定事件或主题时,即使是不知名的学者文人的资料,也可能提供有关局部历史细节的线索。他们资料可能恰好记录了与特定事件或主题相关的信息,有助于完善研究的全貌。如此看来,整理严玉森等非一流学士文人的资料也是极有价值的。

严玉森诗文集的整理工作得到仪征历史研究会会长万仕国先生和广陵书社徐大军先生的精心指导和大力帮助,谨以致谢。整理有舛误遗失之处,祈望读者方家不吝指教。

赵　阳

2024 年 10 月

整理凡例

一、《严玉森集》收录严玉森所著《虚阁遗稿》六卷，以民国八年（1919）仪征严氏《无闷堂丛书》铅印本为底本。

二、光绪三十四年（1908），严伟曾铅印《虚阁先生诗剩》八卷，均为诗作而无文，且误字较多，已收入《虚阁遗稿》前四卷中。今作为参校之本，其文字不误或可两存者，于页下出校记说明。

三、本书以简体横排方式整理，除人名、地名特殊用字外，一般以《通用规范汉字表》为准。“己”“已”“巳”、“戊”“戍”“戌”等古籍常见误字，径改，不出校记。诗文中“餘”字简化后，容易与表示“我”的“余”字相混，不便读者辨识，今均作“馀”。

四、底本空格示敬、提行示敬等格式，不予保留。

五、底本空缺之处，凡有资料可补者，予以补出，并出校记说明。

六、底本原缺文字，以□标示。

七、严玉辉口述、严伟笔录《虚阁先生年谱》一卷，以国家图书馆藏清末抄本为底本点校整理，作为附录。其中所涉名字，均作单行小字以示避讳，今改从正文格式。

虚阁遗稿

虚阁遗稿序一[1]

同治乙丑，亡友毛子次米自北归，亟称仪征严子六溪之贤，诗古文皆有师法，兼善北朝书，异于世之苟焉以为名者。盖次米与六溪同客于许海秋，起居我园者四阅月，相得甚，故归而称六溪不容口也。然六溪一官羁农曹，予蛰淮表，无由合并，唯数于次米许得见六溪诗古文，信为绝伦。未几，次米夭，踪迹益不相闻。

时吴县、常熟两师方冠朝列，罗礼海内士，士归之如水赴壑。起居若张叔宪、李莼客诸老，复羽翼之。起居广博有容，叔宪、莼客并兀岸少所可，而六溪以惨绿少年颉颃其间，辞色不少挠。觞咏雅集，一篇脱手，风格遒上，恒盖其坐人，诸老并矜异之。性尤伉爽，好讥弹，视台省衮衮者唾若腥腐，辇下皆目为狂生，故莼客诗有“严生本畸行”之句也。

光绪癸未，予计偕诣礼部，始遇六溪于扬州馆中。距次米称六溪时且二十年，一见若旧识。予居官菜园，去六溪一牛鸣地。每晓露未晞，杂花盈甸，或残阳在林，幽鸟相逐，与六溪沿缘南洼畔，莹然一泓，万苇澄碧。闲涉高阜，望西山晴翠，溶溶扑眉宇。六溪意有所触，其言若庄若谐，若可知若不可知。或纵声歌老杜《哀江头》《哀王孙》诸作，声情激楚，如哀猿咽霜，凄鹤警露。荛童牧竖，闻六

1 虚阁遗稿序一，原本无标题，据文义补。《虚阁先生诗剩》无此序。

溪歌声,愕眙皇骇,疑有心疾者然。盖六溪连蹇不得志,浮湛曹司,与委琐局促者流竞鸡虫之得失。起居既前卒,旧游诸老亦无有真知六溪者,故激而为祢衡之骂、阮籍之哭,殆古之伤心人欤！既予下第南归,六溪亦侘傺走秦中,郁郁以卒。至是,遂不再见六溪。

又二十年,其弟子伟觉之过予沪曲,始出六溪遗文二卷、诗四卷,乞为序。发而读之,曩所见者十不六七,则散佚多矣。六溪从起居久,其诗古文均与玉井为近,而抗心希古,且驰逐诸老坛坫间,左右采获,以昌其辞,有非玉井所能笼罩者。独惜六溪负不羁之才,曾不得一施于世,并其半寸之稿,亦几几飘为冷风,沦为荒烟。虽觉之掇拾于鼠啮蟫蚀之馀,所得者亦仅有此。天之厄六溪欤？六溪肮脏不平之气,有以自致之欤？六溪已矣,往与六溪吟眺之地,亦如殷墟禾黍、楚江衡芷。其可叹诧,又独六溪之不遇也耶！

己未夏至,金坛冯煦序。

虚阁遗稿序二[1]

《虚阁遗稿》者，世丈仪征严六希先生作也。先生君考官长安，遭东南大乱，因家于陕。

先生生有文学，逴踸不群，雄资迈伦，高气盖世。世用嫉焉，终莫登用。自未举时，已宦郎署，浮沉十数岁。因发奋忼慨，遨游北南，有弃妻子、出天地之间意。舟过湘水，一夕，尽投生平所作水中。今传诗，止于此。

方先生居京师日，上元许公海秋方奖诱贤俊，宾友名士，有汉三君八顾之风，见先生诗而异焉。先生亦乐义向风，折节请事，旦夕讲贯，必在左右。许公薨没，独于所居园中，月夜僾屑有逢，单衫半臂，恍如平素。时人以为精诚之积，故能原始要终矣。然先生既丧哲师，又卒不得志，沉诗之后，病而丧明。遂西就弟，卒于同州。

清诗自王、朱以来，至乾隆而大坏。袁枚始倡佻淫媮，滥教后进，后进慕而象之，雅声亡，民志荡矣。嘉、道以还，不风不雅。山阳潘四农明六义之旨，首立诚以修辞。许公亲受潘氏之言，先生爰踵其绪。然潘象法陶、杜，务在敦实，不自极其才。许公才智，过于师矣。先生体超邈之姿，清雄自然，不待雕丽。上窥李白，下蹈元好问。揆厥辙迹，又与潘、许殊趋。至于内理性情，外贞物变，通微

1　虚阁遗稿序二，原本无标题，据文义补。《虚阁先生剩稿》无此序。

言于既往，返民德于至厚，申彼盍各，抑靡不同，皆可谓穆如清风，有物有则者也。

先生既以文章自任，期在不朽。弟蕴初世丈受业于先祖。先祖与许公交笃，尝为像赞，著在集中。后先祖得先生诗，未尝不叹，以为高才不遇。

先生没十六岁，蕴初丈之子伟与韡相值，道故旧而乐之，使为诗序，故具著所闻平生事行。后之诵其文而蕲尚友者，其览于斯。

丁巳岁春二月，陈延韡谨序。

虚阁遗稿序三[1]

玉辉不佞，少事伯兄鹿溪先生。既受学于京师，复以人事憧扰，故中岁以后，各旅一天，南北间隔，苒苒以至于老，盖未尝于吾兄之学能有承也。

兄天怀高朗，于群经诸史、天文地舆、百家之书，靡不通晓。旁搜道藏释典，穷极幽邃。其噫气，则为文章歌诗。时有作，不屑佻俗小语，人以为近于古之作者。兄顾不自重，益不欲人之己谀。

上元许海秋先生者，以节行文章与士夫相砥砺，咸、同间尊宿也。得兄之诗，盛激赏，为评其大半，断为必传，其稿厚数寸。值岁戊寅，兄不乐居京师，南游衡、湘，泊洞庭。一夕，尽取行箧中诗文杂著投之湖，前稿遂遭沦弃。嗣居京师及往来南朔间，耽心禅悦，文辞益靳。间有述作，亦不复存。又性寡交游，与人多迕。人或诵其辞，而欲得其一二者，亦莫敢为之料理，故日以零落焉。

间尝计兄生平著述，宜得数十万言。尤好为古近体诗，宜得四千馀首。今诗之存者才十二三，少作盖鲜。兄自乙未丧明之后，有作，始倩他人代书。稿中所存晚作，皆友朋子弟私书以传者也。玉辉既恫夫兄壮盛时激于流俗，自损其文，只此剥蚀馀光，重以二三故人之所崇奖，愿书万本，藏之名山。以书咨诸故旧有道，皆曰："此吾子之责，

1　虚阁遗稿序三，原本无标题，据文义补。

何需焉？子兄有是文，则章之又何辞焉？”玉辉于是辑录残篇，以授儿子，编校成帙。间有字句不完者，阙之。

鸣乎！吾于学，不能承兄之馀绪。今老矣，乃仅能传此戋戋者于世，是谓能终兄之志乎？虽然，兄不蕲传此诗，吾不能不于诗焉蕲传兄之一二也。海内旧交君子，倘有以断章零句惠存者，玉辉之感，盖可知也。

光绪三十年甲辰七月望前五日，同怀弟玉辉书。

题　辞

侄谦润今名伟。[1]

雅颂千秋丧，齐梁万派驱。才高从毁誉，世薄一嗟吁。屈宋心同古，韩欧道并趋。音声元正大，诗笔总敷腴。遗集光芒举，高情日月俱。飘萧隔云汉，拂拭出泥涂。每饭人称杜，孤心世颂苏。经年空色沮，此道少人扶。往昔扬州住，招邀朋辈殊。蜚声识雏凤，汗血必龙驹。江北盛文藻，湖东资楷模。甘泉范膏庵先生，晚号湖东老人。公少时，从先生游。城春花满路，阁夜月临铺。白下吟诗社，黄公卖酒垆。为欢千日少，避地一朝徂。海国波涛险，潮门水石粗。蛮云拥林象，瘴月堕城狐。野老伤禾黍，天兵下舳舻。长鲸终斩戮，败马敢支梧。将帅同开府，兵戈起乱夫。几人陈殿侧，独客泣山隅。壁垒丛花长，田园野草芜。敝庐宁爱惜，大道免崎岖。变定还乡里，时清谒帝都。交游填日下，文采耀天衢。鸥侣多耆旧，龙门集顾厨。群经藏大簏，万象铸洪炉。公入都，从上元许海秋先生游，居先生我园，极友朋文字之盛。屋邃重门入，园开三径纡。宅心依水竹，出手得枭庐。

1　侄谦润今名伟，《虚阁先生诗剩》无。

公举同治癸酉。[1]鹏舍稀同旅，鳣堂丧大儒。凉风一柩下，落日片帆孤。同治庚午，公扶我园先生丧归仪征。[2]玉井我园先生有《玉井山馆集》。忘何日，金台问旧途。国花公居京师，有国花堂游宴诗词。僧不见，潭柘京师西山有潭柘寺。鸟空呼。独往歌鹦鹉，何人唱鹧鸪？京尘宁染素，壁画已成图。谢客游山屐，嵇生卧病躯。苍茫谢文簿，憔悴涉江湖。旅宿秋原莽，行吟大泽枯。霜清无过雁，月黑有啼乌。最爱衡湘寺，频过华渭区。双江心惨沮，五岳梦模糊。画戟青门客，清樽白社徒。论诗称岛瘦，读画爱倪迂。飘泊风云志，萧条山海癯。诸生追杖履，一老负莼鲈。旧迹经邹鲁，新声诵泗洙。怜才露肝胆，作客改眉须。斩伐存枯木，轮囷病大瓠。忧时成疾痛，素抱在黄虞。小子趋庭浅，从来闭户拘。竹林尊阮籍，梅阁奉林逋。秦县游将老，隋宫晚自娱。同州金塔寺，传为隋文帝故宫。病眸淹日月，公以乙未丧明。搔首问鼪鼯。世乱风尘阻，年衰血泪输。去年都城不守，两宫西幸。公痛哭，遂病卧[3]。又经风木痛，苦念蓼莪劬。去年八月，大母[4]见背。哀素关忠孝，伤残困晓晡。龙蛇惊一顾，魂魄返三吴。遗蜕宾秋庙，尊灵现寄金塔寺中。斯编皎夜珠。文章终古事，宇宙大名符。故里方回互，佳城信有无。时求冢地，未得。青松何日种，万叶郁根株[5]。

---

1 公举同治癸酉，《虚阁先生诗剩》无。

2 同治庚午公扶我园先生丧归仪征，《虚阁先生诗剩》作“谓同治庚午，公扶我园先生丧归仪征事”。

3 病卧，《虚阁先生诗剩》作“病”。

4 大母，《虚阁先生诗剩》作“先祖慈”。

5 万叶郁根株，《虚阁先生诗剩》下有“辛丑八年，侄谦润谨题”。

虚阁遗稿卷一[1]

仪征严玉森鹿溪 著
男鼎润 编辑[2]

古今体诗一[3]

己 未

焦 山四之一

不须佳句碧纱笼，早悟澄江雪练空。百代兴衰潮上下，万家离别岸西东。身从戈马丛中老，诗自波涛险处工。椽笔一枝蘸江海，笑招山水角豪雄。

---

1 虚阁遗稿卷一，《虚阁先生诗剩》作“虚阁先生诗剩卷一”。

2 男鼎润编辑，《虚阁先生诗剩》作“弟玉辉辑录（今名蔚春），男鼎润编次，侄谦润校勘（今名伟）”。

3 古今体诗一，《虚阁先生诗剩》无。

西　湖

一夜西风半夜潮，江南洲上第三桥。桥头人坐轻[1]车去，流水青山两寂寥。

失　题

死葬西湖山，生饮西湖水。曾无封禅书，旦准应羞死。

庚　申

饥乌行

老乌饥，雏乌泣，儿无可哺母无食。湖田万顷波漫漫，鱼虾饱游湖海间。雏乌瞥负老乌起，黄河西北多高山。高山无水尽松树，因树为巢一家住。人间风浪平不平，长餐松子无人处。

辛　酉

过瓜州五之一

甘露寺前秋水长，大虹桥上晚花香。江南山好君休看，西过瓜州是故乡。

1　轻，《虚阁先生诗剩》脱。

壬 戌

寄呈隽云叔崇德

自得甘棠湖上书，后来秋水海陵居。我曾相访冒寒雪，天隔所思空敝庐。问遍祖姑知作客，长离乡里渺愁余。东风吹瘦萧萧竹，远别于今一载馀。

湖上怀刘玉生[1]、陈逸耘

镇日坐湖上，春风吹柳枝。山回扬子驿，潮落露筋祠。苦茗长相对，梅花寄所思。平生志千里，鸥鹭漫惊疑。

湖上逢沈古香，因怀厉海瓯高邮

相逢各自证鸿泥，当日同听枕上鸡。一夜东风三日雨，春寒微醉艾湖西。

淮海迢迢靖战尘，文游台畔草堂春。年来惯领江湖味，又到花时忆故人。

癸 亥

江上对雨怀人四章

江上仍风雨，人间几乱离。劫深为客早，学浅谒公迟。日向青山坐，心惟白发知。平生重低首，风雅足吾师。范膏庵丈凌霞棠湖

山海辟清雄，文章属此公。苦心为绝学，秃鬓已成翁。元豹藏丹穴，苍鹰击远空。相期同破浪，万里乘长风。马鹤船丈寿龄东台

1 刘玉生，《虚阁先生诗剩》下注“蕴辉”。

同听焦山雨，鱼龙伏海门。当年纵觞咏，今我守江村。春逐萍蓬远，人归井里尊。有怀难共白，烟树引羁魂。刘君玉生白沙

为语吴陵客，江山我独看。琴尊谁共伴，天海不胜寒。汗漫驱愁易，疏狂入世难。春残风雨急，闻道尚平安。陈君翼云海陵

甲　子

峒　峿

短褐[1]轻车纵远游，峒峿高望古徐州。山川云气空龙虎，乡堡人家杂马牛。莽莽乾坤方偃息，时苗练初平。苍苍丰沛几王侯。救时全仗英雄策，谓僧邸。广武何须阮籍愁？

泰　山

荡荡天门万里开，混茫终古一崔巍。太行西展风云气，沧海东浮日月来。松柏犹存秦汉迹，神仙曾误帝王才。于今齐鲁烟尘熄，渺尔人间几劫灰。

寄汪镜初

黄河东下海天长，将帅南来铁骑忙。谁倚吴钩盼霄汉，翩翩书记忆汪郎。

杂　诗

西山松柏阴，高秋夜多露。瀼瀼能几时，柯叶无旦暮。丈夫贵特立，勿为往者误。显晦各有职，静乃得其故。日月悬清光，古人凛跬步。

1　短褐，《虚阁先生诗剩》作“裋褐”。

乙 丑

晓 起

朝露滋众绿，盎几浮青光。卷帘星汉高，小山何苍苍！邻鸡有馀声，好鸟鸣我旁。窈窕中庭花，无人自芬芳。烟雾久未灭，孤怀耿彷徨。

述旧长歌寄厉海瓯扬州

君年十四我十五，春风白袷城南游。真州城郭俯江水，倡狂不解人间愁。长江千里猝烽火，幽幽北山苍雾锁。松声谡谡围两家，陈公塘西多稻花。驴背谈诗对风雪，欲别不别鞭丝斜。江城一炬空啼鸦，西南万里愁清笳。读书慷慨杂歌泣，人生自古如尘沙。广陵群寇忽西走，城东相逢握君手。荷花千万媚杨柳，娟娟秋色依然有。沈家花底[1]一杯酒，佐以雪色同心藕。七夕新词满人口，当时豪气凌牛斗。黄巾赤眉去复来，我幸奉母沧江隈。闻君消息心肝摧，神剑安得重飞回！君家阿母挽我哭，为言新妇颜如玉。大雪茫茫人未归，东风芳草千山绿。白洋山头春月圆，忽闻君返心陶然。招邀朋辈驰锦笺，山堂美酒倾流泉。我行避地金焦间，君亦东海去不还。江心波浪高于天，送人去上西湖船。湖上女儿娇可怜，思君不见馀秋烟。归帆相见亦奇绝，焦山寺里梅如雪。欲买扁舟载酒行，奈何春雨凄然别？后来踪迹如浮云，海市萧条一访君。娇儿花貌出见客，漫漫回首惊心神。海陵城下几回见，画船箫鼓花千片。锦字缠绵香雪篇，关河西北还征战。战云惨澹无时无，我将携剑游上都。君来欲语仍踌躇，门外月满甘棠湖。湖水不及离情深，惟有明

1 花底，《虚阁先生诗剩》作“竹里”。

月如君心。一别迢迢数千里,天门峨峨望吾子。燕市难逢旧酒徒,金台日日车如水。扬州二月新柳黄,惜我不得来君旁。惜我不得来君旁,见我长句应彷徨。

八月十五日,与姚君仲海、张君叔美、刘君慈明、程君荀叔、吴君述韩、张君丹叔觞月于凌虚阁,得诗三章

西山暮色郁苍苍,辽海天高露气凉。今日宣南一萧散,芦花秋水似江乡。

红蓼疏疏杨柳垂,笛声吹起月高时。僧楼一角秋多少,只合沙鸥野鹭知。

醉舞狂歌众裦开,浮沉休问古燕台。月斜河汉人声寂,犹有清声送客回。

丙　寅

寄詹希伯嗣贤并讯哲弟铭仲

自识尔兄弟,交情深往还。哀歌江上雨,痛饮浙西山。放浪形骸外,孤吟幽蓟间。东南日休息,慎莫去乡关。

丁　卯

秋　游十之一

慈仁寺前松树凉,天宁寺后菊花黄。墙阴两树垂垂柳,为尔徘徊到夕阳。

冬夜有怀

深夜闻钟柝，郊原受雪霜。北风吹不断，孤梦落君旁。吴楚销兵气，湖山让酒狂。床前明月照，有客忆江乡。

我园夜坐二章

寂寂园林夜，萧萧风雪寒。诗书病后失，骨肉梦中看。野性从游少，中年受惠难。饥乌盼天曙，毛羽敢摧残？

西北山河冷，庭闱五十春。艰难愿儿学，归去奈家贫。关陇纷戎马，江淮足米薪。敝庐能一返，世路忍逡巡？

戊　辰

都门春日

海气朱棂冷，春声画角哀。乡心淹日月，病眼失楼台。仙吏吴梅福，斑衣[1]楚老莱。由来不羁士，尘世任惊猜。

洪洞王丈顾斋轩《西山游草》题辞

先生惠我碧云作，昨书《碧云寺》诗见赠。今又示我西山篇。山灵去人不咫尺，来与大笔相周旋。西山万古蟠幽燕，当年独倚秋云边。沉沉暝色龙虎窟，浩浩海气东南天。桑干河水秋渺绵，长城不断苍苍烟。蓬莱三山但一气，山中人种桑麻田。先生此游今五年，诗心犹挂松杉间。千崖万峰青巑岏，更欲一往誓不还。前年游岱宗，诗成满耳松风寒。今年赋西山，山云莽莽泉溅溅。泉亦不得歇，

1　“斑衣”，《虚阁先生诗剩》作“班衣”，同。

云亦终古闲,此卷长共名山传。我园夫子早有作,新诗怒出骖联翩。神仙潇洒金门前,不如一卧昆仑巅。鸾吟凤啸醉相答,九州回首天茫然,人间何物开心颜。

题《顾斋改诗图》三十韵

万事匆复道,孤吟日月旁。交衢莽尘土,雄剑郁光芒。君昔耽经术,英声溢帝乡。遨游向河岳,裘马恣清狂。沧海看明灭,神山任渺茫。高文摅肺腑,天籁陋蜩螗。宇内忽多事,忧来不可当。萍蓬随地转,歌笑总神伤。丹阁谁鸾凤,苍生属虎狼。貂蝉自相贵,兰艾忍争芳?待挽江河返,偏愁鬓发苍。邴原来止酒,司马且为郎。性命仍骚雅,乾坤独激昂。荆榛纷道路,补救藉文章。忠爱诚吾志,簪缨耻俗肠。深哀晋彭泽,遗韵汉河梁。今喜干戈息,岿然翰墨场。蛟龙有云雨,琴瑟必宫商。珠璧奇搜箧,夫容眇作裳。鹍鹏能变化,溟渤倏汪洋。虚馆闲花瘦,幽窗夜火凉。一官鸡肋味,九陌马蹄忙。潘四农。鲁通甫。空南极,张石洲。冯鲁川。亦北邙。不堪邻笛咽,只合善刀藏。陋巷惟亲许,我园夫子。征途更忆黄。翔云。□□□□□,□□□□□。我久江淮伏,来随鸿鹄翔。探原到星宿,纵辔识康庄。昨辱琼瑶赠,容居弟子行。此翁宜矍铄,吾道赖匡勷。风雪披图画,筌蹄欲淡忘。岱宗终古在,元气塞鸿荒。

己 巳

秋 游

爱向丰宜门外行,无边秋色入长城。车前多少新禾黍,苦忆家山碌碡声。

庚　午

上元许海秋师宗衡《玉井山馆遗集》题辞

大道丛榛莽，斯文孰瑾瑜？蜉蝣易生灭，松柏郁根株。当代推人杰，吾师实硕儒。闲吟争甫愈，独抱自黄虞。忠孝风骚志，萧条霜雪涂。螭龙绝缠缚，世宙一嗟吁。亮节凌嵩华，灵源问泗洙。诗歌宜不朽，痼疾竟云徂。往昔单寒日，慈帏教育劬。哀弦愁寡鹄，汗血诧神驹。萤案孤儿泪，鹏池万里图。贤书献天府，文采耀皇都。倘得登朝早，能将大厦扶。升沉有时命，潇洒向江湖。雄剑鸣秋雨，扁舟摘晚芙。千忧并歌啸，半菽助欢娱。通籍已四十，妖氛惊八区。西南尽锋镝，将帅苦枝梧。戍角防青犊，蛮云拥赤狐。流亡及畿甸，痛痒切肌肤。鸣凤思前哲，雕虫岂壮夫！星辰倚北极，烽火亘东隅。梦里关山裂，尊前肝胆粗。生平负奇气，未敢惜微躯。沧海波翻覆，神山路有无。高才仍蹭蹬，怀古几踌躇[1]。母老悲风木，交稀痛酒垆。时荣从此谢，心事有谁符？道梗纷豺虎，春残泣鹧鸪。感时怀渺渺，入世耻瑜瑜。聊托金门隐，萧然山泽癯。天人久通贯，泾渭各清污。但冀兵藏甲，浑忘凤在筮。楼台幻蛟蜃，城市走鼪鼯。更洒忧时涕，思陈理国谟。凄凉湘女瑟，落拓魏王瓠。近喜烟尘熄，争擒魍魉诛。群公尽同志，庙算授中枢。元老专麾钺，长江下舳舻。乾坤清宿雾，中外惕威弧。高馆开三径，飞尘任九衢。徘徊恋宫阙，葱郁盼蓬壶。雪色添双鬓，仙衣曳六铢。山游逐猿鹤，乡味念莼鲈。勋业看冯邓，宾朋集俊厨。花开听筝笛，竹翠扑髭须。每惜微言绝，多由俗学拘。狂澜须挽转，独世扫荒芜。管榻穿当膝，庖刀解大瓠。江河盘一线，金铁冶同炉。大雅何零替，人伦此楷模。龙门世尊李，赤壁客从苏。

1　踌躇，《虚阁先生诗剩》作“踟蹰”。

小子来迟暮，连年凛步趋。少微星忽黯，泰岱石俱枯。欲抱遗文泣，愁将真宰呼。残秋凉过雁，冻月夜啼乌。流水琴边杳，春风座上殊。一编终磊落，万古决斯须。身世真蝉蜕，知交问凤雏。遗孤四月。归魂到淮海，旧梦每菰蒲。无复看挥管，畴还哂覆瓿。光芒腾卞璧，声价陋隋珠。天夺斯人去，谁为众说郛？澥潮流不息，回首望三吴。

献县道中遇雪，怀祁君瑞符寿麐四川

出都三百里，急雪忽荒野。辕驹迷所向，谁是识途者？六年滞京国，登车一潇洒。江头手种树，苍郁想逾把。燕市旧酒徒，今卧峨眉下。酒酣出奇句，万里江湍泻。君坐江上舟，我骋南归马。人生各有营，解人今已寡。

德州道中怀景心、虎峰、铁松、印若

怒马犯风雪，快哉东南游。万木忽已枯，回首瞻皇州。皇州绛云深，金阙白玉楼。吾党二三子，文采惊龙虬。慷慨陈大篇，洋洋万琳球。疾雷走魑魅，白日临深幽。猛虎啸危崖，虫鸟空啾啾。天门一何高，厥志不能酬。老儒在帝旁，涕泣纵横流。古来奇杰人，未能善自谋。熊罴有本色，失计皆蜉蝣。奈何今世人，仕宦已公侯？民命在水火，君恩化山丘。自别吾党来，狂歌振羊裘。闻鸡舞中宵，落月琵琶愁。天风吹车轮，海云盘马头。风云倏万变，天海方悠悠。

辛　未

原韵酬山阴万仲桓丈同伦

君游华山越龙口，我曾登岱俯南斗。君忽东出函谷关，我亦拂袖扬州还。健哉腰脚恣所至，论诗乃共江淮间。我园诗仙已天上，君未相逢抱孤赏。中郎虎贲实异情，秋风迢迢思碧城。六莹九韶今阒寂，灵椿朝菌谁枯荣？君更呼我求奇士，眼中落落惟数子。平生师友半凋零，当涂马鹤船丈、甘泉毛炳华兄、同里刘玉生兄，先后逝去。千里归来杂悲喜。君不见，今日甫白完肤难，我园不屑轻讥弹。国风自激忠孝性，大树一任蚍蜉攀。荷君忘年赠长句，令我回首西泠山。己未，曾游武林湖上诸山。

壬　申[1]

滂喜斋拓商周彝鼎歌为吴县潘伯寅侍郎祖荫作

南来尘袖扑未净，先生命观消夏诗。京师五月已苦热，槐阴诗屋凉风吹。屋中罗列多鼎彝，馀亦卓为天下奇。中有墨妙石一角，烟尘十年重得之。日斜退值花阴低，吟情窅若春空丝。兴豪直追秦汉上，气逸欲与恒嵩齐。森也昔岁来京师，高文大册百不知。我园图籍初成诵，更观姚子裴岑碑。仲海得《裴岑碑》甚完好，上有王惕甫先生题字。我园一去宾客稀，今来宣南空涕洟。遗书已共樽罍散，林木唯馀乌鹊飞。先生嗜古搜靡遗，下逮赵宋上姒姬。东南遗文既收拾，近刻邵位西、陈珊士、王孟调三集。云霞丽句尤纷披。当年劫火天四围，法物飘零愁惨凄。去年江上屡来往，文雅亦逊乾嘉时。高斋古采何陆离，每招嘉客相娱嬉。人生有好应手得，譬如鸾凤烟云随。烟云变灭风雨驰，古欢不逐时迁移。瑶篇欲和惜笔弱，仰看河汉高天西。

送秦止斋凤鸣之关中

我仍北至千门侧，君忽西行二华间。边徼山川罢烽火，雄关云

1　壬申，《虚阁先生诗剩》上题“虚阁先生残诗卷之二”。

物照刀环。春明七载情如许，他日重来鬓已斑[1]。努力春华爱朝旭，风前漫忆故乡山。

彭雪芹侍郎玉麐墨梅为谢君麐伯维藩题

观梅曾宿焦山寺，画手今推彭侍郎。怪树疏钟南岳月，楼船铜笛大江霜。公常于此得花态，世岂无人同铁肠？灯朗天街悄回首，烟波傥见古潇湘。

送人出关

忽向卢龙千里行，海天秋色照长城。劳山[2]道士应相笑，可念荒庵钟磬声？

题伯寅司农《榆关望海图》

海气青苍日华紫，蛟龙昼伏不敢起。伟哉长白山如龙，渴饮东溟一瓯水。潘侯单车事桥山，山海浩浩舒心颜。当年衔命下齐鲁，河岳秋高洗新雨。倏又持节临关中，莲花玉女相从容。此行一任马首东，锦衣晓俯冯夷宫。海东之山千万峰，谈笑欲扫烟云空。烟云扫荡天无穷，蓬莱花杂珊瑚浓。神仙宴坐最高阁，青鸾花底歌玲珑。人间快事岂难得，眼底山川尚寒色。涛头怒共天低昂，春气潜回地东北。归来绘图命题句，此心飞越榆关树。关门老树三百年，高入霄汉深九渊。生绡一幅何人织，收取沧溟万里天。

1　已斑，《虚阁先生诗剩》作“已班”，同。

2　劳山，《虚阁先生诗剩》作“崂山”。

坡公生日，伯寅司农斋次作《消寒》第四集，司农命题公书思古堂石刻

文章忠义心万古，坡公少年气如虎。晚来舒卷随天机，海外云烟妙吞吐。郁郁大字思古堂，天教此笔留蛮乡。宋书散漫复局促，唯公宽重含飞扬。当年群小不顾惜，惠州儋州遭逼迫。人间腐鼠能几时，天际飞鸿有遗迹。至人技进无不通，万事了如春梦空。党魁颇似范孟博，书名突过黄涪翁。都门严寒入风榭，公之生日罗杯炙。风流文采推苏门，银烛金尊又今夜。武溪深石森南陲，公心耿耿令人思。即今燕市霜镫夕，犹忆黄州玉笛时。

癸　酉

题《国花堂宴集图》

花照金尊紫，园容怪树多。东风满芳草，溪水不生波。僧懒青山笑，春酣翠鸟歌。旧时觞咏客，一别复如何？

李悉伯侍御[1]慈铭庭中海棠闰六月复花，伯寅侍郎欣然有作，悉伯和之。侍郎以两诗命和，爰赋长句

新篁怪石淡相倚，雨后荒庭差可喜。南斋侍郎示新什，发函珠琲光溢纸。李侯通经诗复工，六月海棠檐际红。侍郎赋诗主人答，丹山鸾凤吟天风。风雨无端叠来去，屋漏连宵盼天曙。打门时有佳句来，忽忆城西醉吟处。春日，侍郎招同人饮国花堂，悉伯偕森预焉。城西欢宴三月天，酒酣重忆十年前。长杨五柞渺何处，指眸今睹中

1　李悉伯侍御，《虚阁先生诗剩》作“李君悉伯”。

兴年。斯游几日屡回首,复有奇芬入人手。一树胭脂蜂蝶猜,连番风雨蛟龙吼。文章光焰万丈长,李侯花底诗心狂。我亦绕竹每千遍,翠烟拂霄银汉凉。竹根笋茁忽数尺,爱若蓝田护双璧。花开闻亦胜春时,惜未芳尊对清夕。年来怯酒懒闻歌,骑马看花兴尚多。倾国由来难再得,相逢不惜醉颜酡。

杂 诗

祁杨古狂狷,墟墓常偕游。巧者快一朝,拙者恒千秋。千秋亦偶然,万物皆蜉蝣。惟此一寸心,六合同悠悠。古有凌虚人,骖云驾灵虬。醉亦无所欣,醒亦无所愁。

吁嗟文章士,万古能几何?幽兰闭秋山,恶草山前多。旧闻耆耇言,百年无蹉跎。请议[1]关阙廷,馀事为诗歌。此言不复闻,塞耳悲江河。江河无返期,所贵栖天和。

田家营一饱,欢娱共亲昵。风雨常以时,此愿或能毕。登高望西山,一鸟入云疾。吁嗟山中人,耕凿志专壹。九州方隆平,四体勿暇逸。江上有薄田,且焚砚与笔。

仄径转复转,僧钟忽微闻。危峰到我前,紫翠晴氤氲。陇上劳者歌,歌罢看斜曛。淡云敛山隙,烟雾方纷纭。

欢场易萧瑟,乃看城西山。野老八十馀,草履仍朱颜。问之工何术,不言心神闲。

建文铁锤歌为伯寅侍郎题

中官密启到燕时,铸此谁知鼎共移。太息明年宫火起,金川都督手诛迟。

---

1 请议,《虚阁先生诗剩》作“论议”。

一语无忘东角门，太孙谁劝削诸藩？元宫剑戟缁流铸，未下江南气已吞。

避地高资忆往年，孝陵萧瑟渺春烟。立孙偏听三吾议，怒马谁持尺铁鞭？

夜坐怀李子钧

夜坐寺钟动，霜菊灯前看。何必促膝谈，梦见君笑言。君忽泣向我，惊问亦无端。大地载愁绪，达者强为欢。欢场不可屡，郁郁伤心肝。一淡可以守，潘四农语。此语闻前贤。友朋如性命，我愿初终坚。聚者忽已散，死者况重泉。矫矫数子存，南金方眼前。眼前风月佳，与子还流连。

甲　戌

为王廉生同年懿荣题李香小像画扇

桃花血泪艳南都，公子天涯影不孤。太息秦淮近萧瑟，烟波依旧美人无。

夜梦与友人坐

怪底西山不放青，红尘九陌昼冥冥。人将怀抱凌霜雪，天与风光伴醉醒。野水参差方倒影，闲云摇曳入疏棂。昨宵芦荻三更雨，记否邗江系舫听？

乙　亥

和呈潘灏庭太夫子曾绶

树已经秋瘦，根休共叶枯。乾坤自风露，山泽几踌躇。春气冷逾结，霜枝病赖扶。匡时有梁栋，孤干郁寒腴。

失　题

五月登太行，八月游潇湘。潇湘八月烟波凉，天风吹尔芙蓉裳。洞庭风高不可渡，苍梧帝子今何处？闻君昔日西南行，愁闻三峡清猿声。峨眉山月落杯底，扁舟又泊金陵城。扬子江头烽火收，最宜江上登高楼。胡为复作幽并游，秦淮花落青溪愁。幽并吟未已，去饮潇湘水。太行五月火云赤，单车迢迢遂千里。兴来一上湖南船，九嶷缥缈秋可怜。幽幽兰芷待谁采，江干竹泪三千年。天门剑门旅行苦，不及潇湘好烟雨。潇湘烟雨亦愁绝，老渔吹笛头如雪。日日江湖愁贱贫，楚歌凄厉更伤神。长安麦熟酒价贱，迟尔东西南北人。

丙　子

入潼关

岳云将作天下雨，海水飞生太古春。笑视黄河一丝窄，昆仑顶上有斯人。

客话太白、武功之胜，因怀康对山修撰海一章

忽急友难游瑾门，琵琶不以迁高官。死馀大小鼓三百，绝世风流天地存。今日游公乡，昔日登公山。康山，在扬州城东隅。扬州

艳说修撰好,要知公之气谊山河尊。华山不为高,黄河不为深,公乎奇节超昆仑。文章丝竹偶然耳,后生小子之论何纷纷!丈夫不作王右丞,清流第一申屠蟠。三秦豪杰谁景略,但见泾渭水合流浑浑。潼关望中条,司空诗境愁云屯。坐客谈武功,太白之雪绵秋春。清泉白石忘寒温,商雒深山多隐沦。蟪蛄朝菌匆匆甚,怪柏寒松爱避人。

与王让村[1]同寓少华有感

太华黄河一笑耳,希夷真逸两茫然。王郎枯诵寒松下,冻月分明在眼前。

丁　丑

寄扬州友人

武邓襄樊泪眼看,洞庭南去水回环。鬓丝凉照湘江雪,忽忆梅花江上山。

杂　诗

灵均憔悴长沙哭,六一幽忧坡老闲。等是微尘梦中梦,何人痦聩卧荒山?

1　王让村,《虚阁先生诗剩》作“王君让村”。

戊　寅

由衡岳南台寺历玉版桥，至半云庵后山，谒庭柏禅师墓，还至田家，醉书一章

入山复十里，积翠交万重。曾经太华险，履此能从容。霞外鹊影微，霁初雪意慵。薄薄田舍酒，疏疏远寺钟。泉汲思中泠，樵衲来上封。乡梦莼一丝，春锦花千峰。万类共悲喜，孤筇观淡浓。兹游任醒醉，箕颍怀前踪。

水帘洞

幽阻外迹绝，灵异中虚藏。水帘照天海，一气腾清光。巉岩不可削，轩辕今何方？轩辕弥明昔隐此。苍云闷遗踪，石骨凉秋霜。自古魑魅涂，独匿荃兰芳。终以简存性，无为时取伤。烟空碧涛卷，壁断青苔荒。出险步益迟，愿言终徜徉。

南岳吊大错和尚墓

沅湘伤心地，斯人有荒丘。湘流日东趋，忠骨衡山头。文章为飞尘，身世问轻沤。皎皎星月光，不共江东流。至人发深思，饥寒非所忧。荃兰怀幽芳，浩浩三千秋。秋亦不必悲，忧亦不可留。孤坟特微迹，神已高天游。

福严寺赠海岸上人

幽涧松阴冷，炎荒雪意新。十年馀结侣，一笑看时人。水石三生影，风雷万里春。南台好遗址，与尔晚为邻。

长寿庵

万事烟云一笑休,百年尘海寄虚舟。亦知春水连天阔,久愿风帆及早收。弹指楼台仍梦幻,称心岩壑屡探求。浮生等是无涯岸,自惜金镫冷处留。

磨镜台赠海岸

我愧念庵君楚石,借用麟伯赠句。山寒孤月耸清宵。劝君莫逐江波去,忍使青山太寂寥。

庚　辰

河南道中

耆英洛下忆当年,旧友吴清卿。朱曼伯。峙眼前。更有好山抛不得,四年前诵北江编。丙子居汴,得洪稚存先生《登封县志》,最简古有法。

客洛阳试院赠朱曼伯太守寿镛一章

昔观伊阙赋,秋樵作。神游嵩洛间。今自衡湘来,饱看龙门山。吾友方校士,气峻惊秀顽。昔游倏四载,丙子夏,客汴时,共子仪、东甫、星垣、仁斋及君谈宴。逝者天所怜。子仪。奇灾泣星辰,近年豫省久旱复疫,民去十之八九。贤守苦忧煎。心劳神所福,阴阳能赞权。为我说嵩少,君以久旱祈雨,常至嵩、少间。逸态何萧闲。志定神愈固,山陡泉潺湲。刘相谓南乡先生、雨生同年。订后约[1],秋日轩辕关。

1　订后约,《虚阁先生诗剩》作“订游约”。

赠丁琴士比部

眼底荣枯一笑看,蜀游人去更荒寒。琴士与程荀叔丈至契,昔在都下,屡饮城南酒楼。荀叔癸酉自蜀返,倏逝去。君来何处寻游侣,十七年前旧梦残。

五年前示养生书,甲戌,琴士以余弱多病,每示余养生书。近更颓唐耐退居。衡岳流云华山雪,同衡山李君赠诗中句。风灯泡沫本空虚。

耆旧凋零亦可怜,西山奇树闭春烟。赵州茶向花前试,说到家山亦渺然。壬申离乡,今已九年矣。

文章节义滇南守,陈六舟[1]丈。未必今生得再逢。弹指朋俦散如雨,浮云世事太匆匆。

些些清景忍摧残,梦熟昆仑亦渺漫。海上波澜何日息,人心何苦有波澜!

车前伊颍冷云根,野老无心自闭门。太息奇灾撼河岳,况多风雨困征魂。

中天日月照山河,病影萧然自啸歌。尘海两人枯坐久,问君南去更如何?君将以五月返邗上。

为王子田题梅花帐额

冰雪清光冷眼看,怪云幽石共荒寒。飘零朋旧君休忆,泪亦无多洒地难。

极天岩壑毓奇芬,渺尔人间寄幻尘。了不相干对枯壁,万山青透一丝云。

---

1 陈六舟,《虚阁先生诗剩》作“谓六舟”。

辛 巳

忆武昌旧游

武昌城下峨眉雪，冷饮浑忘白浪飞。太息城东刘处士，谓可亭丈。殷勤为我说莲衣。黄庭观九首之一。

壬 午

石卿之官湘潭，出笺索书旧句，即题其后

萧然爱晚庭前树，他日思量鬓易霜。才得相逢倏分手，烟波不尽看潇湘。

虚阁遗稿卷二[1]

古今体诗二

癸　未

题张仲轩司马聪昂贤室马宜人刲臂事略

善气薰蒸苦志成，初心曾未计浮名。皖山春断秦云冷，况听长河呜咽声。

七年三饮渭河水，万里幽怀张绪知。衡华烟云总奇绝，清棻更诵女中师。

冰雪天高春昼寒，一棺云掩路漫漫。生天成佛疑虚语，太乙山青倦眼看。

为秦子衡丈毓麒题《钟山老屋图》

钟山我亦未一往，大江东折山孤持。温曹许马恣欢赏，雅游惜未能从之。高崖怪树忽盈眼，书声欲出苍云垂。披图令我东南望，山雾江湍无尽时。

1　虚阁遗诗卷二，《虚阁先生诗剩》作“虚阁先生残诗卷之三”。

赠毛子静凤清

多年闲退喜家贫，蔬圃茅檐更率真。怜子移家傍余住，偕游寂寞有斯人。

春卉三分已觉多，城南万壑雪嵯峨。名场梦醒泉声急，自此幽怀寄碧萝。

冰雪清光照远天，贫家安稳饱寒泉。行年五十已多病，更耐荒寒三十年。

芳草幽云无尽时，天光山色晚晴宜。江鸥野鹭曾相识，对尔心闲一赋诗。

养一诗源导西北，寿苏文采照湖山。子林颜所居额曰“寿苏斋”。清闲谁似万仲子，仲桓丈。尘海翛然常闭关。

赠毛子林凤枝

坡老善处穷，穷久神愈清。毛子亦守约，斋庄了群倩。退藏山水间，心坚金石盟。坡老知此义，万事浮烟轻。我来寿苏斋，夕霭凉前楹。观书发幽叹，志士气如生。

失　题

石裂南山醉不知，不侯何碍数终奇。马嘶林断山回处，弓引风腥月黑时。善射由来属猿臂，妒才何必自蛾眉！灞陵秋冷将军老，霹雳弦收酒一卮。

秋日题子林斋壁

心寂无多事，山游已八年。性宜林壑冷，笑谢网罗缠。霜晓松阴翠，春崖露气圆。平生抱微尚，病卧又凉天。

华山游草为李云生嘉绩题

极天峰嶂已微凉，石瘦烟高泉韵长。同是中年爱林壑，有人惊我鬓先霜。谓子林。

灵宝旅舍题壁

年将四十悟浮名，衡华烟云袖底轻。又向嵩阳访真隐，函关秋气尚峥嵘。

通州望盘山

北风河上单车雪，初日海滨千堞寒。王竹舫。李观澜。盘山共深隐，如何我又倦征鞍？

甲　申

题顾鹤庆山水

禹卿之书茶农画，复有顾子参飞腾。江上气清文字壮，兼收者谁焦巘僧。禹卿海东诗更逸，画笔不如张顾能。峨眉云水忽万里，海门老渔闲一镫。三十年前旧游处，苍苔已满游时路。浩浩东海潮，疏疏蓟门树。当年渔笛清我心，桐江一丝苍雪深。风潮荡空自朝暮，松篁照水兼晴阴。朝朝暮暮谁幽寻，画手得之开素襟。太原王君能鼓琴，惜未画中弹入江涛音。壁张顾画亦奇绝，风流南国今销歇。茶农妙作龙泉图，去年展对宣南雪。雪中曾历太行巅，闲忆松庄二百年。谓傅青主旧居。海云山雾松寥阁，何必人知焦孝先！

简王粹甫[1]

又见张石洲。冯鲁川。珠璧来，斯人犹未委蒿莱。息园秋夜灯无尽，竹柏庭中手自栽。

太行霜色锦囊收，耕织人家山谷稠。醉倚天门看晴雪，慈仁钟磬又凉秋。

诗人心寄五湖南，君每言将作江湖之游。我耐幽闲一壑甘。他日扁舟共湖海，得鱼天晚满[illegible]篮。

吟垒收功谈笑馀，云霞春晓海东隅。我师鲁直君淮海，闲看鲲鹏万里图。

枣实垂垂竹影疏，天然芳草遍阶除。诗庐我亦曾游赏，行见王何共卜居。王惕甫先生居都门时，与灵石两何公同宅。

葱岭河流尽金色，太行烟霭写诗心。龙门寒翠清凉雪，五台即清凉山。更欲携君一往寻。太行已游，龙山、五台尚欲一往。

又简粹甫

文字坡仙属胜缘，更参山谷祖师禅。何妨寂寞人间世，弹指声中七百年。

失　题

至人贵达观，何者为去留？留亦能几时，去者心悠悠。吁嗟秋气深，落叶飘庭幽。无端而自哀，涕下不可收。况睹遗画陈，白日惊波流。天寒众芳绝，未死谁无愁？

1　简王粹甫，《虚阁先生诗剩》作“柬王君粹甫”。

乙 酉

失 题

师年七十我六十，惜未访师松竹边。谢祠斜照几声磬，宝华戒幢三百年。嗟我亦将缚茅隐，无尽灯留微雪天。北秀南能本无竞，西山一往更陶然。

丙 戌

题《小醉经室诗集》一首

我昔未入都，曹叔龙师。刘玉生。范湖东师。马鹤船丈。常周旋。入都复纵游，岱衡嵩华凉缠绵。山农苦耕餐晓烟，不知深山多岁年。山僧乐饥亦种田，饱即游行不说禅。落落寞寞神自全，入山即愿终山间。山川万古元气合，江海一鸥终日闲。湖东八十全其天，烂醉狂吟多大篇。范徐交自金石固，徐诗真朴书其巅。吴笏岩先生称丈诗得一"真"字，范序及之。耆旧不复作，文字千年传。我亦五十衰病缠，耐寒更结名山缘。山农腰脚健即仙，吾衰仍恃孤心坚。溪云野竹称来往，况有万丈清泠泉。闻道平山十里莲，空蒙诗境自澄鲜。诗中二老今何在，先生诗屡称湖东及张石樵丈为二老。叠叠青山画槛前。

赠殷还甫[1]

芸卿说汝将行矣，闲云卷舒皆素心。一笑秋冬各有值，君依梅叔我梅琴。梅蕴生丈旧藏琴，今在张午桥丈家。予冬间返里，可一见也。成君梅叔在滇，君将往滇见之，何芸卿时同寓小竹西。

---

1 赠殷还甫，《虚阁先生诗剩》作"赠殷君还甫"。

重　九

初霁恰逢重九日，百年欣造[1]再来人。闲云一片宜山谷，偶作都门竹柏身。

松间竹外更徘徊，谁觅清钟入寺来？二十三年尘梦醒，盆荷犹傍菊窗开。

苏文忠生日，偕友人饮宣南酒楼，抚今伤昔，遂成一章

世隘仍容天下贤，鹤飞残笛冷洲边。我寻遗迹曾孤往，丁丑、己卯，两游武昌。痛哭儒臣不百年。吴文节、罗文节、胡文忠、曾文正。上寿同能敌伊吕，边关何事怯烽烟？湘阴惜又骑鲸去，雪浪滔滔一惘然。

雪中送陈六舟丈彝巡抚安徽

无尽灯留小雪天，手栽松柏忆当年。急流勇退寻常事，他日彭雪芹尚书。陈愿并传。

潜桐山耸翠千重，梵宇幽寻第几峰？只有同心人领去，云栖微雪子时钟。谷似在浙。

雪后西山看更好，祥霙消息病农知。柴门日为苍生祝，也有人间得雪时。

岱南高旆指隋堤，烟树春明瘦骨栖。西望翠微云不尽，歇心亭在翠微西。潭柘寺西北有歇心亭。

1　欣造，《虚阁先生诗剩》作“欣遇”。

丁　亥

赠友人

游兴因君寄剩秋，停车频话洞庭流。西风燕蓟凄凉意，冷眼霜鸿去亦愁。

风霾瀛峤恨漫漫，废寺荒丘白日寒。楼外西山好颜色，强因君醉一凭栏。

失　题

梅开已霜后，亦愿开及半。松青自撑云，不作岁寒叹。盈虚卅载悟，高明一心玩。佳什忽到眼，积感更冰散。吾乡富才杰，乾嘉学多伴。梅管倏踵起，奇采日再旦。衡湘一丝引，峥嵘百年案。正脉耀天地，馀事平寇乱。初心岂及料，潜诵手每盥。有意无意间，微阳导诚缓。琴尊昔无事，谭艺河海贯。吾师每称述，惜我才实懦。观化不厌寂，胸尚少冰炭。逢君一激昂，蓬岛宜君馆。冬来即耐寒，春至休贪暖。笔弱敢言和，书赠博一粲。

庚　寅[1]

寿宫农山太守尔铎五十

龙门万丈冰雪流，气压东南三百州。白云一丝飞更留，云根清啸惟宫侯。少年谈笑平戈矛，四十退娱泉壑幽。胸中奇气仍龙虬，出关入关非有求。杜陵广厦香山裘，爱民誓将恢胜筹。惜未早居天上头，弹指甘霖寰宇周。年方五十勤密修，天怀镜朗时刚柔。河

1　庚寅，《虚阁先生诗剩》上题“虚阁先生残诗卷之四”。

澜万里源一瓯，雪柏高寒元气收。结庐河上秦东陬，醉看惊涛眠钓舟。忽垂奇句三千秋，心事仍然同鹭鸥。古来奇杰拙自谋，中条太华当同游。更登阆风观十洲，一樽先醉神仙俦。

兴善寺观梅

入门修竹深，池上梅初花。闻道春卉繁，寺多牡丹。我爱霜条斜。岁寒愿知希，绕寺皆田家。隋唐迹已陈，松柏心仍遐。南山前夜雪，气倏成云霞。倦游悟盈虚，蒹露沧江涯。晤禅智僧，谈江上诸寺之胜。

挽毛星阶[1]用子林韵

忆昔甲子冬，都门方微霜。识君何氏宅，星阶外家双藤书屋。匣剑雄光芒。诗舍已百年，朱藤郁成行。我年犹未壮，冰雪同清凉。分手廿馀年，衰老期扶将。重逢岁乙丑，此会非寻常。雪尽群山青，渭上春风长。闻君耀州居，茹芝采其良。我亦高陵游，长依吾母旁。朋旧各安适，苦耕亦何伤！今秋子林言，兄逝呼穹苍。我泪不可遏，君弟悲难忘。孤儿有付托，文学传汉唐。树人为家国，天和谁能戕！耐寒在心坚，保孤在身强。家人梦君来，岂知怜孤孀？皎皎平生心，他日书泷冈。

过左文襄公祠

胡曾既踵逝，彭杨亦云亡。纷纷星落愁清湘，我更泣过风云横绝湘阴磊落之祠堂。玉关生入亦偶耳，顿令潇湘之间衡山之下荃兰一一腾幽香。勋高六合不矜伐，只愿鲲鹏群起环卫吾君旁。吁嗟乎！安得鲲鹏群起环卫吾君旁！公游天上心仍伤，我亦此际悲傍徨。

1　毛星阶，《虚阁先生诗剩》作“毛君星阶”。

可园独游，梅花盛开

文襄[1]文诚[2]去已远，嵩雪衡云来作花。疏篱密护断人迹，铁骨横空群鸟嗟。当年觞咏倏泡影，天山剑戟今桑麻。此花阅世将二纪，冷极无言听晚鸦。衡山雪薄梅亦少，泉根几树微烟遮。戊寅冬，居衡山。炎荒孤赏抱冰雪，乾坤一气春萌芽。可园人散尔清寂，空廊不断新云霞。夜深脉脉来鹤语，门外时时喧马挝。湘上何人吟水涯，黄河西北无悲笳。绕花千转伤心极，白发青门长种瓜。

辛　卯

嵯峨篇赠张仲轩丈

龙眠故居好山水，识君乃自嵯峨旁。黄河之南山万叠，此山气同清渭长。十年不见颇相忆，高陵西望仍青苍。苍然暮色远更好，出郭何人耕夕阳？三十年前此战场，青山白骨哀相望。南来万马风雷合，谓多将军入关事。直上孤峰草木荒。山川元气耿不亡，上与参井分光芒。僧楼半向竹间隐，海鹤亦来烟际藏。由来健翮高翱翔，倦飞宜爱水云乡。潜桐梦绕千山翠，关陇人经百战忙。山寺微钟自晓霜，莲花一朵本清凉。三间茅屋他年住，闲听山农说汉唐。

题晖福寺

北澂北寺村中碑，吴清卿。柯逊庵。毛子林。陈子铭。频觅之。觅之不得廿年久，天然神物风雷随。村民耕织愿安稳，诚告上官非

1　文襄，《虚阁先生诗剩》下注“左”。

2　文诚，《虚阁先生诗剩》下注“袁”。

自私。我来登高望晖福，佛天犹吝施瑰奇。龙门东辟金沙好，山川倦游将待时。不分远近懒一往，卧闻犹子温书诗。片石能为民祸福，丸泥一封徒梦思。古来万事渺难测，稍有甘霖收涕洟。时苦旱已六十日矣。群贤力丰亦自窘，病躯揣量空长咨。深山大泽闷光怪，山肃虎豹川蛟螭。等是微尘尚矜惜，文章似悔人间知。洗心愿汲玉泉饮，取舍双忘巢一枝。玉泉、金沙泉，皆近郭。

题魏公祠

魏公仁义安李唐，不如四皓高翱翔。贞臣心骨耸万古，当时际遇争微芒。济世安民赖良辅，仆碑他日仍凄凉。从容纳谏非易事，留侯邺侯何善藏！或云救时公最良，若不濡足公心伤。碍无碍境悉超绝，莲开烈火滋寒芳。好是衣冠葬此乡，千年耕稼魏公庄。一丝九鼎桐江老，功亦相侔冷味长。

题精进寺

澄城山水西南趋，精进寺塔城东隅。肃宗遗迹洛流扫，微闻野磬增嗟吁。伯成子高有祠墓，寺东十里仍唐虞。达人退耕了无语，山川元气通天枢。晋唐贤者遁仙释，泉味经声超有无。卉衣蔬食良易足，雪地冰天聊自娱。我来逢僧年七十，谓我苦旱思鲜腴。山农一饱已不易，汲泉半掬心踌躇[1]。枯禅阅世语平实，和甘仍冀天人扶。茗谈一散长太息，只宜沉醉求模糊。

答席星府同年裕驷

嵩下何妨共耐寒，因君重检旧诗看。深山大泽藏身易，雪地冰

1 踌躇，《虚阁先生诗剩》作“踟蹰”。

天出手难。咸丰辛酉旧句，曾为范湖东师激赏。

岱华嵩衡题句遍，可园花底听微钟。隋唐诸寺城南少，南北当年苦立宗。

苏门长啸起风雷，李邵孙汤次第来。白雪盈山镫夜午，一弦琴感万花开。

雪苑桐城三百年，江淮河汉一川圆。语言文字删除尽，好听嵯峨万丈泉。

续嵯峨篇有序

光绪丙子六月，偕仲轩丈泾阳谈艺，曾赠七言长句一章，实有感于康对山事。辛卯春，丈询及旧稿，惜未记忆，因述稿中十馀句见示，命补成篇。时方赋《嵯峨篇》奉赠，遂以《续嵯峨篇》名之。

太息复太息，长安风雪长闭门。当年清咏嵯峨下，终古太白照耀疏松根。苦吟为谁发，对山神往还。今日游公乡，昔日登公山。扬州爱说修撰好，安知公之节义山河尊？华山不为高，黄河不为深，公乎奇节超昆仑。文章丝竹偶然耳，后生小子之论何纷纷！丈夫不作王右丞，清流第一申屠蟠。自“今日”起至此，皆旧句。我诗历历在君口，须知四年衡华十年京洛朝朝暮暮哀诗魂。昨向高陵游，泾野风犹存。诗歌屡赠浒西子，冰雪高怀衰俗敦。省母澄城行，邑志欣出洪与孙。武功朝邑忽遭斥，益显青天白日堂堂不朽之高文。太白万古雪，嵯峨一缕云，更有蒲城芳草中含血泪千春新。往澄城，过蒲城下。悠悠万事何须说，怪石闲鸥爱避人。末句仍原诗。

四月二十日晓起作

善气不伸甘泽闭，千家万家苦流涕。朝来微润喜可知，此时惟恐天仍霁。太白之水取未来，人人相逢眉不开。大官虔祷八九日，穷檐宵哭千百回。四十年来百忧集，忧深中夜常起立。吁嗟乎！人人心中皆有太白绝顶之飞泉，只在不欺无言无说之高天。夜夜读书朝种田，天人一气阳和圆，甘泽长流千万年。

洛水篇赠李云生大令[1]

保安洛水之上游，我涉洛尾趋同州。梅翁之图倍完好，一笑掀髯同李侯。云门壶梯横素秋，我到澄城贪久留。金沙秀逸最后得，洗肠人去山花稠。云门、壶梯、金沙谷，皆澄城西北山名。数山水，皆入洛。金沙谷有洗肠泉，佛图澄遗址也。八月九月青门愁，千川万派宜安流。吟灯好共耐霜雪，酒舫何年亲鹭鸥？李侯抚字心力优，花门乱后勤绸缪。山水亦惊得知己，循良自古兼刚柔。西北山高路阻修，秋来清渭寄虚舟。幽燕奇气冰霜性，谁向北山深处求？君不见，伊雒东趋河并收，旧游时复念东周。庚辰、癸未，两游河南，临洛水。于今渭洛闲来往，商雒深山更自由。

湘庄稿赠云生

戏言君历龙场驿，今复将从二曲游。心性由来炼冰雪，老庄曾未薄蜉蝣。仙人旧馆荒斜照，谓关尹旧宅。少尉新诗隔晚秋。谓汧阳尉梅蕴生。闻说彭公龄。能嗜古，彭工篆书。春风汧渭更绸缪。

灌园西偏道院雪中读《瘗鹤铭》

玉泉雪绕山荪亭，亭在华山玉泉院。冻梅香围瘗鹤铭。焦山多梅。三十馀年两游迹，雪夜思之嗟独醒。灌园松寒门自扃，隔墙遥怜霜

1　李云生大令，《虚阁先生诗剩》作“李君云生”。

竹青。虚舟遗砚共清寂，金陵胡小舫梦得砚，后果得王虚舟砚。寻梅他日同扬舲。

盩厔赠云生，倒用樊君云门增祥送云生韵

韩门有樊子，苏门有秦七。我从淮海来，倦飞惭笔力。愿下涪翁拜，未入昌黎室。盩厔访李君，黄钟方中律。民嬉寒集雁，士艺射贯虱。白云在终南，随时自疏密。网开已三面，榻穿当两膝。读书恤民隐，断酒屏橙橘。感孚在一念，倏若风雷疾。政成报大府，馀事弄诗笔。叠示樊子诗，夜半读未毕。蜀樵称二云，韩城令王君也樵，蜀人，亦解为诗。尝称云门、云生为"二云"。并获不遗一。高文根志节，一气皎霜日。日月悬清光，双忠耀盩厔。谓李忠武、多忠勇二公。

县斋夜得一章赠云生

终南淑气注中州，丰镐清光萃上游。我更西行寻二曲，天教此笔擅千秋。谓云生《华山游草》。苍茫禹迹荒原古，缥缈仙乡杰句留。耸壑昂霄[1]十年后，功成笑泛五湖舟。

壬 辰

和云生元日韵

庭梅占微雪，元气笛中调。薄雾青山夕，哦诗红烛烧。春耕天下乐，兵气海隅销。寅驭东郊协，明日立春。寰区颂圣尧。

快慰三农望，韩诗。同兹忧乐情。白苏工觅句，韩范本知兵。

1 昂霄，原本误作"昂宵"，据《虚阁先生诗剩》改。

出郭马行疾，时方游草楼归。晨烟鹭影明。山游同未倦，待看野人耕。

汉瓦砚为云生题

汉宫春草千年青，瓦作砚材无定形。一自书生艳文藻，当年云物通神灵。阿房一炬何足惜，炎井馨浓土花碧，太华落落清渭深。汉京一字千黄金，谁能和者焦桐琴。

赠云生[1]

不到莲峰顶，于今十五年。偶行芒水侧，深识使君贤。斜日孤村远，春风清渭圆。岁寒专抚字，新句万人传。

天下佳山水，都应付我诗。五言谁奥缓，万古郁雄奇。更访云台观，同斟白玉卮。狂歌答山史，醉墨满天池。

胡小舫[2]宝志斋前观梅作

雪地冰天有逸民，未开能酿十分春。依依竹柏无多语，恰得天心不待人。

将开仍望千村雪，欲语还藏一壑云。五十五年无一事，雪馀云际冷寻君。

雪霁读书，有会于心，呈农山丈一章

千二百年八家集，韩柳欧归方姚曾。南丰、湘乡。钝翁四家取坡老，南丰一瓣吾安能？只缘湘上有同嗜，湘乡最重南丰。导源六经春郁蒸。衰年量力趋俭约，文慕才甫同崚嶒。贵筑黄公称丈文能继才甫。

1　赠云生，《虚阁先生诗剩》下有“二首”。

2　胡小舫，《虚阁先生诗剩》作“胡君小舫”。

苏东坡。刘才甫。气象本邹鲁，我怜惜抱如枯僧。卅年积慕复何说，孤吟乐饥迂自憎。得闲闭门对晴雪，知丈哦诗依一镫。拈笔欣然贡兹纸，春融密竹清光腾。

邱星阶[1]昌泰斋中冻梅将开，有会而作[2]

骤衰更畏争纤琐，誓向深山寻硕果。西衕老树经百年，雪霁高枝花一朵。焦山春晓衡山夕，当日寻君乘一舸。岐阳萧瑟风泉寒，雪蕊霜枝犹伴我。关陇无端苦征战，谓壬戌年事。衡湘对汝思曾左。戊寅冬，居衡山。乾坤冰雪忽阳春，根蒂河山化么麽。吁嗟往事如电掣，好待花浓醉猗傩。东湖万树他年栽，香海狂歌句奇妥。

夜起对雪作

万家昏梦独闲吟，漏转荒城寒雪侵。渭水风云腾健骨，灵山钟磬证初心。卅年诗带幽并气，孤啸天高鸾凤音。曙色东湖方渐启，眉山忠爱本来深。

癸 巳

赠牟子乾同年

当年访我云台观，今又东湖冒雪来。游侣凋零忍重说，果然如愿好花开。

寄浙江学使陈六舟丈

曾听羌笛玉关秋，皖水催人湖海游。花艳天台石桥稳，试观东

1 邱星阶，《虚阁先生诗剩》作“邱君星阶”。
2 有会而作，《虚阁先生诗剩》无。

海倚僧楼。

夜醉文襄百战场，左公平浙。兰馨芷馥忆潇湘。黄河万里天山雪，饱饮南行校士忙。

云栖初雪磬声微，独访山僧雪满衣。谁向兰亭共觞咏，冬青枝叶未全非。

东湖渔隐已经年，梦绕江南二月天。寒食清明与重九，霜鸿来往总凄然。

新霁泛舟东湖，赠[1]熙梦锡太守年

此邦三至多甘泽，晓日初花照远山。清磐翠微天际听，每晤，必谈京师西山翠微、潭柘戒坛、碧云诸胜迹。又闻戒坛重修，为之欣慰。芒鞋太乙雪中还。谓去年祈雪事。苍螭泉溢仙源活，紫凤箫寒钓艇闲。天许渔樵自来往，幽寻何待叩禅关！

偕张育生大令[2]世英谭艺文昌宫赋赠

弹指楼台骨已仙，好云宜傍紫微天。卷舒微试经纶手，游戏仍随粥衲缘。大海波澜需远策，谓近二十年东南防务。秋风关陇忆当年。休挥万古伤心泪，湖隐花深泊钓船。

赠育生

万族欢秋霁，我知甘泽功。周原宜稼穑，岁序慎初终。太乙灵泉润，君侯至性通。良材类嘉谷，夜夜祷苍穹。

1　赠，《虚阁先生诗剩》作“呈”。

2　张育生大令，《虚阁先生诗剩》作“张君育生”。

寄樊云门大令渭南

范公昔与周元公。欧阳，东南继起参翱翔。国初二王山史、黄湄。与孙李，豹人、河滨。亦慕江淮鸥鹭乡。亭林入关栖华麓，河岳心交李二曲、天生。与王。山史、仲复。千年会合有天意，欲集未集休彷徨。尔来樊顾谓晴谷丈[1]。清渭旁，豪饮歌呼追古狂。诗开西北千山翠，身历中原百战场。一灯微耐秋筠凉，我亦悲歌鬓早霜。闲参清净人天意，待看皋夔稷契忙。卅年才俊满淮湘，关陇风云不可当。松柏经冬毓元气，榛苓自古属西方。病起登高望八荒，陇梅清远隐寒芳。谓王君心如。同留一片冰心在，谷口勤耕冷味长。

胡兰亭广文[2]师舜招饮赋赠

甫冠游西湖，将壮登东岱。同治甲子。中年嵩华衡，一气通沆瀣。金焦与百泉，思贤寻謦欬[3]。五十已倦游，梦秉乡山耒。东湖与楼观，忽得两雄概。奔驰已衰朽，山川消磊块。我游西湖时，君名动关塞。君以己未捷秋闱。忽忽三十年，急流同勇退。君老髯如戟，我亦多衰态。万族共欢戚，千年几兴废。湖山无尽期，山云无定在。同时二三子，倏已称老辈。蒹湄鉴须发，桐冈馥心肺。悠然古情性，不共时嗟慨。神闲杯不辞，眼明书久对。凉秋招我饮，知我寒能耐。去年居咫尺，相寻日每再。林胡与曾左，德泽酴当代。深谈欲流涕，松柏谁灌溉？伤今化群竞，思昔扫浮爱。春耕愿到秋，晨诵真至晦。一心常习静，万事了无碍。穷通非所忧，秋兰隐长佩。晨气葆金璧，天和融外内。哦诗太白前，太白无雕缋。

---

1 谓晴谷丈，《虚阁先生诗剩》无此注。

2 胡兰亭广文，《虚阁先生诗剩》作“胡君兰亭”。

3 謦欬，原本、《虚阁先生诗剩》皆作“罄欬”，据文义改。

咸阳对雪作

寂寂风雪晨,迢迢周汉初。东南泾渭交,此中清有馀。万古尊斯文,文周元气储。元气昆仑来,青天一籧庐。紫芝商山歌,白发磻溪渔。飞潜各有性,冰雪耽幽居。

登清渭楼[1]

天风海水一弦中,野服山蔬万象空。泾渭双流涵镜阁,汉唐千树送花骢。关西客泪霜堆鬓,笛里江梅雪满篷。更忆真州东去路,新城十里小桃红。

除日梅下作

花欲开时我正眠,山川清寂已多年。何须强问人间事,江上春风稳钓船。

1 登清渭楼,《虚阁先生诗剩》下有注:“楼在咸阳西门外。”

虚阁遗稿卷三[1]

古今体诗三

甲　午

苏祠观梅

不忍略攀折，幽云同素心。五年湖水上，万古雪根深。春转冰犹合，竹疏人苦吟。眉山尔同调，寂寞到如今。

绝句四首

拟作斜川五日游，阶前初雪照吟眸。休思今古无穷事，已占清闲第二筹。

东海云霞京口酒，南天星斗洞庭舟。前游更祝他年续，一笑秦关冷敝裘。

鸟声欢雪闭门听，梅竹东南冷共馨。颇愿寂寥似今日，西邻钟磬梦微醒。

闲观五十七年前，何处枯僧学钝禅？偶入人间仍寂寞，钝根人悟碧天圆。

1　虚阁遗稿卷三，原本作“虚阁遗稿卷之三”，据上下文例删“之”字。又《虚阁先生诗剩》作“虚阁先生残诗卷之五”，无下“古今体诗三”。

贺杨小峰同年翼孙六十

上寿应占百龄久，中兴同忆卅年前。升平歌舞人间事，花竹清闲自适然。

书恽子居《重建东湖书院记》后二十八字

凤泉春暖古城东，一笑人间迹偶同。南宋云卿北坡老，两东湖属两苏公。

横渠祠枯梅复花

饱阅冰霜又访君，凤翔人日醉朝曛。灵根不厌人间世，仙笛曾于江上闻。浩劫千年留铁骨，幽香昨夜化春云。三生圆影初心证，一慰深山鸾鹤群。

东　湖

东湖甲午花朝泪，北固庚申灯夜舟。庚申正月十三日，渡江北行。三十四年霜干在，江湖照我雪盈头。

寄题金台观

海角兵戈黯战尘，岐阳文阵气酣春。金台一任先生隐，冰雪须眉照渭滨。

奇气千年压九州，垂竿我亦着羊裘。自伤衰朽东湖上，合住昆仑十二楼。

横渠祠观梅

梅僵复活瘽可怜，灵根潜接东湖烟。霜晓花光照天海，仙人掌拱朝曦圆。吴岳倦游陇梅远,三年湖上烹春泉。山川奇气万万古,百怪齐纳清泠渊。当年登岱有孔颜,吴门凝视精神全。尼山师弟不复作,人间寂寞三千年。洛中程明道。邵康节。谈先天,莲花峰下希夷眠。渭滨更有横渠贤,数贤安得留人间?吁嗟乎!数贤安得留人间,泰华峥嵘星日悬。此花与我甘湖山,羊裘钓翁孤艇还。花疏竹密沙鸥闲,白云悠悠长闭关。

东湖一章

万山东下黄河湄,清泉一掬雨汧岐。春来湖上寻玉局,颇似潮州思退之。西周北宋皆忠厚,太乙峨嵋为公寿。泉鸣耳畔仍鸾凰,兵销劫外逢耆旧。西子湖心苏白堤,霜天游侣手曾携。咸丰己未十月,游西湖。月明天海娱花竹,潮卷东南忽鼓鼙。谓庚申杭州事。壮游频说西湖好,湖曲狂歌人已老。落落金台对酒樽,萋萋湘浦吟芳草。三十年来两鬓霜,苏祠清茗话岐阳。文章忠义心源在,太息关河百战场。

甘泽既降,用前韵寄题东湖苏文忠公祠壁

三月三日东湖湄,夜间甘泽霑丰岐。春来万类就枯槁,岳云在天能润之。万口争传长官厚,功成不言人自寿。礼乐雍容民气新,琴尊清净心依旧。闻说荷花开绕堤,东湖六月,荷花最盛。城东闲者各招携。灵台一点同忧乐,乔木当年阅鼓鼙。谓同治壬戌此间守城事。岐山不让眉山好,处处花开驻坡老。知公上界仙班闲,来视东湖旧诗草。铁骨铮铮历雪霜,平山祠宇继欧阳。怀兹万古英灵气,慰尔千村禾稼场。

四月二十八日作

海宇臣工齐上寿,山城父老竞开尊。忧边一叟垂霜鬓,暮霭朝烟独闭门。

连得甘泽,喜极成咏

忧乐通群志,安和自一家。风云助甘泽,菡萏喜初花。芳草闲门润,新泉幽涧斜。不须湖上醉,秋水咏苍葭。

过杨小峰同年旧居

风竹微吟讲席寒,当年登第耀长安。道旁人悟空花否,秋草萧萧送一棺。

失　题

大儿春秋小儿礼,杨君课子勤尊经。屋上青山屋前竹,杨君倦游含远馨。云车风马忽不停,群仙迓君舒鹤翎。海波清澈天冥冥,君随群仙趋帝廷。

谢郑生颐画兰

忽将天地苍茫意,写入潇湘霜雪时。南望灵均几惆怅,西方秋色本清奇。山川旧恨传心史,花草新凉梦钓丝。惜尔孤芳寄何处,三间湘上有荒祠。

东湖九月得牡丹一枝,和梦锡太守韵

白衣送酒忆当时,富贵天然冰雪姿。开向东湖休恨晚,和陶惟有大苏宜。

九月十二日，东湖苏祠前逢张君肯堂

城中病翁闲抱孙，城东湖水环秋村。微波一笑忽澄澈，长堤几人忘寂喧？登高九日同出门，今又见翁孤鹤蹲。白头照影秋水冷，碧涨漾空仙骨尊。日斜画舫垂杨根，枯荷新菊欣双存。山川元气雄万古，烟树秋怀凉一痕。星斗芒寒泉有源，文忠诗写丽于轩。鲲鹏变化风雷壮，我愿从公学漆园。

病中偶得一章，简梦锡太守

看花莫说李茂贞，登楼犹见秦时城。城根花发年年好，泉脉秋圆缓缓行。沧洲太守醉重九，因病得闲诗更清。三年湖上我亦病，鹤骨困向秋空撑。少年激昂如贾生，中岁忍寒游华衡。畿南才俊实难得，海上风涛应息争。衙斋矮梅含素馨，知公诗草快新晴。东湖薄寒已可畏，携琴处处成连盟。

寄樊山

清江出彭水，东合洞庭流。回首望巫峡，猿声送客舟。此邦良璧足，渭水钓丝秋。寂寂移情久，携琴湖上游。

秋　思

五丈原西云万重，凤凰泉上又西风。年年霜夜思乡泪，流到东湖更向东。

喜闻育生修凤翔县志，赋此奉柬

冰雪金银管，湖山翰墨缘。忠良昭日月，谓壬戌、癸亥间忠烈遗事。宾从尽神仙。武凤双修志，时方修武功志。冠裳三至年。人文朗珠璧，因念李洋川。云生有《汧阳述古篇》。

示韩生

韩子初生岁，吾师逝世秋[1]。廿年经百折，喜与尔同游。文字逃名久，湖山清泪收。吾衰望鸣凤，冬日暖丹丘。

和卿斋前竹夜

少华峰前竹，清光映石泉。东湖夜深话，山月几回圆。新识二三友，前游十九年。诸君多劲节，我亦此心坚。

十一月十六日作

大泽渔竿澹晚秋，当年已悔着羊裘。虎皮今夜还思撤，野服江干隐钓舟。

将辞东湖，预于十一月十九日谒湖上苏文忠象，作诗寿公，兼述岁寒之感

真州写经遗迹存，金焦两诗蟠海门。谒公来酌东湖水，湖舫冰胶思故园。神存八极仙阶尊，寿千万祀心荃荪。一阳初转待行远，万古同心超语言。终南万叠来昆仑，东湖一勺仍河源。人间迹象问庭柏，霜消舫暖升朝暾。我家江北竹成村，老屋在仪征城中，薄田在城北二十里水竹坡侧。公产峨嵋寒谷温。命世才生自天意，卷阿泂酌[2]与谁论？公曾过真州天宁寺，写经三日，寺今犹存。

1 逝世秋，《虚阁先生诗剩》作“逝在秋”。

2 泂酌，原本误作“洄酌”，据《虚阁先生诗剩》改。

寄樊山渭南

清渭送人行到此，南行十里即琴堂。琴边流水含新润，渭曲群山亦老苍。天下奇才谁爱惜，衰年多病任行藏。千岩万壑澄观久，仙掌晴舒日月光。

守 岁

守岁同州好，因思仙枣亭。亭在武昌黄鹤楼南道院中，丁丑年守岁于此。衰年勤白业，多难问苍冥。长愿干戈息，春融诗礼庭。星辰朗檐际，私祝冻梅馨。

乙 未

题郑威敏公祠堂南宋时，郑守同州，殉难。祠在同州城内，祠后有公墓。

墙东郁松柏，闻是郑公祠。墓冷荒烟久，忠抒南宋时。朱张去已远，华渭至今悲。西望蒲城路，谓王文恪公事。同心白日知。

咏孝伶杨郎

儿年十三北走归化城，儿年三十母书亲寄京。廿年骨肉不相见，海涛山雪河冰关月不能阻万里一缕之肫诚。母书何由寄，孝廉王子镇西。北之燕赵行。母面何由见，见书痛哭观者环前楹，见书仍未见母面。王子南旋后，夜夜哀残更。母年六十织且耕，儿有归时初志成。海涛何日平，山雪何日晴？河冰不得开，关月须自明。此时呼天天亦惊，此儿思母兼思妹与兄。涛狂雪积关河阻，兄耕妹织傍母仍孩婴。京师峨峨压海鲸，千门万户环侍贤公卿。千门万户春闻莺，此儿善歌人人知姓名。升平歌舞二百五十有二载，愿闻帝里岁岁多箫笙。多箫笙，无斗争。多燕莺，无甲兵。春风花开群鸟鸣，公卿济济欢仙瀛。山海万里花树好，此儿亦将慈母迎。海涛未宁阻迎母，此时呼天更抱难言情。华山一拳天半擎，黄河万波清复清。擎天愿见松与柏，波清能淘稻与粳。年丰路平岂不好，安得山蔬跪进河鲤烹？此儿思至此，血泪斑斑衣染腥，无复歌衣舞扇夜夜扬春声。严子作诗实在光绪乙未之春正，王子言之泪若河流倾。华山五千仞，愿得大石书此，待此儿归一见神峥嵘。

送定兴鹿制府传霖督四川

五云旌旆倚峨嵋，先访东湖苏子祠。太乙莲峰好迎送，九年仁泽遍丰岐。

刘焕唐孝廉。白五斋太史。偕游绿野堂，苏门词海有秦张。育生。东南儒者闻风感，尽说公卿爱士忙。

兼济宜求两忠武，研经更愿有文翁。岷峨气象青天上，铁石心肠绿萼中。

庭柯手植冬青密，□□□□紫柏圆。得句二云先遍和，樊樊山与李洋川。

星朗畿南奇杰多，天然元气被山河。山中郊岛闲相慰，蔬布从容隐薜萝。

社稷臣多翰墨缘，闲云依倚十三年。锦江霞绮含嵩华，第五村西望若仙。

和梦锡太守太白步祷元韵

忽来甘泽慰勤劳，独往曾观山雪高。太白金方通祷吁，梨花春酒解啼号。舟行湖上寻新句，云馥天心鉴素操。泉韵书声宵互答，农村岂止颂流膏！

赠梦翁二章

闻得祥霙喜复疑，清光忽已满阶墀。乾坤日月今重奠，韩范欧阳昔互推。短鬓十年嗟似雪，此身多病半忧时。蓬莱每祝春如海，自耐溪山酬所知。

芒鞋太乙千峰顶，画舫东湖一镜心。贤守勤劳同玉局，白云潇洒送甘霖。龙归烟壑南山静，泉涌春城右辅深。喜听邠岐耆老语，多图笠屐又从今。

绝　句

离骚一读一沉波，湘上闻歌唤奈何。纵使微波终不起，老来清泪已无多。

读王山史诗，欣然赋此

东野野人无鄙言，香山山谷耽田园。愚山山史志更拙，六贤心迹离嚣喧。韩苏顾亭林。王阮亭。交谊古，亭林重山史，阮亭兼重施、吴。千年逸鹤群腾骞。海云微紫天欲晓，众仙歌啸乘星轩。红莲几瓣迸初日，白云一吸通灵泉。人间清景不易有，游心物外心常存。苍松不离嵩华根，新泉不染沙土痕。白头遁叟爱篇什，闭门仍愿安黎元。

喜雪一章，即送梦锡太守入都，并简育生

东湖一尺雪，贤守十年心。骏马行将远，梅花寒独寻。高云无定所，风筱共幽吟。东坡祠多新竹。张子同惆怅，城东春水深。

学舍桃开，欣然赋此

桃花开又过春分，雪竹依然拂翠云。莫为春寒祝花早，闲门香静诵东君。时有请屈子从祀孔庭者，幽馨远扬，寂寞中一适也。《东君》为《九歌》之一，焚香庄诵，怅然久之。

闻鹊声作

公道忽闻檐鹊喜，声声欢喜病翁听。此声移向东邻好，花满晴窗竹满庭。

简常毓生广文继盛

雪光花态岸西东，都在东湖一镜中。镜面馀春含不尽，与君同作信天翁。

昨以东湖之图寄顾君耳山珢，育生将往青门，诗以送别，并寄二顾

太白仙才人不识，年来方遇贺知章。谓清麓。孤吟曾踏莲峰雪，癸未冬，君冒雪登华山绝顶。万古心同清渭长。时樊山宰渭南。

官道花开引玉骢，浮云世事自匆匆。淮南二顾兼谓晴谷。如相问，一勺东湖在袖中。

春日作

彬彬礼乐共春长，三十年来饱雪霜。从此岐阳留韵事，一钱庄在郑公乡。时官绅议兴洒扫职，仿淮南阮缓堂太史旧式。

韩李谭张上舍才，诂经遗矩武林来。千秋清响柯亭竹，催得寒梅次第开。

赠五老人诗

五老三百五十岁，清闲正好醉看花。须知天外三峰客，来访东湖五老家。

五老三百五十岁，试看东井老人星。西邻尚有文星在，谓任文卿。鹤背吹箫好共听。

五老三百五十岁，会饮张君三至时。太乙东湖春不尽，万花先发最高枝。

五老三百五十岁，龙华会好续灵山。灵山会在四月一日。青莲五瓣频拈得，更愿蓬莱共往还。

五老三百五十岁，白须红颊好容颜。磻溪一叟商山侣，何处风吹著此间？

赠[1]任文卿承允年丈

任王启秦州，刘融斋。阮文达。名吾邦。我饮海一滴，病隐思秋艭。求才于西北，岷峨高三江。张育生。顾耳山。相后先，云雷展经幢。善脉春初萌，潜诵深山窗。此脉五千年，我还依钓矼。

再赠文卿丈

留侯近黄石，裴令礼香山。泉爱汧岐美，书求泾渭间。馨香祝贤达，衰病梦江关。乐事他年说，东湖多往还。

夜饮东湖赠文卿

同游人远意凄然，闰五月十七，祭熙、刘、贺三公于学舍。万化推行感逝川。尚有闲人醉湖月，宜于凉夜放灯船。客星甘老烟波里，仙侣疑

---

1 赠，《虚阁先生诗剩》作“呈”。

居魏晋前。白发萧萧兼病目，犹依五老与三贤。子缉、育生、文卿。

失　题

希夷真逸两悠然，河海江淮本一川。夜久心香祝星斗，人间佳气化戈船。微波忽悟双湖外，东湖有南、北二湖。寂坐如游万古前。一自羲皇闲画卦，风枝露叶到今贤。誉文卿。

句赠陈君镜堂作哲

风雷太乙洗昏衢，竹外幽人一事无。闻喜抽身课耕织，君曾为闻喜令。访君时过小东湖。

绝　句

冰天雪地逸民多，春事江南近若何？自有冬心耐冰雪，青山深处任消磨。

失　题

入关更奋平生志，出世仍持爱国心。温谢同声应一笑，城西春敛白云深。

寄题青门左文襄公祠堂

恸哭湖山一叶身，湘阴祠宇静栖神。他年卫国风雷壮，天半旗书姓左人。

夏日书怀二首

一春多病困，泾渭有和风。孤影秋泉侧，千军赤日中。失眠悲战马，减食念哀鸿。忧乐关天下，原非吾道穷。

畏湿恒宵起，迎凉怯午眠。江湖有渔艇，鸥鹭喜新莲。一隔东南路，孤吟十九年。贫居闲养疾，处处好山川。

题樊山先生诗集三章

江汉英灵关辅杰，先生收入有声诗。扬州待作五泉长，君游迹未至扬州。日下才多一手持。谓稿中《题襟集》。此集幽馨密松桂，愿君谈笑却熊罴。云帆辽海悲笳歇，好作铙歌进一卮。

我园宾客多豪俊，隐系安危四十年。今日词坛归越缦，谓李炁伯。白沙同守冷青毡。谓陈六舟丈。江河万古宜斯集，日月五星高在天。圣世人文朗珠璧，东湖东望共欢然。

天上胡曾心不死，替人何处觅奇材？我今白发惟思旧，好语樊山莫自哀。君集中有“自哀不暇更哀谁”句。曾向潇湘采兰芷，长依日月望蓬来。唐衢泪眼湖光洗，试看风云万里开。

青门旅店中作

樊诗顾序同州读，太华龙门雪霁初。六月青门闲养病，殷勤展得醴泉书。谓晴谷。

赠顾晴谷丈曾烜五首

临川夫子李小湖师。通州住，惜未趋依东海头。杖履春风接关辅，宵谈如在好云楼。

秋高东井老人星，刘阮淮南共守经。六艺从今润西北，中声潜转有人听。

国朝二顾学通微，湖海荒寒雪鹭[1]飞。又见英贤继芳韵，他年华

1 雪鹭，《虚阁先生诗剩》作“雪鸥”。

渭孰传衣？

山史能知真隐心，山史称孙公真隐，耀州诗中引之。达观从古重儒林。耀州诗好齐乔志，驯鹿幽深密赏音。

诗礼雍容萃一门，萧然官舍似山村。寿同孙夏峰。李应如愿，况有清泉照酒尊。

简耳山

经学家声刘阮前，论交愿在纪群间。山云闲极依松竹，黄面枯僧静闭关。

寿耳山

东湖曾咏老人星，又见春风静讼庭。好理画船吟璧月，最宜梅阁对云屏。谓太白山。梧桐叶碧双鸾绕，笙磬音调万井听。菊序两贤先共醉，断无戈马践郊垧。

偶书四十字

昌黎友东野，山史逊亭林。淮海东南远，野人曾苦吟。常思陋轩集，谁识白云心？二顾闲来往，莲峰诗味深。

题灵岩寺吕仙祠

丹台终古压灵岩，今我登临大有缘。山海横看三万里，神仙危坐一千年。不知何处人间世，难得闲观物外天。脱尽平生饥渴累，满潭黄叶半溪泉。

寄樊山

滑稽何敢学东方，寒拾天台话石梁。故旧凋零同一哭，近闻越缦消息。斯人憔悴本非狂。传来弟子芬芳久,忍听风尘罗网伤!鸾凤应巢霄汉上,自知鸥鹭倦翱翔。

乙亥饮此水

乙亥饮此水,吾父宦泾阳。乙未饮此水,孤依吾母旁。诸孙汲井腾寒香,祖庭跪进新茗尝。梅酡茗熟神所悯,菽水欢承师训详。己巳秋,我园夫子语。渭北龙渠润远方,春走雷霆冬雪霜。黄河呼吸通万里,翠壁幽馨含八荒。泾阳朔望来一线,泾阳署中有池,每朔望,则入龙渠之水。泉根云日绵清光。霜天到此路寒涩,饮者得气同舒长。史刘吴慕殊存亡,岱华嵩衡经燠凉。蓬莱墓树近东海,慕师居山东蓬莱县。滇南太守应惊伤。刘星岑时官镇远。先人体魄新阡藏,雪霁心悲哀鸟翔。此泉朝汲暮复汲,嵯峨北望何苍凉!烹泉作茗谈故乡,饮水知源悲老苍。吾祖旧阡松径暖,廿年江上梦傍徨。岁岁青门泪万行,幽幽谷口挹寒芳。新阡旧邑关心极,芳草年年诗礼堂。

丙　申[1]

元日作于泾阳

梅竹水仙皆好侣,嵯峨泾渭共清晖。家家都作蓬壶看,淑气幽香密染衣。

征战经年冀罢兵,朝暄芳草碧初生。微生自是闲居好,庭鸟喧声恰午晴。

1　丙申,《虚阁先生诗剩》上题“虚阁先生残诗卷之六”。

人日味经书院观梅赠史锦堂广文家荣

泾阳一至一凄然，三至俄惊二十年。清白池旁才数点，池在书院内。嵯峨天际照双泉。三峰采药谁宾主，二史兼谓史山长勺五。谈经有后先。好友良辰共潇洒，云台水竹缔诗缘。勺五与亭林、山史均配享云台观朱文公祠。

赠牟子怀同年

六十衰翁何所求，春风待子步瀛洲。偶谈花树东湖曲，更忆蓬莱沧海头。君与余同出慕师门下。白发种松情未已，青山采药愿同酬。年年四海安耕织，病骨逢春醉即休。

绝句二首

曾怜山史忍春寒，好访梅花倚雪看。江北江南暗相忆，白石句[1]。东风一笛玉阑干。

玉宇琼楼赋早秋，暗香疏影寄湖州。苏姜忠爱称骚雅，山抹微云忆少游。

二曲衙斋观尤贡父墨梅

新城十里桃花岸，江上潮回梅再生。仪征城东新城道观有返魂梅。或有幽人传画本，曾经霜塞听笳声。布衣春醴贤王席，尤曾出塞，同某邸酬唱，著有《出塞草》。微雪孤山逸侣盟。尤晚年不娶。九十年前耆旧迹，东风二曲忆芜城。

1　白石句，《虚阁先生诗剩》作“白石诗”。

中和节

二曲春风雪竹新，一瓯晨粥水云身。年年芳草中和节，寂寞衡山有逸人。

寄耳山风翔

我行渭北春光近，君向东湖雪意微。湖上凭栏应一笑，夕阳倦鸟学低飞。

送李云白丈汝鹤解盩厔任

万古幽怀二顾知，谓晴谷、耳山。黄梅衣钵本无奇。东湖亦有曹溪迹，十万莲花雪一丝。

山川禹迹谁能说，刘项风云亦可哀。放鹤亭前天万里，有人闲待鹤归来。

七鹤三雏二曲留，谁知遗爱满恒州？如今只看南山色，暮暮朝朝对白头。

剑台公子又归吴，坡老黄楼酒胆粗。四十二年河北徙，心随流水绕皇都。

竹　下

竹密移仍活，冰稀静亦凉。淡交存素性，早起浴初光。客访唐朝寺，僧房午梦长。钟声频到耳，何待熟黄粱[1]！

1　黄粱，原本、《虚阁先生诗剩》误作“黄梁”，据文义改。

偶 题

年将六十犹宜待，路隔三千尚未还。寒食清明无限泪，泣题诗句满人间。

河 渠

一卷新成水利书，曾文正赠唐恪慎公句。林曾心奠万民居。河渠未遂湘阴志，谓辛巳、壬午间事。国器谁知镜海储？中兴将相，多启自恪慎者。又见群贤润关辅，自怜疏远寄樵渔。山川淑气天徐转，稼穑诗书愿有馀。

夏 昼

梅竹萧萧夏昼寒，清阴几曲好阑干。东洋西域兵方息，野老潜夫泪未干。六月火金应浑化，几人冰雪共艰难？自怜衰退渔舟稳，两点金焦次第看。

胡大筱舫苍雪斋纳凉[1]

初日清凉映竹光，暮霞成绮绕回廊。青门今岁愁浓暑，一笛风寒谢四郎。谢麟伯令子尧卿，笃雅成家，尤喜弄笛。

初生便是寒梅树，樊山《五十自寿》诗句。时李童送其师归里，有“到家刚十月，应见早梅开”十字，故乐以樊句赠之。童为云白丈少子。东望徐州大有人。渭水西来拥苍翠，他年思我莫伤神。

何处山泉百道飞，竹边梅下水声微。尺波自具长河势，有客龙门吸晓晖。谓云生将赴韩城。

1 纳凉，《虚阁先生诗剩》下有“四章”。

龙虎奇观溯完白，时小舫从余受笔法。烟波旧梦忆虚舟。小舫前年梦得王虚舟砚，后果得之。两行苍雪围孤艇，已作焦山六月游。

送云生之官韩城

龙门耸双翠，曲曲溯清源。灏气君先得，韩城为龙门之南第一邑。新秋卧石根。千年一澄澈，万象自凉温。莫食长河鲤，飞腾有性存。

同州三相国，故里两贤依。云生得韩城，育生得蒲城。朝邑我亲见，中条雪磬微。蒙蒙村树密，漠漠岳云归。喜听弦歌化，吾衰静掩扉。

寄耳山凤翔

朝阳鸣凤又新秋，满壁沧洲念虎头。字写莲衣传灞上，心随渭水到同州。苍槐雪藕仍西忆，画戟清香据上游。万里途平耕织稳，闲听长笛倚湖楼。

种竹篇寿小舫三十

种竹十年前，看竹秋晴初。初心养空碧，竹间多聚书。淇上有蘧贤，卫武神同居。我游淇水上，丙子、丁丑、癸未。长思公与蘧。和气之所钟，钟山怀旧庐。小舫家金陵钟山下，余家江北，时见山色。旧庐千万间，往往潜樵渔。我友志英特，三十书恒储。气静根亦深，光新帘恰疏。志得宜欣然，深藏仍蔼如。竹竿好垂钓，钓罢还怜鱼。

偕小舫赞归评《史记》，武昌本。同怀张濂亭先生

仙人玉笛谁亲听，黄鹤楼头妙迹存。待访幽人著书处，年年江水绕柴门。

遗文端合醴泉留，晴谷丈最重《濂亭集》。太白峰前墓草秋。濂翁墓在郿县太白山下。五岳苍苍洞庭碧，一齐收纳往同州。时将省亲同州。

渡 河

渡河应恤舟人苦，闭户须知旅客艰。常为苍生祝安稳，不妨蔬布理名山。

天边霜燕莫分飞，柳外河鱼乐晓晖。渭水西来绕双华，有人山半掩松扉。

风微霜脆又新晴，双桨[1]徐将晓色迎。二十一年频过此，河神应见我心清。

寄云白丈

髫年妙句播江南，解咏桃花三月三。黄叶西风又重九，为谁凄怆忆江潭？

金塔斜阳一磬秋，金塔寺在同州城北。莺花上巳卧恒州。佳声怕向人前说，七鹤三雏二曲留。儒者不言祥瑞，矧闲言语耶？然使君之幽光，可质神明矣。七鹤三雏，纪实也。

忆赵氏园访梅旧游游在乙未正月，诗作于丙申九月十九日，园在同州城东。

海潮未定心烦忧，偶登赵氏万花园侧之高楼。主人未见见霜萼，万花欲开仍布裘。云台迹疏十年久，斯游同者郭仁山。与刘。实甫。今年到此苦病目，闭门梦约癯仙游。寻梅曾绕玉泉侧，玉泉院蓬莱殿侧，有梅一株。灾馀惟有泉长流。此花得地能久立，相对欲洗双吟眸。秋心早已濯冰雪，况闻四海销戈矛。苍生菽粟处处足，仙人琴筑峰峰留。只愿人间常有此佳景，南归访旧沧江头。三峰久恋岂不好，

1　双桨，原本、《虚阁先生诗剩》误作“双浆”，据文义改。

已衰欲放淮南舟。布帆安稳定如愿,吹笛江楼宜早秋。虹桥不见王扬州,淮山合住阎潜丘。我归欲宿焦山寺,红萼清钟粥一瓯。焦山多梅。

复至小舫家题壁

梅蕊堪为冻雀粮,竹阴已作野人乡。梦中微辨钟山路,花拥□门春水长。

十月三十日饮于小舫研馨书屋红梅树下

风篁韵初夜,尊酒乐嘉宾。座中有晴谷、耳山、云白诸贤。只此岁寒侣,又先天地春。怯闻□□□,仍与白云亲。衰退宜昏醉,梅间寄此身。

梅下又得二十字

冻雀食梅蕊,曾知梅味无?岁寒甘淡泊,昨夜梦江湖。

梅　边

梅边偶得一花新,已是蓬山不尽春。怪石幽泉留好梦,霜天雪地此相亲。闲情欲寄江干笛,旧侣多离世上人。松桂依依共安稳,澹香从古属天民。

长　吟

长吟若无事,天地又冰霜。庭竹寒犹碧,山梅远又芳。哀鸿满城市,此际最凄凉。细数盈虚理,将春渭水长。

重题彭刚直公墨梅为谢尧卿

挥泪谈刚直，停觞忆谢公。衰颜山水外，初雪寂寥中。何地无松桂，孤怀念皖桐。王益吾学使选古文辞，近于友人商，以左、孙、许、梅、张数先生文为再续集。南屏存逸调，茅屋岳州东。

寄题华山

擎天一柱抱风霜，潇洒闲云岫里藏。夜半微钟收不住，人间听去共清凉。

寿李春坪大令[1]蔚然六十可园素心梅，廿馀年佳植也。今病目，未能往观，因以诗为君寿。

寻梅兼得商山侣，君四至商州。耐久深推雪苑才。淇水悠然心共远，文诚袁文诚。当日手亲栽。潜知淑气中州早，常愿霜花百岁开。惜未同游山水曲，谓盩厔仙游、楼观诸寺。东风相忆欲衔杯。

嘉平六日，偕云白小舫同饮，奉怀午桥、六舟两丈扬州

玉梅花下交三九，陈其年词。千古陈髯逸句新。尊酒青门又今夕，耦耕江上念伊人。春来应许重相见，病久依然不厌贫。渐悔洛阳年少语，庚午下第，六舟丈赠句云："漫愁五色迷坡老，只为千秋惜贾生。"又云："江上他年约耦耕。"白沙翠竹养天真。

先大夫长安城南东三爻村墓

墓田朝多霜，墓田暮多雪。霜雪易消融，思亲心不灭。

1　李春坪大令，《虚阁先生诗剩》作"李君春坪"。

墓田暮多雪，墓田朝多霜。霜雪难消融，此苦先灵尝。

墓田得二亩，祠屋无一间。九年苦经营，儿志深于山。

儿年将六十，父葬方一年。有志恐难成，儿泪深于渊。

苏文忠生日，偕小舫敬礼遗像。像为嘉庆癸亥泰州朱野云所摹南薰殿本，赋诗三章示小舫

廿年前坐含秋阁，野云居宣武城南，有涵秋阁。余居之两载。燕水东南一幅收。昨为坡公展遗墨，凄凉渭水带冰流。

十年前访西来阁，不见丁香旧日花。树已伐去。秀水新城勤手植，为谁惆怅老天涯？秦子衡丈曾画阁前丁香，有石刻者。今昨见之，为之惆怅。

卅年不到松寥阁，片石犹怀瘗鹤铭。第一江山春不尽，曲江风度压山灵。张文贞公读书楼，在隔江山下。

寄谭西屏[1]麟渭南

赵九村南冰雪缘，紫兰堂集姓名传。顿教四海知公健，我忆孤忠谓曹季皋先生殉难渭南事。更自怜。渭洛由来春似酒，顾亭林。王山史。当日望如仙。谁知二百馀年后，犹有樊云门。谭继昔贤。

丁　酉

元日咏梅示小舫

风篁露桂伴多时，二十三年又一枝。江远似听人弄笛，岁寒仍

1　寄谭西屏，《虚阁先生诗剩》作“寄赠谭君西屏”。

赖汝催诗。十年不踏宣南雪，一醉曾倾病后卮。曙色欲来春意转，不妨闲坐对疏篱。

人 日

长安人日春风转，雪萼潜通静者心。性定不知来日少，身闲何必入山深？恒将一念依双树，早悟分阴值万金。迂拙久难为世用，万花如海影同簪。

上元灯夕呈马菉斐丈[1]毓华并寄耳山兰亭凤翔

老人星朗万年枝，咸宁，古万年县。腰脚轻安似少时。再种梅花三百树，君金陵旧宅有梅花三百树。试歌仙令八旬诗。东湖病隐依双柏，今夕灯圆尽一卮。天岳山房李次青先生集。雪青阁，谢麟伯太史集。年年衡华写相思。

寿云白丈六旬晋一

春明燕九东风近，同祝徐州六一翁。性澹不妨居渭上，岁寒曾共拜苏公。脚根嵩华烟霞久，朋辈文章玉雪工。君与樊山、晴谷屡校秋闱。东望云龙多紫气，醉馀长啸仰鸿蒙。

题唐大姑死烈事为陆梧山观察襄钺作

定兴孙鹿久称贤，一线心光三百年。清苑地近定兴。女贞天下重，波澄古井欲[2]超然。

仙诏荣深双凤阙，玉棺香满万年枝。墓在咸宁孟村。生前素履真凄绝，修史寒窗月上时。

---

1 马菉斐丈，《虚阁先生诗剩》作“马丈菉斐”。

2 欲，《虚阁先生诗剩》作“本”。

开编读到伤心处，夜半秋声不忍听。五十年来多劲节，气吞霄汉作明星。

京江风度张文贞公文以风度胜，时以曲江为比。有读书楼，在焦山之南象山下；梧山老屋，在京口。金焦水，枯木堂堂在焦山慧定寺。前万里情。卜宅好藏贤女传，京江山水双清，宜藏大姑遗稿。霜天乌泣一灯明。

心清原不望人知，节孝能兼礼女师。忽忆绿杨城外路，梅花岭与露筋祠。史忠正公梅花岭墓傍有萧孝子墓，孝子曾割肝救母。

刘公祠雪中咏梅赠李含三道士

双梅玉立刘祠雪，万里天开衡岳云。六十山游仍作客，群芳阅尽又逢君。龙门从此传心印，湘上当年卧夕曛。一线昆仑春不断，九霄鸾鹤喜同群。

凤翔吊秦穆公墓

文垂虞夏商周后，墓冷冰霜风日中。悔过何妨望贤裔，深悲犹或动村翁。东湖树拥苏祠壮，右辅云寒汉殿空。曾过骊山吊馀烬，忍因黄鸟掩仁风！

二月朔日云台观作

二十一年三到此，丙子、丁丑间居此六月，壬未、癸未亦往来此地。云台观冷翠烟深。顾王姚史朱文公祠陪祀四贤。今犹在，微辨青霄独鹤心。山史有独鹤亭。

二月二日再作

闲云谷口一樵行，微雪莲花二月晴。病眼依稀指楼阁，春泉飞洒引清明。西陲长愿干戈息，上界徐闻箫管声。旧是无忧亭上客，亭在玉泉院，以无忧树得名。闲骑鹤背细吹笙。

游华将行，留题云台观

郁郁二十年，磊磊三四峰。斋心昔久坐，秋影依双松。浩气昆仑来，东与黄河逢。中原少冰雪，天籁酣笙钟。河流西北高，山气潜秋冬。幽人玉井旁，周处士静观居莲峰最久。欲晓携吟筇。高崖白云密，往迹苍苔封。群鹤仙都游，三月山花浓。龙门百里远，神鲤登从容。我与樵牧亲，性安泉石踪。麦苗已盈寸，道侣皆山农。一饱观晚霞，馀酒邀村佣。已衰夫何言，前山春几重？芳辰再寻挹，此境谁相从！

寄耳山

顾阎双谱紫阳祠，华下新寒睡鹤知。他日东湖念严顾，莲灯茗舫说多时。

追吊曹季皋夫子士鹤

伤心人说曹夫子，飒飒忠魂在渭南。春水东流亦呜咽，儒生天上助和甘。神来花草迎车泣，志正乾坤一气参。太华钟山四千里，琴馀风度昔深谙。

同州遇寒食

同州遇寒食，上巳又清明。微露桃梨润，双流洛渭清。河西此雄郡，华下喜新晴。何日云台卧，心兼水竹明。

寿刘实甫[1]茂锡六十

曾约春园访梅萼，又于文苑溯桐城。君方读姚选《古文辞类纂》。从军未遂风云志，结友亲闻弦诵声。一病每思扃户坐，百年常共绕花行。衰翁相对谁图画，难写乔黄世外情。乔鹤侪、黄子寿皆与君有姻旧。

送春诗寄小舫

九十春光六十翁，年年不敢送贫穷。送春春又归何处，犹在邻家竹树中。

---

1 刘实甫，《虚阁先生诗剩》作"刘君实甫"。

虚阁遗稿卷四[1]

古今体诗四

寓八仙庵

黄庭夕两卷,白云晨一丝。吾来芍药浓,交始梅花时。寒暑任万变,水云巢一枝。春华亦可悦,岁寒仍自持。种麦能为粮,种竹能催诗。文章淡益好,彭泽心同师。

渡　渭

少住须臾亦适然,渡船风静晓晴天。渭滨闲觅江湖乐,生长江湖爱放船。

渭河千里渡船多,南北辛勤可奈何。一叶年年安稳过,人间同愿息风波。

檐　溜

琴声不可得,檐溜忽清心。似近寒泉坐,兼来渔者吟。松风依太华,尘梦醒从今。二十年来事,茫茫忍再寻?

1　虚阁遗稿卷四,《虚阁先生诗剩》作“虚阁先生残诗卷之七”。

寄题华山玉井莲呈云白丈

万叶千花次第看，何人吹笛白云端？莲心不觉花开落，耐苦从今到岁寒。

欧阳文忠生日茗奠礼成，寄毛俊臣孝廉昌杰

风流六一近千年，隐隐平山启后贤。一舫昔曾依召埭，两家今傍古甘泉。文章神化思前哲，冰雪清寒悟静缘。寄语樊山门下士，欧苏忠爱至今传。平山堂祀三贤，公在苏、王之上。

渭上作

蒲城忠义平江笔，林文忠事略前数行，特书王文恪公遗事。子孙潜守多逢吉。高要名誉赖定兴，试论文章如云蒸。岳州早逝天下叹，梦泣洞庭秋一片。欧苏久祀平山间，慨慕清修五十年。六月凉风吹渭水，三贤祠记待樊山。意中久欲为三贤祠，尚未能商于群贤也。祠记当俟樊樊山为之。

山　间

连宵得甘泽，四海少冤民。何处池莲润，悠然庭草春。端居问农圃，蔬食即经纶。丰稔真同乐，山间自在身。

读江注《近思录》

赵宋五星聚，周陈百代尊。江公傍虹井，饮水得河源。湖上传曾集，咸丰辛酉八月，日月合璧，五星联珠。是日，曾忠襄克复安庆省城。文正遗忠襄诗，有“上感三光下百神”之句。河东有薛门。仁斋先生。千年涵善脉，守拙复何言？

八月十三日作

六旬真一梦，久病念群生。农困思甘澍，秋初失老成。谓李文正。惊涛赖舟楫，浩气接湘衡。忧国天同鉴，壬午岁，卞颂臣丈在京师，称李公白首忧边，根于天性。从今隐姓名。

寄云白丈醴泉

癸未双松照醴泉，云白及晴谷两丈，皆癸未同年。听泉秋雁莫多眠。乡心犹绕云龙[1]树，尘梦先醒玉井莲。三辅微凉催晚笛，襄阳耆旧话春田。闻歌招隐依江水，梅雪金焦引钓船。

三君咏寄耳山凤翔

孤忠万古伤心泪，不入黄河作浪声。五十年来无一语，儿孙能读又能耕。蒲州王文恪公。

湘乡戊戌登朝后，冠冕东南六十年。爱写庄骚慰幽独，薰天事业不贪钱。湘乡曾文正公。

只是吾乡较□些[2]，朝阳秋水澹蒹葭。耳翁心契担千古，同是淮南雪后花。兴化刘融斋先生熙载。

寄呈张午桥丈

江上清晖阁，淮南赐绮楼。烟波安钓艇，日月恋仙洲。垂老仍松柏，馀闲念鹭鸥。卅年疏侍座，呈句泪先流。

---

1 云龙，《虚阁先生诗剩》下自注："山名。"

2 □些，《虚阁先生诗剩》并缺。

寄呈陈六舟丈

江南老大臣，日下种花人。有友青山隐，相依白发新。两翁兼谓午桥丈。游太华，南望待初春。石室希夷卧，群贤共出尘。兼谓扬州旧侣。

十月[1]朔日晨起作

三峰梅数点，一念润千年。种竹栽松地，初霜未雪天。才疏愧温饱，泽远是农田。再绎诗书味，寒山有碧泉。

十月九日对菊作

九年憔悴悲寒食，一夕安闲对旧书。篱菊重阳愁未见，江梅十月又何如。伤心师友凋零易，入梦烟波涕泪馀。惟有青灯怜白发，周旋花底二更初。

钟山、尊经两书院课艺中有曹季皋夫子文，既已持赠樊山，复寄一诗

姚曾先后振斯文，课艺经山长八人阅定，惜抱最著。金陵克复奇功，文正最著。江海萧条得使君。渭上忠魂依健笔，衡山浩气欲开云。文传绍述千年久，诗味沧浪一线勤。惜未往游烟水窟，余未至金陵。六朝秋笛起斜曛。

赠云白丈

盩厔二云皆逸侣，兼谓云生。文章一气溯丰岐。偕游远水深

1　十月，原本、《虚阁先生诗剩》误作“十日”，据文义改。

山曲，又是梅初菊晚时。白下闻公曾六至，以乡试往。紫阳应见第三祠。华阴、三原皆已有朱子祠。云台直下同珍重，雪后苍松发几枝。

赠小舫

十年五至竹间居，愿得平安地有馀。冬日青门闲读画，他时白下好藏书。金陵藏书者，嘉、道间推甘、陈二家。海内无事，还乡积书，此愿当易偿也。江湖有约容孤艇，风月无边属老渔。衰病恰宜常寂寞，更言钱沈与方储。

立春后二日赠小舫

秦川八百里，古史四千年。味在竹梅外，收来书画船。春深闲闭户，早起学耕田。积久将行远，幽馨百代传。

除夕送俊臣北上

明年生日恰逢春，文笔中原有替人。行溯汾流寻两渡，灵石何公旧宅在两渡。时依云气望三秦。桃花江水怀仙侣，芍药丰台重此身。早办归装向伊洛，伊川深愿活斯民。

戊　戌

题谢麟伯太史维藩《雪青阁集》

道光中叶潘四农。鲁通甫。起，闽中张子栖松寥。亨甫曾读书于焦山松寥阁。壶园延纳东海亚，徐廉峰先生居京师，寓庐名壶园，时谓先生有东海遗风。园树一枝巢野乔。姚海伯一字野乔，为徐门下士。姚居壶园，与潘诗最多。许我园[1]。王霞举[2]。冯鲁川[3]。董研秋[4]。耀山右，松柏岁寒知后凋。我园名起壶园后，南黄翔云[5]。北王霞举。时见招。咸同之间此正轨，五岳云霞江海潮。平子同居今硕果，谓张午桥丈，今年已七十五矣。当时浩气真摩霄。近二十年推越缦，李悉伯侍御。三人后先尊斗杓。悉伯弟子称陶、樊，又称袁、樊。谢公特立重耆旧，交深陈六舟丈。陆梧山观察。喧同朝。太行南海留翰墨，祝融紫盖惊岧峣。公之游迹我亦往，山僧说公寒雪宵。南岳诗僧海岸[6]。洞庭欲共南屏吴南屏先生。隐，日下时念西山樵。大梁癸未得初本，陈、陆同官大梁[7]。颍川星朗烟尘销。七十年来涂辙合，道光己丑，潘先生始游京师。枫林闻笛悲萧萧。梦绕潇湘泪芳草，光争日月雄中条。谓张香涛制军《三良集》[8]。数贤诗为天下惜，此卷深藏神更超。收之衡岳楼一角，或由陈陆存金焦。松寥阁外梅几树，携诗放船仙侣邀。此诗此境不易得，青山无尽天迢迢。春来愿与好山约，京口酒将千虑浇。青波绿萼照白发，六舟丈今年七十有二，玉森亦六十有一。江干诗宴宜花朝。

正月五日赠善画者侯生，并送云白丈之咸阳

都下壬申重二秦，炳文先生及子衡丈。文勤潘伯寅师。开阁宴新春。青门常愿花如锦，雪苑由来笔有神。难写休休心一片，知君缓缓貌

1 我园，《虚阁先生诗剩》作“我园师”。
2 霞举，《虚阁先生诗剩》作“霞举丈”。
3 鲁川，《虚阁先生诗剩》作“鲁川先生”。
4 研秋，《虚阁先生诗剩》作“研秋观察”。
5 翔云，《虚阁先生诗剩》作“翔云先生”。
6 南岳诗僧海岸，《虚阁先生诗剩》上有“谓”。
7 陈陆同官大梁，《虚阁先生诗剩》上有“谓”。
8 三良集，《虚阁先生诗剩》下有“之选”。

千人。豳风耕织咸阳绘，更著斜川画里身。

赠晴谷丈兼寄耳山

吏隐关西数病翁，卷怀淇上一心同。醴泉志美双英笔，谓孙、洪两公。破浪曾乘万里风。谓《售世集》[1]。儒者愁深近庄老，凤翔春透古崆峒。梅边寂静微闻雁，天际声偕两顾公。

赠耳山

花朝微雪忆东湖，湖水东流入渭无。曾过焦山怀顾况，焦山《瘗鹤铭》，云为顾氏遗迹。又因绿萼访林逋。咸丰己未冬，游西湖之孤山。卅年游赏云无迹，万树声寒病欲苏。同为春寒祝安稳，自怜霜发隐菰蒲。

饮于小舫斋前红梅树下，呈晴谷丈

东南刘融斋丈曾主讲沪上龙门书院。顾两龙门，西北溪山伴酒尊。又是花朝香一瓣，南枝梅引北枝温。

上巳送樊山再任渭南

题襟一集乐千年，耆旧凋零亦惘然。谓越缦及王可庄太守俱逝。流水桃花又今日，九州四海说君贤。车回汾曲馀双韵，琴谱春风第几弦？此去紫兰村外路，绮霞仙掌渭南天。

失　题

北山三月仍雪霜，心肝万古同清凉。山深河冻舟楫阻，仙令双

1　售世集，《虚阁先生诗剩》上有“晴谷”。

皃星斗旁。方今天子求贤良，北搜溟渤南衡湘。登高舒啸花争发，奇气依然江汉长。

客有咏蝴蝶者，因忆太常仙迹

忠孝神仙隐太常，曾随鹓鹭觐天光。春来变化身千亿，世外须眉气吉羊。北阙一心依日月，东风双翼引芬芳。花时仍怕文章露，守黑何妨学老庄。仙蝶皆黑章。

寄云白丈咸阳兼怀耳山

春园犹剩几分花，竹密花疏处处嘉。华下河声经九曲，咸阳渔唱倚孤槎。龙门二客随缘得，郃阳近韩城龙门，凤翔近陇州龙门。雁塔双枝任雾遮。灞浐萧条桥上过，年年桥上梦桑麻。

寄耳山凤翔

东湖四月凤泉微，芍药花开画舫稀。湖上凭栏应一笑，夕阳倦鸟学低飞。

勤谦我学方三拜，清白君真杨四知。上巳书来近寒食，一年寒暖适中时。借放翁句。

题王生春草蝴蝶画扇

雪消南国春如海，波绿东风草又生。仙蝶随缘皆管领，看花佳节到清明。闲飞阶上仍无迹，偶梦江干亦有情。从此瀛州香不尽，那知人世叠枯荣！

赠史、王两生

太乙黄河气象开，中天双翠耸崔巍。谓二华山。甘霖他日苍生慰,芍药花时两秀才。

顾王姚史紫阳祠,万古斯文隐在兹。六十衰翁多白发,云台春晓立多时。

邻人送花

花朝再展仍三月,露蕊将开又五枝。愁向春园说刘实甫。郭,仁山。鬓霜犹忆赏花时。

闰上巳日,喜闻晴谷丈已抵郃阳,寄赠一首

佳节重三觞咏频,清风千里引双轮。江东彩笔惊三辅,天际龙门气一新。郃邑近韩城龙门。道德徐传河上本,诗篇先寄渭南人。谓樊山。西河贤裔须寻访,石室花浓不尽春。闻卜夫子后嗣多在郃守墓者。

寿顾石荪[1]四十

康熙己未鸿儒兴,嘉庆己未才辈腾。吾乡阮史天下重,文达公己未总裁,望之尚书为己未会元。江淮至今云气蒸。石荪生日兵将息,江上好山吾始登。咸丰己未五月,始游焦山。淮甸徐开诗派远,山中忽失修眉僧。清寒入骨冰几层,他日偕行扶雪藤。二百馀年萃文藻,祝君百世称贤能。

送樊山入都

万山花气九霄云,青鸟餐花送使君。圣世莫言无隐者,谓西屏。终南高咏待同群。曾听黄鹤楼中笛,君游武昌最久。好策麒麟阁上勋。江海萧条几惆怅,谁询溪鹭愧殷勤。闻京华故人存问,感之久矣。

1 顾石荪,《虚阁先生诗剩》作“顾君石荪”,自注“硕”字。

种竹篇

古人爱竹珍寸碧，清韵一丝凉万峰。华山蟠根已得地，偶来城市犹相容。吾家江上户多竹，林角时闻资福钟。资福寺在仪征城中。厉园牡丹倚烟寺，淡红深翠欣相逢。卅年不归倦尘土，病目当春虚倚筇。江乡花开鸟声好，渭川水美乡心浓。东风二曲水村画，一叶一花皆致恭。江淮耆旧惜零落，南行相遇多龙钟。二詹希伯、铭仲。猝逝云老江云瑞先生。殁，吾亦白首宜相从。厉家兄弟海鸥昆仲。闻尚健，山泽相依千万重。五十年来交谊久，武昌初雪怜疏慵。刘玉生。詹吴述韩。厉交最早，吴家奇节双褒封。新添一辈喜众侄，读书看花兼学农。虚中习静少言语，我心课密庚寅冬。偶闻竹至同一适，深培犹近青芙蓉。灵根潜引大河水，修干愿亚中条松。焦山竹外波溶溶，淇上清风谁继踪？卫武九旬犹进德，泉源自镜羞凡庸。

同州端日忆天池旧游[1]

画船箫鼓天池月，夜静人归换葛衣。四十五年弹指过，吕公祠外雪鸥飞。

山水清晖毓哲人，八年池上爱初春。孙文定贤裔松溪先生者，官仪真，署在天池上。嘉庆辛未，我园师生于兹署。居八岁，乃迁金陵。乾嘉耆旧多零落，吾乡自吴榖人、王惕甫、姚石甫、潘四农、张亨甫、吴稼轩诸贤往来邑中，乡先辈多以学质之。一片青山百岁身。同治辛未，我园师葬于仪征北山。

1 旧游，《虚阁先生诗剩》下有“二章”。

送樊山

四贤皆丙午，君与袁、柯、濮四君。二老自庚寅。翁常熟及潘文勤师。越缦今何处，悉伯新逝。莲峰秋桂新。行藏沾圣泽，松菊忆诗人。树立推仁者，衰颜独渭滨。

赠陆晓帆昕并寄梅蕴生少尉

诗境王官谷，秋心枯木堂。宦游仍静俭，江水本清凉。伯仲自师友，兼谓梧山。群山同老苍。神仙是梅尉，松菊隐汧阳。

再赠晓帆用前韵

君交雪青阁，又访紫兰堂。弹指成今昔，闲门耐晚凉。蒹葭秋不尽，渭曲自苍苍。好约看枫叶，山翁爱夕阳。

送刘梦瑶之甘肃

潇洒东湖酒，清凉南岳僧。崆峒正秋色，鸾凤任飞腾。渭水探仙窟，湘帆忆佛镫。旧交栖二曲，终岁并贤能。

泾野祠

泾野祠前共耐寒，南山春冷笛声残。从今东渭桥边水，衰病萧萧不忍看。

寄成梅叔太史扬州

闭门习静成梅叔，采菊微吟徐乃秋。花拥平山三太史，兼谓臧诒孙兄。鹿溪霜鬓已盈头。

忆范湖东先生

梅竹萧萧不尽风，江郎曾说范湖东。桃花庵外帆如织，听唱新丰折臂翁。

小舫以《东都鸿爪集》示读，即题[1]

嵩山绕行未一登，山中定有修眉僧。后先贤守朱曼伯。与陆，梧山。治河美绩嵩云蒸。洛阳园亭关废兴，中州万古清光腾。卧治开封当癸未，予以癸未游汴。梅天听说最贤能。

寿韩幼云[2]

端居一老对商山，幽树闲云自往还。同祝渭流春不尽，青青万柳到潼关。

白云姑射师门在，我园师。初日汾流两渡清。灵石何氏，诗礼旧族也。居县北，地名两渡。三百年来数耆旧，雁门秋水早知名。谓国初冯如京先生。

三晋河山西北雄，一门诗画寂寥中。清时韵士他年说，扶杖观梅六十翁。

题晓帆《鹤琴图》

润州城下水，亦有峨眉雪。饮水思水源，昆仑长不灭。

华山松上雪，八月满西峰。琴囊莫离云[3]，鹤梦莫离松。

1　示读即题，原本作“读示即题”，据《虚阁先生诗剩》改。《虚阁先生诗剩》下有“一章”。

2　韩幼云，《虚阁先生诗剩》作“韩君幼云”。

3　莫离云，原本、《虚阁先生诗剩》误作“莫离雪”，据文义改。

清献成都夜，露香琴鹤旁。鹤闲双翼倦，琴寂四时凉。

晓帆江上来，亦作河东客。殷勤说洪洞，王霞举[1]先生。心比南山石。

金焦如弟兄，中有江水绿。好访中泠泉，再看焦山竹。

润州南郭外，僧寺春多花。游人常纵马，野老不离家。

我家江北岸，南山如画屏。过江曾几度，渔笛带潮听。

逢君皆白发，种树卜青山。饲鹤好储水，弹琴常闭关。

小舫居多竹，宾留心共清。赵生仁威居竹下。月斜来鹤影，风好作琴声。

送梧山入都

出关车迹循河行，嵩山石壁秋月明。陈六舟。朱曼伯[2]。本是同心侣，百泉再游观晚晴。

入都镫夕对黄菊，西山数峰多白云。常熟岳州梦来往，千秋师友意殷勤。

待公开府中州日，洛下联吟又一时。青绮种瓜十年久，野松时有好云知。

西屏端居青门，奉寄二章，并简樊山

一江秋色涵桐柏，万派狂澜纳洞庭。樊云门。李云白。多情重耆旧，南屏而后礼西屏。吴南屏著书洞庭湖上，西屏自谓桐城方东树先生弟子，李竹虚时从西屏学画。

双旌倚日仍思旧，一榻依梅不说禅。寄语桐江晚渔者，樊山应似杜樊川。

---

1 王霞举，《虚阁先生诗剩》作“谓霞举”。

2 陈六舟朱曼伯，《虚阁先生诗剩》作“朱曼伯陈六舟”。

题樊山小像

海内求贤急，梅初得喜深。好云同鹤性，出岫印天心。定慰苍生望，仍多白雪吟。谁知忧国久，消瘦到如今。

静到无言处，谈谐亦偶然。须眉照冰雪，勋业养林泉。野服期他日，垂竿不计年。家家画团扇，百岁酒中仙。

十二月庚子日杂感

中宵偶得幽馨至，水竹山花任自然。初日函关来紫气，闻越缦遗稿存樊山处，十馀本。馀霞暮绮补晴天。潘文勤师有“欲倩馀霞补绮天”之句。经传庚子三年久，自丙申正月五日庚子家塾陈经，至今已三年不倦。变起壬寅道光壬寅。二老传。谓汤文端、王文恪遗事，见李次青所著《林文忠事略》中。乔木春深同静稳，晚香何必画楼前？

书　感

贡父梅花莲衲竹，洛川烟水耀州山。洛川、耀州，皆先大夫宦游地。思亲泪与思乡泪，洒入黄河去不还。

小除夕赠西屏[1]

彭郎曾夺小姑回，谓彭刚直水师克复小孤山事。山外桐城树色开。文字心知方邓好，随西常向皖桐来。余家仪征，皖桐居金陵上游，潮汐常至小孤山下。

偶对西屏念东树，兼于文苑溯桐城。方、姚、梅、管多居白下，湘乡曾公亦尝与孙琴西、方存之、张濂亭三君至白下谈艺焉。君听黄鹤楼中笛，自有春风第一声。

1　西屏，《虚阁先生诗剩》下有“两首”。

己　亥[1]

牛头寺杜工部祠堂，西安会垣佳处也。光绪己亥三月十三日，牡丹盛开，小舫集同人展修禊事于此，得诗三章

天宝兵间泪，青门雪后山。群贤三月酒，百世几人闲？病久微观树，朋来时叩关。兹游知恰好，觞咏共开颜。

胡安定。李延平。兴南渡，从容导紫阳。衡山曾独往，湘水似吾乡。灞浐浓春久，江淮旧宅荒。兰亭真韵事，衰病感茫茫。

忠爱依诸葛，馀闲自赋诗。武乡兼杜子，秦蜀两荒祠。汉水天南碧，钟声月上时。山农花底醉，此意涧松知。

四宜园看牡丹，同竹虚、筱舫

谢麟伯。李云白。联吟地，冰霜初解时。看花绕深竹，抱璞是吾师。用东坡诗意。闻说龙门侣，潜将素节持。崆峒亦咫尺，澹极慰怀思。

喜闻晴谷丈至青门奉简[2]

太乙黄湄在袖中，春来三度过新丰。新添翠柳沿官路，又近黄山问汉宫。诗侣犹依金阙下，谓樊山。中条自耸大河东。花时已过公方至，松竹群含不尽风。

寄午桥、六舟两丈扬州

扬州东望双松健，自古金焦镇海门。呼吸江河千里暖，文章奎壁两星尊。年年雁信传天末，日日潮音到耳根。只有秦关未归客，病中诗写渭南村。

1　己亥，《虚阁先生诗剩》上题“虚阁先生残诗卷之八”。

2　奉简，《虚阁先生诗剩》作“奉呈一首”。

水　槛

焦麓鹤铭今寺内，大都石鼓昔泥中。谁家池馆斜阳在，常愿花欹水槛红。

光绪癸巳，熙梦锡太守三至凤翔，言与刘树人同年游牛头寺甚欢。己亥三月，余始游牛头寺，念熙君[1]不置。因简树人一章，既庆得子，又念旧游也

雏凤添来玉笋班，九年宦迹忆延安。东湖诗侣飘零甚，闲了花阴旧钓竿。熙君辛卯入都，有“为侬珍重钓鱼竿”之句。

抵同州寄筱舫四首

莲花池上树，叶叶露花香。处处饮秋水，时时依故乡。
莲花峰下路，未到心先清。二十八潭上，何人啸晚晴？
渡渭见新月，渡洛闻秋风。此心如水淡，不在见闻中。
渡洛到同州，渡渭在渭南。桂花秋几树，菊影月初三。

赠杨和甫同年调元

国朝阎顾今杨顾，分得希夷半席来。中有孙洪盛文藻，如听笙鹤碎蓬莱。自怜衰病随时过，常愿芝兰到处开。仙侣商山待招隐，百年能得几徘徊？

赠陈述斋司马寿彭

山阳重潘鲁，曾与稼翁亲。庚申、壬申，两谒吴稼轩先生于淮上。木

1　熙君，《虚阁先生诗剩》作“熙丈”。下自注同。

果多生气,使君今渭滨。吾乡有遗迹,潘、鲁皆曾至仪征。昨夜说诗人。儒雅传西北,近年《养一斋诗话》盛行关中。闲门竹树春。

代云白丈为端午桥廉访方题秦权二首

斯邈逸文比吉金,微波渭上旧时深。如绳祖武多知悔,应识休休一片心。

好古欧公喜再来,姚吴谭顾共樽罍。延陵归去春江碧,悄忆吾乡挂剑台。台在徐州。

再题秦权

春风吹暖咸阳水,又见平山六一翁。华岳三峰仍渭曲,延陵一叟卧江东。国初耆旧情多古,艺苑权衡本至公。今对秦川思往事,周宣石鼓稳燕中。石鼓入太学久矣。

寄题潼关泰耀镇南罗处士山中斋壁

八至同州常闭门,最怜杯茗洛西村。洛水去郡城七八里,水清可茗。偶闻有客山中隐,应得遗书柱下存。夜寂更知松籁远,心虚敢说布衣尊。幽居只许王郎过,谓潼关王少峰孝廉。微雪宵寒酒尚温。

同州郡城新修吕仙祠,寄题祠壁四章

莲峰欲晓黄河远,玉笛微吟雪鹤眠。初地清凉人不觉,花开果熟几千年。

曾向潇湘说屈平,更游泾渭念蒲城。蒲城王文恪公事,详《同州府续志》。伤心万古忠良泪,洒入江河作浪声。

渭曲垂杨官路长,翠华当日五云扬。谓康熙癸未西巡事。鸿儒名振嵩衡上,紫气长依日月光。李二曲曾蒙天语垂问。

安定文定垂嘉声，南北两宋胡公。奎宿当年聚五星。曾作春秋塘上客，光绪戊寅，游衡山。己卯，居衡山胡文定祠后长寿庵。春秋塘在其旁，塘以文定治《春秋》得名。青鞋布袜谒黄庭。魏元君黄庭观近胡公祠。

寄晴谷丈醴泉

丙申毓哲今周甲，庚子陈经已数年。子侄辈近以庚子日陈经于几，拜之。一脉临川谓李小湖师。公早得，争看祖逖着先鞭。

莲花池外多秋水，省垣西北隅，近有渠水往来。万里昆仑泉脉来。早得红梅花一树，年年春晚为君开。小舫居多竹，红梅一树在竹外，丈屡觞咏其下。

声声霜磬华峰青，叶叶风帆忆洞庭。光绪戊寅、己卯，两过洞庭。我亦六旬常病卧，仙人玉笛愿重听。

寄筱舫

皓首茹芝苏不二，苏君庆培。酡颜采菊李含三。李为八仙庵方丈。中秋过了东篱坐，我又单车过渭南。

对竹作示鼎润、谦润

昆仑万里秋光好，收入萧疏竹数枝。华麓移来才数尺，同州隐者赋新诗。甘心丘壑涵虚碧，将拂云霄也待时。胸次渭川千亩润，味真何止老坡[1]知。

寄端午桥中丞方

昆仑九秋雪，点点作清泉。东润莲池碧，中涵水镜圆。勤观周

---

1 老坡，《虚阁先生诗剩》作“坡老”。

稼穑，闲咏汉山川。沼树诗廊叠，微云伴钓船。

赠黄镜珊大令锡龄

未逢黄叔度，忽已涤尘襟。江汉多秋水，文章写素心。将为彭泽宰，谁听伯牙琴？莫说黄河远，仙俦河上寻。时同客同州。

寿西屏七十

癸未始相识，庚寅绪在兹。桐城三哲后，方、刘、姚三公，年皆八十馀。菊井一瓯持。天泽宜同祷，时苦旱。霜篱今几枝？知公年七十，喜得野人诗。

赠周懋臣太守铭旂

华山秋色岱宗云，浩浩青霄鸾鹤群。六月莲溪香一瓣，春风沂水淡斜曛。元龙湖海存豪气，竹马儿童拜使君。忧国诸公祷甘泽，远询萍迹感殷勤。

简镜珊

升高一瞻望，江汉两黄翁。翔云、让之两丈，近已高年。同治甲子，谒两丈于都门，近三十馀年矣，思之慨然。同是燕台客，今推河上公。三生皆逝水，万物自春风。病眼吟篱菊，斜阳叶叶红。

竹轩题壁

露滴新松善养根，风欹寒竹恰当轩。庚方偶见初三月，湘上曾经又一村。长沙有园名又一村，菊花最盛。谁倚高梧闻凤哕，将携佳客访龙门。当年文酒重阳节，耆旧依依笑语温。

九日寄耳山三原

兰芽培养在初萌，菊节清凉咏晚晴。君拙催科甘下考，我于贻远辨中声。三峰仍向窗前碧，片月新从渭上生。管领嵯峨好丘壑，嵯峨深处一僧行。

试院古柏一章，赠李露潭文澄

试院门常闭，人疏柏自荣。应知清静理，爱对雪霜清。龙虎来多士，乾坤入正声。羡君秋树下，长此岁寒情。

光绪己亥八月丙子朔，莲花池新渠告成。小舫诸人顾而乐之，竹外谈宴益欢。越一旬，余返同州，追纪此诗，即寄小舫。省垣二三朋好见之，当谓此诗如一幅图画也

莲花池上生秋水，鸥鹭招同竹外游。台榭春风宜久座，笙箫一艇寄中流。蜜梅深种酣初雪，红药多栽绕画楼。曲曲长廊供觅句，柳阴还许著渔舟。

劝耕吟

子房初从赤松游，范蠡将弄五湖舟。富春钓翁今更拙，荷衣照波藏敝裘。江南宋玉休悲秋，河上仙翁不可求。但愿一家力耕营一饱，儿孙朴野依林丘。水上花开月上楼[1]，阑干闲倚鱼龙[2]讴。南邻北邻富雪竹，长堤短堤眠白鸥。稻田二顷茅庐幽，虚窗四面春泉流。吾侪何福得此乐，非梦非醒嗟去留。忽悟浮生同一沤，心空何处著闲愁？希夷先我三峰卧，真是人间第一俦。蓬门不愿多田畴，园蔬

1 月上楼，《虚阁先生诗剩》作“云上楼”。

2 鱼龙，《虚阁先生诗剩》作“龙鱼”。

亦足宴公侯。贻安从此师庞叟,生子何妨输仲谋!东家罗绮鸣八驺,西家箫鼓慕扬州。扬州客病看花眼,天际风帆倦即收。

寄云白丈

六十之年双鬓雪,同州梅信一花初。布衣蔬食平生志,前有沧浪后藕渔。严绳孙,别字藕渔。

奉酬陶斋中丞

仙掌三更月,湘湄又一村。山行今白发,同州甲子游岱,丙子游华,戊寅游衡。庚辰、癸未,行绕嵩少,惜未登也。瓜种古青门。公为斯文惜,诗吟病榻温。心闲数游迹,五岳梦中存。

再呈陶斋

二陶兼谓秀水制军。双华照甘凉,梅植莲池淡晚香。处处春风融一气,魏公新柳李公桑。

樊山爱作平山客,雪茗将烹第二泉。谁撅三贤祠外笛,平山有祠,祀欧、苏及王文简。过江同放白门船。樊山游迹未至扬州,玉森游迹未至白门。

赠李云生令子新婚

衰年逢玉树,二曲昔偕游。虎迹融山雪,梅花携草楼。关雎今再赋,老凤敛清讴。冰雪文同赏,贤闺定唱酬。

寄云白丈延川

垂暮留馀好耐寒,自安先种竹千竿。一花陇上春传驿,微雪同州夜倚栏。处处丰年终是福,依依除夕淡交欢。近年守岁,同在青门。

平生多少田园兴，陶令从今退步宽。

喜　雪

闭门闻小雪，三九兆丰年。素鬓江淮客，春花灞浐天。欢声腾万井，诚祷仗群贤。更为苍生祝，甘霖溥若泉。

庚　子

雪柏行柏在同州城内东隅汉官祠中。祠祀龙门司马公，祠后有公侍妾隋清娱墓。

黄河万里朝岱宗，咸丰乙卯，河徙。昆仑玉髓滋崆峒。龙门水饮星宿海，同州树俯冯夷宫。山蟠水曲郁深稳，幽宫春草青无穷。史家开辟有奇气，庭柯端正通鸿蒙。吾闻太史墓，松根柏节多高风。语言妙续东鲁笔，疏凿欲争神禹功。姬姜憔悴耐寒饿，当年雪砚亲豪雄。风雷笔阵万万古，一心冥合悲苍穹。去年苦旱喜得雪，独行乃与虬枝逢。二千年来几兴废，忍泪下拜晨烟空。堂堂此墓依天公，幽幽此树龙门桐。高文典册黄河上，玉女莲花翠袖中。

春雪既晴，游金塔寺，书示八弟蕴初

疏林病翮怯飞腾，雪后花初塔几层。悟得蓬门安稳法，三分春水七分冰。

八弟蕴初既往潼关，书示诸郎二章

柏茂荆荣一气中，汉官祠柏，多公祠紫荆，皆甚荣茂。神祠旗静有和风。十年来往同州路，深喜诸郎掖病翁。

再五十年勤素业，有三千树好梅花。看花曾过西山路，烟月孤

山处士家。

读《彊学斋试律》慕容次鹤师著。敬赋二章，示陈斐青并寄徐奉伯[1]兴平

同州又花朝，蓬莱溯师门。师门离已久，遗脉千秋存。渭南有陈子，昨来为我言。此卷不易得，语语见本根。本根得所养，文字淡益尊。蓬莱一回首，凄怆惊心魂。

蓬莱溯师门，同州又花朝。花朝深雪后，展卷悲灯宵。兴平有徐子，访我攀寒条。小舫斋中多竹，奉伯屡来谈。郁郁岁寒心，茫茫沧海潮。侍讲师宅在海上。垂泪各无言，风竹何萧萧！同州去已远，梦过咸阳桥。

三月三日寄石荪、小舫

去年展修禊，初傍南山游。今年逢上巳，佳客过同州。咸丰癸丑春，花落江南愁。谓金陵旧事。今将五十年，父老仍悲讴。当时谢堤东，召伯湖东。波平欢唱酬。二顾居其间，十载无戈矛。朝耕露润花，暮吟云入楼。我居芜城西，避地经几秋。荣枯随所遇，忠厚夙共修。客行有深怀，赋诗寄同俦。

寒食前一日，过汉官祠，吊隋清娱墓[2]

又逢寒食一凄然，悄过春祠古冢前。谁种苍松三十树，天怜贞魄二千年。早闻经史心如雪，能感风雷骨已仙。麦饭何人勤拜献，子推绵上有荒田。

---

1 示陈斐青并寄徐奉伯，《虚阁先生诗剩》作“示陈子斐青即寄徐子奉伯”。

2 吊隋清娱墓，《虚阁先生诗剩》下有“作”。

题李室杨孺人死烈事烈妇为兴平丞襄阳李君清臣之冢妇。

同州寒食闻奇烈，一死兴平草木哀。儿命能延娘命苦，留儿徐待父归来。

命尽青门夜一丝，魂归天上导双旗。襄阳从此传芳烈，堕泪应添第二碑。

赠苏庆培[1]毓材

芍药将逢第一枝，同州觞咏暮春时。游经太华三峰雪，拙守豳风七月诗。山北故人霜两鬓，谓云白丈。汉南残笛酒盈卮。君溯汉至陕，同行朱君已殁，言之凄然。开筵欲倩侯生画，谓尧臣。难画凄凉去后思。

赠常毓生

凤翔到此六百里，春来杖履步清风。愿君霄汉舒奇气，笑我田园署病翁。燕市酒楼诗卷里，龙门云水画图中。君曾官韩城。十年游迹何潇洒，芝采商山旧侣同。兼谓胡兰亭院长，胡时年八十。

送黄镜珊

蕲州钟祥俱厚重，心依三十五年深。同治甲子入都，得谒两丈。我园许海秋师所居[2]。亦园蕲州丈所居。各有得，若显若晦皆无心。江汉[3]滔滔谁鼓琴，宫商潜向一丝寻。蕲州丈善鼓琴，集中有《怀仙引》，为同时诸公听琴作。子期安在微波冷，君到青门仍淡吟。

1　苏庆培，《虚阁先生诗剩》作“苏君庆培”。

2　所居，《虚阁先生诗剩》下有“园名”。

3　江汉，《虚阁先生诗剩》作“江深”。

寄陶斋中丞

微云去住本无心，天泽将酣望共深。时久旱望雨。自守遗经逾廿稔，知公运甓惜分阴。闲鸥河上无多侣，鸣凤朝阳有好音。闻将修召公祠。潭柘翠微青不断，当年樵路待重寻。

邱星阶以所著《再生记》索题即赠

识君将十年，庆君子再生。吾家信阴骘，四世礼神明。诸郎嗜文字，此卷辟云程。谦光晨露微，潜润莲心清。天香薰此卷，默默衡重轻。既爱朝曦苏，复观晚霞晴。君归过华岳，对之消世情。吾曾玩其下，夜雪闻钟声。

偕陈述斋读吴稼轩先生《漱六山房集》，赋寄潘伯英淮安

往哲经过处，凄凉十笏庵。庵在扬州，养一先生曾寓其地，乱后，遗址仅存。黄河堤外水，何日到淮南？

昔遇吴季子，今逢陈太丘。白沙亭下醉，帆落泗源沟。

扁舟听晚潮，白下与金焦。枯木堂犹在，青山已寂寥。

虚阁遗稿卷五

文　一

运河续考

运河岁防黄遏，自明嘉靖以来，莫甚于江北清河县河口。道光七年，灌塘渡运之法立，宜可恃以通漕矣。逮咸丰元年，黄河决丰北。三年，丰北再决。河运艰而海运兴，时黄河犹南趋也。五年六月，黄河决河南之铜瓦厢，遂由张秋穿运，入大清河以趋海。时军务繁滋，赖海艘岁运东南之粟，上达天庾。同治四年，朝廷命海、河并运。而黄河北行，张秋、八里庙、安山一带，堤工废弛，十有馀年。河流浩无津涯，为患更甚于清口。

盖自清口成平陆，而山东之河政繁矣。司事诸臣历年统筹南北运河全局，尤注意于黄河穿运之区。黄河穿运，亦屡无定所矣。同治七年，河决赵王河之红川口大溜，渐至安山沈家口一带，犹在分水口之北。十年八月，又决郓城之侯家林，漫水下注，为患于分水口以南。十二年，又决东明石庄户，漫溢入东省。自济宁至宿迁，运河南北长堤冲刷殆尽，皆随决随堵，逼水北趋。而张秋上下数百里，济宁、临清之间，或涨或淤，倏经廿载，最有妨于漕运焉。

河流自西而东,漕舟南来,当伏涨盛时,径由安山、戴庙[1]、姜庄,渡黄而北,历十八九缺口急溜奔涛之险,始至八里庙。待拦黄坝启,以达张秋。安山、戴庙时患沙淤,漕行或绕盐河,至八里庙入运,以达张秋口门;或绕坡河,至八里庙。计程或百馀里,或数十里,随时变更以利运,总以八里庙为入运咽喉。此铜瓦厢既决之后,张秋以南之大概也。

山东运河,以汶水为上游之源。汶上、南旺,正当水脊,即分水口。南旺以北,水恒不足。黄水挟北流之汶水以东去,张秋以北之运河,仅恃黄河旁溢之水为来源。东阿、阳谷、聊城、堂邑、博平、清平六县内之河道,沙淤河高,岁加挑浚,犹必待黄水盛时,方资浮送。此张秋以北借黄济运之大概也。

济宁以南,自台庄八闸至韩庄,两岸河堤犹存原制。韩庄迤上,有宜绕微山、昭阳、南旺三湖者,须俟风以北行。此又漕舟入东境运河之大概也。

江北运河,亦称南河。咸丰六年有小六堡之溃,同治五年有清水潭之溃,河已略淤浅矣,尚不至于胶舟。高邮、宝应一带,西堤残缺,湖、河渐有相连之处。清口自黄河北徙,顺清河已与中河口通,船行无阻。约而论之,二千馀里之运道,变迁于三十年中者如是。

从古建国设都,未有无水道以达京师者。治黄、治运,后先分合,贵得其宜。任斯责者,其亦为国家展利用之宏规,不徒赖海艘之便,所以重京仓之储积,而为因时制宜之计。曷可缓哉?

黄宪论

春秋时,服孔子者七十人,而孔子独以好学称颜子。汉文翁石

---

1 戴庙,原本脱“庙”,据《户部漕运全书·运河续考》补。

室祀孔子，以及门从祀，首推颜子，以至于今。二千年来，孔门之书行已远矣。宋朱子既订《四书》，人人知屏黜百家，专尊孔氏。而颜子之书，未见学者称其德，岂徒求于语言文字中哉？

明之中叶，关中吕文简公少时读书，高陵耆旧以颜子目之。论学与阳明略殊，而浑然无迹。读其书，每盛推黄叔度与文中子，其诲人以改过安贫为宗旨，又恒言“仁多于义，安贫而志在求仁”，岂非得颜子之心传者耶？其著书屡称黄叔度，与龟山杨氏、紫阳朱子论同。何颜子、叔度令人思慕至今也？

颜子师孔子，问仁甚勤。吕文简公诲人以“仁多于义”，亦再三言之。而叔度之德量，汪汪无尽，并未于人多言仁，又无师传，而德量成就同时诸贤皆以为不可及。求其遗书，又若无可传者，而思慕至今。非叔度更有得于语言文字之外，安得庶几颜子哉？

由是观之，颜子得圣人而师之，颜子之学固易成；叔度未得圣人而师之，推其心，并不敢以颜子自居，而人皆比于颜子。何其学之亦易成也！吕文简由宋五子之学追溯孔门，而又推叔度。文简之学，成就亦庶几颜子，而师承实在河东薛氏之门。颜氏与吕文简皆非无师而成，而叔度之学实由自得，然则叔度之学之成非由天耶？

七雄未出而有孔门，东汉党祸未兴而有叔度，阳明之徒未甚炽而有吕文简。观颜子、叔度、吕文简之仁厚，则可知天意之所存。昔人有言：“范文正及周子、欧阳文忠三公相继出于东南，殆有天意。”语见《困学纪闻》中。以周子之贤，与范、欧阳同出一时，犹有天意存乎其间，况二千年中，颜子、叔度与吕文简次第出而维世，可谓非天意之所存耶？

颜子若开叔度之先，吕文简之论定叔度，实能善承其后。诵颜子数言，而孔门七十子学始有所归。读吕文简之书，而关学自有定论，前后相望。叔度当日若无一言，而其心已传，始知愿学颜子者，当以叔度与吕文简为趋入之途。始知愿学叔度者,当以吕文简为定法。始知愿学吕文简者,固以识孔门与关闽濂洛之气象,而叔度之德量安可不仰而微窥哉!

嗟乎!相观而善,微引其端。士大夫磋切之益,往往深而无穷。见黄生而鄙吝顿消,此东汉贤者受益之方也。从周茂叔来伊川,惊其学顿进,此北宋贤者受益之速也。古人德量观者易感,人之感悟者固易,而所以使人感悟者,岂不由其中心之诚,积累于平日哉?

文中子之书,朱子称其中多格言,而惜其早逝;迹近颜子,而唐初将相多出其门。程子又称文中子为隐君子,河汾气象。《中说》渊源,可推测而知矣。吕文简字泾野,从祀已久,明之高陵人也。

伊川自比诸葛论

昔诸葛自比管、乐,而少陵论其品在伊、吕之间,盖王佐才也。伊川之学,深有取于庄敬日强之训,气象略少从容。至晚年,则济以宽平矣。著书成《易传》,消息盈虚,观之已熟。年七十而其学不衰,宜与明道并称也。而少时上书,自比诸葛。

伊川少时尝游太学,作《颜子所好何学论》,安定胡公极赏之。朱子称明道、伊川年十五六时,从周子游,便以圣人为志。盖早有志于王佐之道,故上书以诸葛自比。而英年犹未免专志于立功,以诸葛当日出定三分,其年亦未三十,伊川自比诸葛也亦宜。而诸葛适遇昭烈,遂出而立功于当时;伊川未遇,至终年仍以处士称。志同才同,年亦若相同,而遭际不同,岂非天哉?

伊川年寿最高,周、张、马、邵相继而逝,明道之年亦仅五十馀,伊川独存,故从游者众。龟山杨氏既学于明道,又学于伊川。罗仲素既学于龟山,复见伊川于洛,从而受学。南宋李延平,实出罗仲素之门。紫阳朱子兴起南服,实得延平之传。不有罗、李,孰启紫阳?

不有伊川，孰启罗、李？

伊川遭逢若如诸葛，心力瘁矣，年寿可知，安能从容洛下，以待罗公于晚年哉？诸葛遭逢昭烈，成两汉之终。伊川自比诸葛，其学至晚年而有传，成紫阳之始。朱子得其传，而濂洛与关学，遂由闽而继盛，至今将八百年而未衰。伊川有功于圣教伟矣！

向使少时得如诸葛之遭逢，亦必有功于天下后世，而暮年有功于圣学，其所得更多，天将老其才于伊洛之间。伊川少时固未尝计及此也。况中年忧患，涪州著《易》，洛水退藏，亦何尝自知暮年有传，成就紫阳于衣冠南渡之后哉？诸葛、伊川皆王佐才，或隐或见，各有成就。然则学者立志，固宜在少年，而学随年进，垂暮有成，遭际固系于天，而人事安得不图自勉，以待天之默默裁成？

明道称颜子为庆云和风，朱子赞明道、伊川，则以明道为景星庆云，而称伊川为布帛菽粟。宋明诸儒称明道似颜子，而明道极称伊川。北宋之学始推安定，终推伊川。洛蜀群贤，伊川则专志孔门。苏氏以文章称其学，实兼韩、杜，两宋文章之盛极矣，而德行仍推周、程。朱子序周子《通书》，盛称北宋之初五星聚奎之祥。

伊川固尝自比诸葛，而伊川关系之重，又微异于诸葛也。斯文将盛，上感星辰。伊川《易传》，光争日月；诸葛《出师》，文同谟诰。善读书者其深体两公之用心，安可有轩轾于其间哉？朱子《文集》亦称少陵晚年诗词，慨慕诸葛；《小学》一书，多存诸葛之言。昔吕东莱订《近思录》，将前贤所云“诸葛有儒者气象”与“孔明庶几礼乐”数语，详于卷中。诸葛、程、朱皆百世之师，而伊川得天之厚，固百世以下志士仁人闻风而兴慕者也。

芋斋记

同治戊辰、己巳间，予居京师，同郡李君荆南，颜所居曰“偶斋”,而属予记之以自广。时君病体弱,方以水部入赞枢垣,谓浮荣皆偶得之,而自立宜兢兢也。予以文箴之曰:“有出世之心,则入世之才可以肆应而不穷。鲁仲连蹈东海,范蠡游五湖,张良辟谷,东方朔辟世金马门,梅福为吴市门卒。此人皆身经困厄患难,而自置其身于祸福利害之外,乃能悉料天下之祸福利害,毅然尊主利民而有馀。”予友李君观澜,时方读书盘山下,得予文,谓登盘山之巅,览万山之云,起伏变灭,悠然有得,乃知予文寄意远也。

今戊寅,居衡山将一年,邺侯裔孙郁芳畦适主讲集贤书院,若忘予之迂直而屡予容也,屡过予,谈论久之方去。予再过其家,知得庭训成立不易。邺侯喜神仙,司马温公以此少之,而颜鲁公亦乐述仙迹。予谓邺侯最得力于纳张九龄言,早自韬晦。

自古圣君、贤相,得人一言而用之终身。而进言者身受之荣辱,必先自置之于度外。魏徵同房、杜佐成太宗贞观之政,而太宗于其身后仆其碑,至败于高丽乃思之。九龄继姚、宋佐成玄宗开元之盛,而以李林甫之言使之去位,至播迁巴蜀,使人祭之。陆贽与李晟、浑瑊诸将,内外赞襄,成德宗之业,而忠州一往,闭门九年。近曾文正公称其事多疑之主,驭难驯之将,烛之以至明,将之以至诚,心力瘁矣而以谗去。昔人遭际,往往可哀悼如是,而进言者只计深远,不自惜也。邺侯之所遇,岂无险阻艰难哉?澹于荣利,诚于筹画,有济于天下,而不居其功;有益于肃宗、德宗父子骨肉之至亲,而不名其德。宋贤若苏文忠守杭州,因其遗迹而兴水利以济民,世固知之矣。予谓韩魏公处大事以胆,而调停英宗母子出以从容,是善学邺侯者也。且其身历数君,皆保全初终,非性量定静,能成立若是之远大耶?

罗念庵谢衡山僧楚石曰:“吾道自足,何事旁求?”僧懒残谓邺侯曰:“食此芋,领取十年宰相。”范文正谓相人者:“吾不为良相,必为良医。”以三说兼思之，而知以利济为心者，不必相也，相更易利济也；以通达为学之极者，不必僧也，僧亦贵能知勉，以辅君国、匡伦常也。芳畦以芋名其斋，殆有意乎？予为之记，愿先以定静之学时相励焉。予固自忧学之不足也。

重修集贤书院记

森游衡岳，阅数月矣，性懒，不诣客。而衡之士李子芳碤时共谈宴，因知衡尹熊君峙衡之贤。李子方主集贤书院讲席，商之熊尹，增修院之门墙及斋舍窗棂，为多士计良厚。多士感之，属森文以记。

森昔读朱子《石鼓书院记》，称唐元和间，州人李宽之所为，慨当时学之不振，而深嘉好古图旧之贤。又读罗念庵先生《题方广朱张二贤祠壁》，文论极畅，此心飘然在衡麓久矣，而未遂所游。今游矣，游且久，意不独在烟月水石也。

衡士之学者，群推旷岣嵝先生。岣嵝《南岳志》：集贤峰峙岳庙右，峰下为集贤书院，明嘉靖大宗伯张治、太常卿夏良胜、县尹彭簪创之，祠部曾凤仪记之。万历间，曾金简复修之。院祀朱、张两先生，并昌黎、濂溪诸贤。谭友夏《南岳游记》：行三十里，入岳坊。步寻集贤院，荫松息竹，僧良久乃启扉。地固以幽邃胜也。

兹既修葺日益新，讲习其间者益众。念庵先生《祝融告神辞》谓：“积不厚，则所出不奇；蔽障不尽撤，则所见不极远。”《记》曰：居高明，远眺望。念庵知之矣。熊君尹山水奥区，得母教，为政必便民。民饥，母愀然不乐，则立济以粟。兹又为多士厚其积累，祛其翳蔽，率之于正大光明之域。其教且养若是，是可以风矣。然则衡之学者，登朱、张之堂而读其书，又值为政不残之尹，风雨以时，能自得师而益，各全其天，扩充其心目，将昌黎所谓“能自树立”，濂溪所谓“寻孔、颜乐处”，晦庵、南轩交相劝勉以戒惧警省之意，皆与念庵"厚积累而撤蔽障"之言,冥合于心,充然而有得也,何必祝融观日月出入,天风海水,乃悟吾身之所自有者耶?

书贻同志,且告来者。时在光绪戊寅冬十月。

衡州府船山书院记代朱肯甫学使逌然作。

王船山先生称:三代之隆,学统于上。后世之天下,幅员万里,文治益敷,士之秀者,不可以殚计,既非一太学所能容,而士之就学成均亦难矣。宋分教于下,而道以大明。咸平四年,诏赐九经于聚徒讲诵之所,与州县学校等,此书院之始也。嗣是而孙明复、胡安定起,师道立,学者兴,以成乎周、程、张、朱之盛。

逌然庄诵船山之书,考其闭影著述之年,自顺治辛卯至康熙辛未,四十年山居不出,而深明事理之原。吾友桐城方君柏堂曰:"道不变,天亦不变。"此与船山述邺侯"君相造命"之言,同有深识。而船山身既退藏以终,不得已而以空言兴起后来,惟欲人人自纳于学,以求至正之道,安民定国而已矣。

人者,天地之心也。周子曰:"定之以仁义,中正而主静。"然则为天地立心,为生民立命,固必由定静以宏识量也。同治乙丑、丙寅间,侍先大夫于安徽学署,获闻皖江南北耆旧绪论。幼服庭训,即屡闻吾郡黄梨洲先生轶事。梨洲先生与逌然先世谊最亲,故知之尤悉。光绪丙子,奉命视学此邦,去先大夫视学安徽时未十年,而天时、人事,倏忽变更,心滋惕焉。因念昔贤皆以阐圣学、正人心为急务,今海内大难固已削平矣,而隐忧方大,不亟明至正之学,则无以定变于将来。湖南自濂溪周子以义理绍孔孟之传,而朱、张继之;后数百年,船山又继之。近三十年,湖湘贤杰以忠义拙诚为天下倡,孰非先儒涵濡之泽浃于心髓,激于幽隐?

衡州为周子读书之乡,朱、张往来最久之地,船山闭影著述之所。逌然特与二三同志，设书院于其间，务使人人知读船山之书，以坚其趋向。由是而上溯朱、张，以窥濂溪之学，折衷至当，自悟天人感应之理，悉由一心之微。国朝《儒林传》，以顾亭林、王船山两先生居首。道光中叶，辇下诸公创立顾先生祠于慈仁寺西偏，春秋致祭，必虔必洁。士益向学，激发于不自知也。今设船山书院于兹土，岂仅使诸生诵读其书哉？

朱子记石鼓书院，深悯当时郡县之学，官置博士弟子员，未尝考德行道艺之素，其所授受，皆世俗之书、进取之业。欲求一燕闲清旷之地，共讲所闻，而远学校科举之害。世愈降，则风愈下。朱子当日已深以俗学为忧，况今日乎？衡州既极燕闲清旷之胜，又有石鼓书院兴于前，复立此学舍，以新一时人士之耳目，而振其志气。船山有言："考三王，俟百世，精义以中权，存乎道而已矣。"《易》曰："学以聚之。"荀子曰："积土成山，积水成渊。"有燕闲清旷之地，而知学仁义中正之道，导源于定静，积累于拙诚，琢磨于讲诵，恢宏乎识量。彬雅之师，潜暗之学者，互相滋益。人才之蔚兴，固必然之事。而船山当日洒脱名利之外，坚苦卓绝，刚果决烈，至老死不悔，并未计声称于身后。而读其书者，又当其憔悴专一之意。至其书成于晚岁者，益粹然和顺，而初年之撰著，间有过激之言。当知其天禀极厚，尚以变化气质之功，积时而造于纯，而大本既立，晚学益进。有志之士，当默循其进德之序，以底于大成，学固自坚苦纯一。

始也同志兴起斯事者，署衡阳令平湖张宪和文心，署清泉令嘉定潘恭敏慎甫。掌石鼓书院事，兵部主事衡阳李扬华镜轩，前安乡训导永兴许辅堂莘吾，衡阳程学伊春甫、张乐石樵、段向荣槐坛、冯灼孝俊三，清泉丁良俊笃生、杨梧鹤琴、马天禄知泉、罗纹毅斋。首斥千金以为乡人倡者，衡阳侍郎彭玉麟雪琴也。逌然以文记之，期垂永久。光绪五年冬十月。

校经堂记代朱肯甫学使作。

光绪丙子秋八月，逌然奉命视学湖南。既至衡湘之间，文字之暇，穆然瞻眺。欧阳文忠谓："生此间者，得山川秀丽之精英尤多。文则云霓，材则杞梓。"往来三年，斯言益信。

己卯秋八月，由朱张渡登云麓峰，东俯湘江，北望洞庭，慕晦庵、南轩两先生之馀风，徘徊不忍去。汉宋以来，文治日辟。圣清崇尚经学，魁儒硕彦，云翔霆奋，若三光五岳，峥嵘百世。师濂闽之实践，溯邹鲁之微言，可谓盛矣。

自古贤杰之兴，固往往崛起不假凭借，自成其学，以济民物而完心性。独念逌然生长江海之上，少遭兵革，转徙靡常，目击生民流离之惨。而大乱既平，海内宴安，实赖三五儒臣之力。天地干戈，猛志益厉，叩其所蓄，皆以通经学古为事，师友渐摩，用成大勋。游京师，知我朝文德所被者远二百馀年，收养士之效最广。学粹而识宏，文蔚而基固。能任艰巨，皆有师承；文治武功，跨越前古。又屡过江淮间，知老师宿儒，尚有存者。辇下同志，邮书相告，以为庆幸。及来洞庭之南，知诸生向学者众，心益乐之。

湘乡曾公尝称：圣祖读书过劳，至于咯血，不肯少休。上而天象、地舆、历算、音乐、考礼、行师、刑律、农政，下至射御、医药、奇门、壬遁，殆无一而不通，且无一不创立新法，别启津途，泽陶冶于无穷。后来之高才绝艺，固宜勇猛贞固，壹志于学。又尝序《湖南文征》曰：惟考据之文，搜集极少，盖倡导宏则欣慕者多，风会之蒸然日上，亦若有待焉。因其时而亟鼓舞之，此同志之责也。况今日洞庭之南，诸生向学者日益众耶！

逌然有校经堂之设，取吴荷屋中丞命名之意，商于前抚斯邦者王公□□、邵公□□，而成于今中丞李公□□。遂定科条，利益来学，用佐我国家圣圣相承、陶冶无穷之德化。逌然谨以文记岁月，而科条既定，果能行之永久，学者又知守之而勿懈，此固不仅逌然所厚望于多士也，学固自有恒始也。光绪五年十一月。

龙泉寺藏梅许文集记

上元梅伯言先生、许海秋师所著书，均不易得。近得《涵通楼师友文钞》九卷、词一卷，《玉井山馆全集》，欢喜无量。

自道光中叶至咸、同间，梅、许两先生相继以文章学行著闻京师四十年，海内称叹，盖有关于学脉者至深且远，不仅以文艺胜也。其书可贵，谨藏之龙泉寺中。时本然上人居寺中，夙通儒释，此书当赖之永存。

梅先生《柏枧山房全集》曾得之，旋失去。《涵通楼钞》先生文虽至约，后世有求全集而不可猝得者，此亦足慰其意矣。海秋师《笔记》一卷，另梓于《滂喜斋丛书》中。光绪七年四月五日。

重修二贤祠记

濂溪既殁七百年，而道州何文安公以朴学导其乡，湘乡曾公屡称之。曾公既与益阳胡公、湘阴左公以功烈著中外矣，而功成于学，学根于约。海内称三公者，咸知其以静俭胜也，而曾公尤时时谦抑不自足。《宋元学案》，何氏既梓于京师，曾公终身勤习是书。攸县龙皞臣先生复谋刊于湘上，以利来学。胡公之学，启自家庭，宜曾、左遗文中盛称箴言书院教育之由。而左公之述皖中诸君之学也，与湘乡之志同，《马征君遗集叙》笃实详慎，可诵也。

光绪戊寅正月，玉森至衡山。己卯七月，游方广寺，谒二贤祠于寺之西。庚辰三月，值衡山许君荫南于京师。乙酉十月，复遇于京师,以二贤祠重修工毕,属以文纪岁月。方广有志,自王船山先生始。朱子、张子之学,船山先生言之备矣。玉森谨书近六十年湘上学业之盛,以答许君之意。

庸言之信,庸行之谨,朱子《小学》一书,为进德之门。昔贤若许文正公,既极重之,《求阙斋集·钞朱子小学书后》一篇,示万世学者,以为人之鹄也。由何、胡、曾、左之书,而进求船山先生垂教之意;由朱、张之学,而进求濂溪自得之微言。兼济而有功,独善而成德,积累深而以时发焉,岂不贵乎循序渐进哉?

衡之士,谦实若许君者,固亦以静俭胜也。光绪乙酉十二月十八日。

高陵县重修城庙碑记

高陵城西望嵯峨山,秋冬之际益苍秀。光绪二年丙子夏,玉森省亲至泾阳,时时望嵯峨于泾阳城北。秋七月,往游华山,由高陵渡渭而南。十五年己丑春,再至高陵,渡渭而北,复睹嵯峨。盖玉森往来渭上,十三年矣。春日农田苦望天泽,高陵尹厉君率僚属邑绅,步祷邑神庙中,久益修虔,甘泽滋应。岁丰民和,咸歌神功。

玉森之游华山也,居玉泉院数月,移居朱文公祠。康熙十八年己未,昆山顾亭林、华阴王山史,始谋建是祠于华下。越二年辛酉,告成。四十二年癸未,复修之。五十一年壬辰,朱文公升祀哲位,华下祀公者益增敬恭,今犹无敢稍懈焉。

厉君课士,勤《四书》,文必恪守文公《集注》,务以理胜,士之信从,已四年矣。自古圣哲之成化也,皆舒缓而不迫。天地之道,亦以渐而已矣,而化必以礼。杜氏《通典》称礼必本太一,分而为天地,转而为阴阳,变而为四时,列而为鬼神。孟子曰:“圣而不可知之之谓神。”神也者,善信之积也。孔子曰:“知几其神乎。”知几,必贞固之积也，皆勤礼之积也。刘康公曰：君子勤礼，勤礼莫如致敬。国之大事，在祀与戎。勤礼而能养所受天地之中，此天地之心也，循序渐进者知之矣。

厉君自乙酉来宰是邦，深念兵革之馀，宜与民休息，而礼化特勤。戊子冬，邑神庙成。今年春，虔祷屡应。是邦之人偕来，属玉森以文记其事。敬谨逊让，不获辞，因述旧闻，告于同嗜善者。愿有志于学者，深思天地神灵福民之厚，与生民动作礼义威仪之则，又思古昔圣贤因时垂教之勤，学之进必以渐。又宜思三十年前，秦中山川佳胜之地，琳宫梵宇，金碧晖映，倏成灰烬之由，而四海忠义风霆奋击，冰霜驰骤，转危为安，所以仰翼圣清而力奠群生以至于今之故。又宜夙夜思维，而知天人之际，感孚之微，河岳之灵，忠勤之积久而成功，无或诬也。达而在位者，以勤职不暇言，言之于一邑一乡，而渐推及远，则山谷忧伤憔悴、专一退耕者之事也。

玉森又观耀州以北，河套以南，大小山以千百计。极大者八九，嶙峋郁怒，东南趋，至嵯峨而止。渭之西北多大川，漆入沮，漆、沮入洛，马莲河入泾，漳、清、汧、洛、泾入渭。泾入渭于高陵城，南会而东趋，又会嵯峨山侧东南流之水于城东之交口。知乎此，而神之能福是邦也益信。玉森瞻望嵯峨与耀州诸山，每当日暮风寒，荒野孤行，积感而悲，又吾心之不能自已者也。

同治纪元壬戌庙灾，甲戌皖江洪君实始议重修。光绪纪元乙亥二月，兴工仅得半而复辍十年。迨乙酉十月，厉君至，即乐观成。复兴工于丁亥十月，竣于戊子十一月。

洪君名敬夫，安徽无为州人。厉君名乃庆，湖北襄阳县人。兴工之费出于四乡乐助，计醵金若干，用金若干。集事者邑绅某，督工、集资者某，皆高陵人。庙成于久，志成于勤。玉森闻其人皆不欺幽隐，十馀年间，已有获美报者。冀劝方来，遂特书于石上。光绪十五年,岁次己丑十月。

代耕堂书目记

苏文忠公《李氏山房藏书记》,备言读书之益。国朝康熙、乾隆年间,特开鸿博科。嘉庆己未会试,得士最多。时人拟是科以鸿博山川清淑之气,发为人文。二百馀年,士皆向学。虽经咸、同间之大乱,而学者益盛,不仅以科第显也。

玉森尝游岱、华、嵩、衡,而深慕范、马、汤、曾之为人。苏文忠自蜀至京师,从韩、富、欧阳游,深以不及见范公为憾。今潞河李君由蜀至都,宦游关中,与贤士大夫交,习闻古今儒臣庄士德业有成,必皆由于读书,节衣食而富藏储,其志可谓壮矣。又深知近四十年中,林、骆、胡、曾六七巨公,辅相裁成之素抱,慨然思有济于民物,又能习勤韬光若在事外,德业未可量,岂止以收藏震海内哉?博观而约取,厚积而薄发,苏文忠屡言此义于同时之秀杰。世有知君藏书用心之所在,必能知读书之益无穷也,在勤积之而已。

君行踪半天下,近又思游东南名山水。年未五十,纵游览之期尚有待,而藏储既富,一室犹万里也,何必登临始拓心胸哉?

重修凤起书院记

昔槜李沈公序唐确慎公《学案小识》称:“我朝道统中天,君师立极,颁发《性理精义》《朱子全书》,升紫阳为十二哲。二百年来,名儒辈出,庠序修明,为元明所未有。”玉森读唐公之书,益信沈公之言。近三十年,海内学者咸知曾文正公之学矣。曾公之学,实导源于唐公。《求阙斋集》屡自言之,诚不诬也。

康熙四十二年癸未冬,翠华西幸,延访耆旧。四十四年,御制《重修西岳庙碑文》颁发垂久。山川之气,诗书之华,蔚然一新。人皆向学，固不特鸿词一科，王、李诸贤为庠序光也。同治纪元，关陇多事，学稍衰矣，而兴复自左文襄公始。又得群贤继之，关学益振。

光绪十六年庚寅冬，凤翔太守熙公报最入都。辛卯冬，复至凤翔。年方五十，出守十年，万里往还，积闻列圣培植庠序之厚，儒臣报国之勤，民生稼穑之艰，古昔圣哲诗书垂训之益，天人感通之微，山川郁积深固而待时之故，皆悠然有会于心，而思得人以储国用。适定兴鹿中丞再至秦中，久益勤瘁，以凤翔书院谋于通渭景公。既有端倪，熙公复至，谋成以和，事创以勤，景公、熙公功成不言，规模益远。今年春夏之交，农田望泽。熙公斋戒祷于太白，步登其巅，甘泽遂降，万井咸欢，而书院诵读之声益作矣。人事之宜重，不更可信哉！

玉森往来渭滨，抚今思昔。近与此邦人士，商量旧学。学者感中丞暨景公、熙公后先筹画之嘉惠，属玉森为文以记之。谨略述其要，以告同志。后有观者，当自得之。

督修者，山阳傅书鉴，时官凤翔县训导；凤翔候选训导关钧，优廪生冯瀚、郑书瑞。勤襄理而乐观成者，泰州史悠赞，时官凤翔县知县。光绪十有八年，岁次壬辰五月戊午。

张明公祠记

道光庚子，凤翔太守豫公复葺张明公祠于郡城东门内。时去宋真宗天禧中张明公始生之年庚申，已八百二十一年矣。又二十年，至咸丰庚申。又二年，至同治纪元壬戌，花门变起，旋荡平。又三十年，至光绪壬辰。是年八月甲子，张祠贤裔述铭，以明公全书示读于祠中。

述铭年将七十，无妄言。道光中叶，与豫公及郑公冶亭交最深。同治丁卯，太守李公勤伯来守是邦，以道义相取。是书复完好，李公之力居多。庚午夏,冶亭复书数语于册后。祠中石刻李天生检讨《迎神》《降神》《送神曲》词最质厚。

玉森入祠中,礼明公遗像,复读李检讨文。每当日暮鸟集,花疏气清,久益徘徊竹柏间也。时壬辰八月乙丑。

正谊书院记代胡兰亭广文师舜作。

汉兴,五星聚东井。文景之世,休养生息。武帝时,《五经》复出。董子廷对,务尊孔氏,学者始知求尧、舜、汤、文之道于遗经焉。

千馀年后宋兴,五星聚奎。关、闽、濂、洛诸贤,踵生实同。洙泗紫阳殁后五百年,至圣清膺命,人文蔚兴。康雍年间,汤、陆并重。咸、同之际,将帅联翩,克佐中兴之业。胡、曾、阎、左,皆以儒臣勤职,安奠群伦。是时有日月合璧、五星联珠之瑞。

湘乡曾公官直隶时,与多士讲论,必述杨、赵、鹿、孙,使士子知取法于乡先生。而苏门一席,尤深慨慕。论学必以桐城姚氏义理、考据、词章三者,分配孔门四科,至今直隶学者宗之,二十年如一日也。朝邑阎公,周旋胡、曾之间,学识益闳。韩城、蒲城,后先相望。

师舜默识数十年来四海贤杰,益重经训。往来西安,屡谒董子祠。退居里门,每过张子祠,深念其为人。今朝邑阎公猝逝,关中后学,当知激励,勉企前贤。

吾邑海陵史侯过江都董子祠,来官于兹,延师舜与多士论学。书院告成,仍名正谊。因溯董子之良训,推本孔门;复述二千年来天牖文明之由,为多士言之,以共勉于无穷焉。

谦泉学舍记

道光壬寅,海上变作,避地城北山间数月,是为玉森略知忧患之始。咸丰癸丑，粤寇踞金陵，复避地北山。同治壬戌，关中花门乱作。先大夫游关中未归，已七年。甲子四月，玉森入都。六月，金陵始告捷。是年，玉森年二十七岁，已倦游矣。

甲子至今，忽已三十一年，游益倦，退志益坚，因颜所居曰“谦泉学舍”。谦泉者，凤翔郡城东门外清泠渊也。玉森游东湖归时，寻其遗迹。甲子至今三十一年中，玉森往来关辅，倏已十九年，见者每以为七十馀岁人。游东湖，辄有意于谦泉也。

自道光壬寅至今五十三年中，海内亦多故矣。玉森年至六十、七十、八十亦未可知，而学不加修，安得不以谦泉名吾学舍哉？江上敝庐已无存，随所居皆以谦泉名之。骤衰如玉森，安得不以徜徉泉石终哉？光绪二十年甲午正月五日。

送黄翔云先生出守雅州序

同治七年秋八月，黄翔云先生以兵部郎中出守雅州。吾师上元许先生觞先生于我园，玉森与焉。酒酣，先生顾玉森曰：“余将行矣，子盍有以语我？”玉森愧不文，先生尝命以诗，则既勉为之矣，复何言？

虽然，雅州命甫下，京师能文者率以言赠先生。其于儒者出处之道，天人身世之故，国家任用裁成之意，文章气节不朽之理，以及古人重内轻外，学士大夫家贫亲老之谋，无不为先生言之。玉森即有言，亦无有忠于此者，复何言？

先生居京师十七年，友朋文字之乐为极盛。自去兵部后，意忽忽不乐，尝为文千馀言，以“惜别”名篇。玉森识先生，以从许先生故，闻先生行，惜之甚。然许先生与先生交且厚，乃若不惜与先生别。意先生之去，固适然而去乎，则亦可去乎！

而玉森有不能已于言者。闻先生与同官饮郊外，弹琴歌诗，乐而醉，醉而悲。然则先生诚惜别诸君子，而诸君子亦惜别先生，与玉森同矣。而吾师顾独不惜与先生别，何也？意先生之去，固适然而去乎，则亦可去乎！先生其知之矣！

朝鲜赵惠人《转蓬吟馆春宴图》序

玉森以同治甲子来京师，于许先生案上，读梅伯言先生集中《海客琴尊图记》，言我国家混同华夷，柔远之规，旷荡于前古。且以海国异域之人，得聚而以一尊相乐，不可谓非快事。海客，谓朝鲜李君藕船也。藕船与阳湖张子仲远，屡见于京师。仲远为图，志文酒之欢，而属序于梅先生，时道光二十五年也。许先生亦称藕船诗甚工，曾为之作序。

丁卯、戊辰间，黄丈翔云、张丈午桥、姚君仲海，以朝鲜使臣造请谈宴，屡集于城南僧寺。约玉森往，以事阻。去年春二月，玉森侍许先生登凌虚阁。适张丈、姚君集海客，与王丈霞举、潘丈绂庭诸君饮蒹葭簃甚欢，且用“新”字韵联句为五言排律，玉森亦于阁上赋五古一章呈许先生。

今年春正月，朝鲜赵君惠人以贡使来，张丈、姚君觞之姚君所居转蓬吟馆，约玉森往，会者十人。后数日，惠人来我园。后数日，又会于咏楼。因出纸索秦丈谊亭与张丈、姚君分为图，而属《转蓬吟馆记》于玉森，志酬接之始。

夫人生踪迹，离合靡定。若黄，若王，皆远去，许先生且殁益久。而玉森一身，自道光、咸丰间，与邻里亲密，时聚时散，其死亡者更不可问。以同处中域之人，得聚以一尊相乐，已为快事，况远者乎？然玉森尝闻许先生，言李君藕船年六十馀，犹常来京师，饮巨觥，能操楚人音。今惠人年方壮，吾知惠人之来，方自此始，而离合之感固不足言也。座中诸君皆有诗，玉森为是记，遂不作。

惠人其将东归乎？试为我歌《伐木》之章。玉森虽止酒，犹为君尽一觞而听之。同治庚午二月。

《宋四家词选》序代潘伯寅大司农祖荫作。

季玉叔父尝以周止庵《宋四家词选》示读，云得于符南樵孝廉。南樵，荫旧识，尝师事止庵。手录是选，思付剞劂，奔走无暇。荫居淀园时，以之自随。庚申园毁，意成灰烬。去年检书，幸得之，亟付梓。

近世论词，张氏《词选》称极善。止庵《词辨》，亦惩时俗昌狂雕琢之习，与董晋卿辈同期复古，意仍张氏，言不苟同，季玉叔父曾序而刊之。此卷晚出，抉择益精。止庵负经济伟略，复寄情于艺事，进退古人，妙具心得；忠爱之作，尤深流连，宜南樵珍护如是。今南樵亦归道山，荫既刊之，南樵可无憾。

独念荫昔对此卷时，露研风帘，万花如海。倏忽之间，渺乎莫觐；天时人事，涛奔电驱，固不特故人长逝为可伤悼。此卷孤存，固止庵精气不可磨灭，然什伯宝贵于此者何限？不得谓此非偶脱于灰烬也！

止庵复有《论调》一书，以婉、涩、高、平四品分之。其选调，视红友所载，只四之一。南樵尝言之，今不可复见。海内倘有此本，荫固乐受而观焉。同治十二年二月。

《玉井山馆笔记》序代潘伯寅大司农祖荫作。

己巳九月，许丈海秋遽霣于我园，故旧嗟痛。海内人士以荫与丈迹最密，皆驰书京师，问其著述，且讯遗孤。荫既谋梓其诗文词集若干卷，以应四方学者之求。近复得《笔记》一卷，属严生玉森校而刻之。《旧游日记》，则未成之书，亦附于后。

我园者，当京师宣武城南，去荫居最近，故徐氏之壶园也。丈性嗜典籍，又重宾客。春风扇扬，花树如锦，荫屡预其间焉。丈既云逝，旧从游者，皆若虚行无所依，固不独文章之事末由质正。每过其门，心辄酸恻，盖五六年如一日也。

《笔记》所载，事不一类，言近指远，味于无穷。丈昔与叶丈润臣交最深，今此书得与《桥西杂记》并存，岂亦有由而然与？同治十三年四月。

《大学分条证史》序

光绪四年戊寅秋日，衡山戴君心葵约同登祝融峰巅，历丹霞、上封诸寺。观音岩侧，旧有罗念庵先生手植松数株，君与李君瑞南谋以石栏卫之。余知君心志清峻，向慕自有在也。

五年己卯夏，以所著《大学分条证史》若干卷见示，因真文忠、丘文庄《大学衍义》及《衍义补》两书之条例，推而广之，博采数千年之史，垂法戒于天下后世，必使人人易知而易从。

心葵劬于学久矣。尝出游江淮间，过其乡江、罗、李、胡、曾诸公慷慨誓师、争出死力、风雨驰骤之地。又历湖海风涛舟楫之险，多与贤士大夫交，深悟自古治忽兴衰、盈虚消长之故。既发为诗歌，宣导抑塞，复自维心力未衰，退而著书，蕴奇岩壑，岂忘世哉？意有所寄，而劝戒即于是施焉。儒者嘉惠，斯人之志量，亦可微窥也。

予识湖南人士，一因吾友李君子钧，交黄君瑟庵；一因陈先生六舟，识谢君麟伯。壬申、癸酉，闲居都门时，屡偕陈、谢为野寺之游。瑟庵、子钧同居宣武坊侧僧寺中，时相过从。黄、陈、谢雅嗜寂静，予与子钧间多文宴，歌吟啸呼，豪纵自适，而学行肝胆，照耀尘外，靡有殊致。近恒山居，孤游益乐，而往事如昨，盖积诚之易深感孚也。

心葵奉亲读书于巾紫峰下，尝偕文先生礼园饮其所居听鹂馆中，谭宴竟日。后二十日，礼园猝逝，予与心葵咸悼斯人之摧折。复闻麟伯殁于都门，益悲友朋之零落。屡函告心葵，兼习静摄，而心葵勇于向学，著此书以利济当世，必欲有成。盖其胸有所得，不得已而于此书一行其意焉，非有所竞于瞬息琐屑间也，亦积诚与世相感孚而已。

礼园未及见斯篇之成，予又因序此书，而于友朋生死离合之际，益不能无感也。心葵屡约游方广寺，尚未往。方广幽丽深峭之区，倘更有憔悴专一、坚苦积累、力存孤学者在其间乎，君与予固皆愿见之矣。

《善人必读书》序

玉森居衡山，忽忽一年。衡山旷君钦甫，以其祖图南先生所辑《善人必读书》若干卷示读。萧山汤公督学湖南时，曾序是书，钦甫以尚未付梓为憾。

汤公曾梓长洲彭先生南畇《儒门法语》励湖南人士，又梓其《元宰必读书》资嗜善者。《儒门法语》备载身心性命之学，兼取程朱陆王而密课于躬行心得，每篇后有南畇先生跋语。

《元宰必读书》则以因果励世，高明沉潜，既皆可取资，而中下者亦可仰企。汤公当时勤课多士，谨守南畇先生遗意，宜见是书于湖湘间，即欢欣爱惜于无穷也。钦甫之家又珍守五六十年，虽未付梓，而其家法与钦甫一生竞竞，遵先训而启后昆者，皆本是书，弗敢稍越。东南粤寇之乱，藏书之家灰烬靡遗矣。此间无兵革之惊，则往哲忠厚勤俭之留贻，可即于是书之存征之。

桐城姚先生姬传典试湖南，而所学遂兴起近数十年之贤杰，《求阙斋集》言之矣。汤公督学湖南，而所梓之书与所爱重者，今犹有尊奉者焉。人心之同，易于激发，理固然也。

钦甫恒以所欲为者五六十事，纤巨皆书座右，弗敢疏怠。毕一事，则稍自慰；未毕者，时时筹画。年方五十馀，而其志之所存偿已过半焉。是书之成固不易，亦勉为之而已。卷中法戒咸备，并多及先世隐德。非乐善，安能勤搜若是？

玉森少喜为诗，得铅山蒋先生心馀诗集，爱其表扬孝烈忠直有真气，遂超出当时群贤。今读是卷，益想见图南先生用心之最挚矣。

周氏原辑《好生录》序

咸丰甲寅，常存敬畏斋主人梓《好生救劫编》励世。盖目击当时东南各省数百万生民猝遭杀戮屠害之惨，心实伤焉，遂大声疾呼，愿人人各自求其本心恻隐之良，绝人欲而召天和，不至以杀召杀，劫中生劫。汤文端见之，欣然再梓以励世。

同治甲子，玉森至京师。乙丑冬，始得之于陈六舟丈家。光绪丁丑夏，家大人择最要者复梓于关中。戊寅夏秋间，玉森由衡岳一再至衡山县郭外万寿宫，闻紫谷开士称文子礼园谨厚乐善，顷晤谈，袖周氏原辑《好生录》出，请数言将谋再梓。

玉森三复此卷，似为《好生救劫编》所本。而敬畏主人梓于四海杀劫方炽之年，礼园梓于生民稍得休息之日，时虽异，而激发人人恻隐之本心则一也。道不变，天亦不变。恻隐之心胜，则以生气灭杀机，而消恶报于无形。乾为木果阳刚中正之气，流行不息也。

老氏三宝，一曰慈；《洪范》五福，一曰寿。邵子曰："循天理而行，造化在我者也。"生杀之间，一念转移。天且弗违，福祚可知矣。将不三世，刑官无后，而自古仁恕慈惠者，天必报以非常之福。儒家若邵子尚数，周、程、朱、陆、王、薛尚性理，颜、白、苏、黄尚气节文章，僧智者、永明、莲池言果报，陶隐居、孙思邈言医，而皆好生而戒杀。礼园知其故矣。

敬畏主人既不自著姓氏，此卷辑自周氏，高子秋崖增订，梓于嘉庆壬戌，已深叹周氏之时代、里居不能详，而秋崖今亦渺焉难稽。第赖卷末数言，知其得此卷于天台国清寺。而数君子谨厚乐善，吾知与礼园同也。

恻隐之心，人皆同之。信礼园之所信，则此卷之宜宝贵而奉行，不待劝而自鼓舞从之矣。戊寅八月。

张子衡《铁瓶诗钞续刻》序

衡山福严寺僧海岸，案上置张君子衡所著《铁瓶诗钞》一册。己卯六月，杨君筱亭与玉森过海岸，见之，读至《游衡山》五言古体六章，谓玉森曰："近三十年游衡者所为诗，无此风格也。"五月间，君知玉森居岳市西偏长寿庵，过谭，亦赠以是集。旷君一峰读之，亦重君五言律，以为清逸有昔贤高致。一峰年将七十，澹视荣利，无妄言。既嗜君诗，玉森遂持赠。山水奥区，同结幽赏，此乐何极！非发于天性之自然耶？

君游衡，居祝圣寺，以近作《东游草》《湘游篇》，从容与玉森商订。庄子曰："山林皋壤，使我欣欣然而乐。"心与天游，则不求工于文字，而世益鲜能及者，以静胜也。山夜更寂，凉雨忽来，文字商量，不及时事，意态闲适。而忠爱之思，民物之怀，平生惕厉忧伤之隐，往往露于诗歌尊酒间。

古之君子，进退必以正，而理性以中和。山川文字，理性之助也。王摩诘、白乐天，身既退居，寄心禅悦。宋之苏、黄亦然，而梦寐不忘君国，志气能质神明。读乐天"青山独往"之句与东坡"浮云孤月"之作，可知其志之所存，此又非寻常役于富贵者所能识也。见山林皋壤，欣欣而乐，君若将以闲适终，而君岂无意于世乎？

忠爱之思，发于天性。此自古立言之君子，与天下后世之贤杰，共励于永久者皆如是。而萧散冲澹之境，理自然之性，而和其天倪，何往非天柱、紫盖哉？君东游，历金、焦，至杭之西湖，皆玉森前二十年足迹所经处。读君之诗，益念往时避地愁苦之馀，屡得山水、友朋、文字之乐。

兹游衡湘与君值，论诗山寺。君勤于王事数十年，海内贤杰，皆重君诚朴端劲，恃以为助。君自晦岩壑，息心静娱，既将去此间，玉森欲为五言古体数章，题君近诗之简端。偶书此以寄君，其即玉森之诗乎？

昨将同游方广寺，以雨阻未往。倘异日往游，而更有得于空蒙幽寂之区，所谓理性之助者，益浩乎无穷焉，岂止诗境之进靡有已也？君其知之矣！

光绪五年己卯七月癸酉朔，书于衡山所居冰履斋。

《湘英文挹》序代朱肯甫学使逌然作。

昔昆明钱公南园按试湖南诸郡，得武陵赵公，器之曰："人英也。"赵公果以德业著闻，终身不负钱公之知。钱公梓湖南试卷，与诸生切言义利之辨，必自慎一念之微始。顾处士亭林先生曰："读屈子《离骚》之篇，乃知尧、舜所以行出乎人者，以其耿介。"视听言动，必屏非礼，即耿介也。又曰："《卜居》《渔父》，法语之言也。屈子非不知其言之可从也，而义有所不当为也。"《孟子》曰："人有不为也，而后可以有为。"顾氏出处必准乎义，钱公亦惟义利之辨是急，大本立矣。

彭绍升尺木叙顾氏《馀集》曰："文之至者，必根天性。古人有不容已于言，以其言宣忠孝之实，而其言遂与天地之气上下同流。"其尊崇顾氏之文，比于屈、贾、葛、陆，及陈同甫、文宋瑞、郑所南之书。

钱公当乾嘉之际，海宇极盛之时，尚急进诸生，告以义利之辨，端万事之本。今当扰乱之后，虽大难削平，而臣子之职、儒生之责更多，有不能自已者。惟兢兢慎独，必先辨义利于至微之一念，而幽隐不欺。斯出处之风采，学问之宗旨，勋业之本原，皆成自天性之激发。而文章之光气，自能上下与天地同流。若以时命而终老荒寒枯寂之区，将屈子与顾氏之所谓耿介者，益慎持而常立于不敝，此天地之心也。《易》曰："硕果不食。"屈子曰："夕餐秋菊之落英。"今犹有幽抑潜暗，未为世知者乎？固心乐得士者所愿敬闻也。

朱文公学《易》，兼师伊川、康节，自称云台真逸。亭林先生晚居华山下，与王山史祠祀文公于华山云台观侧，李二曲先生以文记其事。今闻遗址犹存，盖已历二百年矣。昨游衡山，深念朱、张旧躅，登祝融绝顶，益若有悟于空蒙杳霭之乡。方广冰雪，岣嵝烟云，固王船山先生栖息之地。船山晚年注横渠《张子正蒙》，气益粹，释庄、屈以写荃蘅之怀，艰贞过于二曲、亭林；而《遗书》盛传，又迟于顾、李诸公，益可悼叹。

使者往来衡湘，慨吊屈、贾，既与诸生讲说三载，复取文之佳者，例检付梓。吾知此邦英俊，亦雅慕其乡先哲，故建船山书院于衡州，集诸生研经于其中。而于此卷梓成，名以《湘英》，勉以钱公之意，而益有感于顾氏之言。书告同志，又自惕焉。

《张子正蒙》曰："精义入神，豫之至也"。船山曰："蒙者，知之始也。孟子曰：'始条理者，智之事也。'"知乎此，则可无疑于钱公之言矣。光绪五年九月初十日。

送湖南巡抚邵公亨豫[1]入都序代朱肯甫学使逌然作。

昔老聃以礼为忠信之薄，而慈俭是尚。其薄忠信也，特有所激而云然耳。孔子尝屡述老聃言礼之说于曾子、子夏矣。贵慈崇俭，虽有荣观，燕处超然，非深知礼意，能若是乎？

汉文帝重老聃之书，而曹参治齐，实先用其意，以成清静画一之化。曾文正公亦称圣人有所言，有所不言。礼乐政刑、仁义忠信，其所言者也；虚简清静、无为自化，其所不言者也。曹参治齐若无事，而齐治。其方至齐也，何必其以意语齐之人？

古之君子，冲淡晦寂，而用无方。老聃有言，重为轻根，静为躁君。王船山先生《遗书·老子衍》曰："阴衍阳忒之变，坐而消之，天固自定；静躁寒热之反，坐而胜之，身固自安。"又曰："生生者，保其生之和，婉嫕萧散，乐于春台。盖日游于澹远，以释无穷，恢乎有馀，充乎有适。"然则有所独得者，发端甚微，而收效甚巨，固与礼之导源于太一、起数于微眇者同也。此更不可尽人而语之也。

光绪五年冬十月，湖南巡抚、翰林前辈邵公奉天子命，入为礼部侍郎。公冲淡晦寂，雅尚慈俭。昔之抚陕也，亦与抚湖南同。莅此未一年，而善气涵濡。历年水灾，今忽宁息，岁有秋，农歌于途。论者谓：自道光中叶至今，方复得此丰年。事简而政成，令肃而民和。将去之日，吏民皆惜不能留。既去，思必益深。公笃爱斯民，亦每不忍遽去。偶以馀闲，寄意篇什，人争传诵，如见公之心。

逌然备官至兹土，念学者学必通经，经必先礼，因设船山书院

1　亨豫，原本空缺，据文义补。邵亨豫光绪四年任湖南巡抚，次年入都为礼部左侍郎。

于衡州，校经堂于长沙，使洞庭之南，人人知慕其乡先哲，而乐守古圣之训。船山先生于群经多所发明，而尤尊崇横渠《张子正蒙》一书，以其尚礼，得往圣之传，通阴阳而维天地。衡州、长沙既有所设，以诱多士。公亟称许掖助，士益乐从。今公将行，逌然亦将供职辇下。公所以深得吏民之心，使之思不能忘者，人咸知之。而有益于湖湘十年，数十年后之人才士习所以隐移风俗而培国本，使之通经致用者，世或未及知。故特于公之将行，书公之用心深远，为多士言之，期其自重，以无负公意也。公之将行，逌然安能已于言也？

光绪五年十月朔日。

虚阁遗稿卷六

文　二

胡用仪□□□序

学者,没身而已。自顾氏亭林、江氏慎修、王氏而农之书,后先布于海内,学孔孟之学者,咸知学必通经,经必先礼。礼者,德之基也,君子无斯须去之。

横渠《张子正蒙》一书,言礼屡矣。瞬养息存,以达天人之原;承孔孟之志,救来兹之失。王氏而农注极精审,且详言邵康节、陆子静、王伯安之学,或有未当;又力辟二氏之说,必以礼为衡。孟子曰:"居移气,养移体。"士君子修身服习《礼经》,一瞬一息,一宵一昼,一言一动,唯礼是依。所谓变化气质、体认天理者,即在是矣。

胡生用仪,潜德弗耀,勤习《三礼》,旁通诸经。好学而戒朱、陆之争,研经而涤汉宋之见,力行而耻心口之歧。生年方壮盛,若慎持其所已得者,温故如新,不惑于众,将润及无穷。生之志也,亦生之责也。

彭笙陔《明史论略》序

吾友龙君筠圃,熟于明史,作小乐府若干篇咏明事。平君景荪，于明季三王事尤悉，将著一书，纪其本末。彭子笙陔既著《周易指事》，以史证经，语约而义丰，言近而指远，复有《明史论略》之作。

余观其书，深惜明初不相刘诚意，而于阳明谪龙场驿丞，谓其治心心定，养气气定。又谓中叶以后，东林诸贤之惨伤，亦如李膺、范滂，宜与当时治钩党者分任其咎。王薑斋《宋论》于郑遨、魏野、林逋、苏云卿之往事屡言之，而寄意于无穷。

洞庭之南，叠波旷宇。生其间者，宜天采艳发，而山国幽窈，崟嵚缭转。川泽光怪之气，若冥合焉，而推荡以扬芳烈。若庄，若屈，有足称者。舒忧娱哀，因文见志。若彭子者，殆亦澹无为而自得者耶？饮沆瀣而餐朝霞，固宜神明清澄若是也。岂止于有明一代之事，若烛照数计哉？

伊川晚年，爱观范蜀公《唐鉴》。吾将持彭子之书往示，龙君、平君必乐观之。同志之精神，数万里如一堂也，彭子勿患德之孤矣。

《周易指事》序

管幼安以“成德在密”诫邴原，而躬习俎豆于辽东，非学者勿见。史称幼安高洁而熙熙和易，因事而导人以善。王船山先生谓：“此言善传君子之心。”

幼安尝自惕以“一日科头，三朝晏起”。君子之心，密课于退藏之际而已。“天地革而四时成，天地节而四时成。”不仰观俯察，安能熙熙和易哉？既和易矣，若将退而无补于世。而船山谓：汉末三国之天下，非荀悦、诸葛孔明之所能持，而幼安持之。非以其因事而导人以善耶？

昔庄尊隐于卜，而与人言，必依忠孝。仲长子光佯暗，而指画“老”“易”二字示人。李二曲先生称希夷当五代时，坚卧云壑，遁世无闷，世第述其踵息蜕飞之奇，不知其隐维人心风俗者极厚。此数君子，亦皆深于《易》而和易，以与人为善，君子之心隐矣。

焦先、孙登、朱桃椎之类，船山谓其道穷而仁亦穷。余读船山之书，而得君子仁天下之心。又得新化彭子筀陔《周易指事》一册，深重其与人为善，根乎至性。新化多绩学能文之士，而筀陔最朴厚，盖有得于迹象之外也。

文中子论《易》曰："默而成之，不言而信，存乎德行。"彭子居山水奥区，洗心藏密，澹视荣利，不得已而著此书，隐维人心风俗，垂老益勤。

予来湖南，得贺生淇文，知其通经嗜学，询之，果致力《尚书》古义，惜其年未四十遽殁。殁之日，属其家人，以所著书稿托余藏待梓。余每念之，因序彭子之书，益念贺生而感叹欷歔，不能自已也。

光绪五年九月。

《洞庭石矶图》序代朱肯甫学使逌然作。

宋范晦叔于元符中登第后，监岳州酒税，作《岳阳风土记》。书虽一卷，而于郡县沿革、山川改易，考证最详，读者称善，固不仅如《荆楚岁时记》诸书只述风物故事也。

舆地之书，愈近愈详。凡不便于民者，知其害之所在而毅然除之，即兴利至巨，特患不力耳。近数十年间，吾浙海塘与黄、运两水道，论者不一，或其事重大，亦限于时会而靡定与？

光绪丙子后，往来洞庭以南诸郡，见辰、顺间五六百里水道最险，皆石矶为害。自桂林陈公抚湘以来，时时修治，期便于民。积人工至百馀年之久，而犹有未便焉。向非陈公知其为害而创议去之，民益困矣。有创议于前者，而继起复有果毅通敏之才，则何害不除？人与人相续而功成，人事尽，则天地鬼神亦随之矣。

己卯十二月，泊舟岳阳西郭外，巴陵任君鹗出《洞庭石矶图》示读，盖深知此湖上下水道之险，纤巨毕书于册。自藕池溃决后，蜀江之水南溢入湖，与范晦叔所记“洞庭会江，江不入洞庭”之说异矣。

昔读香山《洞庭湖》五言古诗，知当时已愿神禹复生，治此湖患。水涨愈盛，则石矶因以为害者益深。今任君悯之有年，亟为图说，以告同愿力纾民困者；又详知石矶险阻，与蜀江同；又称胡氏一桂陟川贵迟重之言，为躁急贪程者戒。然当时者力纾民困，则必不可缓也。

湘、潇、沅、涟、漓、溱之水，近三年中皆身历而识其脉络，稽之班、郦，已多异焉。天时、人事，倏忽变迁，亦复如是。忠信之心，发为德业，君子惟积诚以达斯理而已。任君固非空言著作者比也。

光绪五年十二月十七日。

《思无邪斋文集》序

古之学者，默识而已。尧、舜、禹之师友，多无传书；孔门颜、闵、原宪，亦不竞于语言文字之末。秦汉之间，士仍战国馀习。而班《书》称商洛、园绮之流，亦不以立言著，惟谷口郑子真、蜀右严君平能继其踪。东汉之末，士多以口舌取祸，而黄叔度穆然远矣。北宋多贤，跨越汉唐，若韩、范、富、欧阳皆有政绩文章，实应五星聚奎之占。邵子、周子、张子立言多矣，而明道不以言语为工。南渡后之贤者，多悲歌慷慨，思复仇而建功业。而苏云卿若云鹤之不可羁绁，东湖遗迹与东汉徐孺子并称以至于今。

我朝之初，孙、李、顾、魏著述于下，汤、陆、朱、王□□于上。而吾郡吴野人孤穷终身，仅以诗见乾隆中叶。海内竞尚考据，姚惜抱退居江淮之间，孤守绝学，不争名于瞬息之间。游其门者，梅、刘、方、陈亦竞以文词显矣，而管异之又不急以文词角逐于当时。咸、同之间，曾、胡求才以自辅，文武兼备之士竞起矣。而吾郡刘先生融斋教授海滨，巴陵吴南屏匿迹不出，以文自娱。两贤皆以孤穷甚，至老死而不悔。然则默识之功，古今圣哲知之审矣。

同治甲子，玉森始游京师。光绪丙子，始至关中。己丑居高陵，闭门潜读。关中三十年来学者之文行，闻之熟矣。玉森尝游岱、华、嵩、衡，而深慕范、马、汤、曾之为人。四十以后，多病就闲，时时为山泽之游，亦不常亲文字。关中学者皆知之矣。

今年已五十馀，温经渭北，宫丈农山以《思无邪斋文》寄示。诵之数过，殆亦导源于桐城诸老，而年方五十，将有以自拓而独立不惧者。玉森因书平生之所慕以序其文，不足为其文增重也。

农山丈亦退闲十年，复至关中，山野所得，当倍于昔年。然则所谓共勉于无穷者，岂仅语言文字之末哉？农山丈其知之矣！

光绪己丑五月二十七日。

拟刻《经籍举要》序

道光丁未，临桂龙公以是册诲湖北人士。光绪甲申，钱唐汪君复梓于山东。三十八年，两梓是册，育才嗜善之心一也。惜龙公年未五旬，遽以劳瘁终。倘得上寿，复见斯册行于齐鲁，亦足慰艰苦训诲之怀。今对是册，实增志士幽埋之叹。

湘乡曾公尝称：龙公立功遐迩，皆根于廿年辛苦立德、立言之勤。两公在京师，日与同志之贤杰以文行相砥砺，当时称极盛焉。龙公著作最富，庚辰、辛巳间，其子继栋力梓于京师，遂与曾公遗书并行于天壤。

自古忠信憔悴之士，沉毅之气积而不朽，固非寻常囿于富贵者所能磨灭也。是册虽极约，愿读公之书者，志公之志，并慕公当时师友之为人，庶不迷于趋向。趋向端而德业进，当不止以文艺显也。学固自坚苦积累始也。

继栋，字槐庐，今主宣化讲席。是册梓成，将寄之以广其传。而五十年间耆旧凋零，风霜摧剥，序是册，又不能无伤心之深痛焉。

《元杨文宪公遗集》序

光绪庚寅冬，贵筑黄公猝逝于武昌，海内嗟惜。而宦游关中，若毛君子林、樊君云门、李君代耕，思公尤深。

辛卯夕，玉森守岁二曲衙斋。壬辰二日，李君以公手订《元杨文宪公遗集》示读。公一门劬学，宜三君子心师之，久益尊崇。杨文宪文字之传，固由毛、李两君后先勤访，亦赖公父子佐成之力居多。

二曲说经台，为山水奥区，杨文宪《同完颜惟洪至楼观闻耗》一章，有句云“诗人草楼山”是也。昨游草楼，念公与三君子游关中日久，职业勤敏，而山游有待。玉森既乐文宪遗书散而复存，又喜兹游之易得。三君子来游有日，独慨公猝逝，愿从游者，不获侍公于二曲山水间也。

李君既与子林、云门诸子校梓《张忠定公诗集》，复愿于二曲政成之暇，梓《杨文宪公遗书》。玉森将观是书之成，谨附名于卷末。既以志私淑当世贤哲之意于无穷，而文宪散而复存之文字，梓成之日，藏之名山，固莫先于草楼，庶以慰作者毅魄于今日也。

光绪壬辰，立春前一日。

《吕公鸾书诗录》序代史玉庄大令悠赞作。

东湖修而凤翔之士学益进。过苏文忠祠下者，拜瞻公像，莫不低徊慨慕，愿学公之为人。

公屡遭困厄,"琼楼玉宇"之句,能以忠爱结九重之知。《惠州和陶》诗,亦若将偕靖节游乎天地一气之初。而世网忧深,晚悟实性,究未能骤与蝉蜕尘埃者同游,犹足令后人兴起,历六百馀年而讴思不衰。而况风马云车,万里一瞬,朝游北海,暮宿苍梧[1]者乎?

吕公至人,东湖胜地。关农村先生,生长湖滨,性谨厚。咸丰、同治间,侍吕公鸾书,得诗甚多,久遂成帙。光绪壬辰春,柳塘将付梓,人来乞一言。悠赞惟以信敬苏文忠者笃信吕公,盥手书数语示柳塘。

自古圣哲精神,有以自立于千百世者,皆本原于忠爱仁孝。柳塘笃守先泽,益信农村先生谨厚之贻。是集中诗,多称诸葛公及陶、白、韩、苏,翱翔天上,万古一心,而于苏文忠之东湖爱之最深。诵二公之文者知之,岂止钓游东湖之上者哉?

重刻《经籍举要》序

道光之初,新城陈公最重上元梅、管。及管先生殁,陈公愈重伯言先生。伯言先生之官于朝也,屡与群贤为文字饮,谈艺而已,今世传《读古文辞类纂》可按也。

道光二十七年,龙公翰臣视学湖北,有《经籍举要》之刻。光绪之初,汪君柳门视学山左,复梓此书,以示多士。近年吾乡顾晴谷尊丈先生,以文行重于关陇,文字之交广矣。或称"二顾",或称"樊顾"。

江南胡君筱舫既屡从二顾游,偶见此书于玉森行箧,复商刻于关中。今赵学使亦取南皮张公《輶轩语》刻示秦士,博约咸宜,而

1 苍梧,原本误作"巷梧",据文义改。

各就性之所近，期于自得。先后群贤之用心一也。江南多佳山水，梅、管之馀韵存焉。谈艺者近又称梅、曾，由梅、曾而方、姚之文益尊，宜长垂于天下后世。

龙公实偕湘乡曾公，与梅先生往来最密，观摩既久，故劝学识途，尤望学者闲年读书，用心可谓详且切矣。苏文忠公有言："博观而约取，厚积而薄发。"知惜阴者，可不勤于未事之先与？

闻此卷久湮而弗得，经屡刻而盛行于今，岂非秦士之厚幸与？

光绪戊戌正月。

《靖边县志》序代刘树人太守本植作。

陕志有名于天下者数邑，国初诸老尝称之，盖以简洁胜也。乾隆中叶，孙、洪辈文采烂然，跨越前哲，希踪者少。

本植独谓关、辅间，自同治壬戌、光绪戊寅后，浩气忠魄，与日月争光，志乘缺如，凄然靡托。又思束发受书燕台，依天子之宫阙，南游湘上，慨然溯中兴儒臣之流风；西过崆峒，不胜凭吊陇蜀山川。蒙古部落，今犹仰承朝廷德化，群安耕凿，兼工文章；陕属南北山中，州县创立，多便于民，久聚成邑。

己亥秋日，本植再守延安，益思宣布圣清培养黎元之至意。惟年五十，北望则深恋殿阙，南顾则远怀衡湘，二者皆未能骤得。延安父老，时或宴集，尚有馀欢。旧学商量，井闾如故，然区区报称之初心，又有不尽寄于山水文字间者。而况风雪时艰，冰渊素守，何敢于画戟清香，徒娱此邦之文史哉？

秦安丁使君鏻臣官靖边，以邑旧无志，创修精详，属序于本植，以贻方来。网罗见闻，志乘备焉。自有靖边，始见斯作。丁君固夙禀山川朴厚之气，思自树立者。读是书，不止为靖边一邑深慰于无穷也。同修书者多有心人，于是更知丁君之能择交也。靖边之设，始助边防；继习文学，又得良有司善导之，岂偶然哉？

时光绪己亥十月。

拟刻《感应篇四家注》序

乾隆辛丑，长洲彭公尺木著《廿四史感应录》，东南传写殆遍，然犹以史言感应也。同治甲子，顺德罗公既信惠定宇先生《感应》旧注，又引经疏证，合刻于京师。光绪庚辰，山阴徐丈以罗刻本重刻于中州。俞曲园先生著《感应缵义》，海内称善。己卯、庚辰间，山阳裴丈樾岑笃信俞注，梓行湘上。百馀年间，惠、罗、俞三君子，以经学大师敬注是书，以昭感应为天下后世劝，其用心与彭公同。

夫昔贤书画，触悟多端，文章天成，妙由心得。末艺且然，矧云朴学？罗公当甲子中兴之会，疏证详慎。及馆阁诸贤，书写付梓，观者起敬，发于自然。固将佐圣化于当时，亦欲导海内将来无穷之和气，盖惕于往事也。天人周浃，始于诚求。曲园先生实同此志。有备无患，农圃咸知。因材而笃，天心共鉴。易知易从之理，奚待外求？四家之书，倘能流传，有乐观者，何难于一转念间自求多福哉！

玉森次第得四家之书，读之已久。三五英彦，馨香虔祷，亦有愿汇刻传播者。数年后、数十年后，流传愈远，薰染滋深。今仅为是序，以志向往。窃自咎诚敬之不足，尚徘徊以待观是刻之成也，而须发已将俱白矣。

光绪己亥十月十一日。

《文昌孝经》跋

明王文恪鏊称其师丘文庄濬，性不喜谈佛老，独谓《曾子》十八章，直与《文帝孝经》六章大旨相发明。

本朝大兴朱文正珪敬校此经,并载丘、王两序刻于所辑《文帝书钞》,为第一卷。本朝广帝君之化者,彭凝祉先生弟兄发其源,文正继刻全书于楚北。近全书不多见,因敬梓《孝经》,愿公于天下后世。

真文忠有言:“是经神妙,通明易晓,如家常说话一般,无不动智而觉迷。”往训若斯,敬告来者。

代喻禹章跋《善书》

南岳庙,去衡山三十里。庙前旧有云开堂,祀昌黎韩子。禹章授经堂西偏。浏阳相人者黄随缘来,赠以是书,读之益信因果有验。是书传自宁乡衡郡,向无刊本。聂子希堂乐善与禹章同,因商鸠资付梓。

昔惠定宇先生内行纯备,博通经史,为东南人士冠冕。以母疾露祷,愿注《感应篇》。注成,母疾即愈。其注遂盛行,不仅以文辞赡雅也。书不必同,所同者感发良知之心;事不必同,所同者孚应人天之契。仪征阮文达叙《池上草堂劝戒四录》,亦于善恶果报之由,言之详矣。事有关于世道人心者,则为之必力,不问境之显晦通塞也。

是书之成,实赖群友之助,愿观者勿以为易成而忽以浅近焉。《荀子》曰:“荣辱之来,必肖其德。”德之至者,通神明而光四海。行远自迩,登高自卑,祸福无不自己求之者。昌黎有言:“士贵能自树立,不因循。”禹章既自勉,更愿与同志勉之。

光绪四年戊寅九月望后六日。

《郑冶亭先生遗书》跋

道光壬午,郑冶亭先生举乡试第一。丙午,由贵州还里。时西南兵事犹未起也，里居闭门，廿年静退。咸丰壬戌，花门乱作，仗忠信以涉波涛。同治癸酉，殁于里第。二十年来，子孙皆谨守家法。观先生之福慧双足，前人之积累可知矣。

桂林陈莲史先生，世德巍科，海内称羡。冶亭先生出其门下，熏陶实深，退益潜修，渊源自远。读先生之遗书，益念桂林相国德泽之长，岂止以科第显哉？

近与玉森谈艺者，有先生孙辈数人。既羡其家有五世同堂之庆，复望其潜心力学，勉继前轨，不负先世之积累。玉森亦因以自勉焉。

光绪壬辰闰六月二十九日。

跋黄翔云先生书《养生方》后

同治壬申夏五月，玉森再至都门，闻翔云先生复出都之蜀，仅见先生文字于城南僧舍。光绪壬辰，来游东湖。癸巳，歧山武君敬亭出所藏先生文字，偕观于横渠祠。玉森既嘉武君之能择善，复念三十年来耆旧离合之迹。今先生已退居田园，玉森年亦五十，独藉此翰墨，私相慰于无穷。而我园、亦园冰雪交励之初心，可以与千百世后，专一敛退之仁人庄士相质证者，固未尝一日稍释于幽隐也。

光绪癸巳。

阎文介公遗墨跋

朝邑阎公既学于路门，通籍后，游京师，学益进。中年游胡、曾二公间，益闻所未闻。由山左退而山居，识定而理明。晚起为世用，复自知不足，再退，而识益深、学益粹矣。山居忧世，四十年如一日。壬辰猝逝，海内嗟惜。镜唐先生以实政受公知，今共读公遗墨于山中，愿先生得大年，广公德教于无穷。益愿后起之贤杰，知公之学与年进,而循序以往焉。

书李君步墀《殉节录》后

咸丰四年甲寅春,玉森从上元曹先生游。时先生与弟季皋先生居仪征山中,风雨之夜,尝言句容李君梅溪殉节事,玉森闻之甚悉。

明年春,季皋先生西入秦。又明年夏,先生以江北不可居,转徙至常熟,忧心茕茕,一病遂殁。壬戌春,关中变起,季皋先生令渭南,城破,以身殉。当两先生道李君事时,且类及古今忠孝事,须眉奋张,慷慨欲泣。而其后或以忧死,或临难捐躯以报国。悲夫!悲夫!是固未可与舍义而生者言也。

同治七年戊辰秋,李君子载盫以君《殉节录》见示于京师,玉森益悉李君诚伟人。年四十,临危授命,宜言之者辄悲伤太息不置。曹先生旧题四言诗四章,今犹列卷中,而师门之迹埽矣。志此数语,固不特李君为可悲也。

光绪戊辰。

万伯舒丈文书后

欧阳子曰:“惟为善者能有后,而托于文字者可以无穷。”森尝与万仲桓丈游,而知伯舒丈之文行,且知其志之所在。

先生序文不诬也,斯可谓之言立矣。志之屈伸,天也。志铭简净,此境尤不易到,已与家弟字蕴初者三复之。用功深者收名远,张仲轩丈已屡为森言,先生之学诚劬矣。铭洪君至称“位虽不显,于君何伤”,达观如是,是宜有真气行乎字句间也。则平日之自得者,岂惟文字哉?光绪丁丑四月望后二日。

书董文敏书画墨迹后

近三十年，戴文节公山水遗墨，海内外咸宝贵。西南番舶，越数万里，载金诚求。大轴小幅，罔敢玩视。邓石如山人四体书，自道光中叶，包安吴论定为国朝第一，咸丰、同治间，江淮以南，二三耆艾魁垒之士，勋业烂然者，复俯首钦叹山人书，而世乃自此益重之，谓安吴论至当也。甫搦管者，咸艳两公声望之高矣。而其生平积累之劬，暗然退修，孤绝自励于无人之域，贞固其气，而閟其华耀，久益弗懈，世或未之省也。

文艺，末也。震服海国，流采千祀，皆其气之积耳。玉森闲喜书画，未敢云解，而屡闻笃嗜艺事、精思专一者言之，皆称山人书超越苏、米，奚论赵、董、文节！画亦导源于董，而孤忠浩气，激之为奇峭，敛之为幽澹。所遭固与董异，而自得之深，固亦董之所无也。

衡山旷子少清，出其家藏董文敏书画各数幅，小南文先生非妄语者，定为真迹。玉森观之，欢喜赞叹。当其从容研席，屏绝万类，而精神翩然虚无之表，寄怀楮墨，而不求时赏，其自乐固亦以专一得矣。

既观之于山水奥区，欲记岁月，并述邓、戴近事，期与同志为冰雪空山之悟焉。光绪戊寅十月五日。

成梅叔诗书后

不见梅叔十年，梅叔诗益进而识益远。又深知刘融斋、陈六舟两先生之学，时时欲实有诸己而推于人人，以大其传。

陈先生之学行，既孚信于西南矣。吾愿梅叔出都，省亲里门，谨奉刘先生之书往滇，而择人以授也。授一及十，授十及百，发端甚微，而收效甚巨。梅叔尝浮江及海矣，固知其源至细也。梅叔宦成名立,固可喜。若徐以陈、刘之学,导西南之人,德之成也,曷有极乎?

有用之学,必根中正。读梅叔诗,不能无言。谨以近十日之间与梅叔言者,书于简端。吾知梅叔十年之中,必益培人才于西南,而储国家之用于久远也。

曾文正公全书梓成,江淮间多有之。读之,益知匡时者之宜详审静重,又可知诚一之可格天,而精思力践之效,即在日用中也。梅叔当求之,与刘先生之书,同持往西南,为多士劝,当不仅以文采争秀于山川也。光绪甲申四月八日。

《汧上集》书后

道、咸四十年间,山阳潘氏、上元梅氏古文诗称极善。同治庚午,王丈霞举入关,论诗必推山阳,于是西北有养一斋之学。近二十年,曾文正公遗书远播,梅氏之学得湘乡而益尊,秦之人亦知重焉。

光绪己丑春,玉森渡渭至高陵,宫丈农山、李丈筠生先后以所著诗文寄示。思无邪斋之文,子寿方伯论之详矣。《汧上集》中之诗,兴象与山阳相近。丈居汧上,又得梅尉偕游谈艺,诗益工。政事之暇,专一为之,宜如养一斋之溯源陶、杜,岂止欧、苏哉?

己卯冬,李君次青游衡山,录玉森山居诗文于所著《南岳志》中。癸未秋,筠丈游华,登松桧峰,至金天宫,见玉森题名。农山丈亦曾游华,跻绝顶。今王丈霞举、李君次青皆殁,读两丈之书,心辄增痛。更愿联骑入山,纵悲吟于河岳。而山阳、上元之学,得此两集,益著于关陇间,诚盛事也。

读《汧上集》毕,谨志数语,以质世之知两丈者。光绪己丑冬十月。

书《灵峡学则》后

道光四年甲申，芮城薛先生仁斋弃举业，三原贺君复斋生于是年。咸丰三年癸丑春，粤贼破金陵，贺君弃举业，实以是年秋谒薛先生，志益决。十年庚申，淀园灾，东南乱仍未已。华阴王逊卿守恭弃举业，从薛先生游。同治纪元壬戌，花门乱作。三年甲子，上元肇祥。四年乙丑，逊卿辟洌泉精舍，延薛先生于家。七年戊辰，逊卿偕同志辟书堂于华阴竹峪灵峡，薛先生至，示《学则》，今传本是也。呜乎！剥复损益之间，可以静观而悟天地之心矣，学者可不择所从哉？光绪辛卯五月。

左文襄书《六先生赞》石刻书后

自国初诸老、桐城数贤、中兴将相，后先相望于二百五十年中，而皆以求仁为志。仁，远乎哉！求，则得之、熟之而已。

同治甲子，始读湘乡曾公奏议于都门。继续胡、罗、彭、左之书，曾公全集亦次弟庄诵。光绪甲午，居凤翔学舍，敬瞻湘阴遗墨于李生慎斋家。因念三十年来海宇休和气象，由数公而再得之。而三十年前，江淮转徙，亲旧嗟泣，历十有一年，几不敢望东南山河犹有安奠之一日。向非数公于育物之仁，心诚求之，推施四海，岂止东南人士转徙嗟泣无已时哉！

今四海安奠，民和年丰，而数公已不及见矣。读湘阴遗墨，益念当时同德一心之贤。世倘有志数公之志，学数公之学，从容沉潜暗修，而备将来梁栋之选，导休和气象于无穷者，固二百五十年中，贤俊在天之灵，为天下后世朝夕馨香祷祝以求者也，岂止慰湘阴之私望哉！

书既毕，益有味于从容沉潜数语，而愿为暗修者敬述之，以端趋向于力学之初也。光绪甲午六月。

刘蓉士观察九日东湖诗书后

光绪甲午秋九月,获读蓉翁观察九日东湖之作。十月九日,玉森病中,静忆京华故人三十年来聚散之迹。今颓然东湖之上,文字荒弃将二十年,犹得快睹鸿篇,并承命书留湖上。玉森素不工书,近更荒废,辞不获已,勉书二纸,实未能与佳什相称。书成,过蒙推许,谓近坡公。

玉森近三年,往来坡公祠下,实慕公之为人。观察政绩、文翰、志气,皆与公相近。数十年后,必有以玉森此言为定评者。而三十年前,江淮浪息,中外欢欣之气象,今玉森虽以病闭门,犹时时与观察敬念及之。益思相勖以文学,咸振奋于湖山寂寞之乡,愿咏歌祥和之气象,与日月常新也。

善读观察之诗者,知之矣。

旷岣嵝先世赞像题字

光绪四年,岁在戊寅,十月小雪日,旷君经纬属书岣嵝先生所作宽公、兴公像赞并跋。此文作于乾隆壬申之岁,去今已百馀年。原纸墨采犹新,想见下笔时端严肃恭气象。宽公为迁衡山旷氏三世祖,兴公即其子也。

当岣嵝先生题字时,两公像犹俱完善。今兴公像已剥落,经纬仅得摹宽公像祀于家。像自明成化至今,历四百馀年矣。并属录其先世讳慧者所为赞于岣嵝文前,是文作于康熙乙亥年。世德相承,有文行远,而旧纸必加意爱护。摹本必播传族姓,同重世守焉。则又当观于两公之像,有存有不存,而惕然惧于今日也。经纬敬摹庄祀之志,亦岂不深远哉?

朱子《易本义》:“《萃》,亨,王假有庙。”注:“庙所以聚祖考之精神。又人必能聚己之精神,则可以至于庙而承祖考也。”“又必利于正。”此图固亦两公精神之所聚,而后人踵起赞颂者,亦于兹托焉。

明德馨香,祀宜百世。来肃瞻者,曷可勿深长思也?

戴文节公山水题字

光绪癸未,玉森谒子衡丈于西安。丈示以戴文节公山水真迹,又屡称淀园往日耆旧风流,渺若天上,不独文字飘零,为可叹也。

欧阳文忠《有美堂记》,尝称金陵、钱塘山水之美。文节遗墨既为中外宝贵,吾乡才彦亦踵起,文行备矣,书画亦超卓。山川奇杰之气,固浩乎无穷,而晦积深厚者,更有悟于风涛冰雪间也。

玉森今再观文节遗墨,敬谨瞻对。子衡丈命志岁月,以告将来,于是乎书。光绪戊子十月三日。

吕孟武丈遗像题字

同治壬申,玉森谒定子先生于京师。光绪壬午冬,家弟蕴初随侍石泉,谒孟武世丈。壬辰春,玉森至凤翔,方拟谒孟武世丈于东湖,世丈遽归道山。

与诚斋谈艺东湖之上,倏经三年之久。乙未九月,与诚斋同客青门,敬瞻世丈遗像,闻定子先生亦猝逝。三十年中,耆旧凋零,固可深悲,而玉森与诚斋宜兢兢潜惕于无穷。玉森年已近六旬,更宜倍自勉也。

时有自石泉来者,犹称述两家先泽善政,益令吾两人涕泣思慕于冰雪中也。况两家先泽善政,不独石泉之人,称述讴思,同至于今也。

潘母李太夫人八十寿序

玉森与潘君清畏交既久，又屡闻乡先生称述年伯忠毅公之为人，沉劲有大略。而清畏淡然居人海中，惟以不克承家声是惧，于是情益相亲。

忠毅公之才略气节，既载于国史传，述于宋、卫、晋、楚、蜀及滇、黔之人之口矣，而楚之人尤诵言勿衰。

士之与人交相爱者，莫不爱其人之亲。既爱其亲，则恒愿其亲之寿考而康宁。若忠毅公者，其所得又有倍于寿考康宁者矣。海内人士[1]，拱手称叹。同时之人，拥旄秉钺，闻风而愧者，不知几何人。而乡之人皆爱而敬且慕焉，以至于今也。

天地日月，风云山水，四时花鸟，稻粱醴膳，宫室管簟，父子昆弟，夫妇朋友，人之生恒有之。而震川寿碧岩戴翁七十，称其观之必有异乎人者。森谓非翁之必异乎人，人世自处于无异，故未能若翁寿也。寻常之寿不可得，况才略气节寿并天地者欤！

忠毅著节后之某年，清畏与其弟似山、汉峰，以年伯母李太夫人年八十称觞于庭。森闻太夫人当忠毅未遇时，事夫子以礼，极贫苦，无憾色。忠毅既四十始贵，俭约一如昔。近十数年，教子孙有法。《传》曰："不书其父，视其子。"观乎清畏昆季，而平日之教可知。忠毅公刑于之化，亦于此可见焉。

森少以寇乱，未尝一至金陵。庚午南归，里居年馀，又以事未往。江楼西望，欲一诣忠毅少年钓游之所，而不可得。倘至其地，闾巷父老必有轶事拓人心目。又念己未避地焦山之南，往往宴饮山楼，慨念六朝胜地沦为犬羊之墟。溯其由来，是谁之咎？而山外海霞岛雾，

1　海内人士，原本误作"海人内士"，据文义改。

倏忽万态。尊酒未散,悄然深思。人生之所以能自永者,将何在也?清畏淡然居人海中,当心知其故,宜太夫人寿且无量矣。

自古女子寿考康宁,未有不由子孙之贤致之者也。同年诸君将进而称觞于太夫人之前,清畏属森一言以为寿。森虽不敢辞,又不敢以泛辞进,谨于太夫人得寿之由,述其大略。而平日之景仰而爱慕者,亦于是乎书之。

喻母刘太孺人八十寿序

阳城曰:“学者,学为忠孝也。”伊川曰:“学者,学处患难贫贱也。”王心斋曰:“乐即乐此学,学即学此乐。”

森居衡山久,喻君芝美乐刊善书,资好善者。或迂之,刊益勤。森案头置永宁于公《与友人论罗城事书》、衡山聂乐山继模《诫子焘书》,此亦世之所谓迂阔者,而芝美一再借读。

森尝闻吾乡陈六舟丈彝称长洲彭南畇先生定求行谊,因乐观其所著《师说》。萧山汤公慕先生学行,督学湖南时,尝刊布其书,而近已罕有知之者。芝美闻森恒称《师说》,愿师其人。

芝美既授经岳坊前云开堂,复率门弟子移居黄庭观,地益寂矣而学益劬。彭、汤二公,以果报警世,坚学者趋善之心,而上达之基,端由于是。是可为天下法者。芝美用心潜符曩哲,且慕于公令罗城时坚苦强毅,殆有自得者在耶?又为森述其乡聂先生于子焘环溪令镇安时,诫之严,而身老布衣,精于医,喜施良药,全活甚众。临桂陈公抚陕时,尝手评其《诫子书》三次,并命撰入《镇安志》,近又有刊示西北数百州县者。仁人之言,其利溥宜行之远也。子既成立而善念弥固,其后孙曾云起贵显,盖公为善之报长矣。

森时时过君,共言因果以为乐。又恒道家事,或谈艺,此外鲜齿及者,何其慎也!君之母刘太孺人,以今年二月二十四日八十生辰，门内子妇称觞甚欢，愿得森文以为寿。

又尝述其父乐庭翁之德矣。早孤勤读，家事迫，弃而课农，时年犹未也。躬亲田宅琐细，间以医利人。营先人馀资，增置祭田。道光戊子，衡山旱，水涸。适家人众多，建庐舍，以醺面水调砌泥。地故荒僻，翁创为屋，凌崖而萃居，力瘁而神愉。中年督子孙耕读，而子女七人婚嫁，殚其心力。与刘太孺人同艰辛半生，泪眼将枯矣。寿至七十有八。晚年爱孙聪颖，甫四龄，口授书籍，私自慰焉。

其述母氏刘太孺人之德也，闻子孙读书声，则欣然乐。而芝美之兄祖武力耕，亦极怜爱，惜其饥寒如儿时。芝美居云开堂，勉同学捐资，岁祀昌黎。又集钱梓善书，一字一画，校必谨，无敢讹。归以告母，益乐之。年七十时，芝美游庠，授经衡山教谕瞿君彤云署中。瞿君敬母贤，书“康强逢吉”四字为母寿。戚里争羡，母处之淡然。彤云子既游庠，从芝美游者日益众，母益勖以至诚待后进，盖定静根于天性也。朔望不茹荤，年八十，无衰容。

森固知寿文非古也。自宋濂、归有光，及国朝桐城方望溪、姚姬传辈迭为之，而效之者多谀词矣。湘乡曾公痛诋此体之文，而《求阙斋集》亦多有焉。盖未能尽谢于当时，而德之可称者，文以永之，又发于性之不能自已也。

吾父今年六十有一，服官关中。吾母今年四月六十生辰。咸丰、同治间，吾父母以避地勤劳至矣。而衡山曾无兵燹之惊，乐庭翁与刘太孺人，亦极勤于家事矣，盖其劳一也。为人子者，虽力善以终身，焉能酬德于万一哉?

芝美入而承欢，出而课徒，自知所得皆前人积累，无矜色。又尝言：乐庭翁二龄失怙，十二龄失恃，祭父母必虔必敬，泣慕终身。同治癸酉弃养，太孺人节哀课子，而祭奠必肃焉，必诚焉。乐庭翁亦尝以书画自娱，植花竹，成行列，则乐临水而钓，无所得亦怡然。

森屡过云开堂黄庭观,屡闻芝美言而不知倦也。虽未登堂拜母前,固知庭帏教诲之厚,善气积而祥滋焉。亲寿百年,蔚为国瑞,理之常也。森与芝美兢兢焉,循理而已。

独念芝美两世以坚苦为安乐,不知有患难贫贱,而且以所乐推于一乡,愿同蹈至善之一途。虽困于有司十馀年,而将由一乡以推于无尽,吾知其志固自有在也。地道无成而有终,芝美宜坚其志,且以率后之乐善好学者。桐城姚先生有言:学问之途三,曰义理,曰辞章,曰训诂,不可偏废。此言诚师范百世矣。而彭、汤二公以果报警世,其心志所存,亦岂不更深微哉?森拙于文而言无敢欺,是或为母所许,而陶然进一觞也。

森既屡至黄庭观侧,刘氏出族谱同观,知系出晋安成太守遐。遐母魏夫人尝诵《黄庭》于衡山紫虚阁,今观即阁址。子二:长曰璞裔,留蜀;次即遐也,史称其性果毅。今去衡岳三里大塘,族仍众,环塘而居,业耕读。太孺人系出大塘,而芝美徘徊硕德之遗墟,益自警戒,事事能质幽隐。森知太孺人益顾而乐之矣。

张畹九兆兰四十寿序

玉森年四十五矣。十岁时,尽弃童子嬉戏事,一意诵读。年二十,补仪征学博士弟子员,弃时文、试帖,不多作。年三十,时游京师已四年,弃古文辞赋不多作,读经世书。年四十,游衡、华间,弃世俗间寻常酬酢,益专志于学。学然后知不足,盖喜闭门潜心探悟,无所得,益与俗远。《易》曰:“不言而信,存乎德行。”《管子》曰:思之思之,鬼神[1]通之。《荀子》曰:积土成山,积水成渊。皆言学之不可已也。

---

1 鬼神,原本误作“思神”,据《管子·内业》改。

咸丰戊午、己未间，识吾邑刘玉生先生。己未，避地江上，玉生居焦山，迹尤亲。同治壬戌，从马鹤船、范膏庵两先生游，益信玉生之示我者，不我欺也。见玉生，益敬礼，不敢忽。甲子入都，时时念三先生不忍置也。玉森往来都门二十年矣，庚午、辛未间息影江乡，犹得偕玉生及程君兰畦、路君子高、李君伯生、蔚华、何君述庭，乡园宴集。今闻兰畦、述庭、伯生、蔚华尚存，人事天时，有可慨者。

吾乡当东南水会，山川秀杰。城西北诸山尤奥曲，往往独游，至日暮不厌。生其间者，得天地静重之气为多，不独以清奇胜也。刘、路、何、李及陈六舟丈之高风远韵，玉森游华、嵩、泰、衡、金、焦、百泉、西湖、潭柘、翠微间，时时冥忆，以为难及。吴君问山与刘、何相友善，气韵之雅，尤挹之无尽也。辇下师友，江干耆旧，玉森皆善自取法而学，仍不足，近更懒，不诣人。未知玉森年五十、六七十时，学将奚若，而山川友朋之助，已不为不多矣。私自庆悦，时欲语人。

壬午秋初，畹九四十寿辰。玉森将以文祝，不欲以泛辞进，惟自述所学，期与畹九互相劝励。畹九在京师之日多，江上胜概，或未尽知。静远雅重之友，待畹九异日游江上时，更不易得，惟增太息。而山川不改，亦在人善悟而已。

《易》曰："君子知微知彰，知柔知刚。"《荀子》曰："积微。"学不积不成，不悟不明。畹九年四十，生长京师，多闻见，慎于初，益持于终；澹于俗，益勤于学。岁月方长，德业可书。玉森与畹九言，益念三十年来友朋之无定，而愿畹九之自重也。刘、路、何、李，终身笃学，皆自重而不求人知之士也。玉森固望之而诚以为难及也。是为序。

旷君墓志

光绪戊寅夏秋间，与旷君子蛟同读书衡山僧寺。环岳坊而居者，佥为玉森称其尊人□□先生诚朴仁恕。冬夜，与子蛟饮黄庭观，霜月清澈，徘徊久之。子蛟属铭□□先生墓，玉森谨诺。今年二月晦日，子蛟过山寺夜读，复以为言。

玉森自思居此一年矣，貌益癯而神稍舒。三五友朋，匡辅之力居多，惜未及偕□□先生游。徒闻其孝谨于家，排难解纷于戚里，心仪之，而风采已渺矣。殁之日，年甫四十有五。里党有曲直莫能定，皆曰："先生猝逝，吾辈将何依？"然则先生足迹虽未出里门，而身后之思犹令人若是，可知其平日所感孚于众者，必诚必一。此非可幸而致也！衡山峥嵘，南服文明之地，而持以笃谨，华实兼懋焉。年虽不永，而遗泽长矣。课子耕诵，而一生未逢兵革，此又较转徙劳瘁者所得为已多也。

先生生于某，殁于某，葬于某，名字某，娶某氏，子某女某。有一妹，择同里文先生岳英弟某子嫁之，里中耆老咸称先生能知人。

己卯三月朔日，玉森谨濡笔为之铭曰：

衡挺天南，式布英灵。潇湘九面，长沙一星。群英霞蔚，松柏冬青。岣嵝诸峰，气涵高冥。厚土幽居，不言独醒。后贤踵起，云日风霆。先哲慎微，心洗六经。骨奠幽宫，诚通天廷。一念之惬，天怡德馨。雪霁芙蓉，春温沧溟。纵横沧溟，缥缈黄庭。有言不欺，神鉴斯铭。

朝鲜大院君李石坡先生像赞

英英若人，挺生海东。灵姿霞映，浩气山钟。以辅幼冲，以隆家邦。金戈一挥，魑魅摧伤。外安内治，万民以康。国有俊人，引之同升。萧艾弗良，勿扬于廷。日朗烟息，源高流澄。礼事大邦，匪仪乃心。东有若人，英英藩离。流布德泽，综管枢机。凤凰喈喈，随阳而飞。海澜不兴，天子嘉之。我瞻图画，抑抑威仪。抽毫作赞，以示来兹。

王君子延小像赞

东湖花下，同州雪中。春风消息，随渭而东。当年神童，今日醉翁。青紫良佳，黄绮心同。润德泉清，泉在岐山周公庙内。鸾巢鹤宫。依依师弟，兼谓纪丈润泉。墨妙文雄。访我同州，迹似飞鸿。祝君上寿，寒柏秋桐。朝阳卷阿，流水崆峒。优游自得，嘉遁岐丰。

古砚铭

虹井气紫，黄山云垂。必磨砻成，就之体一，静而坚持。

止斋铭

海澄雷寂山静寒，天地互根微茁端，吉祥止止神幽蟠。

山居自铭

讼则终凶，尚口乃穷。多言数穷，不如守中。刚毅木讷，宽信敏恭。四时气备，勤谦吉终。

恒斋铭恒山未游，以名吾斋。

必有馀庆，必有祯祥。积而又积，善气谦光。文李二曲。孙思邈先生。陈，白云。范马曾汤。鲲鹏变化，冰雪芬芳。

失 题

君子贞石,玉人心镜。神乎知微,威仪定命。贾生年少,乃与命仇。忧思自伤,讵人之尤。武乡有言,险躁戕性。宅心平矣,躁亦乘正。阴阳互根,踵趹奇才。趹冶不祥,用惕方来。片石湘湄,洛阳空梦。抚者鉴兹,郁为天栋。

尚谦堂铭

卑以自牧,虑以下人。辞尊居卑,辞富居贫。种瓜得瓜,求仁得仁。仁之道大,一发千钧。须臾离道,终食违仁。戒之戒之,静以修身。天地之心,农圃之春。冰霜礼乐,丘壑经纶。

失 题

孝弟忠信,礼义廉耻。乐善不倦,四维张矣。净明忠孝,仁顺信和。葛许之训,孟管同科。行己有耻,益孝益弟。尚志即耻,浩然之气。仁至义尽,坚苦光明。耻重如喉,叔子亭林。惟困于人,乃与天通。昌黎崛立,欧苏道同。周程张朱,李杜韩苏。逍遥快乐,心性工夫。

失 题

好仁而愚,宣尼所斥。清明在躬,聪明正直。至性天通,穆如清风。正直而壹,清明在躬。我园有言,仁裁以义。神而明之,人天崇贵。澄澄湛湛,丹阳有言。净明忠性,至人所传。防于未然,行所无事。至诚无息,太极无极。明通公溥,了达冲和。天鉴真修,陶然啸歌。坚苦卓绝,刚果决烈。孔孟关岳,圣贤豪杰。

天知铭

易得天知，易得天扶。众恶独善，善与天符。众凶独吉，吉感天衢。天既知尔，何问人乎！泣祷天知，愚更安愚。愚能安愚，与天为徒。愚能安愚，与古为徒。愚能安愚，稼穑诗书。愚能安愚，周孔韩朱。困知勉行，彭曾刘吴。一念千年，敬化凶徒。

遁谷铭

饱乎仁义，俭于嗜欲。知难而退，由渐而入。周孔尚谦，学庸慎独。井养不穷，养以之福。求心所安，知足不辱。蓬莱两言，圣贤芳躅。沉沉虚阁，闲闲遁谷。艮戒有馀，谦若不足。秋收冬藏，惩忿窒欲。福以自求，卑以自牧。先忧后乐，先难后获。式履考祥，因材而笃。累年一心，云雾双目。宽裕温柔，斋戒沐浴。万象皆新，一阳来复。一念拙修，纸窗竹屋。

失　题

光绪庚辰三月，与王君简卿、范君观亭晤于都下，简卿以两程先生遗稿未梓为憾。两程先生者，一弢庵居士宇光，一荀叔丈守谦也。观亭出吾师湖东先生未刻稿若干首示读，云："近得之于□□严颜□□家。"文艺，末也。古之积累深厚者，何必以文显？邵子曰："学者，殁身而已。"学，非学于文也，而文亦自无不工。

吾郡自宋元以来，七八百年间，文学之士相继不绝。若胡安定、阮文达，义理经训，尤利益万世，而尚友古人，其维系诚最巨矣。近山阳潘四农先生，亦以吴野人之诗足配刘诚意，谓有明三百年，只此两人而已。文亦何可易言？

玉森尝闻四农先生自订稿数十卷，皆端楷自书，无一行草。玉森益悟古之积累深厚者,必用力数十年于语言文字之外,不必有人知也。玉森未得见弢庵居士,尝从湖东先生、荀叔丈游。今仅见简卿、观亭,而玉森年已四十馀矣。观亭端谨,绍其家学。吾师年八十,神明益固,玉森庚午南旋,犹屡谒于里门。伟按,下阙。

失　题

嗟乎!论都会于古,两戒山河,燕京固阴阳之会也;论都会于今,万国梯航,海内外皆凛朝宗之义。燕京,又万国都会之大都会也。

《尔雅》曰:“东方之人仁。”《易》曰:“元者,善之长也。”燕京屹然于日月之际,仁育万类,善气涵濡于无穷,岂关中所能及乎?岂关中所能及乎!义不足而仁有馀,则天地生生不息之机,郁积而不可撼焉。都会,固天地默启万世远大之图者哉!伟按,下阙。

虚阁遗稿后序

右先世父遗诗四卷，文二卷。诗自己未至丁亥，稿尽毁。今所存者，为家大人求诸故旧朋好，或他人刻本中，尽乃得此。戊子、己丑间，世父以奉讳读礼，不作韵语者二十七月。庚寅至庚子，凡有作，皆为铭周先兄鼎润钞存，鲜有散佚。

光绪戊申，伟初印诗草于关外，多鲁鱼亥豕之讹，不可示人。越十二年己未，复得先兄手辑遗文二卷于行箧中。适金坛冯梦华丈客沪渎，乞为弁言。而卷中所谓陈六舟丈之孙曰延韡者，伟亦于三年前邂逅其人，亦以序文为赠。

于时，世父捐馆舍二十年矣。耆旧凋零，有不能复见此稿者矣。亟付精印，而书其概略如此。

己未九月，侄伟记。

虚阁先生年谱

识[1]

壬午四月朔，于东安市场摊上，得此《年谱》稿本，归检《滂喜斋丛书》，获知虚阁严姓，尝师事吾郡潘文勤公。此《年谱》稿向无刊本，惜为俗手撕去数页，遂多残阙。暇当征之仪征友人，或可稔其生平。拾残补阙，期诸异日。

根香庐主人[2]漫识。

1 识，原本无，为点校者所加。

2 根香庐主人，即陈侃，字燕方，号莲痕，室名根香庐。星社社员，苏州人。平生喜藏书，尤好方志。曾为《小日报》《珊瑚》《新月》《联益之友》等撰稿，后主《新鲁日报》《新鲁月刊》笔政。著有《清宫四大奇案》《京华春梦录》等。

虚阁先生年谱

弟玉辉 鉴定今名蔚春。
侄谦润 纂辑

先生讳玉森，字汝成，号鹿溪，行一，晚号晦虚，又号恒斋，别字虚阁。仪征人。

高祖讳文秀，国学生。

曾祖讳德胜，仪征奇兵营千总，敕封武略骑尉。

祖讳涌魁，议叙县丞。以先生贵，诰赠朝议大夫、户部云南司主事加三级。

父讳恩，国学生。陕西洛川县知县，历署泾阳、耀州、石泉等州县，钦加同知衔，诰授奉政大夫。子三人，先生其长也，次玉成，次玉辉。玉辉出嗣先生第四叔父静庵公。

道光十八年戊戌，先生一岁

三月二十九日子时，先生生于仪征县城内卫市口老屋。

十九年己亥，二岁

二十年庚子，三岁

二十一年辛丑，四岁

二十二年壬寅，五岁

始就家塾，先后从塾师陈仲华先生棣生、洪在中先生启禄，暨母舅刘云生先生长福受业。

二十三年癸卯，六岁

二十四年甲辰，七岁

十月，弟玉成生。

二十五年乙巳，八岁

二十六年丙午，九岁

先生尝言，丙午、丁未、戊申之间，先王父课夜读最勤。

二十七年丁未，十岁

先生天资颖悟，读书异常儿。每请于先王父朝议公，谓塾师不厌所望，愿得良师。是岁，延同邑江丹书先生本墀教之文艺。不半年，脱手成文，宿学称之。

二十八年戊申，十一岁

十一月，弟玉辉生。今名蔚春。

是年，先生以能诗称于同学。同里刘玉生先生蕴辉深于诗，不苟誉人，独奖许先生，谓不可及。乡园酬答诸友，若沈古香□□、厉海沤□□、程兰畦畹、詹希伯嗣贤、陈逸耘□□，皆于是年结纳殆遍。玉生年最长，独喜与先生游。

二十九年己酉，十二岁

九月，先王父朝议公卒。

先王父奇行笃异，遭世承平，无所行其德。性淡泊，不乐仕宦，只以孝友称。其于里党交游间，排难解纷，常恐弗及，曰："吾以尽吾职于乡里。"时以先生为才而督过之，饮食慈爱，至优极渥。蔚春尝闻之先妣刘太恭人云。

三十年庚戌，十三岁

咸丰元年辛亥，十四岁

八月，先王母张太恭人卒。

二年壬子，十五岁

"真州城南天下稀"，阮亭尚书作扬州推官时句也。方仪征全盛时，鹾业最盛。城南临大江，帆樯如织，游人络绎。至是，先生年十五，斋课之暇，恒往独游。与厉海沤诸子，酬唱无虚日。残诗中寄厉句云："君年十四我十五，春风白袷城南游。"谓此时也。

三年癸丑，十六岁

贼破仪征，避地于城北乡。

是年，发逆陷金陵，据为伪都。大江南北，半遭残破。仪征同时失守，老屋焚如。家人转徙，往来于城北乡便益集等处，迄无定居。于时，先生犹课蔚春读，间栖牛屋，以磨砣作吟案。烽火在郊，旧业未废，如是者有年。

四年甲寅，十七岁

始从上元曹叔龙先生士蛟游。见《日记》。

五年乙卯，十八岁

四月，先大夫偕上元曹季皋先生士鹤游秦。

时粤寇方炽，先生依先嗣父静庵公，奉先太恭人避地乡居，研经不辍。

六年丙辰，十九岁

四月，粤逆复陷仪征，先生奉家人避地天长。

五月寇退，返居城北之陈家集。

秋，多蝗，大饥。

按，先生旧簏中有手抄杜诗一卷，是年避乱时抄本也。书衣题字模糊，乃甲子冬日旅都门时所书，兹录于后。

第一则云："是年粤寇复陷仪邑，入山掠杀。前一年，家大人之陕。余侍四叔父、奉母避地天长，流离转徙。寇退，遂僦屋陈家集张氏圃中，有花竹。时大旱，无秋熟。于是不为举业，就其地林氏借陶、杜诗，手抄读，各一卷。携出《史记》，中途失去数本，遂抄读马迁《报任安书》，亦为一卷。至戊午秋，又避乱他往，书卷未及携，散佚糜烂者半，独此卷犹存[1]。太史公文及陶诗皆失去，此册亦失去前三叶。兹携来京，重装订，幸得借书于许先生处，如饥渴者得饮食，为一快事。复视此帙，恍然于大寒暑住仪征西山苍翠中，忍饥长诵时也。”

第二则云：“是年得诗三百馀首，次春就正于古香夫妇。其欣赏者加双小印，朱墨灿然，余酬以七绝二章。此卷亦失去。”

第三则云：“丙辰得诗三百馀首，存十之一。丁、戊、己、庚，共得千馀首，存十之二。辛、壬、癸，得五百首，存十之三。”

先生手抄杜诗，于《北征》一篇，独作端楷。尝以语蔚春之子谦润曰：“吾于《北征》，终身诵之不忘。”光绪庚子冬，谦润用昌黎《南山》诗韵作《华山》诗一章。先生时寓同州，病目，命读以进，继而曰：“吾十九岁时，始诵《北征》。汝今年十九，乃能效《南山》耶！”奖借之殷，溢于言外，可念也。

庚子冬，尝谓谦润曰：“吾十岁后，便已喜声律。时往来真州烟水之区，读阮亭诗句，有会于心，于是手抄阮亭诗一册。按，此册至今犹存敝簏中。尔时为诗，规仿阮亭而已。丙辰，吾年十九，避地居乡间，得陶、杜诗，喜不置，于是弃阮亭诗。后谒湖东，聆绪论，乃知诗自有真，恨所趋之误。汝今才十九，读书过吾往时。吾书终与汝矣。”

七年丁巳，二十岁

三月，就泰州应童子试，补县学生员。

是年，江北乱少弭，学使李小湖先生联琇遂校士于泰州。

1 犹存，原本误作“尤存”，据文义改。

先嗣父静庵公,以先生久稽试事,携至泰州试焉。试事竣,先生忽患喉症。先嗣父钟爱先生,且虞有失,乃以肩舆乘先生,己则步行护之,日驰百馀里以归。既抵家,病亦退。

先生自言:二十岁前,恒致力于《五经》,《文选》,《史记》,庄、屈、杜诗,小学,亦喜读国初人诗。

八年戊午,二十一岁

秋,粤寇复至,扰及山谷。

先生避地蒲薪洲等处,仓卒不及携带书卷,藏书多散失。

九年己未,二十二岁

春,避地焦山。

先生遗诗之存,自是年始。诗首篇《焦山》一章,实是年作,惜前作都无存矣。

秋,游杭州,泛西湖,登孤山。

江南借浙闱乡试,先生以乡试往。试不第,遂归。

先生己卯冬,泛洞庭湖。《日记》云:"雪湖新霁,霜晓月夕,舟行镜中亦乐。"己未冬日,行焦山下。祀灶日,由扬子江行至瓜洲。有此胜概,实是年事也。

十年庚申,二十三岁

正月,避地甘泉县之召伯镇[1]。

三月,召伯镇兵变。

水师有薛姓者兵变,境内绎骚,乃转徙至里下河邀黄庄、

1 召伯镇,即今邵伯镇。

百花桥、臧家庄、永安镇等处，无定居。

十一年辛酉，二十四岁

同治元年壬戌，二十五岁

七月，复移居召伯镇。

十月，樊宜人来归。

是年，先生诗益富。所与游者，马鹤船先生寿龄、范膏庵先生凌[illegible]、丁鴂楼先生蔚华，皆东南耆旧也。范先生年七十，诗名盖淮海，时称湖东老人，独折辈行与先生交。马先生、丁先生亦同时结忘年之契。诗酒湖山，睥睨一世。惜所作大半散佚，为可慨也。

二年癸亥，二十六岁

三月，学使孙松坪先生如仅按临，试经古第一，补廪膳生。

三年甲子，二十七岁

三月，发召伯镇。

与丁鴂楼先生偕，将入都应京兆试。

登泰山。

道出山东，游泰岱，有《泰山》诗。

四月，入都，馆于上元许海秋先生宗衡之我园。

许先生旅京华久，风节文章，著于当世。先生入许门下，执弟子礼。许先生所居曰我园，招先生居我园之虚阁者六年。我园者，当京师宣武城南，故徐氏之壶园也。

八月，顺天乡试不第，援例纳粟为主事，签分户部云南司行走。

四年乙丑，二十八岁

二月，寄《述旧》长歌于厉海沤。

六月朔，始写日记。

八月十五日，觞月于龙树寺凌虚阁。

同姚君仲海、张君叔美、程君荀叔、刘君慈民、吴君述韩、张君丹叔赋诗，先生得诗三章。仲海为之图，我园先生为之记。

我园宾客之盛，甲于京师。先生居我园久，得以遍交当代贤士大夫。其往还尤数者，若同邑卞颂臣制军宝第、陈六舟中丞彝、张午桥观察丙炎、程荀叔孝廉守谦，吴县潘伯寅尚书祖荫，蕲州黄翔云观察云鹄，洪洞王霞举驾部轩，会稽李莼客侍御慈铭，大兴李虎峰舍人如松，六合唐景星比部毓庆，洪洞董研樵观察文涣，余姚朱肯甫侍讲逌然，盖平姚仲海农部正镛，福山王廉生祭酒懿荣，会稽袁爽秋京卿昶，盖一时贤俊，未有不从先生游者。先生戊戌为今樊樊山方伯增祥诗集题辞，有句云："我园宾客多豪俊，隐系安危四十年。"盖谓前列诸君子也。

姚君仲海善四体书，尤工北魏。先生偕仲海访碑厂肆，殆无虚日。时湘乡相国表章邓完白楷书，先生居乡时，亦深嗜包世臣、吴熙载书法。于是由完白体，上宗北魏，所书卓然成家。习殿体书者，谢弗及云。

五年丙寅，二十九岁

居我园。

六年丁卯，三十岁

三月二十九日，先生三十初度，我园先生赠先生文一章。

我园先生病右臂，不能书，嘱先生自书之，装为横幅。我园先生仍跋数语于后。

八月，乡试不第。

下第后，有《秋游》十章。黄翔云先生谓其神韵绵邈，音节高骞，绝似国初诸老。

十月，程君荀叔为虚阁铭。

荀叔既名先生所居曰“虚阁”，为之铭。仲海作隶书“虚阁”字为额，先生自书铭词于左。

十一月，病于我园。

病起，有《我园夜坐》二诗，许先生见之，喟然曰：“此才不遇，奈何！”先生乃弃举业，肆力于古文。其所为文，独得桐城遗范。时翔云先生独工古文，与我园相伯仲，每见先生文，辄叹不及，曰：“吾文能豪而不能细，能阔而不能深。严子之文，未易觏也。”

七年戊辰，三十一岁

题王霞举先生《政诗图》。

题王霞举先生《西山游草》。

送黄翔云先生出守雅州，序以赠行。

八年己巳，三十二岁

金陵自甲子六月湘乡侯伯克复后，至今凡六寒暑，先生旅京师。蔚春奉家人居扬、仪间，靡有定所。是年，乃定居仪征城内。老屋焚已毁，爰赁新居。先生亦于明年南下。

九月，许先生卒于我园。

许既殁，遗孤四月，楹书无主。于是潘郑庵司农号召同人，醵资为刻《玉井山馆诗》《文》《笔记》。先生仍寓我园，督校勘之役。

九年庚午，三十三岁

正月，题许先生《玉井山馆集》。
二月，序朝鲜赵惠人《转蓬吟馆春宴图》。
六月，蔚春补县学生员。时名玉辉。
八月，乡试不第。

陈六舟中丞赠先生诗，有句云："漫愁五色迷坡老，只为千秋惜贾生。"

十月，出都，奉许先生旅榇南下，葬于仪征县之北乡。

许丧不返上元，而之仪征，闻陈六舟、张午桥两先生实主其议。时午桥先生出守廉州，先生与之偕下。

先生存诗，自丙辰至甲子，凡十馀帙。甲子入都，嘱丁鵕楼先生删存八帙，厚近尺。自甲子至己巳，又积若干帙。我园先生谓伤于多，乃大加芟刈，仅存二帙，厚寸许，谓先生曰："兹编足以传矣。"我园既逝，阅四年甲戌，先生举此帙而火之，谓："吾诗终不逮古之作者，何以传为？"嗣有作，遂不存草，致可惜也。

是年，陕西军务肃清。先大夫以佐理后路粮台有功，案经左爵相荐保知县。

十年辛未，三十四岁

山阴万仲桓先生同伦赠诗，先生报之。

是年，先生里居。适卞制军终养居扬州，范湖东主讲扬州广陵书院，万君仲桓与厉海沤、詹希伯诸贤，半在里闬。先生恒往来扬、仪间，画戟清香，流连竟日。自粤逆乱后，仪征凋敝，不堪瞩目。山河不殊，风景顿异。故先生恒住扬城，以节感喟。观其踪迹，可以悲矣。

九月，长女静仪生。

十一年壬申，三十五岁

三月，先生率蔚春等，奉先太恭人板舆入都。

先生濒行，湖东老人书诗扇以赠，诗为七律二章，有"老眼看君态不殊"之句。

五月，题滂喜斋拓《商周彝鼎歌》。

先生既入都，供职户部，潘大司农重之，延致幕府，与王廉生祭酒、吴清卿中丞大澂、今湖广督部张香涛宫保之洞考订金石，搜辑碑碣。于时潘有《滂喜斋丛书》之刻，内载先生诗数篇。先生顾不乐，而又无术以峻拒之，乃绝口不谈金石，以迂直见嘲于廉生者至再，不顾也。

八月，属友人为《涵秋阁图》。

时居南横街姚文僖公故宅，宅左有涵秋阁，地甚高，址近城。秋日，芦苇始花，水天一色，登高揽胜者，竟有濠濮间想。

十月，先大夫入都。于时，全眷皆在京华度岁。

十一月十九日，题坡公思古堂石刻。

时在郑庵司农斋中，作《消寒第四集》。

十二月，题郑庵司农《榆关望海图》。

题彭雪芹侍郎玉麟墨梅，为谢麟伯太史维藩。

十二年癸酉，三十六岁

二月，先大夫以知县引见，旋之陕西。

作《宋四家词选序》，代潘司农。

三月，郑庵司农招饮城西之国花堂。

有《国花堂宴集图》题诗一首，同座者为李君悉伯、王君廉生，馀人不复可考。

颜所居曰“野石堂”。

先生笃好陋轩诗及完白字，曰“野石堂”者，以志野人、石如两先生也。

闰六月，和悉伯侍御、郑庵司农海棠复花之作。

侍御庭中海棠复花，侍御与司农皆以诗属和，为赋长句一篇，刻《滂喜斋》中。

八月，顺天乡试中式第六十三名，保和殿覆试一等第四。

先生偕蔚春乡试，先生领乡荐，座主为全小汀协揆庆、胡小蘧总宪家玉、童薇砚侍郎华及潘司农，房师为慕子鹤编修荣幹。

先生于时文，鄙不屑道。我园先生以家贫亲老勉之，乃强为文。同时，汪柳门侍郎鸣銮、吴清卿中丞，竞赴登瀛社会文，强先生往偕，勉而后应。嗣刻《登瀛社稿》，先生只投文数篇，非所欲也。

十三年甲戌，三十七岁

二月，题李香小像画扇，为王廉生。

三月，应礼部试，不第。

自会试报罢，绝意进取。嗣每届会试年，皆托疾出都，不再试。

四月，作《〈玉井山馆笔记〉序》，代潘司农。

焚甲戌以前诗草。

我园先生所手订者，悉付一炬。嗣有作，遂不存稿。

始作山泽之游。

居都门，游萧寺殆遍，西山胜迹，亦恒往游。嗣后，丙子游华，戊寅游衡，居山中最久。泰、岱游于甲子，嵩、少游于癸未，五岳历其四。戊子入关，不再出，乃号“恒斋”。盖恒山未及游，以志憾也。

六月，蔚春之子鼎润生。

十月，次女引姑生。

光绪元年乙亥，三十八岁

七月，先大夫权陕西泾阳县篆。

先大夫官泾阳，廉直有声。当光绪初元时，泾邑尚称富庶，宰斯土者，岁赢近两万金。先大夫于年节、生日例馈，悉屏弗取，岁减其半。又为之整顿书院、仓谷，添设义学、恤嫠等项，率皆捐廉俸以资之。其与人甚宽，其律己甚严，其处事甚平，其用刑甚慎。泾阳耆旧至今能言其梗概也。

九月，蔚春奉先太恭人板舆之泾阳。

先生以先大夫命，属蔚春行。于是尽室而西，独先生留日下。

二年丙子，三十九岁

三月，出都。

道河南，留汴梁数日。遂之陕西，省亲于泾阳。

六月，赠诗于桐城张仲轩司马聪昂。

时，仲轩司马与先生谈武功、太白之胜，先生因怀康对山修撰(海),遂有是作。

八月,游华岳。

由玉泉院入山,谒文公之祠,访希夷之洞,陟五峰,穷幽险。爱其泉壑,遂居山中度岁。

三年丁丑,四十岁

元日,谒华山朱文公祠。

既望,自华山省亲于西安省垣。

二月,出关。

先大夫促应礼部试,不得已,乃往。既渡河,遂病,返辕而西。

四月,出关。

将行,语家人必游衡岳,遂南下。至汉口,旅费无出。先生第五叔父隽云先生闻之,自扬州驰至,慰还陕西。不可,乃稍资之。留武昌者半年,主同邑厉吉人司马家。

十二月,樊宜人卒于西安。

樊宜人才而贤,以先生远游无定踪,抱幽忧之疾。蔚春以先太恭人命,为祷于神者数月,疾益甚,遂不起。方疾亟时,一夕夜已半,宜人忽自病榻起,呼仆妇曰:“吾姑之寝室将圮,室外扶墙而号者数十人,若辈不闻乎? 宜速往救。”仆妇闻言大骇,奔告太恭人。太恭人亦若有神觋者,已披衣坐南窗下,室之北墙遂圮。论者咸谓太恭人厚德所感,而宜人精诚足以贯之。宜人既殁,遗女二人。明年,先生乃闻讣,誓不复娶。先大夫命以蔚春长子鼎润为先生嗣。

除日,黄鹤楼南道院中仙枣亭守岁。

四年戊寅，四十一岁

元日，谒武昌曾文正公祠。

春日，发武昌，舟行至衡山县。

历武、邓、襄樊而下，涉洞庭，投诗文、杂著、图书于湖。

登南岳，遂居岳寺长寿庵。

先生性宜林壑，抵岳下，布衣芒屩，遂穷登陟。历南台寺、玉版桥、半云庵、水帘洞、福严寺、长寿庵、磨镜台诸胜迹殆遍，谒大错之墟，与海岸为友，所至往往有诗。光绪癸未，李次青方伯元度辑《南岳志》，搜刻先生诸什。今集中所存南岳诸诗，皆从李书钞得者也。

先生四十岁后，孤愤郁结，所如不合，居衡、华近四年。或据案悲吟，或独坐太息，见者莫知其指。晚岁尝谓谦润曰："吾四十岁后，不敢复读《离骚》，读辄泪下。读苏、辛词亦然。"噫！伤心人类如是矣。

十月，作《重修衡山县集贤书院记》。

作《芋斋记》，为李芳畦孝廉。

书董文敏书画墨迹后。

五年乙卯，四十二岁

自同治乙丑六月朔日，先生居我园，始写日记，是年尽以焚之。先生之意，以质神明也。旧簏中藏日记残本十馀册，自是年五月始，厥后踪迹，稍资考证。

四月，作《大学分条证史序》，为戴君心葵。

五月二十二日，过祝圣寺。

二十六日，过黄庭观，遂游上封寺，夕宿寺中。

二十七日，陟祝融峰顶，登望日台，观日出。
七月，序《铁瓶诗钞》，为张君子衡。
二十七日，游方广寺，夕宿寺中。
二十九日，游三清阁。
八月初四日，游铁柱宫。
初五日，游观湘洲。
初七日，发衡山县。
初十日，泊舟长沙城南门外。
十二日，过白沙井、天心阁、鳌山庙，谒真文忠公祠。
十五日，朱肯甫学使招饮，遂同游曾文正祠。
十六日，游岳麓，竟日同朱学使。
二十日，游天心阁、定王台、贾太傅故宅。饮忠雅楼上，同朱学使。
二十一日，移居长沙学署。

先生久居衡，无归志。京华故人闻而忧之。于是，潘大司农寓书嘱湖南学使朱肯甫先生入山存问。朱微行入山，虚一肩舆，访先生，得之于南台寺。布司农款曲，力延入署，为之校阅试卷。先生不得已，曲从之。八月如署，留三月。试事将竣，择试卷之佳者，手自评判，刻为《湘英文挹》一编。湖湘英才，咸被罗致。时左文襄公掌枢府，读而善之，谓朱能尽心于学职。次年，朱回京，以未经考差人员，得简四川学政，实左公一言请之也。

九月，作《湘英文挹序》，代朱学使。
作《明史论略序》，为彭君笙陔。
作《周易指事序》。
十月，作《衡州府船山书院记》，代朱学使。
作《送湖南巡抚邵公入都序》，代朱学使。

十一月,作《校经堂记》,代朱学使。
十二月初二日,发长沙,偕朱学使同舟。
十七日,舟中作《洞庭石矶图序》,代朱学使。
二十二日,泊武昌。
二十九日,居湖北省宝安门内邸馆。

六年庚辰,四十三岁

元日,谒武昌胡、曾二祠。
初五日,发武昌。
客河南府试院,赠诗于朱曼伯太守寿镛。
抵嵩山下,观岳云。

以朱学使同行,故未登山。

二月二十六日,入都。
游西山。

先生养疴京师,不复交一友,远避权势若弗及,但时游城南诸寺而已。游西山者三,皆独游。家居杜门,读佛老经藏,颂胡、曾勋德。独居寡欢,人弗能近。自壬申入都,见重于潘司农,属修《户部则例》。工竣,与记名,辞不受。玉牒馆开保,亦不受。属监工山陵,则曰:"我安能为大监督礼?"峻辞之。其在部时,恒请假,不取印结。贫无以为用,赖先大夫寄金资之。或时典衣货书砚,虽甚爱不惜。其清介,得诸天性若此。

七年辛巳,四十四岁

元日,梦得观天、观性、观空数语。见《日记》。

四月初五日，作《龙泉寺藏梅许文集[1]记》

五月朔日，游我园，见太常仙蝶。

先生病于时，文章、官爵，悉付流水。年来居京师，心气稍舒，神为之苏。文翰间有一二存者，刻“六希四十四岁后作”小印一方，盖之。

八年壬午，四十五岁

十一月十九日，出都。

时云南铜案发，京僚多获谴者，先生独无所染。翛然出都，行抵华阴县，游华山。

十二月二十日，至西安省亲。

九年癸未，四十六岁

五月，先大夫权耀州篆，尽室以行。

先生将入都，遂暂寓甘泉毛君子林（凤枝）寿苏斋中。

秋日，题子林斋壁。

题金陵秦稚衡大令毓麒《钟山老屋图》。

题潞河李云生大令嘉绩《华山游草》。

复游华山。

冬十月，入都。

道河南府，绕嵩、少，观岳云。

十年甲申，四十七岁

自甲申至丁亥，金门宦隐，前后几四年，日记尽佚，事迹

1　文集，原本脱“集”，据《虚阁遗稿》卷五补。

不复可考。

题顾鹤庆山水。

十一年乙酉，四十八岁。

正月，次女引姑殇于西安。

十二月十八日，作《重修二贤祠记》。

十二年丙戌，四十九岁

春日，题《小醉经室诗集》。

十一月，饮于宣南酒楼，怀苏文忠，有诗一章。

十二月，送陈六舟中丞巡抚安徽，有诗四章。

十三年丁亥，五十岁

十一月，长女静仪殁于西安。

十四年戊子，五十一岁

是年二月《日记》云："庚辰至今[1]八年，专心于朱子《小学》。"

又同日记云："癸丑、甲寅，喜诵国初人诗。因学诗，喜读《史记》《文选》。庚申，始习古文。甲子入都，喜读《日知录》《古文辞类纂》。丁卯、戊辰间，喜读涑水《通鉴》《名臣言行录》。壬申入都。乙亥，喜读程氏《易传》。乙亥、丁丑间，读江注《近思录》。庚辰入都，专心《小学》。癸未入都，专守约矣。"

又初九《日记》云："癸丑、甲寅、丁巳，专心时艺，亦略及

1 至今，原本误作"自今"，据文义改。

国初人诗。丙辰、戊午、己未、庚申、辛酉，专心古近体诗。己未、庚申，略及古文。庚申，始学字。癸亥，专心于骈文、律赋。甲子、乙丑、丙寅、丁卯，兼习古文、时艺。戊辰，复为诗。近二十年，不敢离线装书。”

又二十九日记云：“吾不仕，故成业；不动，故无悔。不广求，故得；不杂学，故明。”

二月十七日，先大夫卒于西安。

先生于三月十五日闻讣，号恸至夜，遂病不能起。

四月朔，强起奔丧。晦日，至西安礼庐。

五月朔，读先大夫遗命，遂同蔚春诣八仙庵，谒先灵。

十二日，命蔚春受业于张仲轩先生。

先是蔚春居京师，先生嘱蔚春于陈六舟先生门下，习举业。历试秋闱，皆报罢，乃之陕西。至是，蔚春与先生皆居忧。先生谓慈亲在堂，宜有以养。乡试既不利，当改途易辙以谋之。乃属蔚春于张门下，治刑名家言。先太恭人疑之，谓刑名非家学，恐伤祖德。先生曰：“吾弟性善，充好善之心以治刑名，积德有馀，何伤之有？”蔚春谨受教，乃往入张幕中。张时佐藩幕。

十五年己丑，五十二岁

二月，之高陵，主讲高陵县景槐书院。

五月，作《思无邪斋文集序》，为宫农山太守尔铎。

九月，作《重刻经籍举要序》。

十月，作《高陵县重修城隍庙记》。

十一月，蔚春奉先太恭人之澄城幕中。

十六年庚寅，五十三岁

七月十三日，辞高陵讲席。

八月十三日，之西安。

九月十八日，诣八仙庵。归，过董子祠。

十三日，过城东五里铺，视樊宜人殡所。

十四日，诣八仙庵。

晦日，诣八仙庵。

十月朔日至十一日，五诣八仙庵。

先灵供奉于八仙庵中，既阅两年。先生以不能奉安窀穸为疚，时诣八仙庵上谒，几于月必十往。每上谒，徒步往返常十馀里焉。

十二日，移寓毛子林宅。

十一月初五日，中州会馆可园观梅，有诗。

望日，过左文襄祠，有诗。

十二月初十日，城南兴善寺观梅，有诗。

十二日，可园观梅。

十七年辛卯，五十四岁

是年，始与樊、顾两先生先后会晤，谈艺青门。樊、顾者，今樊樊山方伯暨通州顾晴谷大令（曾煊）也。

赠《嵯峨篇》二章于张仲轩先生。

五月初九日午，梦魏文贞公。

《日记》云："梦魏柬致香饭，柬中有'如游秘府'一语。"

六月，省先太恭人于澄城。

时先生服阕已半年，以太恭人老，弃官留陕，不复入都矣。

游澄城诸寺。

有晖福寺、精进寺、魏公祠诸诗。

八月,之西安。

居灌园西偏道院,有《雪中读瘗鹤铭诗》。

赠《洛水篇》于李云生大令。

十月,游二曲。

时云生大令宰盩厔,约先生往游。先生故喜二曲山水,诺之,遂至盩厔度岁。

作《代耕堂书目记》,为云生大令。

复赠诗于云生,用樊山先生韵。

十八年壬辰,五十五岁

正月初五日,作《〈元杨文宪公遗集〉序》。

望日,省亲于澄城。

二月,之西安,馆于金陵胡小舫宝志家之砚馨书屋。

小舫梦得王虚舟砚,后果得真砚,先生为题"砚馨书屋"斋额。

三月,之凤翔,主讲凤翔府凤起书院[1]。

时定兴鹿滋轩尚书(传霖)抚陕,陈六舟先生寓书鹿公,访先生起居。鹿公方与今柯逊庵侍郎(逢时),议复凤起书院,欲得名宿以兴起之,乃共延先生为都讲。

凤翔城外有湖,方数里,曰东湖,为苏文忠公官凤翔时游宴之地。先生既至凤,常以暇日游湖,自号曰"东湖渔隐"。凤郡古迹,若凤鸣寺、寺有凤凰泉。孝岩寺、张子祠、苏子祠、秦

1 书院,原本后有"讲席",据上下文例删。

穆公墓,皆时时往游,或有存诗。

五月,作《重修凤起书院记》。

八月,作《张明公祠记》。

十九年癸巳,五十六岁

先生居凤翔久,门下有高材生者,汲引如弗及。先生既本其所学以教,门弟子亦颇有窥见学术涂径者,咸能以经义发为文章,士风为盛。

二月,寄《怀六舟先生诗》于浙江学署。

七月,寄《怀樊山先生诗》于渭南。

八月,蔚春奉先太恭人于咸阳幕中。

九月,胡兰亭孝廉师舜招饮,先生赠之诗一章。

十月,省亲于咸阳。

先生来咸阳,喜居路闰生太史旧居之柽华馆中。咸阳城外滨渭河,城东有清渭楼,先生往往登楼啸咏。

十二月,之凤翔书院。

二十年甲午,五十七岁

正月初五日,作《谦泉学舍记》。

凤翔城东有谦泉,先生复至凤翔,颜所居曰“谦泉学舍”。

初三日,苏祠观梅,有诗。

初七日,张祠观梅,有枯梅复花之作。

四月,蔚春奉先太恭人之同州府寓。

九月,和熙梦锡太守年牡丹之作。

东湖九月得牡丹一枝,太守有诗,先生为赋一绝。

十一月,谒湖上苏祠。

时先生将之同州，于十九日谒文忠石像奉辞，为诗寿公。

寄樊山先生诗渭南。

十二月，省亲同州。

除日，有同州守岁诗。

时中日构衅，草木皆兵。诗中有“长愿干戈息”一语，忧之深矣。

二十一年乙未，五十八岁

正月，游南宋郑威愍公祠，有诗。

游赵氏园。

丙申九月，补为纪游诗，所谓“海潮未定心烦忧，偶登赵氏万花园侧之高楼”者是也。

二月，之凤翔书院。

三月，送鹿滋轩制府督四川，有诗五章。

先生再之凤翔，适鹿公移督四川，道凤翔，见先生。退谓郡守、县令诸人曰：“严君清操拔俗，涉世不苟，诸君宜善遇之。”时郡守为熙君梦锡，县令为张君育生（世英）也。

四月，蔚春奉先太恭人之泾阳幕中。

赠五老人诗五章。

先生在凤久，喜与耆老茗谈。五老人者，一为胡君兰亭，一为张君肯堂，年皆近八十。馀人不复可考。

五月，辞凤翔讲席。

时花门乱作，西陲不靖，风鹤之惊，及于右辅。先生以先大夫尚未归葬，谋之蔚春，将从权卜葬于陕。于是遂辞讲席而归。

六月，省亲泾阳。

望日，之西安。

时西乱日炽，先生乃偕蔚春于烈日酷暑中，求地于城南韦杜二曲，及曲江池等处，不可得。阅数月，乃得地于东三爻村。

题青门左文襄公祠壁。

有感于花门之乱而作也。

题樊山先生诗集。

题灵岩寺吕仙祠壁。

寄樊山先生诗渭南。

十一月，卜葬先大夫于西安城南十二里东三爻村之西北原，附葬樊宜人于左侧。

十二月，省亲泾阳。

先生再至泾阳，色憔悴，视模糊，盖六七月触热稍久故也。然尚能作半寸以上大字，读木刻大字本书籍。

二十二年丙申，五十九岁

正月，之盩厔，主讲盩厔县双峰书院。

二月，题尤贡父墨梅。

三月，目疾甚，遂失明。

盩厔居水乡，且近山麓。先生贪早起，因感寒疾。医者投以辛热之剂，寒退而目疾增，不复能作字矣。

四月，蔚春奉先太恭人之同州府寓。

辞盩厔讲席，之西安。

既抵西安，馆于胡小舫家之苍雪斋。时先生病目，每有作，辄倩小舫书之。

八月，省亲同州。

十月，之西安，馆于胡宅。

十一月，谒东三爻村先大夫墓，纪诗四章。

十九日，同小舫礼坡公摹像，有诗三章。

二十三年丁酉，六十岁

元日，有咏梅诗。

诣八仙庵，同憩刘中丞祠咏梅。

二月朔日，游华下，遂至同州省亲。

抵华下，以病目未登山。宿玉泉院，有诗数章。

三月，寄蔚春诗武功。

四月，之西安寓八仙庵，旋移寓胡宅。

五月，复至同州。

欧阳文忠生日，茗奠成礼，寄诗毛俊臣孝廉昌杰西安。

作《三君咏》。

谓蒲城王文恪、湘乡曾文正、兴化刘融斋先生。

寄六舟、午桥两先生诗扬州。

寄樊山先生诗渭南。

十月，复至西安，馆胡宅。

赠小舫诗，有“十年五至竹间居”之句。

除日，送毛俊臣孝廉北上，有诗一章。

二十四年戊戌，六十一岁

正月五日，赠善画者侯尧臣诗。

侯为先生写真一幅，故诗中有“更著斜川画里身”之句。

作《重刻[1]经籍举要序》。

1 重刻，原本误作“再刻”，据《虚阁遗稿》卷六改。

再题谢麟伯太史《雪青馆阁集》。
上巳日,送樊山先生再任渭南。
三月十一日,省亲同州。
闰上巳日,寄晴谷先生诗郃阳。
八月,复之西安,馆胡宅。
送樊山先生入都,有诗一章。
寄成梅叔太史诗扬州。
题陆君晓帆《鹤琴图》九章。
送陆梧山观察襄钺入都,有诗三章。
题樊山先生小像二章。
小除日,赠谭西屏司马麟诗二章。

二十五年己亥,六十二岁

二月,今闽浙制府端午桥尚书方来会。

尚书于客冬陈臬关中,延揽贤俊如弗及。时樊山先生尚在陕,称先生于尚书,尚书遂就访先生于胡宅。

三月十三日,游城南牛头寺,谒杜子祠,访牡丹。

小舫约先生展修禊事于此,先生为赋诗三章。

望日,同小舫游四宜园,访牡丹。
寄六舟、午桥两先生诗扬州。
八月,省亲同州。

先是,先生既失明,蔚春请先生家居勿出。先生以家居无聊,且念青门故旧,遂往来省城、同州间。至是先生寖老,腰脚渐衰。蔚春不得已,请于先太恭人,靳之勿任远出。先生乃朝夕与谦润兄弟谈艺,时命谦润等掖之薄游城中诸寺殆遍。若汉官祠、金塔寺、吕仙祠,几于日必往游。间有诗,则命谦润等书写，以为常。

为端午桥先生题秦权，代徐州李云白大令汝鹤作。

题同州吕仙祠壁。

寄赠午桥先生诗于西安臬署。

寄酬午桥先生诗于西安抚署。

二十六年庚子，六十三岁

正月十九日，谒汉官祠，有诗。

时谦润偕往，归而有《谒汉官祠》七古一章。先生闻而和之，命题曰《雪柏行》。

上巳日，兴化顾石荪硕来同州，访先生。

次日，石荪行，先生赠诗一章。

寒食日，谒汉官祠，吊隋清娱墓，有诗。

清娱为太史公妾，墓在汉官祠后。先是，墓就湮。光绪己丑，大雷雨，墓道陷出，乃就其所封之。先生敬其节，每往瞻拜。诗中有“能感风雷骨已仙”之语，盖纪实也。

四月，柬招淮安苏庆培毓材于西安，为先太恭人主方。

时先太恭人年八十二，食少而神疲。以苏君精于医，延至同州，为太恭人主方者再。先生有赠苏君诗一章。

六月，寄午桥先生诗西安。

午桥先生数有书来存问，意甚厚。先生感其谊，以诗报之。

七月，寄潘君伯英诗淮安。

伯英为潘四农先生文孙。先生时偕淮安陈述斋司马寿彭论吴稼轩先生文，因有感于潘之后嗣，乃寄此诗。是为先生绝笔。

闰八月二十九日，先太恭人卒于同州。

先生既居忧，晨夕号哭，哀毁几灭性。时京畿拳匪肇祸，已数月矣。联军抵京师，两宫西幸，都中耆旧多尽命者。先生心窃伤之，以太恭人病，未敢辄哭。至是，悲来填膺，时时号恸。家国之变，集于一时，而先生不支矣。

十月二十一日，殡先太恭人尊灵于金塔寺。

先太恭人性宽重，善处逆境，能人所不能。当道光末年，先大父与诸祖伯叔父析箸时，先妣委曲调停，请于先大母，让其所有，以餍诸祖之欲。其后，先妣主家政，奉诸祖益厚，且敬事之，饮食跪拜罔敢懈。其遇诸伯叔、诸昆弟及亲族之来者，皆如之。乱后贫无以应，则典衣市簪珥以取给。不给，则婉词以谢，无难色，无愠色。生平尚俭约，喜施与。晚岁行之益笃，曰："吾以尽吾性也。"至是先生献先妣挽联云："咸丰乙卯夏，吾父入关，慈亲课子，持家十八年，备历艰辛，垂殁自言犹洒泪；同治癸酉秋，藐孤登榜，诸弟读书，知命廿七霜，倍加训诲，承欢不起共呼天。"所谓十八年备历艰辛者，谓咸丰乙卯至同治壬申，中间迭遭寇难，盖先妣临终时语也。先生因谓蔚春曰："太恭人厚德，长吾与汝，施及孙曾。今者复以此语语我，我不可以慢吾先德。汝识之，异日新阡告成，吾必书此语于龙冈之表。"呜乎！先生之言，犹在吾耳，佳城未卜，而先生已不及秉笔矣。

十一月，胡君小舫、赵生仁威自西安来唁。

胡、赵来同州，留数日。赵生请作字用笔法，先生瞑书数字以示。蔚春与谦润兄弟皆在侧，及见之。

十二月朔日，命蔚春之乾州。

时乾州孙梅叔直刺（庭寿）招蔚春之幕中，兼办赈举。蔚春方居忧，且以先生老病，弗忍离，难之者数日。先生以家人食指众多，且赈举关民命，促蔚春往。濒行，握蔚春手曰："岁云暮矣，客在外者，必归家度岁。今使弟以贫故，冒风雪往，可为痛心。"已而曰："明春赈务缓，可归视兄。"遂速蔚春登车去。

十五日，先生始病。

先生重遭大戚，骨立不能堪，犹不少息。五更必起，夜不寐，亦恒起。遂得腹疾。医者投以良药，罔有效，病日益深。

十八日丑时，先生卒于同州。

是为十七日之夜。是日晨起，犹命谦润为诵王霞举先生诗数篇，倚榻上听之。既而闭门危坐，日暮即就寝，一如平日。至夜半，为忽起，命谦润等为整冠服，掖之出户，诣堂上先大夫位前行礼，盖明日为先大夫冥寿祭期也。礼毕入房，忽诧曰："是何灯烛之多？"已而曰："尔多人奈何来此？"仆从知有异，急呼家人起视，则趺坐榻上逝矣。容色清癯，见者谓如老僧圆寂，盖异相也。蔚春在乾，于祀灶之夕，始得先生噩耗，念别时语言，饮痛衔悲，其何能已！

先生天性孝友，尤笃风义。生平自奉俭约，而于友朋无告之来者，则挥金不顾。只以刚肠嫉恶，不谐于人；远避权势，若将浼己，以故潦倒，以京僚终。平生著述等身，都无存稿。其略有遗草可以搜辑成集者，惟古文、古近体诗两种。嗣子鼎润业已搜辑成集，蔚春当与谦润校而梓之。

先生学术宗派，不以语人。蔚春虽从先生居京师五年，未能窥见堂奥，然亦能约言之。溯癸丑至甲子，游心词翰，探讨经史。甲子至壬申，则潜心于诸史及经世之书。壬申至丙子，则兼经学、史学、理学、经世之学而并营之。丙子至庚辰，多愤懑，喜释老。以多游故，颇有意于地舆之学。庚辰至癸未，专致力于宋明以来儒者之学。癸未至戊子,则以儒佛旧学养疴于京师。戊子至丙申,则谭艺于关中。丙申至庚子,则以诗翰娱老而已。先生于书,称右军、《瘗鹤铭》;于国朝人书,称完白。于诗,称陶、杜、黄、元;于国朝人诗,称陋轩、愚山。于文,称马迁、韩愈;于国朝人文,称方、姚、梅、曾湘乡。于经,称《周易》。于史,称《史记》。于诸子,称宋儒书。至于尚论时贤,则称林、胡、曾、左;流连风物,则称岱、华、嵩、衡。观于先生生平之所称述,亦可见先生天趣之有真矣。

二十七年辛丑

二月十九日,殡先生尊灵于金塔寺。

先生尊灵,居先太恭人尊灵之右,供奉于一室中。蔚春奔走四方,窀穸未卜,引为大恨。盖以先大夫暨先嫂樊宜人皆葬于陕,而先姒暨先生遗命,皆以归葬仪征为言。蔚春力小任重,实不足以举之,而又不敢遽葬陕西,重违遗命。日夕彷徨,梦魂在疚,流涕述此,不知所云。

三十二年丙午正月既望,弟蔚春述,侄谦润记。

附录：诗文评论

晚晴簃诗汇

徐乃昌

六希才气豪迈，愤世嫉俗。初从许海秋游京师，人皆目为狂生。后与李莼客、张叔宪交，莼客诗所谓“严生本畸行”者也。四十四岁游洞庭，尽掷其诗文杂著于湖，今所存稿仅十二三。已而丧明，所作皆人代书。

（《晚晴簃诗汇》卷一百六十五）

雪桥诗话

杨钟羲

苏完梦锡太守熙年，三至凤翔，美政清诗，久而不倦。壬辰春夏之交，农田望泽。斋戒祷于太白，步登其巅，甘霖遂降。重修凤起书院，严六希就弟同州，延主讲席。病中简梦翁云：“看花莫说李茂贞，登楼犹见秦时城。城根花发年年好，泉脉秋圆缓缓行。沧洲太守醉重九，因病得闲诗更清。三年湖上我亦病，鹤骨困向秋空撑。

少年激昂如贾生,中岁忍寒游华衡。畿南才俊实难得,海上风涛应息争。衙斋矮梅含素馨,知公诗草快新晴。东湖薄寒已可畏,携琴处处成连盟。”每与六希晤,必谈京师西山潭柘、戒坛、碧云之胜。每冬祈雪,芒鞋太乙,辄有新诗。六希《喜雪》诗所谓“东湖一尺雪,贤守十年心”也。

(《雪桥诗话馀集》卷八)

严伟集

严伟 撰
赵阳 点校

整理前言

（一）

严伟（1881—1964），原名谦润，字吉斋，后更名伟，字觉之，别号严山。江苏仪征人。严玉辉之子，严玉森之侄。严伟六岁入家塾，十三岁习举业。十六岁，值陕西学政叶尔恺观风同州府，严伟被擢为第一。十九岁，学政沈卫视学秦中，观风于同州十属，严伟复擢第一。光绪二十八年（1902）二十一岁时，娶大荔知县汉州张祥龄之女。光绪二十八年、二十九年，连续赴河南北闱乡试，均未及第。光绪三十一年，在同州创办时习学堂。三十二年，著《政本书》，铅行。光绪三十四年，赴南京拜访两江总督端方，赴武昌拜访川督赵尔巽，赴北京拜访吴廷燮，又赴沈阳拜访周树模、钱能训，最终在奉天咨议厅谋得副议员，兼办编纂图书处事务，又兼宪政调查局统计科长；著《下学斋二十议》，铅印成书。从此，严伟进入了“书生辅大佐”的阶段。宣统元年（1909），由锡良奏保，以知县留奉天补用。辛亥革命时，举家避居大连。1912年7月，江苏都督程德全召为司法秘书，旋任无锡知事。次年韩国钧任江苏民政长，任南汇知事。1914年，以本省回避例，指分浙江，次年任温岭知事。1916年卸任，居上海，著《民国春秋》。1917年，齐耀珊任浙江省长,任平阳县知事,因事调免。1920年,举家由上海迁居南京。1922年起,先后被韩国钧、孙传芳聘为秘书,又赴安庆、合肥等地任职。1929—1930年,任财政部秘书。抗日战争期间,各地避难,在杭州、南京等地佣书自活。1953年,受聘为江苏省文史馆馆员。在其人生的最后十年里,他的主要活动就是整理自己的文集,直至1964年去世。

(二)

严伟在《自订年谱》中说,自己的学问得叔父严玉森的教诲最多。自严玉森服阕不仕之后,“以经史文辞教诸犹子,余奉教最久”。就人生表现来说,严伟在以下几个方面受严玉森的影响最为明显。

首先是性格上,严玉森一生有“狂生”之名,而严伟也性好讥弹。这皆是因为他们愤世嫉俗,好用讽刺批评的方式表达自己的观点,批判社会。相较而言,严伟比严玉森更加激切。他对社会现象有深刻的洞察,面对社会中的虚伪和不公,往往言人之所不能言,且言人之所不敢言,以揭示真相,促进反思。比如讽刺民国初年党派林立、党争剧烈的现象,他说:“争权者,营私之武力也。纲纪一坏,宵小群起,民政长也,都督也,各部长也,参议员也,皆不惜以死力争之。问争之者以故,则利欲薰心而已。人果欲暴富者,胡不为盗?为盗而得财,名正言顺者也,何必以革命文其罪恶?尽逐满清之官僚而代之位,曰:‘吾将以安桑梓。’乃今日即位,明日劫财,是满清故吏为小盗,而今之党人为大盗。”[1]短短一

1 严伟:《与友人论新中国书》,《严山文牍》卷下。

段话，将争权者伪善的动机、虚伪的革命口号以及贪婪腐朽的“革命”本质，全盘揭露，批评既犀利又深刻。

其次，严伟受其叔父的影响还表现在对儒家学问的深刻接受上。虽然严伟有新思想，但是儒学是其思想的根基。据严伟的《自订年谱》，他六岁始入家塾，业师为陕西长安县廪生张桂芬。十岁时，因张桂芬中陕西乡试解馆，他就跟随长兄严鼎润课读，而严鼎润入嗣严玉森，所以他的学问实际还是由严玉森而来。后来又跟随戊子举人潼关王镇西读书，但四年后王镇西解馆，严伟就再没有请过老师。此后即在严玉森身边，“奉教最久”。光绪二十六年（1900），严伟写有《华山诗》一首，用韩愈《南山诗》韵，严玉森感慨说：“余年十九始读《北征》，汝乃能拟《南山》耶？”赞叹之情溢于言表，足见严玉森对自己这位侄子的才情、学问极为满意。更重要的是，严伟受严玉森的影响，有深厚的天下兴亡的责任意识。尽管严玉森对时局失望而成为隐士，但进退之间仍然讲求儒家的正直和忠爱。他在《张子衡〈铁瓶诗钞续刻〉序》[1]中写道：

> 山夜更寂，凉雨忽来，文字商量，不及时事，意态闲适。而忠爱之思，民物之怀，平生惕厉忧伤之隐，往往露于诗歌尊酒间。古之君子，进退必以正，而理性以中和。山川文字，理性之助也。王摩诘、白乐天，身既退居，寄心禅悦。宋之苏、黄亦然，而梦寐不忘君国，志气能质神明。读乐天“青山独往”之句与东坡“浮云孤月”之作，可知其志之所存，此又非寻常

1 严玉森：《张子衡〈铁瓶诗钞续刻〉序》，《虚阁遗稿》卷五。

> 役于富贵者所能识也。见山林皋壤,欣欣而乐,君若将以闲适终,而君岂无意于世乎?忠爱之思,发于天性。此自古立言之君子,与天下后世之贤杰,共励于永久者皆如是。

这虽然是为别人写的序,但严玉森自己何尝不是如此。比起自己的叔父,严伟更加积极入世。他说:“天下之大,匹夫有责。匹夫不得高官厚禄,而有天下之责者,何以故?曰:义不容辞也。今天下不可收拾,人人皆有担当宇宙之责。”[1]严伟认为每个人都应对社会和国家承担道德责任,这是儒家对个人责任和社会贡献的全面关注。

当然,不可否认,在严伟所受其叔父的诸多影响中,也有消极的地方。如严玉森对于因果感应颇有兴趣,与朋友交往,“森时时过君,共言因果以为乐”[2]。而严伟更是有过之而无不及。在《心太平斋笔记》中,他记录诸如“徐定超题句成谶”“卜验段芝贵官运”“明内官测字”等奇闻轶事,无一不是跟因果感应有关。甚至在他的史学著作《民国春秋》中,对“太白经天”这样的异象都有专门记载。正如秦翰才在《严山自订年谱跋》中所指出的:“其间叙述术数,自无足取,要为旧日文人积习,故亦仍之。”但这正是真实且全面的人物记录。

尽管严伟受严玉森影响很深,但实际上,从真实的人生路径来看,他俩似乎又处于封建时代读书人理想的两极。严玉森绝意仕进,而严伟一生都在积极入世。严玉森存稿以诗文为主,而严伟留存下来的文稿,大多属于政论文章。

---

1 严伟:《告谕同州中学堂学生提倡学生自治文》,《严山文牍》卷上。
2 严玉森:《喻母刘太孺人八十寿序》,《虚阁遗稿》卷六。

（三）

严伟的政论文涉及社会的方方面面，行政、法律、政治、经济、教育，几乎无所不包。具体说来，重点的议题有以下几类：

第一，关注政体和官制改革。严伟清醒地认识到中国是需要进行改革的，但是他对政治体制改革的态度很谨慎，并能够一针见血地指出改革中出现的种种弊端。比如他1910年在《上锡清帅论亲贵内阁书》，就皇亲国戚“洵、涛、泽、振之流纷起入为阁员”的事实，严肃地罗列出九个弊端。他从传统的政治经验出发，提出历史上没有以亲贵为宰相的先例，认为亲贵不适合担任内阁要职。因为亲贵进入内阁会导致政府职责分散，权力滥用，甚至可能成为朝廷内部权力斗争的导火索。又以汉、唐时期的官制安排来支持自己的观点，认为历史上成功的政治管理，往往依赖于贤能的统治者和官员团队，而非亲族关系或特权地位。这是严伟通脱的地方，既重视传统的政治经验和智慧，同时又有较为先进的理念。他遵循实效主义原则，即政府的组织和运作应当依托于能力和专业，而不是个人或家族的权力。他认为中国的官制也存在很多问题。官制是行政的核心机构，如果机构运作不良，将给国家和民众带来灾难。所以他在《新官制议》一文中勾画了他理想中的官职制度，从京师官制到行省官制，到京外相互间官制、特设衙署官制、旗营防营官制，条分缕析，娓娓道来。文章最后表示：“吾尝言之矣：非天子，不制度。官制者，制度之一也。官制不协，天子当以命于宰相，旁稽群庶而订正焉。今朝廷既以新官制责之廷臣，吾知廷臣当不复以向者之官制进。吾用是以群庶之意，笔之于书，备商榷焉。”严伟对国家现实问题有很深的责任意识,同时可以看到,他在审慎和谦虚中又充满了挥斥方遒的自信。

第二,关注经济、法律和教育等重大的社会问题。严伟对当时政府和民众都很关注的国民捐、地方财政管理及收入问题、司法经费问题都有相当精辟的见解,他试图为国家摆脱财政艰窘的状况找到出路。他的《上程都督论司法独立制度说帖》及《代程都督上大总统并电各省都督论司法制度文》则是非常典型的对司法独立的重要性和实现过程中的难题进行讨论的文章,前者偏重强调理论上的期望和要求,而后者则更侧重于现实中的问题和挑战。教育问题,在严伟的政论中占有相当大的比重。他认为教育可分为三种类型:"(一)师范教育;(二)国民教育,均于内国行之;(三)科学的人才教育,遣令游学。"[1]所谓师范教育,是强调对教育工作者的培养,因为教育工作者的能力、品德、职业操守,对一个国家和社会的健康文明发展是非常关键的。国民教育,则关注教育的普及性。严伟提倡"本族学适用强迫教育制度。凡一族之学龄儿童,均须调查,强迫就学"[2],让儿童受教育变成这个社会最基本的要求。另外还提倡针对不同水平和不同年龄段的学生,设置不同的学校类型,为当时的中国设想了一整套完整的教育体系和制度。

第三,关注国际事务。旧式教育中培养出来的严伟,能具有国际视野,这实属难得,而且他能够直面非常敏感的国际问题。他在《与章行严论蒙藏事宜书》中就涉及了地缘政治挑战和外交

1 严伟:《与章行严论政党书》,《严山文牍》卷下。

2 严伟:《劝办族学条例》,《严山文牍》卷下。

应对策略,特别是在处理外蒙古和西藏自治问题上,表明了自己的立场,并提出建议。维护国家统一和领土完整是严伟的首要立场。在此基础上,他提出“我以此最退让之办法,付诸海牙公判”,意在通过国际公正的方式,确保外蒙古和西藏地区在中国主权下享有自治权,他认为政府应当对政治困境和压力保持谨慎的态度,用策略性的处理方式,以避免爆发战争。对于外资利用这一敏感问题,严伟也有自己的见解。事情有一体两面,中国长期以来贫弱,若继续借债而不加限制,则国家可能会面临破产和灭亡的危险。尽管外资可以在一定程度上支撑国内经济和政府运作,但也存在无法偿还外债的风险。他对外资利用的建议是:“今吾人所当注意者,则输入外资不可使之入吾国官吏之手。”他认为要避免将外资用于官僚机构,以确保外资的有效利用和回报。而且他有具体的策略:“夫以指定之路线与矿产包工于人,不患外人之不承揽也。署约订券,畀以价值,不患外人之不如法交割也。”[1]这种操作方式很具有现代意识,利用国际招标和签订合同的方式,让外国资本家和技术专家来中国投资和开发,以确保项目的按期完成和资金的安全。他对外资利用的思考和建议,在当时是有合理性的。

第四,注重新政实践。严伟热衷于政治,并不是要追求显赫的官职或者显要的政治地位,他更像是一个迫切的、焦虑的、充满热情的社会理想蓝图的设计者。他的政论文章充满了理性色彩,且有详细的制度设计。更有价值的是,他有付诸实践的努力。他二十七岁“奉檄为奉天咨议厅副议员”,同年“四月,兼办编纂国

1 严伟:《上熊总理锡龄论国家宜利用外资以求富强说帖》,《严山文牍》卷下。

书处事务”,“九月,兼充宪政调查局统计科长”。二十八岁,“锡督部奏裁左、右两参赞缺,辟余为东三省公署法科参事兼行政会议厅议员。未几,奏保以知县留奉补用”。三十一岁,“奉檄知无锡县事”。三十二岁,“奉檄知南汇县事”。三十四岁,“奉檄知温岭县事”。三十六岁,“奉檄知平阳县事”。四十一岁,被江苏省长韩国钧聘为秘书。四十五岁,“奉檄为津浦铁路货捐局长”。四十六岁,“赴安庆,任财政秘书”。四十七岁,“奉檄知合肥县事”,视事半月,即乞退。四十八岁,任财政部秘书,次年十月免。在任期间,他做了很多有魄力和有影响的事情。这在他的《南窗琐记》中都有较为详细的记录,如“裁撤无锡驻兵”“查封共进会”“禁止士绅干预词讼”等,足见其是有思想、有实践、有作为的人。此后,他一直在颠沛中避祸。他想利用一切时机去实践自己的政治措施,而乱世只能赋予儒家君子悲壮的底色。叔侄二人皆是如此。严玉森常常提及《离骚》,与屈原的自沉汨罗江一样,严玉森的毁稿和从隐,带有自我惩罚性的自我否弃;而严伟在不得志的哀怨和失望中,如和风车决斗的堂吉诃德般,奢望在腐朽中能生长出花。他的理想之花是“心太平之学”,正如钱基厚为他的《〈心太平斋笔记〉序》中所说:“公行年四十,而有志心太平之学。由是而五十、六十,以至七十,必能如孔氏之从心不逾,斯真心太平矣。人人克致其心太平之功,斯国家太平矣。”“心太平”是儒家理想的中正境界,既是个人修为,也是社会秩序的体现。直到七十二岁时,中华人民共和国成立,他被江苏省人民政府聘为江苏省文史馆馆员,才使他的理想有了实现的希望。

严伟还有志于著史,《民国春秋》中不少细节资料可以对现有的一些民国史书进行补充。他不受任何政治势力的牵制和裹挟,在客观记录中又带有一些个性化视角，和他的政论文章和著作一样，都是他期望能够唤醒民众、开启社会变革的文化工程。当然，由于他所处的时代以及其思想局限性，也不乏迂腐和偏激之论。

（四）

严伟已知的存世著作有十种，今依出版时间为序，略述其主要内容如下。

（1）《政本书》，此书成于光绪三十二年（1906），主要围绕清末新政而发，是严伟的第一部著作，有《下学斋丛书》铅印本，题作《政本书全编附件四种合装》。关于此书的印行经过，1908年严伟在《下学斋二十议序》中说："丙午之岁，余处同州，知交零替，朝局益棘。尝作《政本书》十篇，论为治之本末、施行之次第；其散论时政者，又十馀篇。厥后不自检束，十馀篇者残缺其半，惟《政本书》犹全。今岁过安徽，友人袁君蘴毚为印《政本书》。"袁蘴毚即袁励衡（？—1936），江苏武进（今江苏常州）人，曾在严伟岳父张祥龄家任塾师，光绪二十八年（1902）与严伟相识。光绪三十四年严伟赴安庆时，寓其宅中。1919年，严伟长男炳修娶袁励衡次女德馨，为儿女亲家。1936年袁励衡去世后，严伟护其丧至北京。《政本书》共十篇。其中《为政篇第一》认为："夫宪法者，天子以天下为公之政，行之万世而无弊者也。"以宪法"行之于政体极敝之时，则其实际可想"。《变法篇第二》指出，变法核心在"改官制、变政体二者而已"，其急务则在"添要职，裁闲曹，简能员，汰冗吏"。《官制篇第三》强调，改革官制，应区别"执役之官""执宪之官""执政之官"与"行政之官"性质。设官分职，"不欲国中有一闲曹，实缺中有一冗员，期于庶政修明，事无不举”。《职官表第六》以表格形式，构拟从中央到地方各衙门官称、官阶、职使等详细改革方案。书后附四篇文章，其中《编制局新订京外官制评议》《近代建置疆吏评议》《读东督徐大臣新订东省官制书后》三篇，删改后收入《严山文牍》中，另一篇为《皇朝内外职官新制纪要一览表》。

（2）《下学斋二十议》，清光绪三十四年铅印本。严伟在《〈下学斋二十议〉序》中称："今岁过安徽，友人袁君蕫龛为印《政本书》。旋至京师，荒斋独处，一友不至。检敝簏，得残稿一卷，走笔完之，益以近作，都二十首。"《下学斋二十议》首为《筹学务议》三篇，以为"诚欲兴学，必定宗旨、谨预备、循次第、一规律"，分"女子学界""国民学界""速成学界""专门学界"，分别轻重缓急，次第施行。次为《筹兵备议》，以为方今之时，"列强并峙，无海军不足以立国；边线延长，无陆军不足以守境"，所以"军务益亟矣"，而军队建设应该有明确的宗旨、有效的措施和充分的准备，不能只是喊口号和空谈。再次为《筹路政议》，以为路政不修，西陲尤甚，部臣缺乏治理意识。所以邮部部臣应"兼虑统筹，发踪指示"，"西陲路政万无可缓，东南资本宜与量移"。第四篇为《筹边防议》，以为"绥边者，资重兵。无财货，则不足以养兵"，可以通过发展经济来支持边防，减少对重兵的依赖。第五篇为《筹藩政议》，以为国内边疆地区"民俗犷悍""荒芜不治"，政府应当进行整顿和改善，包括派遣重臣、发展经济、修建铁路、推动教育。第六篇为《筹财政议》三篇，以为中国财政"紊乱极矣"，"茫无头绪"，提出"宜以综核之政策行之"，以厘清财政。还建议将银行作为"行政上对于财政之便利机关"，通过实行"豫算、决算之法""重统计报告之典""严赃私亏空之例"等手段，彻底解决国家财政难题。第七篇为《慎官人议》，以为"今宜量改官人之制"，强烈建议"本省人官本省"，以减少腐败、提高财政效率。第八篇为《均禄制议》，以为"禄制不均"，则"国家不能制禄"，提议通过改革俸禄制度来提高官员素质和减少贪污现象。第九篇为《讲裁判议》，建议要对裁判制度进行改革，提出了设立裁判学传习所培养专业裁判人员，以及朝廷要"奉行新制"，达到"内治以清，外侮以泯"的治理效果。第十篇为《课警察议》，以为："夫警察者，执行行政上之关键者也。方今百事待举，其机不灵，其人难用。苟不亟课警察，使臻完备，则天下事几于无一可为。"第十一篇为《弭盗贼议》，以为"为弭盗贼计，当本末兼治，源流并清，而尤以整饬吏治为入手之地"，责成地方上调查户口，保证"人人受学校之教育""又能以一艺之长自给"，这是"正本清源之大经也"。第十二篇为《化游惰议》，以为国家励精图治，"教养游民"是非常重要的事情，建议由民政部令各地方筹设工艺厂，"以曲突徙薪之谋，为正本清源之计；以家给人足之理，为久安长治之方"。第十三篇为《限妓寮议》，以为妓寮为"消耗天下财用之一大蠹"，要由民政部严订规定，逐渐消除。第十四篇为《赋僧侣议》，以为僧侣"不担荷国民所应尽之义务，甚且不治生产"，应当促使僧侣回归生产，减轻对社会的负担，同时增加地方税收用于新政，以改善社会状况。第十五篇为《禁鸦片议》，以为"诚欲禁烟，宜划为三事，分别办理。三事者，一对于外人，一对于官吏，一对于国民"。第十六篇为《劝农业议》，以为"务重农业"，而且"农业与商业，固有息息相通之势，然而农业之影响大矣"。第十七篇为《征烟酒议》，以为烟酒"此项税则，有利无弊"，支持收重税。第十八篇为《税奇淫议》，以为要抵制各种国外的“奇淫之品类”,“小之足为人心风俗之忧,大之必有病国殃民之象”,所以建议制定重税。第十九篇为《戒赌博议》,以为赌博“兹事虽细,亦论吏治与民治者所应有之一问题也”。最后为《惩缠足议》,以为缠足“苟不查禁,终无禁时”,提倡办女学,“以筹设学堂为考核放足与否之地,以调阅文凭为赏罚放足与否之地”,问题就迎刃而解了。

(3)《民国春秋》不分卷,记录了1911年武昌起义至1916年袁世凯称帝梦碎身死的史实。全书仿《春秋》而作,记录较简洁,多为某月某日某事,但于保存史料亦有价值。

(4)《近代诗选》三卷,题“仪征严伟觉之纂评,无锡万钧叔豪编校”,民国七年(1918)铅印行世。此书为晚清断代诗歌选集,是严伟受无锡丁福保的邀约,对征集的道、咸以来诗篇进行选订,共收录200多人,诗作600多首。其选诗标准仿沈德潜的《清诗别裁集》,“词旨尔雅,不尚诡异。靡靡之音,概置勿取”。唯一不同的是,《近代诗选》不仅收录故去诗人之诗,也兼及生存人诗,依作者行辈年齿为先后。由于所录“类多隐君子”,每人又各系小传,因而保存了不少珍贵的史料。

(5)《心太平斋笔记》,民国十年(1921)《无闷堂丛书》铅印本。据《严山自订年谱》称,民国十年辛酉七月,“著《心太平斋笔记》一卷,付梓”。书前钱基厚的序写于同年冬十一月,则该《笔记》实际付梓当在1921年年底。全书计86条,记其亲历亲闻之事。如袁世凯作孽、谒袁世凯不遇、导袁为娼、袁世凯与某国密约,均有关于近代史事;盛京大内古磁、吴道子画古佛像、岳飞行书一帧、完白山人墨迹,记艺术品聚散;轿役骑马,记藩民风俗;查封无锡共进会,则反映民国初年社会状态。

（6）《严山文牍》二卷，有民国十一年（1922）铅印本。该书扉页题有“壬戌（1922）之秋七月既望，方还署专”。方还（1867—1932），初名张方舟，又称张方中。因自幼失怙恃，后入赘张家，袭姓张。中年后复原姓，故改名方还，字惟一，晚号螾庵。江苏新阳（今江苏昆山）蓬阆人。清末民初教育家、诗人、书法家。书前有张一麐、余重耀、王沛、钱基厚所作序四篇，对《严山文牍》给予很高评价。张一麐序称赞是书“通识玄览，切古铄今”。余重耀序称：“其论列时政之阙失，必洞垣一方而发其症结，使病者无可为讳，而后进之以针石焉。”王沛序对严伟“以书生佐大府”的成绩和表现表示惊叹。钱基厚序认为此书可见“公之志”。严伟虽然雅擅声诗，“然诗以道性情”，他还是更看重以文来“道政事之为用”。此书“辑其近二十年来所为文牍，而系之以年”，共收录了118篇政论文章。

（7）《南汤山志》，为严伟受汤山陶庐温泉别墅主人陶保晋所托，以陶保晋收集的各类掌故，以及名流投赠文翰为核心资料，整理编次而成的专志，1937年铅印行世。书前有“南汤山陶庐别业园林摄影”等十馀幅照片。除序言外，正文分旧闻、建置、汤泉、名胜、艺文、杂俎六大类。书中不仅介绍南汤山的历史沿革、周边环境、中外友人诗文，而且收录温泉水检测报告、地质考察报告等，具有一定的科学实用价值。

（8）《南窗琐记》不分卷，为严伟77岁时所作杂记。底本标题下注其写作时间为“戊戌四月”。首有严伟自识，所记共69条，多为亲见、亲历、亲闻，涉及晚清至民国预备立宪、官员任用、洪宪帝制、军阀混战、抗日战争、中华人民共和国成立等重大时事。书名“南窗”，取陶渊明“南窗寄傲”之意。今存秦翰才抄本，藏上海图书馆，曾与《八年一瞬记》《严山自订年谱》一并被影印收入《上海图书馆藏珍本年谱丛刊续编》第65册。

（9）《八年一瞬记》不分卷，为严伟回忆抗日战争期间逃亡经历的杂记，前后连贯，不分条目。作者署名“三素居士”，取义于“素夷狄、素患难、素贫贱”。今存秦翰才抄本，藏上海图书馆，曾与《南窗琐记》《严山自订年谱》一并被影印收入《上海图书馆藏珍本年谱丛刊续编》第65册。

（10）《严山自订年谱》，上海图书馆藏手稿本。此书卷首书：“庚寅九月初稿，癸巳十月续订。”则其初稿完成于1950年9月，续订于1953年10月。据该书封面甲午（1954）严伟《与秦翰才书》，黄炎培称秦翰才收集近人年谱千馀种，嘱严伟将所撰《严山自订年谱》也寄给秦氏，则其寄稿当在1954年。又据秦翰才《〈严山自订年谱〉跋》，1958年9月间，“严山先生嘱将是谱改正数处，并补充最近两年，遂以朱笔录于原谱”。则严伟此稿寄出后，又有续增。今查此谱记事，截至1964年，则其续增当非止一次。此书与《南窗琐记》《八年一瞬记》一起被影印收入《上海图书馆藏珍本年谱丛刊续编》第65册。

（五）

在上述10种著作之外，我们从晚清民初的报刊中，发现了一些散见的严伟诗文，今编为“诗文辑佚”，作为附录，置于书末。

据《严山自订年谱》记载，严伟光绪三十一年（1905）著有《历代纪元韵编》一卷，未及付梓，手稿佚于南京。1919年，自纂《严氏家谱》，“分世系图、世系表、先茔图，共为一卷”，1958年又重修之。1958年，“删订六十年诗稿为《严山诗集》二十卷，待梓”。

1964 年 7 月，又“摘抄《严山诗集》七百零一首，为三册，不复分卷，付诸子孙”，以取代此前删订的《严山诗集》二十卷，作为定稿。1960 年，著成《南窗诗话》一卷，《严山自订年谱》中录其“识语”。1962 年，又著《近六十年阅见录》。这些遗作，至今未见传本，也未查得其下落。

严伟文集整理工作暂告一个段落，但是相关的辑佚工作仍需要保持关注，依然需要付出更多努力。感谢仪征市历史研究会会长万仕国先生和广陵书社徐大军先生，从选题到审稿，直至最后定稿，给我提供了极大的帮助，在此一并感谢！

赵　阳

2024 年 9 月

整理凡例

一、《严伟集》收录严伟著作计 10 种，其中《近代诗选》和《南汤山志》两种为其所编，不是严格意义上的个人著作，故置于其他著作之后，以示区别。各著作大体按出版时间先后编排。其自订年谱则置于最后，可考见严伟一生经历及其著作情况。现将各著作整理时所据底本情况说明如下：

1.《政本书》10 篇，以南京图书馆藏光绪三十四年（1908）《下学斋丛书》铅印本为底本。该书原题《政本书全编附件四种合装》。书后另附文章四篇，其中《编制局新订京外官制评议》《近代建置疆吏评议》《读东督徐大臣新订东省官制书后》三篇已经收入《严山文牍》，今只存其目，异文在《严山文牍》相应篇目中以校记说明；另一篇《皇朝内外职官新制纪要一览表》，仍附《政本书》之后。

2.《下学斋二十议》，以上海图书馆藏光绪三十四年（1908）《本斋丛书第十一种》铅印本为底本。

3.《民国春秋》不分卷，以南京图书馆藏民国五年（1916）上海中华书局铅印本为底本。

4.《严山文牍》二卷，以上海图书馆藏民国十一年（1922）仪征严氏《无闷堂丛书》铅印本为底本。

5.《心太平斋笔记》不分卷,以南京图书馆藏仪征严氏《无闷堂丛书》铅印本为底本,并以 1923 年 7—8 月《新无锡》报、《礼拜六》杂志第 163—168 期所载为参校本。

6.《南窗琐记》不分卷,以上海图书馆藏 1958 年秦翰才抄本为底本。

7.《八年一瞬记》不分卷,以上海图书馆藏 1958 年秦翰才抄本为底。

8.《近代诗选》三卷,以上海图书馆藏民国七年(1918)上海医学书局铅印本为底本。

9.《南汤山志》二卷,以南京图书馆藏民国二十六年(1937)铅印本为底本。

10.《严山自订年谱》,以上海图书馆藏 1953 年 10 月续订稿本为底本。

二、未收入以上诸书之诗文,编为附录一《诗文辑佚》;严伟友人和诗一首,编为附录二《友朋唱酬》;《民国春秋》书评一篇,编为附录三《诗文评论》。

三、本书以简体横排方式整理,除人名、地名特殊用字外,一般以《通用规范汉字表》为准。“己”“已”“巳”、“戊”“戍”“戌”等古籍常见误字,径改,不出校记。诗文中“餘”字简化后,容易与表示“我”的“余”字相混,不便读者辨识,今均作“馀”。

四、底本空格示敬、提行示敬等格式,不予保留。

五、底本表格竖排时,使用“如左”“如右”等,已按横排格式修改,并出校记说明,以免阅读时误会。其他正文中“如左”之类,则仍其旧。

六、底本空缺之处,凡有资料可补者,予以补出,并出校记说明。底本原有缺文而无法补出者,以□标示。

七、《政本书》末,原附有《勘误表》。其所校正之字,今在正文中径改,不出校记。

八、《心太平斋笔记》《南窗琐记》原无标题,今据文义,各拟标题,以便检视。

政本书

序

尝观管子之治齐，诸葛武侯之治汉，皆综核名实，整肃纲纪，犁然井然，一无所假，故能转弱为强，易危而安，霸业屹然，垂于不朽。后之善言治者，楚之屈、宋，汉之贾、董，唐之刘蕡，宋之陈亮，国初之黄宗羲、顾炎武，代有其人，人有其说，无不抉剔利弊，发皇功业。使如管、葛之遇明主，治或过之，否亦相埒。乃其人为世主所不能用，其说为世主所不能行，此治道之所由日替，而谈经世者所由不见信于众人也。

孔子席不暇暖，奔走列国，明告列国诸侯曰："如有用我，三年有成。"孟子告齐王亦尝言："王如反手。"卒不得用，愤叹以终。后世人主亦知孔孟之说，如天经地义，不可磨灭，乃躬遇孔孟之徒而不能用能者。惟一宋神宗之用王安石，安石乖僻性成，饰非护过，又无以副神宗之知。而古今贤豪，如屈、宋、贾、董、刘、陈、黄、顾诸人，卒无神宗以为之主。君臣之不相遇，天下治乱以之，岂偶然哉？

近世各国，若俾士麦之于德，梅特涅之于奥，伊籐博文之于日本，皆得君以成治，其于管、葛，功烈倍之。吾国则无人焉。夫使国家安于败坏而不求人，则国家之过也。国家求人而未得人，则求之者之过，匪国家之过也。今日之过，必有任之者矣。不佞过不自量，既作《政本书》十篇，书成，聊书所怀，序诸卷首，敬以质之当世有道。知我、罪我，惟有道君子命之。

时光绪三十二年夏六月既望三日，仪征严觉

政本书

为政篇第一

为政必有其本。不齐其本而治其末，其始也，举一世之人，皆病风痹，不知痛痒；其变也，举一世之人，皆病狂惑，以肆叫呼；其末也，举一世之人，冲突、离阻、涣散、溃决，终于不可收拾，如今之天下是已。

庚子以后，朝廷锐意维新。顽固者色然相骇，急进者漠不满意。上下不相应，水火不相容。诚意未能孚，实行未能至。其举动之刺脑筋、汗肢体者，日有所闻，口不能尽其辞，辞不能尽其意。以此言治，戛乎其难！然而主张急进者，犹日以立宪之论，嚣然于国中。庸讵知将来之宪法，与现今之政体，实形反对。自非朝廷举现今之政体，一旦摧陷而廓清之，则无为以宪法言矣。

夫宪法者，天子以天下为公之政，行之万世而无弊者也。以无弊之宪法，行之于政体极敝之时，则其实际可想。试以年来诸大政比例言之：立学堂矣，而朝廷不得一士之用；设巡警矣，而宇内曾无一日之安。练兵、新政也，而其技莫敢一试；外交、国计也，而失败史不胜书。然则宪政成立之后，政犹是政，人犹是人，其能异于今之天下者几希，而况施行宪政与否，尚不可知。忍令之政体断送中国于无形耶？今贤士大夫，不少深识之士，顾其论说，多主补救而惮更张，多持一端而忽全体。譬之医者之于病，治标而遗其本，非不暂愈也，然其病将终作。

夫天下，大器也。天下将病，被其祸者，非一人一家也。乃以医者之治一病人为术，庸有济乎？汉文之世，亦既承平，而贾生为痛哭流涕之辞者，亦非政本未尽善耳。今世幸毋忌讳，又非承平如汉文时，然则吾可以为朝廷论为政之本矣。

变法篇第二

于是或有以政本为问者，对之曰：变法而已。曰：今不既变法乎？曰：去昔之弊而存其宜，制今之宜以革其弊，如是者谓之变。今自废科举、立学堂一事言之，可以谓之变法，馀则未也。且学务特天下大计之一端而已，未可以赅变法之全体也。曰：然则何谓全体？晓之曰：中国之天下，非仅学界中之天下也。其与国家关系綦重者，厥维政界。以今之政界腐败若此，虽有贤者，将安用之？吾之所谓变法者，非他，改官制、变政体二者而已。

《大清会典》内外文武官共二万七千馀员，其编检、庶常、侍卫及准、回部官无定员者不在内，大官之多，汉以来所未有。近又益以新政，各衙门又益以京外候补、候选之无定员，其在官者无虑数十万人。以今天下之民贫国病，而驱此数十万人者，以之蠹国病民，诚如宋神宗言："祖宗以百战得天下，今以天下付之庸人。"可为痛心者矣！然而官冗易裁，缺冗难并。欲裁冗官，先裁冗缺。且今日百废俱举，又不虑官与缺之冗，患在无与事体相当之官与缺也。是又不当惟从裁减，又当亟议建置。

今之急务：添要职，裁闲曹，简能员，汰冗吏。凡有关于要政，无专衙门，无一定员缺，类于差使者，如京师之军机处、政务处、练兵处、财政处，驻京之修律大臣、税务大臣，驻外之商约大臣、电政大臣、膏捐大臣，及外省之练兵处、学务处、洋务局、筹款局，并一切新政各局所之类。俱宜设作额缺。凡旧有衙门，名目不齐或名实不副者，俱宜酌量改正。如礼部改称大礼府，钦天监、銮仪卫、太医院皆改称府，起居注改起居院，理藩院改藩部，刑部改法部，兵部改海、陆两部，及总督、巡抚衙门改称总督府、都抚府之类。凡旧有一政，向隶他衙门而名不副实者，俱改隶本衙门。如船政、路政、邮政、电政，应改隶工部之类。凡歧出一政，设官猥多，无当实用者，俱宜划一政权。如裁各关监督及织造、盐政、漕务大小各官，均改作各部差使之类。凡向守是官，而职事不举者，俱宜实事求是。如起居院、都察院，新拟职任之类。凡向守是官而分理他事者，俱以他官代之。如裁各省监司，而设巡按府之类。凡事关要政，向无专官以理之者，俱宜别议建设。如裁司道各缺及新政各局所，而设各司，总其成于督抚之类。凡亲绾要政，而繁难不能兼顾者，俱宜量与变通。如拟设六知县、六县丞，及各乡乡官之类。凡此数端，皆添要职、简能员所有事也。

年来裁巡抚三、河督一、漕督一，又裁通政司、詹事府、国子监，不可谓非勇于裁并者也。然而六科给事中何以不并入都察院？今已十部，六科不能兼。巡视五城察院及五城兵马司、提督九门步军三衙门，何以不并入巡警部？翰林院何以仍不并入学部？中书科何以仍不并入内阁？光禄寺、太常寺、鸿胪寺何不并入礼部？太仆寺何不并入兵部？大理寺何不并入刑部？朱子常言："既有六部，何用九卿？周以六官分职，汉以九卿厘政，事各归一，恶用重叠？"是知裁九卿归部之议，万无可疑。

然而事体又有甚于此者，则既有内阁，复有军机处，又有政务处。一如朱子所论尚书、中书、门下三省之弊，号令不一，政出多门，徒设冗员，国何赖焉？自有军机大臣，而内阁十二大学士等之冗员矣。自有政务处王大臣，而军机诸人又若冗员矣。其人不可复用，何不退之？奈何另置一议政之地以避之耶？且京衙堂司各官，为满汉人各自置额缺，若惟恐满汉竞争而防之者，此尤无谓。夫设官以理事，非位置人也。上用是人，果称其职，一满人可也，一汉人亦可也。今自内阁六部九卿、翰詹科道，无不一满一汉者，于政何补？夫京外一体，外省督抚、司道以下，无分满汉，只用一人，何独于京职而斤斤如此？他若各关监督、各省织造、各省盐政，其见于冯桂芬氏议中者，亦宜一律裁撤。至于专部之宜裁者，莫若吏部。吏部职司铨选，不能得人，徒以签筒铨簿从事。授吏胥以大权，导天下使作伪，吏治不振，部例为之也。

若夫直省设官，犹嫌繁琐。其管行政权者，督抚、藩臬及州县而已。道府不理民政，又不能实行监察，属官黠者，遇事掣肘，劳扰实多。藩臬权太重，新政实繁，不遑兼顾，然必为之备簿书焉。名不副实，莫此为甚。知县以下，酌留县丞，馀如儒学、营汛、巡典杂职，名目猥多，无当实用。然则外官自司道、府州，以及大小佐职以下，无虑数十百缺，皆宜裁撤者也。馀如海、陆两部既设，则天下武职应由两部改订，其旧有提镇以下各官，下逮千、把，皆宜裁撤，毫无疑义。旗员若将军、都统，位望甚高，无裨行政，亦宜裁撤，以留守之任付之督抚。旗民与汉民，一律受地方官管理。若蒙、回各部驻扎旗员，亦宜责成藩部，核其事之繁简，量与损益，以求实济。凡此数端，皆裁闲曹、废冗吏之所有事也。

官制既更，当变政体。今之政体不变，虽改官制，无益也。政体之大者，一曰用人，二曰行政。用人之弊，不一其端。曰用非其才，则恩荫与捐纳两途累之。曰用违其才，则科举与保举两途泥之。曰签掣例选之弊，则姑与一官，不问其人之能胜任否也。曰资格年俸之累，则终守一官，不问其人之贤与才否也。曰更调太骤，则贤者虽欲治事而不能始终以之，不肖者姑与之委蛇矣。曰防范太深，则不肖者类多舞文弄法之弊，而贤者不能一日居矣。综此数端，京外大小弊略同。其有偏于京官之弊者，则无论堂司百僚，类皆虚守一官而不任事。能者兼差数十，奔走弗遑，而实未尝能举一事；不能者旅进旅退，一无建白，吾不知朝廷安用此辈为也。

其有偏于外官之弊者，则无论大小官职，概令回避本省。语言不通，则诰诫难；民俗不晓，则设施难。利害不相关涉，则庶政不修者有之；毁誉可以不闻，则黩货而去者有之。盖自明初有南北选之例，以迄于今，其害于行政者六百年矣。其有为京外同此一弊者，则曰制禄太薄。年来廉俸递加，津贴日厚，然而京外大小，未能一律。间有失之于太厚者，开侥幸之门，损廉平之治，莫甚于此。自古欲求郅治，未有不普议厚禄者。且厚禄以劝士，于国何损？诚能裁汰冗滥，剔除中饱；严治赃吏，慎乃库储，亦何至遂拮据乎？行政之弊，琐碎繁杂，姑举其荦荦大者言之。

康节谓天下治则人尚行，天下乱则人尚文。今之天下，一文告之天下也。新政未尝不举，弊政未尝不革。乃其效验仅见于纸上空谈，而实际仍不足以耸动天下。故举一政，则发议者虚拟其事之始末，上之皇上。皇上依议，则以一旨通谕各省将军、督抚知之。疆吏奉命，则以一纸行司，司行道府，道府行州县，州县恭录备案，而其事毕。今之学堂、巡警，皆此类也。此弊之在文告者也。

例案日多，文网实繁。胡林翼言天下治则法疏，法疏则人易为治；天下乱则法密，法密则吏操其权。陶模言天下合例之案卷日多，天下守法之廉吏日少。冯桂芬以例、吏、利为三弊，盖自有例在，则不得不任吏以牟利矣。善乎！隋刘炫之语杨素，谓捐死法，任生人，世乃可治。今天下不当捐死法、任生人耶？一事之细，牵条例至十馀起；一政未成，积案牍至十馀起。贤者举一事，则必牵一例，以掣起肘；不肖者举一事，则必援一例，以便其私。且以例案繁多之故，于是州县、府道用幕客，督抚、藩臬用幕客。不胜任，益用文案官吏。近政务处亦以公事繁多，奏添提调多人。夫此辈官幕，只能料理文牍而已，何曾能为国家了事？昔寇永修氏常谓：治道之衰，起于文法之盛；弊窦之滋，始于簿书之繁。诚以天下之道，非文法与簿书所得而理也。此弊之在文例者也。

黜陟大典，考厥成绩。京外百司，事同一致。质言其名，则曰赏罚。将论其效验诸治道，诚以赏罚者，行政之权而激励政界之一大机器也。赏罚不信，人疑弗进；赏罚不公，趋避成风；赏罚不严，上失其权；赏罚不断，令出民玩。今朝廷以整饬吏治之责，任之京外大臣；又以纠察百僚之责，任之科道御史，赏罚于是乎寄矣。然而所赏未必皆贤，所罚未必皆不肖。贤者或不至逃赏，而不肖者之逃罚比比然也。至有利用国家之赏罚以徇其私者，年来督抚甄别，所保皆大员，所劾皆细职。夫司道以下，亦岂无一二可参之人？御史参案，例交本省或邻省大吏查办。迨及覆奏，无不多方曲庇。盖数见，不一见矣。此弊之在赏罚者也。

今以赏罚不当之故，于是京外大小官吏莫不为其所欲为，而置国家之所欲为于不顾。较量官职之崇卑，争竞差缺之肥瘠，其他绝无一事。朝廷既以庶政付之此辈，乃日以大义责之，曰力矢公忠，曰激发天良。吾不知此辈视公忠为何事，视天良为何物也。其贤者未尝不举措一切，然而自为风气，无裨全局；其不肖者则惟以苟且之政策，相与因循，敷衍而已。朱文公谓天下事所以终做不成者，只是坏于私与懒。证之今日，何莫不然？此私与懒之弊，中于人心，而天下所以不可收拾者也。

吾尝论之本朝承明之弊，政体弗良者数百年，国无专相，其害最大。馀如四书文之取士、南北选之用人、吏部签掣之授官，皆明制也。官制因之日以大坏。今不改官制，则政体无由与之俱变。不变政体，则官制虽改，而仍不行。董子之论政也，譬之琴瑟不调，则必改弦而更张之。朱子之论政也，譬之补锅，讥其小补；譬之洗衣，谓须拆洗，皆主张变法之尤者也。朱子壬午应诏封事，不以变祖宗旧制为嫌。朝廷维新以来之变通祖制者，亦不一见。然则吾之所谓改官制、变政体者，亦当为天下所共谅矣。

官制篇第三

虞廷建官惟百，姬周倍之。下逮秦汉，递增无减。唐太宗厘定庶官六百馀人，世称极治。官之冗滥，盖始于宋、明矣。今改官制，亦不务从减少。惟不欲国中有一闲曹，实缺中有一冗员，期于庶政修明，事无不举，故新设额缺，亦有数则，是知愚意非好为裁减者也。

今约京外职官之性质为四：其供奉人主，而无与于天下大计者，曰执役之官；其关于天下大计，而无与于民政者，曰执宪之官；其关于国计民生，统一全国，偏重国政者，曰执政之官；其关于国计民生，分布全国，偏重民政者，曰行政之官。今所建设，其有专衙门者，执役之官六：曰钦天府，曰大礼府，曰内务府，曰宗人府，曰太医府，曰銮仪府。执宪之官三：曰起居院，曰都察院，曰巡按府。执政之官十三：曰内阁，曰内政部，曰外政部，曰藩部，曰户部，曰海军部，曰陆军部，曰财政部，曰巡警部，曰法部，曰学部，曰工部，曰商部。行政之官，未可殚纪，大要分为四等：曰各直省之总督府、都抚府，顺天府同。曰各直省督抚所辖之各司，曰各县知县，曰各乡乡官。其行政官附属于执政官，分布中外，未有专衙门者，谓之差使，皆隶各部。如各国公使、各地领事、各使署领署之办事人员，皆作外部差使。蒙、回各部及前、后藏地之各驻扎大臣，自将军、都统、参赞以下办事人员，皆作藩部差使。馀如通国关税、厘金、盐漕、银行、造币厂人员，皆作财政部差使；通国工艺、制造、矿务人员，皆作商部差使；通国轮船、铁路、电报、邮政人员，邮政必须收回自办。皆作工部差使。至于海、陆两部既立，则各镇武职皆隶本部，更无容有歧异。诸如此类，可以例推。其在差使大小人员，均受本部节制。盖部中为执政之地，而奉差者为行政之官也。譬之出使大臣当由外部奏派，受外部节制；蒙、回、准、藏各大臣当由藩部奏派，受藩部节制。推之税务大臣派于财政部，商约大臣派于商部，电报、铁路大臣派于工部，皆同此例。其奉差人员，官不得与尚书同品，俾使易受节制。事权划一，号令始明，于事未有不治者。此京外拟设各衙门之大概也。

更以设官分职言之，如钦天府、大礼府、内务府、宗人府、太医府、銮仪府六衙门，皆以亲王管理，名曰"管理钦天府事务亲王"，馀类推。设丞一员为堂官，名曰"钦天府府丞"，馀类推。主事若干员为司官，名曰"钦天府主事"，馀类推。下设书记、典簿若干员，书记任钞写书牍者也，典簿典本署簿籍者也。今改官制后，无论何等衙门，皆裁书吏而设书记、典簿以代之。惟太医府应有太医若干员、医学生若干员，銮仪府应有侍卫若干员，不与他同。以上六衙门，皆为满人额缺，不必参用汉人。此外如藩部，亦必多用满、蒙人员。馀则任官惟贤，不论满、汉，尽革从前一满一汉之制。如起居院衙门，以阁部大臣一人管理，名曰"管理起居院事务大臣"。其下设经筵侍讲、侍读学士各二员。又仿唐制，设经筵、补缺、拾遗、学士各四员，皆不分堂司官。日侍帝座，更番迭休，实任谏责，以翼圣德。此官宜选天下名贤充之，选不得人，责在辅臣。下设书记、典簿各若干员。都察院衙门，都御史一人，总揽台纲，设左、右都御史二人佐之，皆为堂官。其下设监察御史四十员，纠弹百僚，一如今职，皆为司官。下设书记、主簿若干员。内阁衙门，设大学士一员为首相，尽去殿阁大学士名目。协办大学士一员为次相，皆为堂官。参赞若干员，咨议若干员，主事若干员，皆为司官。下设书记、典簿若干员。天下大政，于兹取决。朝廷但当慎两相之选，不当别置议政之地，以挠其权。内阁为议政之地，其旧有讲读学士，皆甚无谓，故一从裁减。十二部衙门设尚书一员、侍郎二员，皆为堂官。参赞、咨议主事若干员，皆为司官。新设外、商、学、警四部，既以尚、侍为堂官，以郎员、主事等为司官，复于其间设丞、参数人，分堂官之权，侵司官之任，甚无谓也。司官之员缺多少，视事之繁简以定。下设书记、典簿各若干员，以代书吏。各部差使人员，皆以勋阶领差使名目，勋阶见下第八篇。不得有候补某官、候选某官等称谓，以归画一。

顺天府衙门，以府尹尹京畿，视外省督抚所辖地方甚少，不置曹司，但置左、右府丞二人，如外省司丞之制，分理庶务，同一衙署。尹为堂官，丞为属官。地方官则曰知县，曰县丞，曰乡官，如直省之制。知县为堂官，县丞为属官，乡官惟绅董。

直省视其辖地大小，量设总督、都抚一人，彼此不相辖。其衙门在大省者，曰总督府，官则曰总督大臣；小省曰都抚府，官则曰都抚大臣。都抚既为特简大臣，自宜有部院全权，以施行一省庶政。旧例，有督抚随带兵部尚侍及都察院总副各衔者，应即一律停止。总督名称依旧，都抚之名则巡抚之替名也。其必改巡抚为都抚者，取都抚之义与总督对，且以避巡按之名焉。巡按见下文。督抚之下，知县之上，所有司道、府州各项差缺，一概裁去。于督抚署设八司，曰吏政司，曰民政司，曰外政司，曰财政司，曰军政司，曰学政司，曰农政司，曰商政司。每司置丞一人，判官数人，书记、典簿若干人，不别建衙署，不专行文书，如各部司官之于堂官者然。司丞与督抚直接，判官与督抚间接。此外别立八司名目，曰工政司，专司邮、电、轮、路各项工程。曰盐政司，曰粮政司，曰漕政司，曰河政司，曰税政司，曰旗政司，曰蒙政司。其制如前八司，惟不遍设。某省有该司事务，则设该司以治之；无其事，则无以官为矣。

其与知县平等之知州、同知、通判各名目，一概裁去。凡管理地方者，皆曰知县。州治、厅治，改县治。知县之外，若营汛、儒学、佐贰杂职，一概裁去。一邑设六衙门：曰庶务衙门，曰学务衙门，曰巡警衙门，曰裁判衙门，曰农政衙门，曰商政衙门。每衙门设一知县主之，知县之下，酌设县丞一人。大县设，小县否。六知县分为六署，有县丞者，则与知县同署，皆设书记、典簿若干员。各乡境内设一自治公所，以乡官一人领之，副以乡董，亦设书记、典簿等缺。该公所以公共地方为之。该乡官不支廉俸，不备文书，平时散处民间，有事聚所公议，入白于县而取决焉。其人则由乡民投票公举，地方官不准擅自派充。

一省之大，约合知县、县丞、乡官为行政官，而以督抚及各司司丞、判官等为执政官，使别无执宪官以临其左右。诚恐一不得人，无为之纠察者。考巡抚名目，沿明制巡按之旧；司道名目，皆沿监司之旧。曰巡、曰按、曰监，皆执宪之义，而非执政之义也。自权限不明，庶政遂乱；执法独立之政策不行，即行政混合之流弊日甚。今宜复其旧制，著为令甲。每省设巡按府一，为大府，如督抚之制。特简巡按大臣一人，总揽一省刑宪而督过之。其下设四司为曹掾，如督抚所辖各司之制。四司者：曰察吏司，纠察一省官吏，专司举劾，如汉制刺史；曰主计司，纠察一省财政而宣布之；曰执法司，掌一省法律之权，奉行法部颁定之律法，以监督行政；曰提刑司，掌一省裁判之权，禀于最高之裁判处而听命焉，此项裁判最高之地位，宜由法部奏请另设，不当以部兼司其任，容俟另议。如今制按察司。别按察司于都抚所属之八司，而属之于巡按者，以按察司为执宪官之行政官，非执政官之行政官也。此义当别为说以明之。

方今东三省地方拟设行省，窃谓亟宜仿行，以为内地各省之倡。内地各省，苟得贞干之大臣以改革之，亦必能通行无阻。他日蒙回部落、前后藏地，渐能开化，亦宜一律施治。但使土人能学，即以土人为之官吏，以吾法部勒之而已。繇吾之制，阁臣禀庙谟以行政于部臣，部臣筹全局以行政于疆臣，疆臣奉成算以行政于守土之臣，守土之臣则递次报政于天子。其对于天子，又有诤臣；对于百僚，又有宪臣。建官如此，苟得其人，而天下不治者，未之有也。

答难篇第四

客来聆吾议论，有疑且怪者曰："子之更定官制，诚善矣！其旧设之官，或裁或留，亦有深意乎？其旧有员缺，或裁或并，亦有其说乎？其新设之官，非得已乎？其百司衙署职官名目，间有更易者，易有取义焉乎？其京外大小官吏所任之职务，可得一一闻其详乎？"

余应之曰："唯唯。仆亟愿为君一剖白之，且欲以君为舌人，为我号于众也。"

拟裁之官，在京若军机处、政务处，固执政之重地也。裁之，非不骇人听闻。然不知两处既为执政之地，则必有执政之一人。今两处漫无额缺，视权势之所在，为注重之一人。盖自明初罢置丞相以后，中国无相者数百年。相沿至今，不知其谬。故欲整顿朝廷，先宜置相。欲置相，必重内阁。欲重内阁，必裁军机处、政务处名目，而其制乃定，未可以轻心掉之也。吏部之设，承数百年之旧，宜若不可裁者。不知吏部为方今蠹国病民之一尤物。他姑勿论，即以吏部书吏之害论之，亦非决裁不可。况例选、例用，本非官人之良法乎？今并例选、例用之法，而不得其实，此曷可以已乎？夫官人者，朝廷之治乱、天下之安危，与有关系者也。今官人之法敝若此,不急变计,治道穷矣。翰林院者,固政府几经审慎,欲裁而未遽裁者也。夫学部统一学务,翰林院能自为一衙门,不干预学部之行政耶?是必不能。翰苑人材,能独树一帜,不效用于学部耶?是必不能。且今后无科举,即无翰林。若以学堂出身之学生层递而升,俾入翰苑,吾不知以有用之人材,使入翰苑何所事也?今后各学堂毕业生给与举人、进士者,皆仿西国博士、学士学位之例,谓之学位。有前三项学位者,可以入官,馀则不能。夫官位崇高而不理事者,莫翰林院若矣。至于九卿衙门,尽人皆曰可裁,而当道猥以太常、鸿胪、光禄三寺典礼为词。夫移此三项典礼于礼部,改部为大礼府,于典礼何损?且昔之付诸卿曹者,今以付诸该府管理之王大臣,不尤隆且重耶?若太仆,若大理,有名无实,类皆宜撤;中书科官简而政闲,徒拟虚名者也。六科给事中,今并不理部务,且今设部至十二,亦非六科所能兼也。但使台谏能举其职,自能纠察部务,何用给事为哉?提督九门人员,职重而事不举;巡视五城人员,权轻则令不行。五城兵马司,类皆如此。今徒留此,与巡部争权,而无裨于治道,曷若一付之巡部之为得乎?外省将军、都统,徒有驻防之名,实无一兵可用。绿营武员,其弊略同。虚縻俸饷,决当裁撤。至于盐漕实缺、织造实缺,各关监督差使,蠹国病民,尤非尽裁不可。

司道、府州之裁,最骇观听者也。不知外省吏治所以终无起色者,皆司道、府州之为害。夫州、县,亲民者也。自上司猥多,知县遂以关怀民瘼之心,移而为酬应上司之用,非得已也。一事通禀数大宪,而取决于一大宪;一官兼事数长官,而实辖于一长官。稍一不慎,获罪匪轻。朝廷以大官监小官,意在察吏安民;官场则以小官事大官,猥用拘文牵例。欲革其弊,非裁不可。汉制:守令得自达于天子。日本变法后,亦以知县直隶日皇。今总不能矫枉过正,亦当以县直隶督抚。若以两司管一省政权为言,则今设各司较昔尤备，惟不能以县隶司耳。知县、县丞以外，所裁大小佐贰杂职，闻者或不至谓过甚，无容赘谈。

至于拟留之官，则一内阁各部，一顺天府，各省督抚，各县知县、县丞，皆无可裁之道。若起居院，若都察院，则又今之重任也。馀如执役各衙门，亦有不得不留者。钦天府无可归并，且系专门之学。内务府给事宫廷，实掌出纳之款。宗人府掌宗支事务，他官所不能兼。太医府非不可并入内务府，意欲注重医学，以补政界之缺，且于该衙门附设学堂，故不欲裁。銮仪府非不可并入大礼府，特以侍卫猥多，无可位置。且大礼府止具仪物，不任捍卫，故不敢裁。且前项衙门，满员实繁，姑留以为位置满员之地，诚非得已。此各官或裁或留之说也。

旧有员缺之裁并者，外省无之。惟殿阁大学士并于一大学士，重相权，谋治理也。部院堂官，率皆四并二，二并为一。各衙门司官，皆有裁并，破满、汉之界，重在得贤，不设具臣也。此裁并员缺之说也。

新设之官，在京若大礼府，若内政部，若藩部，若海、陆军部，若财政部，若法部，皆有不得已者。大礼府即礼部之改名，法部即刑部之改名，财政部即财政处及户部之改名，海、陆两部即兵部之改名，藩部即理藩院之改名。内政部系特设，与外政部相对，其行政之内容，则兼内阁、政务处、通政司之三职焉。在外若总督府、都抚府、巡按府，暨府辖各司，又每县新设数衙门，每乡新设自治公所，亦皆具有微意。督、抚两府，督、抚之衙门也。往者督抚衙门无称谓，但曰某省督部堂、抚部院，示与部院一体。今制，督抚不兼部院之衔，故别立一名，以郑重之。名虽异，而实则同，非若巡按府之新设也。巡按府为执宪之臣临于各省，宜有特别之号，故亦以大府之制行之，变通巡抚之名，总摄监司之事。其所属四司，盖具有执宪上莫大之权力焉。督抚所属之八司，以代行政之司道；巡按所属之四司，以代监司之道；府知县，添为六缺，以代儒学、营汛，实任其职；县丞佐知县，以代巡典、杂流。乡官、乡董系创设，然而不食俸禄，与绅士无异，彼但司地方行政而已。此新设各官之说也。

至于百司名目，间有更易者，亦非无谓。京、外衙门，名称不齐，今以阁、部、院、府为最尊之地。阁一，曰内阁；部十二，曰内部至商部；院二，曰起居院、都察院府。在京者七，曰钦天府至銮仪府，曰顺天府；在外省者三，曰总督府，曰都抚府，曰巡按府。此外，地方衙门则曰县、曰乡，他项职事衙门则曰馆、曰厅、曰局、曰处。今制既与昔异，故有不得不变更旧名强使就范者，非得已也。如钦天监改钦天府，起居注改起居院，理藩院改藩部之类。

至于职官名目，曰丞，则承禀其所管之官以治事，如执役之六衙门置六丞，顺天府置二丞，外省各司皆置一丞，各县皆有县丞是；曰补缺学士、拾遗学士，则以之易讲读之名目者，期于顾名思义。曰都御史，曰左、右都御史，以并设三人，故去副都名目。曰参赞，曰咨议，内阁用之以代学士、中书，各部用之以代郎中、员外。诚以郎中、员外以上等名，无所取义也。曰判官，各省司丞用之以代佐贰。判者，判其事之谓，名义相符，古有是称。曰乡官，曰乡董，系创名；曰书记，曰典簿，一系创名，一系旧名。名与义通，盖尽人能晓者也。

至于大小官吏应尽之职务，条分缕析，至为繁赜。今约言之，亦可得其一二。其在钦天府、大礼府、内务府、宗人府、太医府、銮仪府六衙门，虽无深义，亦有职司。钦天监掌天官，以敬天顺民，正四时，序万物，为职责任綦重，今姑备官而已。内务府事体甚繁，今励精图治，必派廉洁公正之亲贵大臣，管理府务，大加整顿，剔除中饱。即供御一切，亦宜遵先朝旧制，以为之节，毋使冗耗。宫禁肃清，百官乃可得而理也。大礼府系创设，其内容则兼礼部太常、光禄、鸿胪三寺之职，以供奉天地及宗庙、宫廷一切典礼。大典礼由管理之亲王贝勒主之，寻常仪节则由府丞指挥足矣。其宗人府以下三衙门，职任依旧，应免赘述。

更以政界官制言之，则起居院衙门，昔之闲曹，今之清要。盖内阁衙门既裁讲读学士，而翰林院全衙门又裁，则侍经筵、备顾问者几无人焉。今于起居院衙门增设各官，以备要职，且以充两书房行走之选。陈善闭邪，辅翼圣德，于诸臣是赖矣。都察院者，以纠察百僚、整肃纲纪为职者也。起居院为尤重，盖圣人在上，纳谏非难。苟得其人，职事必举。若百司庶官，分布中外，一不得人，失败随之。今宜慎风宪诸臣之选于先，而重风宪诸臣之权于后。令无论京外大小各官，皆在御史纠弹之列。一御史畏葸不治事，则全体御史共排击之。宋时有罚辱台钱者，此其意也。

内阁衙门，则以大学士任宰相之职，兼今之军机、政务两处之事。参赞以下人员，听大学士指挥，任今之军机司员、政务处司员之事。大学士既为全权宰相，则当深惟以人事君与夫嘉谟入告之义，不当躬理簿书。皇上既得其人，则天下大计必咨之，进退百官必咨之，亦不当责以细故。夫使大学士而称其职，则内而部院长官，外而对封疆大吏，无不得人。大僚得人，则所属未有不得人者，天下何忧不治？况重以贤相之谋献耶？协办既为次相，则天下事必与闻，然而百事既取于首相，则次相不当更侵其职，以杜争权之渐。今拟以知制诰之任，责之协办，章奏悉其评阅，论旨出于一手。例行谕旨，亦可由参赞代拟。历事既久，其于天下利弊得失，了如指掌。虽代首相任天下之重，无难矣。且首相议决之事有未协者，次相得以持之不下，以出纳王命之权在己，可以抗议故也。此亦杜首相专权之道也。内政部系创设，盖以通政司裁，则京外章奏尽萃于军机、政务两处。两处又裁，仅存内阁。内阁以本衙门为议政之地，以军机入值之处设政事堂，为决政之地。两地皆不能管领簿籍，故设内政部。凡京外章奏，已经供御取决，及谕旨颁行后所存底稿，皆交内政部管领。且其责任尤重者，自政务处裁，凡新政之交处议覆者，应皆移入内阁。今重内阁之职，断不能令以文牍从事。拟凡前项交处议覆各件，择其要者，由两相臣面禀宸谟，讨论数时，立即取决，毋庸随例议覆。其必待议覆者，即交内政部核议。议覆仍由相臣酌定，待旨取决。是内政部者无行政之权，而有议政之责。且所议非一端而已，其在各部、各直省，一切政令皆宜调查而研究之。即将来立宪后，一切组织亦应由部裁可宜。将现设考查政治馆改为内政馆，并入本部，令所属人员时时诣馆，讲求一切，以储人材而备任使。若会典馆、方略馆、国史馆，亦宜由部领之。各项馆职，由部臣妙选才俊奏充。更于部设稽勋局、核俸局，稽勋局管理京外文武大小官吏之登进、罢黜、升降、调迁各项册籍，核俸局管领前项官吏岁俸额支及赏俸、罚俸、扣俸各项册籍，以代吏部。

且自用人之法一变，内外新政，各衙门人员皆习之有素，用之不违其才。独内阁、起居院、都察院三处堂司各官，及各直省开府大吏，无所取材，诚虞有缺。宜以内政馆为研究政治之地，罗致耆旧，征召英贤，以平时讨论之资，为异日效用之地。将来即以本衙门所得、所知人员，充前四项人员之用。较之漫无预备者，当何如也？

外部，则责任益重。今之外交，开辟未有。凡在外部人员，宜以外交为专门之学，庶几运筹决策，折冲樽俎，渐有把握。拟令外部人员，十成之中，须有五六成通各国语文者。并于部设外政馆，令所属人员，以暇时研究外交政策，并调查各国对于中国之政策，以为之备。更将出使各国公使、领事以下人员，各省外政司之司丞、判官，一律作为外部人员，无论实缺、差使，由部分别奏派、委派。所派或不得人，即由该部自行纠参。如一经言官纠参得实者，即以妄保非人为部臣罪。各部皆同此例。其报政或径申部，或由所辖之长官申部，皆受本部考成。其升阶，皆在本部以内，或京或外，以官之品级及差缺之繁简为冲，不得阑入其他衙门，著为定制。

藩部实掌理藩院之职。今之蒙、回、藏地，亟待整顿。非设部，无以专其责成。整顿之法，一如外部。前议惟本部差缺，宜用满、蒙人员，并于中设藩政馆，调查藩地风俗利弊，日聚满、蒙官属而研究之，办理方有起色。此今日重大之图也。藩部尚书宜以王贝勒充之。

户部名目依旧，职司不同。今设财政部，实掌理财之权，以筹国用，则户部不宜再干预财政明矣。然财政部主理财，而户部主生财，宜令天下土地、户口、农田、粮赋、水利、屯垦、树艺、畜牧，以及各项山泽之利，皆归户部调查研究而提倡之。粮赋、岁入，纳于户部；户部移其数目于财政部，以待指拨。此两部权限之所由分也。

海部掌全国海军用人、行政、筹款、制械事宜，目前暂不立部，亟宜多派知兵大臣三四员，随带人员数十人，率同海军学生出洋，学生分门肄业，员弁分类考察。归国后，以员弁分任本部尚、侍以下各职，即行立部治事。一面设海军学堂，以学生为之师，教演兵队；一面订购船舰，精制军械，选立军港。大约必须三年后始能立部，十年后始能成军。急起直追，犹惧无及，倘尤以筹款为难之说而忽之，大事去矣。

陆军部掌全国陆军用人、行政、筹款、制械事宜，以今之兵部改设。练兵处亦即归并。先裁绿旗各营，以其饷糈，速办各省陆军学堂，资遣部员出洋考验军政。所有京外已、未成军之各镇陆军，悉听部臣节制；军纪、军备，宜归一律，不得任各省自为风气。其陆军差缺人员，悉听部臣调度，不得由各督抚任意调遣，惟部臣须得其人耳。部臣如一时不得其人，宜仿海军办法，遣派知兵大员三四人，出洋分类肄习。

归国后,任为尚、侍以下各官。

财政部有统筹全国度支之责,赖以举行新政。应凡户部所管之各省银行,各省造币厂,江海税关事务,内地各货厘捐,膏捐附之。各关监督,各省织造,各省盐务,各省漕粮,各项杂捐,如截缉闹姓之类。凡可以筹国用、裕度支者,皆隶之。将来实行印花税,亦隶本部。至于预算报告各节,悉仿东、西洋各国之制,务使岁入足敷岁出之用。各省普立国家银行,何省所入之款,即交何省银行存放,听候拨用。设银行三个月后,即将各省藩运各库实行裁撤。每省每年所需行政经费,预算报部,由部饬令本省银行拨给;不足者,取之邻省银行。自财政部理天下之财以后,各省只准按章征收钱粮,所入仍归银行。不准令地方官自行设局筹款。此今日理财之上策,亦中央集权之要道也。惟部臣必须得人,宜简大员之精明廉悍者为之。

巡警部管辖通国巡警人员,主持警政。今之急务,第一必须普及,第二必须使巡警人员皆有军人之资格,严重整齐,一如军队。以之捍卫地方,犹有馀力,则天下绿旗营勇一律可裁,既获治安,又节冗费。此切要之政也。

法部系刑部之改名,今者修改刑律,重法以治人,轻刑以活人,德意至厚,故改部名以副其实。新律实行,人格自重,收回治外法权在此矣。虽然,必养成廉洁公正之律师及裁判员两项人物,更澄清吏治,以为之根抵,然后新律始有实行之一日。否则,勉强施行,吾知列强仍不能以治外法权界诸我也。

学部统一学务,惟必须实行普及教育。教育普及,则人民可智,地方可富,国家可强。今之学堂,奚足与语于此?学部宜明定宗旨,划一权限,令全国学生皆抱一富强宗旨,以为之的;令全国学务人员皆受学部节制,以观其效。不得令各省自为风气,尤不能以学务付诸毫无知识之人。科举既停,礼部不宜再预学校之事。优贡止考一次，以后永远停止。近今学、礼二部所拟定之权限，因循苟且，不宜曲从也。

工部名目依旧，职务不同。除旧例应管营缮各事外，若新政之电报、铁路，及已设之船政、未收之邮政，皆宜归工部管理，不宜仍令其作闲曹也。商部掌通国商务、工艺、制造，矿务属之。铁路循名核实，宜归工部，商务不宜与闻。且商部前项事体亦甚繁难，责任以少而专，政绩以专而效。此不易之理也。

顺天府尹，治京畿二十四县，职同疆吏；左、右丞分理曹事，职如外省司丞。丞议事，尹决事，以下于县。县制与外省同，外省督抚掌一省用人行政之权，以地大事繁，故不得不设各司以佐之，如古曹掾之职。吏政司略同昔之布政司，掌一省官吏之调迁，课其殿最，以待举劾官吏；各项簿籍，司实掌之；其他若接待往来官吏，若本省一切祠祀大典，皆隶该司。民政司掌通省民政。巡警者，民政也，民政以整顿巡警为要义。省垣地方辽阔，巡警尤宜改良，以能代绿旗各营汛镇守地方，方不负职。外政司主一省交涉，兼接待外人之往来者。军政司掌一省军备，其已成一镇一协，简有统帅、直隶陆军部者，该司不必预闻其事。惟开征、退伍各项关于地方之事，当兼理之。财政司掌通省度支预算报告，一如部章。凡向隶藩司、善后局、筹款局之各项出纳，悉听管理。自银行普及后，各省财政悉隶于部本司，但有钩稽之权，而无筹措之责。该各项库储应移交银行管理。该司以一省一年之行政经费预算报部，部中准拨，即由该司经理支用，不得肆意挥霍，亦不得吝于出纳。学政司掌一省学务，一切公、私立学堂悉听管理。农政司专司本省农业，凡水利、屯垦、树艺、畜牧，以及各项山泽之利，悉听管理。商政司专司本省商业，凡工艺、制造、开矿之属，悉听管理。自馀如工政司管理工程，盐政司管盐务，粮政司管粮务，漕政司管漕政，河政司管河工，税政司管税课，旗政司管旗务，蒙政司管蒙务，皆禀承督抚办理者也。巡按执一省之刑宪之权，专司纠察，不理民政。其所属四司，前篇论之略尽，兹不再及。

知县分职凡六：庶务知县，掌地方一切祠祀典礼。遇有官吏过境、外人来往，由该知县接待，他官概不与闻。学务知县管学务，巡警知县管警务。裁判知县掌民事、刑事诉讼而裁判之，兼管监狱。其缉捕盗贼、传提案犯各事，皆移请巡警知县相助为理，巡警知县不得延误，因尽裁差役故也。农政知县掌征收粮赋、课税、振兴水利、屯垦、树艺、畜牧及一切山泽之利，其所征各项银两责令尽数报解司库。连旧有馀陋规，一律解司。敢有吞一钱者，罪之。六知县各实领廉俸三千金。倘令之侵一钱，无以为治。商政知县，掌工艺、制造、矿务、商业各项事宜。县丞，各如知县之职。乡官受辖于官吏，一如绅衿，然得以提议地方要政，以佐官吏之所不及。此官吏应尽各项职务之大略也。

至于行政之机关，则政自中出者，部以咨之督抚，督抚交司核议。议准具覆，即由督抚下之知县。知县报政，径达督抚，督抚交司核议。议准具覆，以报于部，各部则报政于天子。臂指相联，呼吸相应，无闲曹为之阻隔，无冗吏为之掣肘，苟善政体，必能得人；苟得其人，必能图治。此不易之理也。

吾言如此，客尚疑吾言乎？则非吾之所敢知矣。

政体篇第五

今使政府由吾之说，一旦遂将官制翻然改正，则望治者必将责效于旦暮间。使官制既改而无一效，则吾将无术以自解。其不便我者，且欲得我而甘心焉。然则将责效于改官制之后，其必以变政体为先务之急矣。

曩谓政体有二：一曰用人，一曰行政。请以用人言之。罢从来恩荫、捐纳、科举、保举之人，使尽出于学堂。自书记、典簿以上，以至于大学士，非学堂卒业者不许入选。此议详见《储材篇》中。是为第一义。

凡入官者，本省人官本省。仿宋政和无过三十驿之法，凡为知县以次各官者，必须服官本省、本邑，知县、县丞以省限，乡官以邑限。能多用本邑人尤善。其督抚、巡按、司丞、判官等，或可参酌用邻省人，能多用本省人尤善。惟任京职者，不限省分。是为第二义。

补官以后，无论中外官吏，必须久任，贤能者可升，今官制层级甚少，故虽可升之官，亦宜示以限制。仿汉代增官秩、赐金之例，俾令久任。俟有应升之缺出，然后方与升用。不肖者可黜，惟不得互相更调。敢有更调者，以违制论，罪其长官。是为第三义。

升降之法，制有一定。除起居院、都察院、内阁、内政部四衙门人员，及各省督抚、巡按外，馀皆在本衙门升降。如外部人员，只准于外部差缺内升降，或京或外，皆可迁职，惟不得阑入其他衙门。各部皆然。微自县丞，显至尚书，终身止守一职。是为第四义。

今后外省官吏，只有实缺，断无差使；止有实任，断无候补。部中各项差使人员由部委用，外省人员无从觊觎。且无论京外，任实缺者不得兼差，当差使者不得带缺。是为第五义。

各部皆就本署暂设学堂，收考各项候补、候选以及裁缺人员，研习专门政治，以备内外、大小百僚之选。十年以内，非此项学堂卒业者，不许入官。其各省所立法政学堂者同。是为第六义。

目前此项学堂未立，各项人员均不能一一得人，惟当以三年为限。三年以内，暂用旧有人员，严加甄别，去其害马。受事后，又从而督责之、考课之、赏罚之，庶几稍收得人之效。此三年内，只许以旧有差缺人员承乏，不得再于吏部签筒铨簿中取人。即军机处特旨记名人员，亦不取用，仍各按原官给与勋阶，撤销原官名目，令于各部学堂投考。比及学成，然后录用，令前项人员避贤路以纳之。是为第七义。

以上各节苟能实行，然后为之制禄，务从其厚。制禄之法，详见近著《下学斋二十议》中。俾京官不至求贿于外官，上司不至求贿于属员，守土之吏不至渔肉小民，守藏之吏不至侵蚀国帑，然后严赃私之峻诛，行治乱之重典。敢有索贿及吞公款者，十金以上，革职永不叙用；百金以上，革职，罚锾百倍其数；千金以上，革职后，查抄家产充公，并将该犯官拟斩监禁，查照新章，罚作苦工若干年，年满，禁锢终身。昔宋太祖、明太祖尝以极刑处墨吏，世称极治。今方轻刑律，未可骤拟极刑。且极刑太重，则徒有其名；规避者多，则立法不信，不如轻刑重罚以治之。是为第八义。

综此八义，其于用人之道，思过半矣。

更以行政言之。一曰明国是。皇上励精求治，宵旰忧勤，而奉职之吏无状，直使天下败坏至此，是未尝明国是也。今宜下诏罪己，震动中外，然后以明耻自强为国是，期于君臣同德，卧薪尝胆，革故鼎新，法立令行。其有泄沓不称职者，黜数十人，以风天下，使知朝廷设官为治平计，非为诸臣营菟裘计。其有怀利禄功名之见以来者，苟无寸长，立与罢斥，然后天下乃可为治。

二曰重实行。今之新政，文告而已，亟宜痛除旧习。凡中外政事未尝见诸实行者，不准累牍连篇，徒以奉咨了事。昔曾国藩治兵江南，时奏报稀少，廷旨诘责。曾覆陈，谓不敢以拟议之词、无稽之说入告君父。老成处事，何等崇实！今日君臣上下，宜以实行为第一义，而尽去向来以文告为实行之弊。举一新政，必期于成而后止；革一弊政，必期于尽而后止。敢有大言无实、饰词塞责者，谕饬台谏诸臣，严行纠参治罪。

三曰严考课。京僚京察，外官大计，大都例行故事。今拟阁部长贰、封疆大吏断自宸衷，行其黜陟。惟知人则哲，惟帝其难。万一黜陟不当众意，听天下臣民驳议以闻，以待后命。至于三、四品以下人员，责成该长吏季考岁课，严行举劾。倘该长吏或时失察，或竟袒庇，并不认真举劾，一经言官纠参，即将该管长吏加等治罪。

四曰明赏罚。赏罚不行，于今已久。非不行也，乃不明也。廉能者不必赏，则多退沮；贪庸者不必罚，则益骄横。或有廉能者赏矣，而赏不足以劝；贪庸者罚矣，而罚不足以惩，犹之无赏罚也。赏罚不明，万事瓦裂。虽有善治，莫能与之终始。自古治日少，而乱日多，岂尽内忧外患之为梗哉？亦曰无赏罚耳。舜举十六相、去四凶，而天下以治。非舜之贤不能任，亦非尧之圣不能从也，是在皇上而已。纲纪严整，亲贵守正；令出如山，权不可干。以此用其赏罚，不崇朝而震动天下矣。

五曰省案牍。今之以文告为实行，有自谓得计者，有甚不得已者。盖各衙门案牍必求备焉，必求繁且重之式焉。非是者，谓之不合格式。故举一事，有备牍至十馀份者，有关白至十馀官署者。究其所呈报之衙门，曾于事实毫无关涉。今冗官大减，其案牍之繁者，亦将随之而减。拟所裁之衙门，凡必须存查之各项文牍酌令留存外，约每百成留一二成。馀则拉杂而摧烧之。其现行文书务求清简，体式亦求简便。京外大小，一律从同。推之章奏，亦复如此。今天下章奏实繁有徒，万几方虞丛脞，安能一一批览[1]？故不如省之。大事电奏请旨，细事咨部汇奏。阁部亦然，大事面奏请旨，其条目多者，仿宋札子随呈，以备留览。细事汇奏备阅。闳纲一举，万事就绪。从此朝廷政权不下移于一二臣工，阁部政权不下移于千百书吏。疆吏

1 批览，原本勘误表误改作“批揽”。

独览大政，无用昔之所谓文案委员、刑名幕友矣；地方官各守一职，无用昔之刑名、钱谷、书启、阅卷各色幕友，亦无用昔之吏、户、礼、兵、刑、工各项书办矣。省案牍之劳，即以责治平之效，朝廷何惮而不为此？

六曰除吏议。今文网实繁，特以束缚贤人君子之所为，而实不能钳制一污吏。实缺人员无日不在处分之中，阁部大臣有时亦为吏议所中。其在官时，一议罚俸，再议降级，曾无损于毫末。及其解任，或其就死，则一切处分悉与开除。夫即将开除其罪于后，何妨大示优容于先？今法纪败坏如此，乃欲以无谓之吏议为其后援，庸有济乎？必如前议，明其赏罚，然后悉废一切吏议，俾与更始，庶几可以为治。其旧例姻亲回避一节，亦即概与删除。总之，国家当有真赏罚以骇动天下，不当设无谓之条例以钳制之也。

七曰禁酬酢。昔曾国藩目睹达官贵人优游暇豫，与在下者软熟和同之象，积不能平，乃一变而为慷慨激烈之义，以革彼时不黑不白、不痛不痒、牢不可破之习。其言曰："大难未平，吾辈当为餐冰茹蘖之劳臣，不当为肠肥脑满之达官。"其语至为沉痛。夫官场之有酬酢，即达官贵人所借以优游暇豫，与在下者所利用，以行其软熟和同之伎俩者也。今欲振衰起颓而督过之，当先禁官吏彼此酬酢。朝廷筵宴大典停止累年，而官场之饮食期会了无虚日，既废政事，又示奢靡。甚者夤缘请托，借端舞弊，害莫大焉。宜令京外在官人员，除年节庆典偶一宴客外，不得无故酬酢，违者听人纠参。

八曰禁鸦片。今官吏沉锢于鸦片者实繁有徒，废事不治，导民为非，既开漏卮，重辱国体，而朝廷熟视无睹，宁非弊俗？今拟自官制改良之后，凡在官者，不得吸食鸦片；已经吸食者，听其自行检举。朝议度其可，当使之戒；不可用，则一切罢之。其有虽戒而未能除,或并不自行检举者,责成京外衙门及各道御史严行纠参,一律斥退。

综此八义,其于行政之道,思过半矣。

以今所论,政体之决当变易者如此,则知政体一日弗变,即政界内容之腐败,亦一日弗除。虽有贤豪,莫肯效用;虽有佥佞,莫肯引避。然则既改官制,又变政体,上策也;仅变政体,中策也;仅变官制,斯下策矣;若夫一切弗变,是谓无策。今之廷议不至无策,吾恐今将徒事夫下策也,吾不能不忠告于政府也。

职官表第六

前所论说,多辨论语,虽已甚详,仍多未尽。夫冗官既裁,则实缺皆有职司可纪;廉俸加厚,则新制必当垂之于书。其他因革损益,亦宜昭告天下。兹为表以明之。表分为二:一实缺表,从详;一差使表,从略。略于差使者,以差使名目甚多,目前既有所未尽,知将来亦虞时有增减,故仅列一二端,著其梗概而已。[1]

1 附表原本竖排,今改横排。原本称“同上”,今改称“同左”;“同右”,今改称“同上”;“同左(右同)”,今改称“同上(下同)”;原本“同前(后同)”,今不作改动,以便阅读。

对君上之称谓	对僚属之称谓	职务之权限	承禀之处所	缺额	品级	岁俸	纪要
管理钦天府大臣	同左	总揽府务	禀朝廷命令	一缺	原阶	不支	以下六府，皆以王贝勒等管理，以多数满员充府丞以下官。书记、典簿，在署当差，只戴顶帽，不用补服。各衙门皆同
钦天府府丞	钦天府大堂	承办府务	同上	一缺	正三品	一千两	
钦天府主事	钦天府主政	分办司务	禀堂官命令	〇缺	正六品	五百两	
钦天府书记	同左	书写文牍	禀堂司各官命令	〇缺	正八品	六十两	
钦天府典簿	同左	主管簿籍	同上		从八品	六十两	
管理大礼府大臣	同左	总揽府务	禀朝廷命令	一缺	原阶	不支	
大礼府府丞	大礼府大堂	承办府务		一缺	正三品	一千两	
大礼府主事	大礼府主政	分办司务		〇缺	正六品	五百两	
大礼府书记	同左	同前（后同）	同前（后同）	〇缺	正八品	六十两	
大礼府典簿	同左	同前（后同）	同前（后同）	〇缺	从八品	六十两	
管理宗人府大臣	同左	总揽府务	禀朝廷命令	一缺	原阶	不支	
宗人府府丞	宗人府大堂	承办府务		一缺	正三品	一千两	

（续表）

对君上之称谓	对僚属之称谓	职务之权限	承禀之处所	缺额	品级	岁俸	纪要
宗人府主事	宗人府主政	分办司务		〇缺	正六品	五百两	
宗人府书记	同左			〇缺	正八品	六十两	
宗人府典簿	同左			〇缺	从八品	六十两	
管理内务府大臣	同左	总揽府务	禀朝廷命令	一缺	原阶	一万两	
内务府府丞	内务府大堂	承办府务		一缺	正三品	五千两	
内务府主事	内务府主政	分办司务		〇缺	正六品	五百两	
内务府书记	同左			〇缺	正八品	六十两	
内务府典簿	同左			〇缺	从八品	六十两	
管理太医府大臣	同左	总揽府务	禀朝廷命令	一缺	原阶	不支	
太医府府丞	太医府大堂	承办府务		一缺	正三品	一千两	
太医府主事	太医府主政	分办司务		〇缺	正六品	五百两	
太医府太医官	同左	供奉内廷	禀内廷命令	〇缺	正五品	〇'〇两	
太医府医学生	同左	肄业	禀医官命令	无定缺	原阶	不支	

（续表）

对君上之称谓	对僚属之称谓	职务之权限	承禀之处所	缺额	品级	岁俸	纪要
太医府书记	同左			〇缺	正八品	六十两	
太医府典簿	同左			〇缺	从八品	六十两	
管理鸾仪府大臣	同左	总揽府务	禀朝廷命令	一缺	原阶	不支	
鸾仪府府丞	鸾仪府大堂	承办府务		一缺	正三品	一千两	
鸾仪府主事	鸾仪府主政	分办司务		〇缺	正六品	五百两	
同左	同左	侍卫车驾	禀内廷命令	〇缺	正二品至正七品止	〇'〇两	
鸾仪府书记	同左			〇缺	正八品	六十两	
鸾仪府典簿	同左			〇缺	从八品	六十两	
管理起居院大臣	同左	稽核院臣功过	禀朝野命令	一缺	原阶	不支	管院大臣以京外名臣一人充选，学士等官以忠鲠通达之士充选。以下各衙门皆满汉通用，不拘常例
同左	经筵侍讲学院	侍讲内廷	简禀大臣命令	二缺	正三品	千二百两	
同左	经筵侍读学院	仕读内廷	同上（下同）	二缺	正三品	千二百两	
同左	经筵补缺学院	专司规谏		四缺	从三品	一千两	
同左	经筵拾遗学院	专司规谏		四缺	从三品	一千两	

（续表）

对君上之称谓	对僚属之称谓	职务之权限	承禀之处所	缺额	品级	岁俸	纪要
起居院书记	同左			○缺	正七品	一百廿两	
起居院典簿	同左			○缺	从七品	一百廿两	
都察院都御史	都察院大堂	总揽台纲	禀朝野命令	一缺	从一品	五万两	都察院与起居院大小各官，皆得专折言事
都察院左都御史	都察院左堂	击弹亲贵	同上（下同）	一缺	正二品	二万两	
都察院右都御史	都察院右堂	纠劾疆吏		一缺	正二品	二万两	
都察院监察御史	都察院院监	刺举百僚		四十缺	正五品	一千两	
都察院书记	同左			○缺	正八品	一百廿两	
都察院典簿	同左			○缺	从八品	一百廿两	
内阁大学士	内阁大堂	总揽枢政	禀朝廷命令	一缺	正一品	十万两	
内阁协办大学士	内阁协办大堂	协办机务	同上	一缺	从一品	五万两	
内阁参赞	内阁参政	领各司司务	禀堂官命令	○缺	正三品	三千两	
内阁咨议	内阁咨政	协领各司司务	同上	○缺	正四品	二千两	

（续表）

对君上之称谓	对僚属之称谓	职务之权限	承禀之处所	缺额	品级	岁俸	纪要
内阁主事	内阁主政	分办司务	同上	○缺	正五品	一千两	
内阁书记	同左			○缺	正七品	一百廿两	
内阁典簿	同左			○缺	从七品	一百廿两	
内政部尚书	内政部大堂	专理内政	禀朝廷命令	一缺	从一品	五万两	以下各部组织与内部同，故列表从略
内政部左侍郎	内政部左堂	掌京内事务	同上	一缺	正二品	二万两	
内政部右侍郎	内政部右堂	掌直省事务	同上	一缺	正二品	二万两	
内政部参赞	内政部参政	领各司司务	禀各堂命令	○缺	正四品	三千两	
内政部资议	内政部咨政	协领各司司务	同右	○缺	正五品	二千两	
内政部主事	内政部主政	分办司务	同上	○缺	正六品	一千两	
内政部书记	同左			○缺	正八品	一百廿两	
内政部典簿	同左			○缺	从八品	一百廿两	
		专理外政					
		专理藩政					
		专理农政					不管财政

（续表）

对君上之称谓	对僚属之称谓	职务之权限	承禀之处所	缺额	品级	岁俸	纪要
		专理海军					
		专理陆军					
		专理财政					
		专理民政					
		专理学校					
		专理法律					执法，不行政
		专理工程					轮船、邮电之工程
		专理商业					商贩、制造等事
顺天府府尹	顺天府大堂	专司府属行政	禀政府命令	一缺	正三品	一万两	
顺天府左丞	顺天府左承政	佐治庶政	禀府尹命令	一缺	从四品	三千两	
顺天府右丞	顺天府右承政	佐治庶政	禀府尹命令	一缺	从四品	三千两	
顺天府书记	同左			〇缺	正八品	一百廿两	
顺天府典簿	同左			〇缺	从八品	一百廿两	
钦命总督都抚	钦命某某省总	总揽一省行政	禀政府	一〇	从正	四五	今拟二十二省，大省

（续表）

对君上之称谓	对僚属之称谓	职务之权限	承禀之处所	缺额	品级	岁俸	纪要
某某省总督都抚大臣	督都抚府大堂	之权	命令	〇缺	二品	万两	设总督府，小省设督抚，不相辖，各自为治
某某省总督都抚府书记	同左			〇缺	正八品	一百廿两	
某某省总督都抚府典簿	同左			〇缺	从八品	一百廿两	
某某省吏政司司丞	某某省吏政司承政	专司吏政如内部	受督抚考成，兼禀内部	二十二缺	正四品	五千两	今拟以下八司，各省皆设，皆为督抚之属官
某某省吏政司判官	某某省吏政司判政	分办司务	禀司丞命令	〇缺	正七品	六百两	
某某省吏政司书记	同左			〇缺	正九品	一百两	
某某省吏政司典簿	同左			〇缺	从九品	一百两	
		专司民政	兼禀巡警部命令				
		专司交涉	兼禀外部命令				

（续表）

对君上之称谓	对僚属之称谓	职务之权限	承禀之处所	缺额	品级	岁俸	纪要
		专司理财	兼禀财政部命令				
		专司军备	兼禀海、陆两部命令				
		专司学校	秉禀学部命令				
		专司农业	兼禀户部命令				
		专司商务	兼禀商部命令				
		专司邮电轮路	兼禀工部命令	〇缺			今拟以下八司，各省酌设。譬如有轮路、邮电省分，则设工政司；有河工省分，则设河政司。否则不设
		专司河防	兼禀工部命令				
		专司屯粮	兼禀财政、户部命令				
		专司漕运	兼禀财政、户部命令				
		专司盐务	兼禀财政、商部命令				
		专司税务	兼禀财政、商部命令				

（续表）

对君上之称谓	对僚属之称谓	职务之权限	承禀之处所	缺额	品级	岁俸	纪要
		专司旗务	兼禀藩部命令				
		专司蒙务	兼禀藩部命令				
钦命巡按某某省巡按大臣	钦命某某省巡按府大堂	总揽一省刑宪之权	禀政府命令	二十二缺	正三品	一万两	此为司法独立衙门，酌设各司以佐之
某某省巡按府书记	同左			〇缺	正八品	一百廿两	
某某省巡按府典簿	同左			〇缺	从八品	一百廿两	
某某省察吏司司丞	某某省察吏司承政	纠察全省官吏	禀巡按，兼间接政府	二十二缺	正五品	三千两	此项人员，应由都察院奏派
某某省察吏司判官	某某省察吏司判政	分司纠察	禀司丞命令	〇缺	正七品	八百两	
某某省察吏司书记				〇缺	正九品	一百两	
某某省察吏司典簿				〇缺	从九品	一百两	
		纠察全省财政	兼禀财政部命令				财政部奏派

（续表）

对君上之称谓	对僚属之称谓	职务之权限	承禀之处所	缺额	品级	岁俸	纪要
		专司法律	兼禀法部命令				法部奏派
		专司裁判	兼禀大理厅命令				大理厅奏派
某某县庶务知县	某某县庶务衙门正堂	总理庶务	禀督抚命令	〇缺	正五品	三千两	各县皆设以下六衙门，大县设知县、县丞共二人，小县只设知县一人
某某县庶务县丞	某某县庶务衙门副堂	帮办庶务	禀知县命令	〇缺	正七品	八百两	
某某县庶务衙门书记	同左			〇缺	未入流	六十两	
某某县庶务衙门典簿	同左			〇缺	未入流	六十两	
		专司学务	禀督抚命令				
		专司巡警	禀督抚命令				
		专司裁判	禀巡按命令				
		专司农业	禀督抚命令				
		专司商业	禀督抚命令				

（续表）

对君上之称谓	对僚属之称谓	职务之权限	承禀之处所	缺额	品级	岁俸	纪要
某某乡自治公所乡官	同左	总理乡政	禀各知县命令	○缺	拟从九品	不支	此项人员，以乡保等庶人在官者充之，由选举，不由委派。其原有职官者，亦准充选
某某乡自治公所乡董	同左	参议乡政	禀乡官命令	○缺	拟俊秀	不支	
某某乡书记	同左			○缺	拟俊秀	酌支	
某某乡典簿	同左			○缺	拟俊秀	酌支	
钦命出使某国大臣	同左	专理外交	禀外政部命令	○缺	正二品勋	一万两	
某国使署参赞	同左	参赞外政		○缺	正四品勋	五千两	
某国使署翻译	同左	专司翻译		○缺	正七品勋	五百两	
某国使署书记	同左			○缺	正八品勋	三百两	
某国使署典簿	同左			○缺	从八品勋	三百两	
某处总领事	同左	保护侨民	受使署考成，兼禀外部命令	○缺	正四品勋	四千两	
某处领署翻译	同左	专司翻译		○缺	正八品勋	四百两	
某处领署书记	同左			○缺	正九品勋	二百两	

（续表）

对君上之称谓	对僚属之称谓	职务之权限	承禀之处所	缺额	品级	岁俸	纪要
某处领署典簿	同左			○缺	从九品勋	二百两	
某某馆总裁	同左	禀内政部命令		○缺	正三品勋	千二百两	
某某馆纂修	同左	分司馆务		○缺	正六品勋	六百两	
某某馆书记	同左			○缺	正八品勋	一百廿两	
某某馆典簿	同左			○缺	从八品勋	一百廿两	
某处办事大臣	同左	专司藩政	禀藩部命令	○缺	正二品勋	一万两	
某处参赞	同左	参赞藩政		○缺	正四品勋	五千两	
某处随员	同左	专司藩政		○缺	正五品勋	一千两	
某处书记	同左			○缺	正八品勋	一百廿两	
某处典簿	同左			○缺	从八品勋	一百廿两	
某处监督大臣	同左	监督本管事务	禀商部命令	○缺	原阶	不支	
某处总办	同左	总理本管事务		○缺	正四品勋	五千两	
某处协办	同左	协理本管事务		○缺	正五品勋	三千两	
某处三二一等	同左	分司本管事务		○缺	正六七八品勋	酌支	监督以实缺大

（续表）

对君上之称谓	对僚属之称谓	职务之权限	承禀之处所	缺额	品级	岁俸	纪要
供事官							员为之，对于该厂有纠察之责任，总办以下驻厂理事
某处书记	同左			○缺	未入流	六十两	
某处典簿	同左			○缺	未入流	六十两	
		禀陆、海两部命令					
		禀财政部命令					
		禀财政部命令					
		禀财政部命令					
		禀工部命令					
		禀工部命令					
		禀工部命令					
		禀工部命令					
		禀财政、商部命令					
		禀财政、商部命令					

储材篇第七

昔世宗皇帝尝诏鄂尔泰曰："治天下，以得人材为本，其馀皆枝叶事。"大哉言乎！子贡曰："文武之道，未坠于地，在人。"孔子曰："其人存，则其政举；其人亡，则其政熄。"是知人材之消长，关天下之治忽。一不得人，虽有良法美意，莫与之共治矣。

官人之制，今古攸殊。乡举里选之法最古，制亦最善，与西人之投票选举同。惟宪政未成，难遽议此。两汉以后，官人直无良法。魏晋六朝重门第，唐宋重科举，兼重任子。前明因之，三弊具矣。本朝复重之以捐纳，其弊益甚。今官制与政体，二者既已改良，非变通官人之法不可。

今欲制一官人之法，与天下更始，为后世常则，非一取于学堂不可。然所谓学堂者有二式，所谓取人于学堂者亦有二法：其一，正式之学堂；其一，暂设之学堂。学生亦然，一为完全之学生，一为速成之学生。所谓正式之学堂者，即天下应设之普通大小学堂也。必教育普及，而后人人自初等小学递升至大学堂；又必俟海军、陆军、巡警、法政、工业、商业各门皆有大学堂，为其学生者皆有完全之资格，卒业领凭，后乃官之。自大学士以至知县、县丞，莫不皆然。即凡为乡官、书记、典簿者，亦必曾在初等小学卒业，始能充选。其官之之法，或用考选，或用荐举，或用辟召，皆无不可。惟立宪以后，则自县丞以上，必须由议院选举。被选举者，廷议度其贤与材而官之；不被举者，万无入官之理。此取人于正式之学堂与完全之学生之说也。

然官制初改，政体乍变，其所谓普及教育者方议施行。大约教育普及，需以三年；人材辈出，需以十年。十年以内，决当另筹官人之策。应如前议，于各部附设学堂，并令各直省速立合格之法政学堂,收考候补、候选人员,以为之备。今拟内部学堂,以讲求本国政俗利弊为先,然后研究京外大小衙门事务。凡部僚及起居院、都察院、内阁三项人员,及各直省开府大吏,皆于是乎取材。外部学堂,以讲求译学为先,然后研究国事交涉、财政交涉、词讼交涉、商务交涉、路矿交涉。凡部僚及出使人员,自公使至翻译,并内地各省办理交涉若外政司人员等,无论差缺,皆于是乎取材。藩部学堂,以周知藩地风土政俗为先,然后施其管辖、羁縻应有之权,为之兴利除弊,讲求新政,期于富强。凡部僚及满、蒙、准、藏各项奉差人员,皆于是乎取材。户部学堂,以周知天下土地、户口、农田、粮赋为先,然后研究水利、屯垦、树艺、畜牧各项事宜。凡部僚及关于前项差缺之人员,并外省之农政司、农政知县、县丞等,皆于是乎取材。海部学堂,俟立部后再议。陆部学堂,当讲求东西军政以改良我陆军,又必须躬历戎行以实验之。凡部僚及陆军将弁,并外省所设之军政司人员,皆于是乎取材。财政部学堂,则当调查常年度支,及关于筹款之关税、厘捐、盐政、漕政,及新设之银行、造币厂及其他各项,皆宜悉心考察。凡部僚及前项差缺人员,并外省之财政司、主计司,皆于是乎取材。警部学堂,则当研究警学,以备实行警察。凡部僚及京畿巡警人员,并外省之巡警司、巡警知县、县丞等,皆于是乎取材。法部学堂,则当先行调查部务,然后研究东西法律,以能改良裁判、改良监狱、收回领事裁判权为实验之地。凡部僚及外省之执法司、提刑司,及裁判知县、县丞等,皆于是乎取材。学部学堂,则当讲习管理法、教授法,粗通普通学科,以能改良学务、普及教育为实验之地。凡部僚及各项学务人员,并外省之学政司、学务知县、县丞等,皆于是乎取材。工部学堂,则当研究船政、路政、电政、邮政及他项建筑事宜。凡部僚及京外前项差使人员,并外省之工政司,皆于是乎取材。商部学堂,则讲求工艺制造、开矿事宜,研究商品,提倡商业,皆所有事。凡部僚及各项商务人员,并外省之商政司、商政知县、县丞等,皆于是乎取材。其各省所设之法政学堂,虽不能各科皆备,然亦当分为交涉、教育、财赋、军需、裁判、警察、商业、农业八门,令各占一门而肄习之,以备暂时本省差遣之用。三年卒业,及格者始畀以长差实缺。凡属此项学堂,其性质与仕学馆、课吏馆略同。学生不妨从宽收取,学课不妨从简派认。教习取之本国,不足则借材于日本。一年开学,三年卒业,三四年后召而官之。此取人于暂设之学堂与速成之学生之说也。此项人材,需以三年。三年以内,则取之于旧有之官吏,前篇《政体篇》。言之详矣。此项人才,可支十年。十年以外,则一取之于正式学堂。顷者言之详矣。

夫中国之所以积弱者,曰无人材;人材之所以消乏者,曰用非所学。学非所用,既多方误之于未仕之先;而欲以庶政责之于不学之后,是南辕而北其辙也。董子曰:“不素养士而欲求贤,譬犹不琢玉而求文采。”然则居今日而谋求贤之道,非素养士,不能得贤。居今日而谋养士之道,非仰体世宗皇帝为天下得人之意,不为功矣。

勋阶篇第八

今者综核名实,汰除冗滥,差缺虽多,位置弗遍。欲制一法以剂之,使名实无相冒,冗滥有所归,其惟速置勋阶乎!

勋阶之义,取诸日本勋位而易其名。自正一品至从九品,其名则曰正一品勋、从九品勋。勋阶之大用有二:一为奖励久任人员之用,一为消纳冗滥人员之用。今制:勋阶人员断不能兼实职,惟实职人员可以兼领勋阶。如新制:县丞七品,可以加五、六品勋阶;知县五品,可以加三、四品勋阶。馀官类推。惟勋阶仍系实职,非虚衔比,制如从前之在任候升某官,而非仅加某官虚衔可比。故断不能滥与。必该官吏屡膺上考、久任待迁者,乃可请旨赏给,略如汉时增秩之例。汉代守令入为三公,必其增秩甚高,有以致之。今宜略师其义,无论何官,得一品勋者,将来用一品官;得二品勋者,将来用二品官。其在本官得勋阶者,章服制度视勋阶品级,名位权限仍视本官。

自立勋阶以后,凡京外大小文武,候铨、候补及各项裁缺人员,无论在官在籍,无论有无差使,概将原官撤销,按其品级,与以勋阶。已裁之官,按旧制品级,如道府则改为正四、从四品勋;未裁之官,按今制品级,如知县、县丞则改为正五、正七品勋之类。先供差使者,以对品之勋阶领职。其他勋阶人员,作为三项位置:年老不任事者、才具无一可者、官高不能降格就学堂者,视其原官加一勋阶,以礼致仕。如系正一品大员,无阶可加,则赏给官衔以慰藉之。昏墨不堪用者、荒谬待参革者、仅有虚衔而无实职者,视其原官降一勋阶,勒令归里。自馀各官,皆以对品之勋阶候用。其候用人员,必如前议,令赴各部、各省学堂肄习,卒业领凭,乃能录用。今百废具举,如学务,如警务,注重普及,需人孔多。但使能自濯磨,何事何地不可位置数人耶?其勋阶人员学成录用者,补缺则销去勋阶名目,供差则仍以勋阶领职。此综核名实、汰除冗滥之第一良策也。

数十年后,此项人员皆已老死,届时即将勋阶名目专留为奖励久任实缺人员及散员供差之用,或用以奖励游学、著书、实业三项人士,亦无不可。惟纳捐者,终不能得,斯名器重而仕途清矣。

立宪篇第九

于是有以立宪来请者曰:“子曩谓政本弗善,虽立宪无益,且宪政亦弗成。然则繇今之制,政本善矣,其于立宪当何如?”

曰:繇今之制,虽勿立宪可也。更言立宪,则真长治久安之说矣。然立宪不欲骤,当先之以预备。五年以内,官吏调查宪法而讨论之,士民讨论宪法而实行之。大约教育普及需以三年,教育普及实行后之第三年,则官吏与士民研究宪法之第五年也。以五年内为预备之期限,以期限既满之日,即为宪政实行之日。彼时教育普及已满二年,通国士民之识字、明理者必居多数。于时立议院,行选举,一如日本变法以后之制。以今政体之善如此,虽曰立宪,亦不必多所更张。其所更张者,大端四五而已。大端维何?一曰用人权,二曰民政权,三曰赋税权,四曰战事权,五曰国政权。

用人权者,即公选举之说也。官吏非朝廷简用,民间不认;朝廷简用之人,必被民间选举者,乃得任为官吏,否则仍不能认。爵人于朝,与众共之,国人皆曰贤,然后用之。今制有与古吻合者,此物此志也。

民政权者,即议院议员日日提议之所有事也。凡地方将欲施行何项政令,其关于民间应有权利者,非经众议决,不能施行。其经众议决之政,而官吏奉行不力者,谓之溺职;其未经众议决,而官吏率然施行者,谓之越职。议院皆有参揭之权。

赋税权者,民间应行干涉之权利,亦即朝廷利用民间之干涉,以行其政策者也。欧美赋税最重,几于一物无不有税,而人不以为苦,且以纳税为人民对于国家之义务。吾国赋税甚轻,而人不以为乐,甚者困苦万状,日不聊生。昔德使蒲兰德尝考中国岁入一百二十兆两,谓公家所入止此,而民间岁纳则实有四五百兆之多。近今《槐脱路士克报》亦言支那之官吏,以国家租税五分之四饱入已囊,其说必有确据。夫民间岁纳五百兆,而公家乃岁入一百兆馀,四百兆尽归中饱。为之上者,一切听之,熟视无睹,宁不寒心?欧美管度支者,例于岁前预算本年经费共需若干,视旧数多则多取于民,视旧数少则少取于民。其预算表交议院核议,凡开支各项，倘系断不能少之款，经议院认可者，则筹款之责，议院即实任之。议院为民代表，苟为议院认筹之款，民间虽负重累，决无怨言。然欲多取一钱于彼所认款项之外，如吾国中饱之所为者，则决不能。所谓民间应行干涉之权利，以此；所谓朝廷利用民间之干涉以行其政策者，亦以此。中国实行宪政以后，吾知五百兆之巨款，必有水落石出之一日。以之偿赔款有馀，以之练海陆军有馀。况民气大伸，日以富庶，他日所入，必有浮于五百兆者，可预决也。

战事权者，亦民间应行干涉之权利，而朝廷利用之，如前说者也。战必伤人，战必耗费，民与国皆不欲轻谈战事。然有时所不能免，则必以战事、战费下之议院核议。议院知不能免，则将认战。认战，则死伤不悔，战亦必胜，战费亦可半由民间筹出。议院不认，则战事不成，虽战必败衄，与前相反。近者日俄之战，其明证也。惟国民议论，断不能一。议院之于国民，必以多数之议论取决，朝廷之于议院亦然。事经多数人认可者，虽少数人不顺，朝廷得以强迫之道行之。此亦天下之公例也。

国政权者，国家应有之责，而强分其责于民，利用民之议论以维持大局者也。国际交涉，日以繁剧，一着失败，驷马难追。诚以国政权移之民间，则四百兆全体之人，大可为外交家之后劲。譬之南昌教案、中俄密约，及其他外交失败之事，均可交议院核议。议院不认，则政府有词却之矣。且吾族全体甚大，虽欲威吓，情有不恐；虽用强硬，势有不行。即至开衅称兵，而吾民有战事权以议之，国家亦无所恐。惟国家政权，宜由国家给与。交议者，议院而议之；未交议者，不得妄议，以示限制。

总之，立宪者国，与民共一天下者也。利于国者未有不利于民，利于民者未有不利于国，特不利于不肖之官吏耳。然官吏亦无可如何之，故亦将循循为善，奉公守法，久之，将不失为贤者，是又未尝不利于彼也？繇吾之说，虽致国祚于万年，有道之长，可也。

自强篇第十

有读《立宪篇》而善之者曰："繇子之说，国其自强矣乎？"曰："然。"曰："子盍为《自强篇》？"曰："唯。虽然，吾之前言，言政本也。吾疾夫顽固者不知安危大计，动阨国家之政令也。又悯夫急进者不知为政本末，仅能持其一说而已足也。吾持吾说以进之政本而善，吾愿偿矣。自强者，政化进步之效果，非改良政化之原力也。吾亦何为赘辞？"客曰："然子盍为我言之自强之条目，与其年限何如者？"吾曰："是可晓也，客乃为是之问。夫使由今变法，一年而官制大定、政体改良，二年巡警遍于国，三年教育普及，四年官人于学堂，暂设之学堂。五年立宪，十年，学堂人材辈出，正式之学堂。惟所欲为，无不如志矣。其条目则曰强海、陆军，曰收回领事裁判权，曰争自由税权，曰振商业，曰反侵地，曰殖民。"

请言强海、陆军之道。变法第一年，派海、陆军员弁率同学生出洋。三年回国，立海部，改良陆部，以员弁为办事人员。立海、陆军学堂，以学生为之师，教练兵队。是年，购船炮，立军港，续派学生出洋。又三年，归国为海、陆将领。船炮具，军港立，聘东西名将，教练海、陆，操演同事；立船厂、军械厂、养马厂，实力整顿。需以十年，两军可成。不二十年，国力强矣。

更以收回裁判权言之。第一年，派裁判人员、律师人员赴东肄业，每省十人。次年归国，就本身设法律学堂，教成裁判、律师两项人员，皆使合格。次年卒业，颁布减轻刑律之令。又必于第一年议巡警普及之法令，于是年恰能普及，然后实行新律。行之半年，延请东、西法律家来华察看。如未尽善，亟图改良；如已有效，即行布告各国，定期收回领事裁判权。是年，已届变法后之第四年，果能内治澄清，各国断无不允之理。日本已事，其明证也。

再以争自由税权言之。第一年，选派税务人员之廉勤者，赴东、西各国调查税则，演习税政。次年回国，立税务研究所。税务大臣以次，均须临所研究，以定中国税章。察所派人员果能分布无缺，其才真已堪用，然后布告各国，定于次年修改税约，按照中国新定自由税章办理；日后税则或增或减，均须认为中国主权，各国不得争执。并同时辞退各关洋员，由华员自理税务。如华员尚不敷用，亦可暂留洋员数人。是年，为变法后第三年，吾国内治尚在幼稚时代，税员或能更用华人，税则万难遽从吾议。日本税则，至今不能与欧美立于平等地位，可知其难。然吾国必当提议于先，以备日后磋商之用。果使国力日臻强盛，而又以敏捷活泼之外交手腕对付之，安知列强不俯首受约束耶？

至于振兴商业，事属内政，无关交涉。第一年，全国立商会。第二年，会成，由官吏督责商会，筹款派人前往东、西洋各国肄习各项专门商业。本年，速成科学生卒业回国。次年，普立初等商业学堂为之基础，是为变法之后第三年。同时立银行、铁路以便其交通，奖工艺、精制造以促其发达，开矿以生利益，造币以杜消耗。其他关于商务之当举行者，次第举行。再阅三年，百废兴矣。是年，完全科学生卒业回国，遂立高等商业学堂，务求普及。不及十年，吾国商业必将大有进步，必将供内地之用而有馀。然后[1]徐图扩充，出口争利，意中所有事也。

若反侵地，若殖民二端，视若重大，然亦无难。吾国藩地之被侵者，概置勿较，示以宽大。若甲午战后所失之军港，必当争回一二，为海军根据之所。直争、婉商，必有可得，即许以他项利益，亦无

1 然后，原本作“然而”，据文义改。

不可,总以必得军港为主。亦视外交家之手段如何耳。殖民之说,较此更易。吾国旅外侨人,多以数百万计。以国弱故,不能图存,是以受摧伤莫能自理。今祖国一旦自强,必将伸长领事之权力以护持之,必将责平等优待之利益以周恤之。吾民而智,必自爱重,以发抒权利自由之思想。果能集群力以御外侮,厚团体以谋生殖,则吾民数百万可以久旅不归,人执一业,长养子孙,积而久之,是亦吾国之殖民也。吾固不求得彼一块土,彼亦安能肆虐于吾民?吾力能护侨民,斯自强之能事尽矣。

客曰:"然,子言良信。虽然,吾恐子之说不见信于世也,是亦末如之何者也!"予然之,退而著其说于篇。虽结舌,不复言。

跋

此书成于今岁夏五。一二父老读而骇之，禁勿示人，谓将以贾祸。觉虽辩其不足以贾祸，然卒不能夺吾父老之说而遂示人也，于是弃置箧中者数月。近数月中，天时、人事，日有变迁；朝廷之议、舆人之辞，日有进步。新机洋溢，治道昌明，遂有七月十三日立宪之诏。

呜呼！天下之生，一治一乱，乱不极不治，孟子之语也。今日可谓乱极思治矣。以朝野望治之时，苟有人焉抒一策、建一议，其系于天下国家前途之盛衰者，皆不宜务为秘密，以贾怀宝迷邦之罪。如觉之愚，诚非其比，然亦何可放弃吾说也？卞和怀璞，忠也；野人献曝，亦忠也。璞之价值高，其不敢自私者，忠之至也；曝虽不值一钱，然亦不敢自私焉，亦恶得谓献曝者之非忠也？

今觉愿持此书，自拟于野人之曝，乘此新机洋溢、治道昌明之时，怀而献之。于是一二父老之戒我者，处今时势，亦已释然，不我阻矣。爰举此篇，重加点窜，付之钞胥，而书其委曲如此。

丙午七月二十八日，觉识

附四种

编制局新订京外官制评议

（见《严山文牍》卷上，存目）

近代建置疆吏评议

（见《严山文牍》卷上，存目）

皇朝内外职官新制纪要一览表

曩作《政本书》，谓厘内政，当自改官制始。书中职官表格，略具新制一斑。近今朝廷亦主张改革官制，惜未能遂见施行。觉既读编制局所拟官制，评而议之，不自审度，辄拟兹表。盖以《政本书》中两表有未及详者数端，故别述之，以备观览。有罪我者，不遑计也。

光绪丁未正月二十日，严觉谨识

皇朝内外职官新制纪要一览表

职务之权限	承禀之处所	缺额	品级	岁俸	纪要
总揽府务	禀朝廷命令	一缺	原阶	不支	以下六府，皆以王贝勒等管理，以多数满员充府丞以下官。书记、典簿，在署当差，只戴顶帽，不用补服。各衙门皆同
承办府务	同上	一缺	正三品	一千两	
分办司务	禀堂官命令	○缺	正六品	五百两	
书写文牍	禀堂司各官命令	○缺	正八品	六十两	
主管簿籍	同上	○缺	从八品	六十两	
总揽府务	禀朝廷命令	一缺	原阶	不支	
承办府务		一缺	正三品	一千两	
分办司务		○缺	正六品	五百两	
同前（后同）	同前（后同）	○缺	正八品	六十两	
同前（后同）	同前（后同）	○缺	从八品	六十两	
总揽府务	禀朝廷命令	一缺	原阶	不支	
承办府务		一缺	正三品	一千两	
分办司务		○缺	正六品	五百两	
		○缺	正八品	六十两	
总揽府务	禀朝廷命令	一缺	原阶	一万两	
承办府务		一缺	正三品	五千两	
分办司务		○缺	正六品	五百两	
		○缺	正八品	六十两	
		○缺	从八品	六十两	
总揽府务	禀朝廷命令	一缺	原阶	不支	
承办府务		一缺	正三品	一千两	

（续表）

职务之权限	承禀之处所	缺额	品级	岁俸	纪要
分办司务		○缺	正六品	五百两	
供奉内廷	禀内廷命令	○缺	正五品	○○两	
肄业	禀医官命令	无定缺	原阶	不支	
		○缺	正八品	六十两	
		○缺	从八品	六十两	
总揽府务	禀朝廷命令	一缺	原阶	不支	
承办府务		一缺	正三品	一千两	
分办司务		○缺	正六品	五百两	
侍卫车驾	禀内廷命令	○缺	正二品至正七品止	○○两	
		○缺	正八品	六十两	
		○缺	从八品	六十两	
稽核院臣功过	禀朝野命令	一缺	原阶	不支	管院大臣以京外名臣一人充选，学士等官以忠鲠通达之士充选。以下各衙门皆满、汉通用，不拘常例
侍讲内廷	兼禀大臣命令	二缺	正三品	千二百两	
仕读内廷	同上（下同）	二缺	正三品	千二百两	
专司规谏		四缺	从三品	一千两	
专司规谏		四缺	从三品	一千两	
		○缺	正七品	一百廿两	
		○缺	从七品	一百廿两	
总揽台纲	禀朝野命令	一缺	从一品	五万两	都察院与起居院大小各官，皆得专折言事
击弹亲贵	同上（下同）	一缺	正二品	二万两	
纠劾疆吏		一缺	正二品	二万两	

（续表）

职务之权限	承禀之处所	缺额	品级	岁俸	纪要
刺举百僚		四十缺	正五品	一千两	
		○缺	正八品	一百廿两	
		○缺	从八品	一百廿两	
总揽枢政	禀朝廷命令	一缺	正一品	十万两	
协办机务	同上	一缺	从一品	五万两	
领各司司务	禀堂官命令	○缺	正三品	三千两	
协领各司司务	同上	○缺	正四品	二千两	
分办司务	同上	○缺	正五品	一千两	
		○缺	正七品	一百廿两	
		○缺	从七品	一百廿两	
专理内政	禀朝廷命令	一缺	从一品	五万两	
掌京内事务	同上	一缺	正二品	二万两	
掌直省事务	同上	一缺	正二品	二万两	
领各司司务	禀各堂命令	○缺	正四品	三千两	
协领各司司务	同上	○缺	正五品	二千两	以下各部组织与内部同，故列表从略
分办司务	同上	○缺	正六品	一千两	
		○缺	正八品	一百廿两	
		○缺	从八品	一百廿两	
专理外政					
专理藩政					
专理农政					不管财政
专理海军					
专理陆军					
专理财政					

（续表）

职务之权限	承禀之处所	缺额	品级	岁俸	纪要
专理民政					
专理学校					
专理法律					执法，不行政
专理工程					轮船、邮电之工程
专理商业					商贩、制造等事
监议庶政	禀国民命令	一缺	原阶	不支	本衙门先有议员，由议员公举议长，由议长选派院中各项人员。其管院大臣一席，必由全院人员公举，奏请钦派
决议庶政	同上	二缺	原阶无官者拟正三品	不支	
干全院事务	禀议长命令	○缺	原阶	○○两	
备全院顾问	同上	○缺	原阶	不支	
提议庶政	禀国民命令	○缺	原阶	不支	
		○缺	原阶	一百廿两	
		○缺	原阶	一百廿两	
待访庶政阙失	禀朝廷命令	一缺	正一品	五千两	本衙门专以位置裁缺之大小人员，十年以后当撤
同上（下同）	同上（下同）	二缺	从一品	四千两	
		四缺	正二品	三千两	
		六缺	从二品	二千两	
		十缺	正三品	一千两	
		○缺	正八品	六十两	
		○缺	从八品	六十两	
专司府属行政	禀政府命令	一缺	正三品	一万两	
佐治庶政	禀府尹命令	一缺	正五品	三千两	
同上	同上	一缺	正五品	三千两	

（续表）

职务之权限	承禀之处所	缺额	品级	岁俸	纪要
		〇缺	正八品	一百廿两	
		〇缺	从八品	一百廿两	
专理仓政	禀户部命令	二缺	正四品	五千两	本衙门应设供事官数人，品秩、廉俸、员缺另酌
分办司务	禀厅丞命令	〇缺	正七品	六百两	
		〇缺	正九品	一百两	
		〇缺	从九品	一百两	
	禀海、陆两部命令	二缺	正四品	五千两	本衙门应设顾问官数人，品秩、廉俸、员缺另酌
	禀总办命令	〇缺	正七品	六百两	
		〇缺	正九品	一百两	
		〇缺	从九品	一百两	
专司稽查财政	禀政府命令	一缺	正四品	五千两	本衙门应设调查官数人，品秩、廉俸、员缺另酌
分办司务	禀总办命令	〇缺	正七品	六百两	
		〇缺	正九品	一百两	
		〇缺	从九品	一百两	
专司警政	禀民政部命令	一缺	正四品	五千两	本衙门应设一、二、三等巡警官，品秩、廉俸、员缺另酌
分办司务	禀厅丞命令	〇缺	正七品	六百两	
		〇缺	正九品	一百两	
		〇缺	从九品	一百两	
专司裁判	禀法部命令	一缺	正四品	五千两	本衙门应设一、二、三等裁判官，品秩、廉俸、员缺另酌
分办司务	禀厅丞命令	〇缺	正七品	六百两	
		〇缺	正九品	一百两	
		〇缺	从九品	一百两	

（续表）

职务之权限	承禀之处所	缺额	品级	岁俸	纪要
专司研究庶学政	禀学部命令	一缺	正四品	五千两	本衙门应设修撰、编修、检讨等官，品秩、廉俸、员缺另酌
分办司务	禀监政命令	〇缺	正七品	六百两	
		〇缺	正九品	一百两	
		〇缺	从九品	一百两	
专司京畿学务	禀学部命令	一缺	正四品	五千两	本衙门应设一、二、三等督学官，品秩、廉俸、员缺另酌
分办司务	禀厅丞命令	〇缺	正七品	六百两	
		〇缺	正九品	一百两	
		〇缺	从九品	一百两	
总揽一省行政之权	禀政府命令	十〇〇缺	从正二品	四五万两	今拟廿二省，大省设总督府，小省设督抚，不相辖，各自为治
		〇缺	正八品	一百廿两	
		〇缺	从八品	一百廿两	
专司吏政如内部	受督抚考成，兼禀内部	二十二缺	正四品	五千两	今拟以下八司，各省皆设，皆属于督抚
分办司务	禀司丞命令	〇缺	正七品	六百两	
		〇缺	正九品	一百两	
		〇缺	从九品	一百两	
专司民政	兼禀民政部命令				
专司交涉	兼禀外交部命令				
专司理财	兼禀财政部命令				
专司军备	兼禀陆、海军部命令				

（续表）

职务之权限	承禀之处所	缺额	品级	岁俸	纪要
专司学校	兼禀学部命令				
专司农业	兼禀户部命令				
专司商务	兼禀商部命令				
专司轮路邮电	兼禀工部命令				今拟以下各司，各省酌设。譬如有轮路、邮电省分，则设工政司；有河工省分，则设河政司。否则不设
专司河防	兼禀工部命令				
专司屯粮	兼禀户、财政部命令				
专司漕运	兼禀户、财政部命令				
专司盐务	兼禀商、财政部命令				
专司税务	兼禀商、财政部命令				
专司旗务	兼禀藩部命令				
专司蒙务	兼禀藩部命令				
总揽一省行宪之权	禀政府命令	二十二缺	正三品	一万两	
		〇缺	正八品	一百廿两	此为司法独立衙门，而酌设各司以佐之
		〇缺	从八品	一百廿两	

（续表）

职务之权限	承禀之处所	缺额	品级	岁俸	纪要
纠察全省官吏	禀巡按,并间接政府	二十二缺	正五品	三千两	此项人员,应由都察院奏派
分司纠察	禀司丞命令	〇缺	正七品	八百两	
		〇缺	正九品	一百两	
		〇缺	从九品	一百两	
纠察全省财政	兼禀财政部命令				财政部奏派
专司法律	兼禀法部命令				法部奏派
专司裁判	兼禀大理厅命令				大理厅奏派
总理庶务	禀督抚命令	〇缺	正五品	三千两	各县皆设以下六衙门,大县设知县、县丞二人,小县只设知县一人
帮办庶务	禀知县命令	〇缺	正七品	八百两	
		〇缺	未入流	六十两	
		〇缺	未入流	六十两	
专司学务	禀督抚命令				
专司巡警	禀督抚命令				
专司裁判	禀巡按命令				
专司农业	禀督抚命令				
专司商业	禀督抚命令				
总理乡政	禀各知县命令	〇缺	拟从九品	不支	此项人员,以乡保等庶人在官者充之,由选举,不由委派。其原有职官者,如原秩
参议乡政	禀乡官命令	〇缺	拟俊秀	不支	
		〇缺	拟俊秀	不支	
		〇缺	拟俊秀	不支	

读东督徐大臣新订东省官制书后

（见《严山文牍》卷上《读东督新订东省官制书后》,存目）

下学斋二十议

序

丙午之岁，余处同州，知交零替，朝局益棘。尝作《政本书》十篇，论为治之本末、施行之次第；其散论时政者，又十馀篇。厥后不自检束，十馀篇者残缺其半，惟《政本书》犹全。今岁过安徽，友人袁君薑龛为印《政本书》。旋至京师，荒斋独处，一友不至。检敝簏，得残稿一卷，走笔完之，益以近作，都二十首，而序之曰：

天下事，有理想而后有实验，有预备而后有实行。今论事者，动称实验家，而以理想之言论为不切事情；动称实行家，而置预备之说明为多一层次。夫舍理想而求实验，不学无术、卤莽灭裂之政策也；舍预备而求实行，大言欺人、敷衍苟且之手段也。不佞未尝仕进，无尺寸之柄，于实验、实行二者，概无可称。顾久为理想，数有论说。虽不在官，好言预备。无智愚，皆嗤之，曾不之省，性使然矣。

此编所陈，亦多理想、预备之论，亦知言焉不行，言者之耻。顾妄言之耻，较之冒冒然自称实验家与实行家，以从事而偾事者，其可耻固有殊也。书此，以质今之君子。

光绪三十四年戊申三月，仪征严觉

下学斋二十议

筹学务议一

国家自遭庚子之祸，慨然于人材之难得也，于是乎废科举，立学堂。近且建学部，近且改学政为提学使，汲汲皇皇，惟教育之是急，宜可谓知时务矣。然而上下戒惧，倏已七稔，学校之制，迄未观成。论者病之，莫究其故。

夫固非无故也，始无宗旨，复无预备，继无次第，复无规律。惟无宗旨，故但以学堂为科举之替代位置，一般学子使毋失所，其误一。以学堂为造就少数人材之地，私冀干国栋家，为朝廷用，其误二。沿斯二误，遂不知学堂为养成国民之处，以致漫无预备，以迄于今。惟无预备，故朝议变科举，夕即立学堂；朝议立学部，夕即派提学使。夫不问有合格之师生与否，遽立京师大学，遽促各省立高等学，而庸妄浅陋之教习、学生，相将以俱至矣。不问有办学之经验与否，遽派提学使司，遽以旧学家之负虚誉者充选，而随办学务之官吏、士绅，又多一差使矣。学堂愈多，学界愈杂，去教育之前途愈远，而漫无次第之弊以生。

惟无次第，故大学、高等学、中学、高等小学先后成立，随处招考。大学之学生，不必优于高等之学生；中学之学生，不必优于高等小学之学生。且有以高等学之学生，而程度与高等小学齐者，其弊一。高等小学以上之学堂同时并举,曾无教习供其取求,则不得不就地敷衍。故学堂虽有高下之名目可分,而教习并无高下之程度可分,其弊二。学堂程度既已不甚悬殊,则高等小学以上毕业生,何以使之递升? 每升一学,与本学等。玩日愒月,人材坐废,其弊三。不办蒙学,天下失教。愚者不愿就傅,贤者误于塾师,童而习之,少成若性。逮高等小学收考,半已成为顽锢不慧之人,其弊四。不办女子蒙学,教育必无根柢。往不可悔,来者方多。今日女子失教,将来之童孺亦必失教,害与蒙学之升高等小学等,其弊五。不办半日学塾以教苦力子弟,则多数贫儿无从得师,其弊六。不办初级师范,则穷乡学子失职者多,且蒙学、女子蒙学、半日学,亦将有教员不敷周转之憾,其弊七。不办学校管理学,则大小学堂之管理者皆非其人。冲突溃决,风潮迭见,其弊八。

综是八弊,障碍已深,而漫无规律之现象又起。惟无规律,故于《奏定学堂章程》所立名目之外,湖北独有存古学堂。于是湖南达材、山东尊经、江西明经,同时并进,视为嘉谟。名曰保存国粹,实则故步自封; 名曰体恤老生,实则置之闲散。夫以此项学堂所容纳之人材,使之各就资地,分习优级、初级师范及各学堂管理法,以备任使,岂非轻而易举之事? 顾多立名目,别于师范,视同废人,胡为者? 毋亦憎天下办学之人之多而坑之也。

吾意诚欲兴学,必定宗旨、谨预备、循次第、一规律。但求今是,毋饰昨非; 但求有功,毋拘成例,以期教育之完全焉,以谋教育之普暨焉。学务为内政之一,内政而终不效,哂之者在旁矣。

筹学务议二

不佞既论学堂之无成效,抉其原因,以戒既往; 策其要领,以冀将来。为文未终,忽睹政府筹举、贡、廪、附出路之文,为之大震。

走告于同人曰：此亦学界一阻力也。且匪特阻学堂之进步而已，并阻此辈举、贡、廪、附自新之路，不啻以有用之才置之闲散之区也。且即为体恤寒儒计，亦不啻夺其生机，置之死地也。曩见江楚变法折中，有此一则，心固非之。近袁项城亦为此请，吾以为狃于前见，不得不存此说，未必实行其事。不图政府于百废待举之时，姑置天下大计于不顾，猥用煦煦焉，矜其妇人之仁，颁此特别之律，近议考优贡，意亦犹此。以为调剂学堂、科举之间，宜莫我若；而使天下举、贡、廪、附不至向隅长叹者，非此莫为计也。呜呼！政府此举失计有三，请得以末议忠告政府，兼质天下。

夫所谓阻学堂之进步者，以此辈明明有就学之资格，一有捷径可趋，则必不入学堂。且将勾引在学堂者，秘密设法，以图幸进。学生例不准考，然有托而逃、窃预考试者不少。至于此辈入官以后，既不善学堂所为，又无由迫使就学以化之，则必父诏兄勉，毋任其子弟一入学堂，彼既不能受新智识以化其顽锢，且将牢守其顽锢之见以流毒于子孙，未必非此举有以酿成之也。其失计一。

然而政府且曰："吾体恤寒儒，仅终其世，且其道不得不尔。"此说一出，迂儒忽不加察，心窃窃喜。自明者观之，则直秦始之坑儒而已。上之人矜体恤之虚名，下之人万不能受体恤之实惠也。何也？今之仕途亦甚拥挤，各省请停分发者不一而足。非至冗杂，何遂至此？其明知拥挤而仍求幸进者，大抵好利无耻之尤，将以奔竞钻营之技俩，角逐宦场，视为利薮也。迂腐不谙外事，一旦畀以微秩，使之入官，试问：入官以后，将仅以虚名荣之乎？则佐杂头衔，亦甚无谓。将实以利禄养之乎？则人浮于事，所在皆然。政府能令疆吏尽以差缺付诸此辈，而置向来奔竞钻营者于不顾乎？吾知政府有所不能。此辈既谨持手版，恪参朔望，而绝口不言禄，一任禄之弗及乎？吾知此辈有所不甘。事至于此，则必驱平昔乡里自好之人，而使之习为奔竞钻营之学矣。譬之养女,唯恐弗淫,而日使与娼妓俳优伍,宣淫以诲之。政府亦何忍而出此?幸而疆吏解事,加意调停。一二人委缺,二三人委差,事已甚优,惠岂能遍?则又何以处向隅者?此曹在乡里,一布衣、一蔬食,足以自给;田一亩、屋一椽,足以自存。一不审慎,冒然服官,其离乡也,安家有费;其首途也,车马有费;其到省也,冠靴袍服有费,赁居室有费,役仆从有费,酬同官有费,美衣服有费。甚至日用饮食,平昔取之乡园,不用一钱者,今则莫不有费。综此数项,值数百金。一官不能自存,安所得而偿此?吾闻候补诸君,贫无聊赖者多矣。彼自作孽,情无可悯。今驱天下安分自爱之书生,使与此曹鸠形鹄面者为伍,政府安所得而辞其咎也?其失计二。

然而尤有甚者,则此举不仅系一人一家之利害,而牵动学界之全局也。不佞前论学堂歧出,害同坑儒。彼尚有学堂以容纳少数之人而廪给之,毕业老生亦复可用。若政府此举,则直虑天下士人之多,务欲纳之于腐败官场之内而已。今试设一问题,质之政府。苟行普及教育,欲得多数人者与之共理,为问:将取之曾经读书、易于陶铸之举、贡、廪、附乎?将取之旧学界以外之人,另起炉灶,从新培植,以待他日之成而用之乎?由后之说,无论缓不及待,且旧日学界以外之人,若官,若兵,若农,若工,若商,若游惰之民,若方外之侣,并无资格可以就范,然则将仍求之举、贡、廪、附中乎?则歧途捷径,误人于先,讵复有翻然思返,愿尽义务于学堂者?

呜乎!朝廷既立学部,以范围天下学界中人,使之效用于世。各省既立学堂,劝诱后生小子,使之求学,而忽于旧学诸人一律屏之。若曰学堂与科举异,此断不能效用于今日之学堂。噫!为此说者,何弗思之甚也!今之教育,注重普及。夫普及者,固非人人必求高深之学科也。不惟学生不必有高深学科而已,即教习亦不必有高深之学科也。昔之学者，诚无一长，然识字不既多乎？行文不既清且顺乎？以此资格，教以初级师范，教以普通管理规则，才虽下中，必能通晓。有上焉者，则习优级师范，亦不至扞格不入。统计天下举、贡、廪、附之可用者，或吸食鸦片，或老病不堪，或人品污下，皆不可用。按册而稽，平均约计每县得人二百；每省平均以百县计，得人二万；二十二省平均以州县二千二百计，得人四十四万。以教育普暨论之，国民四百兆，此四十馀万人者仅乃千分之一，以之充初等小学塾师而不足，顾忍令其消磨退沮，猥曰"吾无所用之"，不亦诬人才而玩天下之事耶？其失计三。

且以体恤寒士计，亦觉此善于彼。倘用其人，则教员之脩脯、管理员之薪金，多或三四百两，少亦三四十两。较之日持手版，腼然向人者，相去直不可以道里计。既被实惠，益励儒行。用不违其所长，业不虑其中辍。天下快事，孰过于此？若夫以邀头衔为荣者，则其人不足道矣。

筹学务议三

尝论国家之于学务，当审其性质，究其功用，分为四界。四界者：一曰女子学界，凡初级女子师范、初等女子小学、优级女子师范、高等女子小学、女子中学、女子高等学、女子专门学隶之。一曰国民学界，凡初级师范、初等小学、优级师范、高等小学、中学、最优级师范、高等学、大学隶之。一曰速成学界，凡官吏法政学、地方警察学、学校管理学、苦力半日学隶之。此项速成学，系属暂设。俟学制大备后，即行停止。前项师范亦然。一曰专门学界，凡海陆军专门学、工商业专门学、路矿专门学、医术专门学隶之。

夫欲培植德慧之母，究极教育之根，则必兴女学；欲开民智，结人心，造就国民，奠安邦本，则必兴国民学；欲甄陶群士，勉为通才，启迪庶民，使知世务，则必兴速成学；欲聪俊子弟，皆尽其长，专精一门，以备任用，则必兴专门学。舍此四者，皆无当于今之学务。

即以四者而论，亦当分别轻重缓急而施行之。愚谓当先设初级女子师范、以年十四岁至四十岁之女子为学生，以津、沪女学生毕业者为教员、管理员。每省城、地方皆令筹设一处，多设尤佳。三年毕业，任为初等女小学教员、管理员。初等女子小学、以年七岁至十二岁之女子为学生，以本地老儒曾习师范者为教员。每省府、州、县以及城镇、乡村地方，满五十家以上者，皆令筹设一处。五年毕业，暂行遣散。有愿升学者，听之。同时并设初级师范、以年二十五岁至五十五岁之举、贡、生、童为学生，延通人为教员、管理员。每省府、州、县皆令筹设一处，以现今中学、高等小学改设。一年毕业，任为初等小学教员。年老者酌充女小学教员，年壮者酌充半日学堂教员。初等小学，以年七岁至十二岁之幼童为学生。每省府、州、县以及城镇、乡村地方，满五十家以上者，皆令筹设一处。五年毕业，暂行遣散。有愿升学者，听之。更同时设学校管理学、完全学科，以实缺候补、候选之教官为学生，延通人为教员，每省城皆令暂设一处。一年毕业，任为前项初级师范学堂管理员。简易学科，即附设各初级师范学堂以内，以五十五岁以外之举、贡、生、童为学生，半年毕业，任为前项初等小学堂管理员。苦力半日学，以教贫苦子弟，多设为佳。皆以全力谋之，毋得视为不急之务。次则设官吏法政学、办法详《政本书·储材篇》。地方警察学、办法详下课《警察议》。优级师范，以前项举、贡、生、童学有根柢者为学生，延中外通人为教员、管理员。每省城、地方皆令筹设一处，以现今高等学堂改设。三年毕业，预备派充高等小学、中学教员之用。再次则设最优级师范，以各学堂学生，年在三十以内，学行尤异者为学生，延中外名儒为教员、管理员。暂于京师筹设一处，以京师大学堂改设。五年毕业，预备派充中学、高等学教员之用。其南、北洋高等学堂规模较大者，亦准改为最优级师范，与京师同。设各项专门学。此项学堂责成南、北洋筹款，另行举办。其现今所有之京师大学，各省高等学、中学、高等小学，及歧出之存古、尊经各学堂，一律饬令改办。存古程度高，宜改为最优级师范。必待三年或五年后，有初等小学与优级师范毕业生，始办高等小学；有高等小学与最优级师范毕业生，始办中学。层递而升，则开办京师大学，当在十年以后。秩序使然，非可强也。至于私立学堂，亦宜劝令改设初等男、女小学，用款既省，育材尤多。其实有高等小学及中学资格，不合降为小学，又不便遣散者，宜劝令改设中等各项专门学堂，除海陆军专门学校外，馀均任令私立。人执一业，可擅长技，其所得有逾于高等之习普通者矣。

夫教育，与行政相表里者也。教育不明，天下不治。故论教育者莫不注重普暨，甚者以强迫之手段行之。吾国诚欲谋教育之普暨，则必施行强迫政策。诚欲施行强迫政策，则必多造师资，散布天下，以待异日之需而为之备。以吾国四百兆人计之，宜就学者，男女并计，至少得一百兆。以每教习教学生五十人计之，至少需教习二百万人。以今二十二省之全力，兴办初级师范，需以十年，未知其能得二百万教习与否？而顾令学子淹忽岁月，穷年无成，一则需之甚殷，一则挫之备至，猥曰“中国无人材”，猥曰“学生好滋事”。夫有人材而不之用，则自然消灭于无何有之乡。令学生久学而不毕业，不任之以学务，则自然厌而去之，以有罢学滋事之弊。诚能变而通之，学界之幸！抑岂独学界之幸？请以吾言，质诸与闻学务之君子。

筹兵备议

兵者，圣人不得已而用之，或以戡内乱，或以御外侮。国势不同，组织时异。至今日，而军务益亟矣。列强并峙，无海军不足以立国；边线延长，无陆军不足以守境。二三年来，政府注意练兵，并有兴复海军之议。议诚是矣，然而吾决其不能成军，不能对外。何也？彼无宗旨、无办法、无预备，轻于言兵，乌有成理？

夫文明日进，治术宜精。兵者，对于强邻异族之用，不当更以施之内国人民。今警察粗疏，治民无具，猥用皇皇。然剥民之财以练兵，藉兵之力以压民。既以为对待内国人民之用，则亦安有御外思想存于其间？是谓无宗旨。惟无宗旨，故朝旨通饬二十二省，派定应编新军镇、协数目，督令编练。其法同于绿营旧制，分驻各省，镇守地方。既不防边，安逸已甚；既无战志，训练皆虚。往者绿营兵饷，耗费天下之财过半，积久而不能裁。今重以编练新军，费逾旧饷数倍，财力重困，来日方长，几何而不召乱？竭吾民之脂膏以治兵，其归宿仍以为对待吾民之用。沿边空虚，莫为之守；外患深入，曾不遑顾，是谓无办法。惟无办法，故征兵之制不能通行，招募之兵乌合无纪。其始不讲教育，无海陆军小学堂递升之毕业生以为之用；其终不谋交通，无军事上行用之铁路以利其行。侈言用兵，有同儿戏，是谓无预备。

今海军未复，陆军之效力仅乃得是，然则安望其能成军？安望其能对外？掷黄金于虚牝，悬一著于残枰。既国步之濒危，斯方针之宜转。谓宜尽罢各省所练之兵，练有成效者改编，无成效者裁。绿旗各营有馀剩者，亦裁。以其财力之半，兴办地方警察，令有军人资格，足资捍卫。更以其半兴办初等小学，渐设海、陆军专门学，养成堪胜正兵人材，以备将来之用。馀财则以建筑沿边铁路，使通内地，以便交通。交通易，则兵额省，一兵可敌数兵之用。然后分天下为四大镇，以全国人民相其水陆之所习惯，分配四镇而利用之。其分配之法，约以广东、福建、浙江、江苏、山东、安徽、江西七省为沿江、沿海重地，宜合此七省之人力，练足海军一镇。凡正兵十万人，以二十万人为额，先练足十万人。分扎天津、福建、广东三省海面，其海外华侨来归者隶之。以黑龙江、吉林、奉天、直隶、山西、河南六省为东北重地，宜合此六省之人力，练足陆军一镇。凡正兵十万人，即以十万人为额。分扎直隶、奉天、吉林、黑龙江四省边要，其附近蒙、旗人民可用者隶之。以新疆、甘肃、四川、陕西四省为西北重地，宜合此四省之人力，练足陆军一镇。凡正兵十万人，分扎新疆、四川边要，其附近之蒙古、回、准、藏人民可用者隶之。以云南、贵州、广西、湖南、湖北为西南重地，宜合此五省之人力，练足陆军一镇。凡正兵十万人，分扎云南、广西边要，其青海、西藏人民可用者隶之。凡指定某省支配某镇之人民，有素非习惯者，准其呈请改编他军。如江苏、山东、安徽、江西近陆人民不习水，则准其改编陆军；奉天、直隶、湖北、湖南近水人民不习陆，则准其改编海军。凡海、陆军编练地方，只就其驻扎省分立营编练，不得扰及他省。如海军只分驻广东、福建、天津三省，即在三省立营编练，馀四省不许立营，以杜纷扰。推之陆军三镇皆然。兵力以合而厚，兵饷以合而丰，即人材以合而无不足之虑。

区划既定，由部筹款，饬下各省，转饬所属府、州，迅即分设海、陆军小学堂。宜海军地方设海军小学，宜陆军地方设陆军小学，不必并设。凡民七岁，必入初等小学，其毕业、修业生皆有被取为海、陆军学堂学生之义务，予限三年毕业；凡海、陆军学堂毕业、修业生，皆有被取为海、陆军正兵之义务，予限三年退伍。自此次定章后，凡旧营悉令改编，不合格者酌充地方巡警，尤劣者斥令入附近工艺厂习艺。工艺厂办法，见下《化游惰议》。每镇钦派大帅一人，领海、陆两部侍郎衔，主全军，受成于部。军需银两由部预算列表，奏请饬财政部照拨。办法见下《筹财政》篇。

督抚无练兵、筹饷之责，有兵队驻扎本境，得请旨以督抚为监军；有军务，得请旨以督抚为将帅。内地无须练兵，有事调取三边之兵，铁路载之，朝发夕至。兵权既统于部，无虑外重内轻也。夫以地方警察对内，疆臣主之；以海、陆两军对外，部臣主之。国势不同，组织必异，此之谓矣。

筹路政议

五洲万国，路政之不修者，以中国为甚。中国二十二省，路政之不修者，以西陲为甚。

京汉铁路成而南北通其半，然而由汉至沪，由沪至津，夙有江海轮船，交通甚便，虽无京汉干路，未为害也。京奉铁路成而东北通，沪宁铁路成而东南通，皆本资江海航利，与京汉同近者。苏杭甬铁路复发于东南，津镇铁路复发于偏东之南北，汲汲皇皇，深虑或后。独至于西陲艰险之地，则绝不为之。夫航路不通，则艰阻已成积极之势；兵力弗逮，则险要悉属瓯脱之区。既非体国经野之方，重失安内攘外之道。西陲人民诚不能不任其咎，然而吾以为咎在枢臣、部臣。何也？

凡民间所任之经营缔造，为求利也。苟无大利，不如其已。凡国家所任之经营缔造，为求治也。苟当治理，必亟图之。西陲土旷人稀，商务凋敝，民间不任投资修路，亦事理所宜。然若夫枢部大臣，左右朝廷，励精图治，而乃漫无意识，无一语及西陲路事。丙午以来，陕甘议修铁路，或作或辍，迄未定计，不闻部臣以一纸之文促之。苏杭甬路款迫于东南抵制，由部认借认还。夫苏杭甬既已自有路股，则借款自应暗中移作他用，亦不闻部臣眷眷西顾，试一筹之。大抵中国各省路政，悉发起于外人。苟非外人提议，鲜有谋及建设者。西陲独后，半由于此。

愚谓邮部当议，急筑东西干路一枝，起济南或开封，西过潼关，穿西安，逾兰州，遵迪化，以至伊犁。其支路，则北通蒙回，直接俄领；南下川、藏，遂入滇、黔。一旦路成，大利有四：沿边置戍，易于调度，由是则中央无须练兵。商贾货财，无不可致，由是则甘、新不赖协饷。地方富庶，或辟商埠，由是则外人罔敢生心。边民利厚，迁徙必多，由是则内地无虑人满。其他利国便民，尤非缕述能罄。故无论功成须数十年，用款须千亿万，亦必处心积虑，有以持之。

今暂以开封至西安为第一段，由部饬豫、陕两省士绅筹复。如无要领，拟由部商之苏浙路公司，令认用部借英款，而以公司股本借部，为部修前项第一段路工之需。江浙公司只于名义上认用借款，部中即以借款抵作江浙股本，拨修此路。借款系由部借部还，则用借款一应之损失，即由此路承认，由部主之，于江浙公司无与。或由江浙纠合股东，别立一豫陕路工公司，自任修筑，由部监督保护。二策取一，期在必行。总之，西陲路政万无可缓，东南资本宜与量移。是在部臣兼虑统筹，发踪指示，使天下晓然于利害之所在，当有投袂而起、慷慨自矢者，盖中国匪无人也。近年豫陕士绅，对于路政极具热忱。但使部臣奖劝于上，则洛潼、西潼两路，不难克期告成。拟即以前议借款，留作西安迤西路工之用。

筹边防议

绥边者，资重兵。无财货，则不足以养兵。不兴屯垦、出米谷，则不足以致财货。绥边者，资财货。无大利，则商人裹足，财货必绌。不修铁路、便交通，则不足以致商贾。以修铁路为招徕远近士商之始计，以兴屯垦为养赡[1]来者，使之安居乐业之终计，然后边务可得而修，兵可得而守也。今边卫空虚，无兵可恃。以对于地方而论，本无居民，终鲜财产，似无需多兵为之拥护。然而以之对外，则日蹙百里也久矣。

吾中国边境，东起盛京、吉林、黑龙江，迤外蒙，过新疆，至伊犁，以讫于藏地，辽荒万里，无官无民，何有于兵？远之，弃东三省

1 “养赡”，原本误作“养瞻”，据文义改。

之边数千里于俄；近之，间岛问题复扰于日。循是以往，将无宁岁。当今不计，何以图存？然而以此重大问题责之政府，吾知其无能为也。东三省在二十年前，已占重要地位。政府懵不之觉，坐令俄争于前，日争于后，终乃仅以畀我。近两三年，始重视东三省，已无救于曩者之危亡矣。今之甘、新、伊犁，即昔之东三省也，其地位较东三省当年之势尤重。为问政府何等视之？甘督不择人，新疆、伊犁之布置依旧。十馀年后，复有如东三省之乱而始图之，其失败将与东三省等，故曰政府无能为也。

今宜仿汉初徙富民实边之计，不以强迫，而以劝诱。朝廷宜明诏天下，有集合巨资、经画边地者，其人与以不次之赏，其财产概由公家保护。比者东南利尽，有以资本家而无所投资者。诚得一二有识者起，集股本，立公司。经营东三省者，曰东三省公司。推之新疆公司、伊犁公司、蒙古公司、西藏公司、青海公司，皆是。对于边地之铁路、矿产、商贩、制造、屯垦、水利、树艺、畜牧，举凡可以浚利源、拓生计者，概以深思大力，力征而经营之。幸如前议东西干路告成，筹办自易。否则，或由公司集资任修此一大干路，亦断无十年不成之理。

昔勒赛布以个人之野心，而开苏彝士河；古拉幼以商家之资格，而立印度公司。我何遽不若彼？且海外华侨财力雄厚者，时有其人。苟得在上者之提倡，翻然来归，共筹边计，侨民幸脱外人虐待之苦，当亦甚愿依附祖国。十馀年后，边地田畴既辟，烟户既盛，货殖既繁，朝廷慎重疆圉，以时措之，无往不宜，又无须重兵之压境矣。

筹藩政议

有地当十馀省，而民俗犷悍，逼近岩疆，其位置在国中宜居何等？莫不曰“重要地”。其地荒芜不治，道路梗塞，产物遗弃，商货萧条，其治法在今日宜用何术？莫不曰“整饬之”。乃以观于我之待蒙藩、藏藩者，则大不然。明明重要地，始终付于冥顽不灵之色目人等；明明待整饬，始终听其不识不知、不痛不痒、不生不灭，而莫为之计。

诚如前议，边防稍稍充实矣。然而充实者，边也，非蒙、藏内地也。蒙、藏内地寥廓，非土人自为之谋，必无起色。近者肃邸调查蒙政，张荫棠等筹办藏政，论议孔多，绝无要领；政策百变，终鲜成功。

谓宜遣派重臣，料蒙、藏地方财产，劝令自立公司，分修铁路。但修支路，自接干路。不足者，朝廷给补助金。更颁发计口就学章程，约令每百人资遣一人，至京师就学；每五百人资遣一人，至日本就学。责令该王公等就地筹款，限期遵办，呈理藩部查核。藉词延宕者，请旨申饬；屡饬不悛者，革其爵秩。数年后，交通无碍，则垦牧、树艺可兴；解人稍多，则学校、巡警可讲。

夫既开其榛狉，化其愚蒙，徐以施行新政，所谓解其盘错，势如破竹者也。不此之务，而枝枝节节为之，无当于事，终亦玩愒而已。

筹财政议一

今中国财政，紊乱极矣。一款也，部臣持之于上，疆臣争之于下；一款也，彼省以部拨照催，此省以财绌互诿；一款也，部臣得以朝旨强索于疆臣，疆臣亦得吁朝旨以反抗部臣；一款也，彼省得以朝旨乞怜于此省，此省亦得吁朝旨求免于彼省。纷纭纠结，天下骚动。京外调拨，若追逋然。观于京外文牍，大书特书，不曰帑藏奇绌，则曰库储告匮。形之奏章，登诸报纸，闻于天下，传之远人。而管度支者,方且熟视无睹,演为常谈。天下岂宜有此贫国?朝廷岂宜有此政体?甚者藉口于国用之不足,奏派大使,搜括诸道,头会箕敛,务欲病民。或则讼言借款,贷于外人,抵押赔偿,务欲病国。

孔子曰:"百姓不足,君孰与足?"征之古则已然,观于今而益信。古者以三十年之通制国用,无三年之畜者,则曰国非其国。今度支亦有三年之畜否耶?夫以中国疆域之大,生殖之繁,物产之富,不思所以御之之道,顾令朝野之间日日忧贫,莫为之计。长此终古,坐以待亡。有国家者,讵宜若是?

愚尝观夫古之治国者矣,秉大乱之后,利用宽简;承中衰之后,利用综核。闭关独守之政策,宜于宽简;列国并争之政策,宜于综核。萧何、曹参之为治,尚宽简者也;管子、诸葛之为治,尚综核者也。

愚谓今天下亦宜以综核为治,而筹财政者尤当以精心处之。俾无混淆,自无牵扯,然后得以吾心中之条理,为之区分而规定焉。诚使不足,弥补尚易;倘有馀羡,吞噬为难。夫然后可以以中央政府,而收财政集权之效。夫然后每一年之统计报告皆有所出,可以征信于人。夫然后吾国之财政可得从容而理,不致茫无头绪矣。

筹财政议二

或谓:生财之道,备于《大学》。生众、食寡、为疾、用舒四者,不尚综核也。今朝廷提倡工商、路矿、垦牧诸实业,以求致富,亦无以综核为也。曰:是不然。是藏富于民之政也,非筹国用者也。

今国用不足,宜有以足之。足之之道何在?亦曰综核之,使无不足而已。今国家岁入一万二千万,不足之数半之;欲有所扩充,则倍之足矣。以一万二千万倍计之，为二万四千万，巍然巨金也。使中国民力不能办此，可以谓之贫国。岂知民力之所能办者，尝准此二万四千万者而倍之乎？

昔德使蒲兰德尝考中国岁入一百二十兆两，谓公家所入止此，而民间岁纳则实有四五百兆之多。又，《槐脱路士克报》亦言支那之官吏以国家岁入五分之四饱入己囊，其说必有确据。夫民间岁输五万万，公家乃岁入一万二千万。所馀三万八千万，巍然巨金也，民不得而有之，国不得而有之，不饱于官吏，必饱于吏胥，否则饱于不官吏、不吏胥，而游食无业与官吏、吏胥相等者，是可为痛哭流涕者也。为今之计，当以剔除弊窦，洗涤中饱，为清厘财政入手之办法。近北洋有中饱税一项，所入不赀。然命名不正，名曰税之，实则纵之，非政体所宜有。且中饱之在官吏者，门类实繁，税一而遗万，非计之得也。

今宜以综核之政策行之，由部制成清查表两种：一以清查京外各管库衙门之每岁出纳库款，其京外局所兼管大宗出纳者同；一以清查京外文武大小人员每年该缺内之出入各款数目，及每年约可赢馀若干，其现充京外大小差使者同。此项清查表，宜由部请旨，通饬京外各大小人员，贵如军机大学士、将军、督抚等大员，皆不能免。一律照式填写实在数目报部。京师限三十日，直省近者限六十日，远者限一百二十日，饬令依限呈报，由部汇核而省察之。于各库款，则查其向系解部者不计外，馀均作何开支，为数若干；于该官吏入款，则查其向系由库发给者不计外，馀均得之何处，大约不外平馀、漕折杂税，行户漏规之类。为数若干。然后以前开后二项数目并而计之，合天下二十二省为数共得若干。其数约在二万万两以上者，似可据为信史，否则，必系填报不实。如届时查有填报不实情形，宜由部遴委廉干刚直人员数人，任便委代该原报官吏之实缺差使一二处，一面将该原报官吏调部察看，一面密令部员到任、到差后，查明该原报官吏填报各节是否属实。如有欺饰，即将该原报官吏照赃私例，请旨正法数人，宵小戒惧。然后将前项表册另卷存储，再行造具空白表册，通饬京外，另行填报。即以第二次之填报到者，据为实录。以此案曾经严惩，官吏詟焉，所填较确故也。

部中既得此项实数，应由部通盘筹算，举国中一年之所入，分为皇室费、俸薪费、海军费、陆军费、赔款费、中央政府行政费、行省行政费、地方行政费、无论学校、巡警、路矿、工商各新政，均括于行政费之内。意外调发费，如水旱、盗贼，亟待赈恤之类。为之区分而规定之，务使充裕，毋有吝意。夫以一万二千万行之数年，粗能自给者，岂有骤增二万万之巨资而恨少者乎？假令清厘之得其道，将见外人所谓民间岁纳之五百兆者，无不水落石出，则又一大快事矣。

筹财政议三

吾国有二政体，足为财政之害者，则以政府号令各行省，饬令举办某某新政、某某要工，卒之不给行省一钱，亦不问该行省曾有此项经费与否。每办一事，但闻不请部款则喜，但闻办事者自请捐廉则喜。夫既委之以事，顾不许其领款，且欲责以毁家纾难。自非楚之子文，其谁能之？军兴以来，各省自行筹款，沿为故事。既自筹款，必不解部。久之，各省行政费皆取给于自筹之款，而财政不可问。又，朝廷任用大小官吏，不给以优厚之俸禄，任令各于本缺、本差内，营私舞弊，丐其馀润，藉养身家。久之，习为成例，贤者不免官吏公私费用无不取给于此，而财政愈不可问。根是二因，遂生众果，以有今日财政困难之现象。溯厥由来，匪伊朝夕；廓而清之，事宜熟计。

如前所议，天下官吏填报之库储缺分、各款实数，尽到部矣，部中既通盘筹算,预备施行财政上之改良政策矣。然必须力矫前此二者之弊,令各省行政费无论如何毋使缺少,各官吏俸廉无论如何务令饶足,然后立法易行,定章可久。更宜设一交通银钱之便利机关,为调拨款项之地,即为存储财赋之地。法宜于京师设一行政上之总银行,各省省城皆设一省分银行,各府府城皆设一府分银行。由部筹款,派员前往开办。此项银行,系为行政上对于财政之便利机关,虽偏僻地方,商情淡薄,绝无汇兑,或至折本者,亦无所恤。筹设惟遍,然后由部通饬各省司局各库,将所有库存银两,册报到部。由部饬就近之省府分银行,照数接收。嗣后各司局库内每年应入之款,皆饬令径解银行,将库所一律裁废。其各州县每年应解之地丁钱粮,各局所应解之厘税、杂款,皆如之。以路程计,去省银行近者解省,去府银行近者解府。宜就路之远近,为之区分,一定报解地方,如盐务之引地,邮政之邮界者然。以省为限,毋使出省而已。各差缺人员,皆领官给廉俸。所有本管差缺内,例得杂项银两,概令按照原报官填报数目照常征收,随同钱粮、厘税解交银行,不得吞噬。如原报官填报各款有琐细病民者,准现任官吏随时禀报该管上司,酌核减免,仍先行呈部议准,行饬银行知照。至于各省行政费、地方行政费,则宜于年前三个月,饬令各督抚督同所司,将次年本省行政经费一一核实豫算,作为额支,册报到部。部中以全国之入款通盘筹算,分别准驳。部驳不近情理者,督抚得奏明请旨,重申前议。准领者,即由部饬知该省省府各银行照拨。本省银行不敷拨用者,或饬邻省某银行借拨,皆由该督抚随时行文调取。其有水旱、盗贼,特别需用之款,作为活支,准该督抚临时奏咨请款,由部在意外调发费项下指拨。至于官吏俸薪,应由部核定请旨后,京官由京师总银行就近发给,外官由该省府各银行就近发给。办法详见《均禄制》篇。各省应解京师银两,毋庸解京,皆解本省银行,听候部臣向京外大小银行分别调取。

此项行政上之银行，亦宜兼有商业银行性质，既藉汇兑以开利源，即联同业以资挹注。诚能创办，有十善焉：库存现银系不动产，移之银行，自然生利，一也。州、县钱粮，每月批解，县书、司书皆取盈焉。长途有费，库吏有费，移之银行，一律豁免，二也。各省京饷，委员解送，屡濒于危，所至辄扰。计其耗费，岁成大宗。移之银行，所省过半，三也。甘、新协饷，各省分解，旷日费时，费与前等。移之银行，概归部拨，四也。官吏领俸，司书泥之，减成扣色，惠不及下。移之银行，更无中饱，五也。部臣理财，为天下用；疆吏办事，不任筹款。责任既专，纷争斯泯。按之政体，较优于昔，六也。中央集权，侈谈罔效；施之财政，益无嘉谟。银行既成，统一于部，调剂盈虚，惟意所措，七也。部揽财权，势力偏重；手握多金，虑有滥出。分存银行，散布天下。自非奏咨，莫敢调发，八也。银行性质纯乎商业，调查既勤，报告惟谨。倘有亏损，末由应征。守者无常，虑不满任，缘是戒惧，流弊较稀，九也。银行地位与库藏殊，银皆活放，有亦易储。但资巡警，即可保卫。治安之区，无虑疏失，十也。

统计吾国岁入以三万万计，原有一万二千万，新出现二万万。约分皇室费一千万，宗室、王公等世禄在内。俸薪费八千万，此指官吏有差缺者而言，万不可少。海军费三千万，陆军费三千万，赔款费三千万，中央政府行政费一千万。各省行政费，地方行政费在内。总督辖者五百万，共四千五百万；巡抚辖者三百五十万，共四千五百五十万；经营蒙、藏岁费一千万，意外调发岁费一千万。综而核之，虑无不给。于时行豫算、决算之法，以筹出入之宜；重统计报告之典，以坚国民之信；严赃私亏空之例，以塞贪墨之心，而犹谓国用不丰、公家不富者，吾未之前闻也。

慎官人议

语云:“有治人,无治法。”以理财论,刘晏用士君子而效,王安石用佥壬小人而不效。非安石之法尽不善也,用非其人,虽文王、周公之政,有缘以病民者矣。今惟以官人之弊积深,其害遂及于全国财政。既厘财政,当慎官人。

古之用人也,任官惟贤,左右惟能。孟子引之,亦言:“尊贤使能,俊杰在位。”当是时,贤能之选,朝野同认。其贤者,能持大体、审大计,大廷之事赖之;其能者,足备任使、治繁剧,有司之事赖之。故天下事无不举,而上下以治。今用人取诸吏部,惟资格、年俸合例之是求,不必其为贤能也。保荐特用之臣,主之者,二三大吏与皇上,不必其在野同认也。以谨默容忍者为贤,而朝廷病;以刻薄矜妄者为能,而百姓病。天下至重,世变孔棘,兹诚非细故矣。

愚谓今宜量改官人之制,除京曹官及各直省开府大员外,自馀皆用本省人官本省。凡外籍人官本省者,概令回原籍,听候地方选举。有不愿回原籍者,应准将服官省分改为本籍,一律同被选举;惟不得更回原籍,分原籍选举之利。州县官无得过五百里,佐治官概以本县人为之,皆由地方选举,有地方程度不堪任选举者,准缓至三年后举行。此时,应责成地方大吏提倡。呈请大吏分别奏派、札派。所举之人,除僧道、优伶、仆役、舆皂诸色人等外,一律皆可被选。教育普及后,非初等小学以上毕业者,不得充选。有不职者,民人得以多数之意见具辞退书,上之大吏,立与撤参。自馀防范劝奖之制,及随时变通之法,更与因事规定。详近作《政本书》中。官人既善,财政斯清,何也不得贤能,与共治天下?

天下财赋,将复纷乱。顾贤能不可得,必以国民之选举得之,是选举之影响于财政者一。欲行选举,必任国民。今之民与今之官相去隔绝,恶从选举?欲以官民列为平等,必以本地人选举本地人,是人官本省之影响于财政者二。既饬吏治,制禄必优。既筹全局,设治必广。既重民政,建官必繁。诚恐财力或有不济,即无以求郅治而厌人心。今概以本省人官本省,凡夫舟车舆马之费,官场肆应之文,无不可省。向之一官,非万金不给者,今畀以数千金而有馀,则影响于财政者三。至于官吏由民公举,则夤缘奔竞、昏夜苞苴之行免,为官吏省运动之费,不啻藏富于官。本省人官本省,则贪墨赃私、诛求细民之事少,为吾民留事畜之资,不啻藏富于民。官民交富,而国不累,则影响于财政者四。诚使吾国议改官人之制,吾必为财政前途贺矣!

均禄制议

人之于财货也,不患寡而患不均。国家之于百官制禄也,亦然。古之时,禄有定制,颁之公家,人臣无自取于民之事。降及后世,递有沿革。至今日,而其弊滋甚。明明分大小官,明明以大官监小官,乃有时为小官者所入甚富,而大官莫敢望其什一。于是乎,大官求贿,小官进贿;大官卖缺,小官买缺,而官方一坏。明明皆同等官,明明以此缺较彼缺无异,乃有时一缺兼有数缺之入,而数缺或不抵一缺之出。于是乎,或幸盈馀,或叹赔累,钻营排挤,以图调迁;攘往熙来,互相补署,而吏治一坏。凡此,皆禄制不均之故。禄制不均,皆国家不能制禄之故。

今夫吾民对于官吏,未尝不竭财货以养之。顾其惠不出自上,令官吏囊橐既饱,反以未尝请领廉俸,侈言于人。国家亦但冀稍节库款,遂不复问。官吏之取诸民者何限?政体之乖,孰过于此。

今既厘财政,既慎官人,愚谓宜均禄制以善其后。凡同等官,皆令制定俸银之数，概归一律。凡大官皆视小官递加，令与其品秩相称。法以现今财力为衡，视今之财力，能养大小官吏若干人，即与设若干缺。设缺宁少，制禄务厚。今依近作《皇朝内外职官新制纪要一览表》所定岁俸数目约计，大学士至多无过十万两，知县至少无过三千两。以通国论，岁约需银七千万两。今如前议，筹款八千万，专为制禄之需。由部制成一种制禄银票，填写“某官某年应领银数目，派某处某银行凭票照发”字样于上，编号盖印。饬京外各衙门于每年开印后，行文请领。外省由督抚汇齐全省应领人员，开具清册，咨部统领，由督抚转饬各属分领。凡持此票向该银行取用银两者，无论何时，银行照付，不得折扣留难。

此项俸银既经开印后，一律支领。应查该官吏在任如满一年，即行全俸全领。如半途因升转、调迁、参撤、丁忧、告病各情离任，应于离任之日起，饬将所馀俸银交代后任接收，不准亏欠分厘。有亏欠者，准后任照交代未完例禀揭，即行奏参，限期追缴。逾限，查抄家产呈部，饬令银行拍卖备抵。其后任损失银两，即由该长官咨部请领，补发银票，转给后任，以示均平。其有大员向来与部直接者，即径行咨部办理。

自此次制禄后，官吏有赃私者，严参治罪。详《政本书·政体篇》中。朝廷亦不得借口库款支绌，复有减成扣发情事。应由部臣请旨，明白宣布，以垂久远而示来兹。本此以求治，虽不能治，殆近之矣。

讲裁判议

自修律大臣议定新律，朝廷韪之，颁布减轻刑律之令，饬下二十二省将军、督抚遵行。以朝廷之明，岂不知内地人格甚低，未可概以文明法律相待？顾一旦行之不恤者，诚迫于外国领事裁判权之横恣，而欲以中国之法律就之，以为收回权利之地。朝廷之用心,盖亦甚苦。

而所谓各省将军、督抚者,迄未遵行。非将军、督抚固执己见也,其所用之官吏指为窒碍,事即中止。亦非该官吏固执己见也,其所用之幕友、书差指为窒碍,事即中止。总之,官制不讲,以有行政、司法混合之弊,于是官吏无深究法律原理之人;用人制禄之道不讲,以有官非其人之弊,于是官吏并有不通治术之人。根是二因,内治以坏,而野蛮法律之为世诟病,遂至于今而不可收拾。其所由来,匪一朝夕,然而酷已。

今庶政维新,旧弊悉泯,亟宜申明诏令,饬下直省,预备举行新律,限一年后实行。一年以内,宜责成直省,各于省会地方设立裁判学传习所,讲演裁判;收考候补府州县以下正佐人员具有普通学根柢者,入所学习。一年毕业,任为各级裁判专员。即于此时用司法独立之制,令裁判衙门与地方衙门分立,各不相涉,以清权限。办法详《政本书》。其他人员并未具有普通学识者,令概入法政学堂肄业,由传习所随时考取合格之员,接续传习,以宏造就。

夫必有专习裁判之人,而后始能一意研究刑律,奉行新制。其人裁判之学既专,始能为之特设独立官厅。有专任之人,有可以收效于独立官厅之势,始能昌言司法独立。有司法独立确切之政体,始能内治以清,外侮以泯。

然则朝廷改订刑律之意,规画甚宏,既肇其端,宜竟厥绪。彼奉职之吏无状,猥曰"苟轻刑律,民易犯法",猥曰"情形不同,碍难施用",谬说流传,诬民惑世。吾意此辈必为朝廷所斥,而反庸之者,何也?岂圣朝不欲治天下也?

课警察议

中国之无民治,久矣。凡所以治民者,无往而不残民。学校之制废，而民失教。井田之制废，而民失养。教养不逮于民，宜防民之乱矣。而又一切纵之，曾不为禁奸诘宄之政，以济其穷。至于民既犯法，则以笞杖桎梏待之。甚者，持之以兵，议诛议剿，民益无聊。故曰凡所以治民者，无往而不残民。溯厥由来，盖亦甚久。吁！可伤已。

今宜推行西人警察之制于内地省府、州县、乡镇、村屯，令百姓不能得之于教养者，庶几以警察防范之故，不致犯法，重罹荼毒；而国家亦得藉警察之力，以销乱于未萌，不致屡烦大兵，时时与民宣战。

推行之制，宜于政体大定后，谓前议官人各节。设高等警察学堂于京师，延聘日本名教习讲授警学。收考三、四品以下官吏学有根柢者为学员，一年速成毕业，派充京外警察大员。各省既简放警察大员，宜即设立中等警察学堂，收考本省官绅为学员，两等小学毕业生为学生，一年速成毕业。学员派充省内外警察官，学生派充省城地方巡官、巡士。省外府厅、州县既有警察官，宜即设立初等警察学堂，收考各学堂肄业生为学员，而以平民粗通文理者为学生。一年速成毕业，派充本管地方巡官、巡士。其乡镇、村屯地方一律推行，均由州县分派出所，受成于县以上各学堂。凡经初届一年毕业后，概令续招学生，改习完全警学。三年毕业，饬令接替前届速成毕业人员。现当差使，益求整顿。兹事关系内治，谓宜由部明定功过，切实举行。不得令各省藉词延缓，亦不得令京外办法稍有歧异。

夫警察者，执行行政上之关键者也。方今百事待举，其机不灵，其人难用。苟不亟课警察，使臻完备，则天下事几于无一可为。下篇《弭盗贼》以下十事，盖无一不资警察者，设无警察，从何办起？强办亦必不效。内政不修，外侮必至。有国家者，未可以其难而置之也。

弭盗贼议

尝谓中国于士、农、工、商四民之外，复有四民。四民者，曰僧道尼姑，曰优伶娼妓，曰游惰之民，曰盗贼是已。

僧侣、优人，倘有不正当之营业，足以自养，其患已足妨人。妨人治安，妨人生计，妨人道德皆是。游惰者，则不惟妨人而扰人。盗贼，则不惟扰人而害人。夫以僧侣、优伶始者，其落魄之进化，足以为游惰而有馀。游惰者之落拓，更一进化，足以为盗贼而有馀。无惑乎今天下之盗贼日以多，而盗贼之祸日以酷，而不可救也。

往者伏莽满地，未敢数发。至于今日，警报迭见，屡烦用兵。南则苏、浙妨枭，北则吉、黑剿胡。军功烂然，民亦劳止。后患未已，来日大难。夫彼为盗贼者，岂尝有帝王思想，好弄兵哉？上之人漫无教养，又摧残之。彼生不聊，则亦铤而走险已耳。今为盗贼者，大抵二三十岁以至五六十岁之人，数十年前，彼皆乳臭，岂有逞乱之心？彼皆有父兄为之护持，岂有导之斗狠之道？惟学校不修，无以待之；耕桑弗讲，无以庸之。教与养二者俱废，又重之以贪官污吏之敲扑驱之，使不为盗贼不止。

既为盗贼，则张皇其辞，曰办剿、办抚。欲剿须动兵，则筹饷于民；欲抚须安插，则派费于民。无论为剿为抚，莫不盘剥民间有限之财，以供在上者之一挥霍。民既重困，且复为贼，则又从而剿之、抚之。哀哉茕独，乃适以为官吏邀赏生财之具。守此不变，终无宁时。何也？今之盗贼有时而绝，有时而尽，而官吏之酿成来日之盗贼者，无时可绝，无时可尽也。夫治国者，亦岂有与治盗相为终始之理？

今为弭盗贼计，当本末兼治，源流并清，而尤以整饬吏治为入手之地。凡有盗贼地面，责成地方官相度情形，分别宜剿、宜捕、宜抚三者，上之大府。宜剿者，请于朝，派兵会同地方官往剿；乱平撤兵，责成地方官办理善后。宜捕者缉捕，宜抚者招抚，皆地方官任之。不胜任者撤办，善后不合者亦撤。督抚瞻徇者，请旨论罪。凡剿捕、招抚所得之人，除为首者正法外，馀均涤为平民，分作三项位置：年富而性驯敏者，以三成计，编入军队肄习；年富而性粗犷者，以三成计，资遣边省，移请边吏，编入屯垦部众耕作；年老者，以四成计，一律就地筹设工艺厂，使之习艺，皆廪给之，毋使一夫失所。始虽耗费甚多，然地方以安、以富，兵费、捕费以省。化分利之人，使之生利，藏富于民，正复不少。此权宜一时之计，所谓治其末、清其流者也。

目前盗贼既清，亟宜责成地方巡警调查户口。民有七岁不入学者，罚父兄以金，迫令子弟就学。此条不分贵贱贫富，一律办理。后开三条，暂为下流社会而设。有十五岁尚未习有技能而又不入学堂者，罚父兄以金，迫令督责子弟习艺。有十八岁尚未谋有职业，而又不入学堂、不入工艺厂者，罚其人以金，迫令入工艺厂学习工作。工艺厂办法见下《化游惰》篇。其十八岁以上[1]无职业者，同。巡警有徇隐者，责该管官吏纠察；官吏失察者，以溺职论。夫既人人受学校之教育于先，又能以一艺之长自给于后，更得贤有司以牧之，毋扰毋害。衣食既丰，是生礼义。诲民使盗，民犹去之，况临以国家之典刑，讵复有甘心从逆者？此则正本清源之大经也。

惟吏治日敝，百度废弛。昔胡文忠抚湖北，修明吏治，谓地方之事，以十万兵谋之而不足者，以一二良吏为之而有馀。曾文正称胡之功，亦谓其吏治大改面目为第一，荡平疆土犹在其次。今欲弭盗贼，无论治标治本、清流清源，亦皆非整饬吏治不可。空谈无补，

1 以上，原本误作“以下”，据文义改。

徒文不行。是在贤长官以胡、曾之心，行胡、曾之政，期于有成而已。

化游惰议

古之时，宗族有不足资之之法，州党有相赒相恤之谊，国家有振穷恤贫之令，于时无所谓游民也。春秋以后，始有乞人之名；战国并争，始有游食之士。秦坏井田，遂废授田之法，于是乎游民始多。至于今日，弥漫浸淫[1]于天下矣。通国大邑，所至辄有。妨害内政，贻诮外人。

尝谓国家励精图治，当以三事为先：一澄叙官方，二整饬巡警，三教养游民。诚以游民无所归，终为地方治安之累。其事甚微，其害甚大。前年上海公堂一案，不因流民起衅，何至外人藉口？去年同州抢毁教堂一案，不因勾通无赖，何至煽惑愚民？殷鉴不远，前车可师。有地方之责者，未可概以为细故也。

今拟由民政部通饬各行省，转饬各府厅州县，无论地方大小，人口多寡，概令筹设广大之工艺厂一区。今功令饬州县设罪犯习艺所，规模狭隘，且亦未能遍及。建筑不必美备，但相度城内外宽平地方间有庙宇者，圈地若干亩，围以墙垣，即为厂地。取现有庙宇房屋而葺治之，为厂员治事之处。于两旁地方各分为四所，酌建房室，聊备寝宿。馀则视厂中之所必需者，若材料室、成品室之类。盖造数处，裁足而已。其区分四所之名目：一曰罪民，所以处军流、徒犯，及本地因案拟押候、拟笞责之民人；一曰惰民，所以处贫穷乞丐，及外来之游民、裁汰之吏役，并城乡之毫无职业，游闲滋事，尚未犯有罪名之人；一曰老民，所以处老民之无以为养者；一曰平民，所以处平民失其职业，自请入厂学习工艺者。又地方审理讼案，遇有牵案待质

1 浸淫，原本误作“漫淫”，据文义改。

之民人，亦令暂寄平民所中待质。所有班房、班厅及待质所等地方，一律裁废。每所分设二处，左四所以处男子，右四所以处妇人。十二岁以下[1]幼童，分处右四所内。更于厂中设养病所二，以处男、妇之染病不能出厂者。馀若厨灶、溷厕皆备，一切建筑，务合卫生。

所习工艺品类，务节成本，毋尚奇淫。大要以原料、工师皆取给于本地，而行销复利于本地者为准。今约分为四等：曰重工，若烧砖瓦、锤土基、运木石、冶铅铁之属，罪民任之；曰粗工，若织染、裁缝、舂磨、樵采、汲引，以及木石营造之属，惰民任之；曰轻工，若纺绩、裱糊之属，老民任之；曰细工，若制造绒毯、绒巾、牙刷、牙粉、香胰、肥皂、洋烛、洋火之属，平民任之。厂中更无劳费，以粪除溷厕、扫洒庭户为重工，责罪民；以不时建筑、平日炊爨属男子，浣濯缝纫属女子，为粗工，责惰民；以司阍为轻工，责老民；以听号令、供奔走、给役于厂员者为细工，责平民。

凡在厂工作者，居室、衣衾、饮馔、医药、棺木、埋葬之费，皆由本厂供给。本厂于工人并不给与工值，责令按照派定工程、派定钟点，一律工作，不得惰误。其老民、平民有请退者，听。惰民有请退者，须取具铺保，出具自愿代谋生计、不致游闲滋事甘结，始与释放。被放不悛者，巡警捕送到案，罚作重工，同罪民；原保之铺店，则罚以金。

厂中以地方官为督办，延访廉正勤能之绅士一人为提调，提调必驻厂。其下设所长四员，必驻所。女所添派老妇年逾四十者四人，为女管事，驻女所，听本管所长命令。每项工艺，设工师二三名，教导工人，亦听所长命令。工人惰慢者，工师以告所长，笞之。笞三次不悛者，重其工。粗工改作重工之类。另设司事四人，一管文书及

1　以下，原本误作“以上”，据文义改。

缮写各件，一管收支银钱及各项帐目，一管收买原料、出售货品，一管视察厨灶所发工人饭食，监督缝工预备工人衣被，及全厂工人居处食用，有关于卫生事宜而医药之。四人者，皆受成于提调。更雇用警夜更夫十人，警视内外，昼则令之休息，以地方巡警代巡厂外而已。除督办以地方官兼摄外，馀若提调、司事、所长、女管事、工师、更夫，皆与优支薪水，由地方官酌办。仿学堂例，年假酌与半月，十二月二十六至正月初十。暑假酌与半月，六月十五至三十日。暨朔望、庆节、万寿等日，皆与放假。厂员及执事人等出外休息，工人留厂，免其作工，以一二人驻厂中监之。

开办之初，大县筹万金，中县六千金，小县三千金，东南省分，每州、县皆有善堂、粥厂等类慈善事业，存款多寡不齐，然亦颇有巨款。与其养少数乞食无赖之人，并以资不肖绅董之分润，曷若径行提作工艺厂开办之需，较有实济。但求开办，徐图扩充。一年之后，条理秩然，出品易售，售货得钱，便作常款。就令不足，亦易弥补。

由是以言牧民，似有合于古人先教养而后刑罚之心。以曲突徙薪之谋，为正本清源之计；以家给人足之理，为久安长治之方。周成康之囹圄空虚，汉文景之海内富庶，何莫非此道者？奈之何旷千古而不一闻也！

限妓寮议

今天下重困，不一其端。吾以为妓寮之在今日，亦消耗天下财用之一大蠹也。

通都大邑，冠盖往来之区；商埠口岸，贾客繁盛之所，莫不有妓寮，麕聚其地。间尝私计，天下都邑、商埠不下百馀处，每处平均约计不下千馀家，每家平均约计不下十馀人，是天下当有妓一百万人。其依附妓寮，资以为业者，男女并计，又一二百万人。此其人皆所谓不耕而食、不织而衣,且食必求精、衣必求美者也。天下有此等人二三百万,以每人平均岁耗百金计之,是三百万人者当岁耗三万万两。夫以名妓之价值,亦岂有岁耗百馀金者?就令如是,数已不少。藉曰太过,损以实之。损二于三,亦复百兆。百兆之数,非大宗乎?尝恨吾国岁入之款仅足百兆,不意彼妓寮之每岁支销,视百馀兆若寻常者,信可怪也。

近者,日人亦在吾国遍设妓寮。日人之设妓寮,将以谋利于我,宗旨固有不同。我之妓寮,亦曰耗财之薮而已,聚天下官吏之私囊、商贾之馀利、纨绔子弟之家产、工匠细人之劳薪,悉付之东流之一掷。彼妓寮者,取之尽锱铢,用之如泥沙。居必租界,则房金、月捐,非我所有;食必西餐,则器具、原料,悉资于人;衣必外国绸缎,用必两洋品物,则无往不为外人生利者,即无往不为中国分利。以伤风败俗、坏法乱纪之妓寮,忍令其布满都邑,为吾国疏泄财货之尾闾,悉以输之外国。此而可忍,孰不可忍?而执事者熟视无睹,以为当然。吾不知吾国内政之腐败,一何酷烈至此而不可收拾也。诚使中国开妓寮者,悉能诱致外人,致其财货,而又悉以所得用之于捐税、房屋、饮食、衣服、器用者,皆以输于中国,毋为外人所有。此其人,宜若可以利用。然以伤风败俗、坏法乱纪而论,朝廷犹将禁之,矧其为消耗天下财用之一大端,彰明皎著者耶!昌黎之论佛老也,曰:“古之为民者四,今之为民者六。”今天下不事生产、安坐而衣食者,害有胜于僧道百倍,数有胜于僧道十倍,顾未尝有人焉大声疾呼,以告天下士君子。忽不加察,甚者沉溺,由来久矣。

为今之计,宜先由外部照会各国使臣,援照中国禁烟,得各国赞成之例,令将租界内大小妓馆逐归华界,以后租界内更不准有容留娼妓情事。同时由民政部严定规律,饬下各省:凡有妓寮地方,悉令查明户口,编为绿籍,暂时准在本管地面营业,不许迁徙,不许增添。有迁徙及增添者,巡警以告,封其屋充公,籍其人入济良所。更严定妓寮税则,屋有税、税若干,人有税、税若干,务重征以困之,迫令自然歇业,歇业者呈报地方衙门存案。俟减少至每埠数十家,大埠若天津、上海、汉口等处,准留五十家,约五百人。次埠三十家,小埠二十家。即行据为定额,以示限制。嗣后只准及额,不得逾限。仍时时以重税待之,毋稍宽。假其各处所开戏园者同行之,期年必有小效。三五年后,游散之人少,即耕织之人多。苟能筹款设为工艺、纺织局所以待之,斯又善之善者,亦视在上者之任事如何而已。

赋僧侣议

天之生人也,君子劳心,小人劳力。《孟子》曰:“劳心者治人,劳力者治于人。治于人者食人,治人者食于人。”所谓“治人”者,贤君相守令也;所谓“治于人”者,四民也。“食于人”者,谓有禄以为养;“食人”者,谓出粟米、麻丝,作器皿,通货财,以事其上也。彼僧侣者,不耕而食,不织而衣,俨然食于人矣。其人本无治人之具,则不当食于人;其地位受治于人,则当食人。彼不惟不任食人,且俨然食于人。千馀年来,攘利独厚。虽以韩愈、欧阳修之大声疾呼,曾不足以损其毫末,是其故可思也。

吾国言宗教者,以儒、释、道并列。自非奉释、道者皆为儒,回教、耶教,皆别论。自非昌言不奉儒教者始为释、道。夫为儒教者,非必谢绝世事,如释、道之所为。凡夫士农工商,上至官绅,下至舆皂,旁及兵勇,皆可稽首尼山,自称弟子。故凡为儒教者,犹之百姓,不称教徒。儒教广大,而教徒不加多,百姓不加少,与释、道二氏独异。释、道之为教也,一附其教,即殊于人。彼教多一教徒，则国中少一百姓。凡夫士农工商，上至官绅，下至舆皂，旁及兵勇，皆非彼教徒所任。夫既同为一国之民，而彼教教徒曾不担荷国民所应尽之义务，甚且不治生产，衣食自有馀饶；或蓄资财，捐税无从染指。举平民所不能幸得者，令彼教得之以为常事。故天下有以平民贫饿至死，未有以僧道教侣贫饿至死，人亦何乐而不附之？至于媚神求福，阻碍文明；建醮设斋，耗费财产。荒淫之教侣，罪恶易深；妇女之拈香，风化所系。事有厉于古昔，人或视为寻常。

谓宜通饬地方巡警，有类此者，务从禁绝。更设为三等税则，以待僧侣。凡僧道、尼姑之庵观寺院，概由巡警调查编号，每月每庵观寺院税之若干。产业富足者税上等，次税中等，次税下等。每庵观寺院有教侣若干，人头会税之由庙住持统缴，与本庙税项同纳于公。庙或始有人而后无人，教侣或始多而后少者，酌免其税，仍以时稽之。诚使彼教甚富，则地方坐得税金以办新政，何事不举？万一彼教生计日困，则教徒必有悔心，劝之归农，蔑有不济。于以增殖民众，淘汰彼教，不难矣。

禁鸦片议

今人莫不谓鸦片当禁。禁之，诚是也。然而禁之不由其道，则等于不禁；禁之不欲其绝，则不如勿禁。何谓禁之不由其道？纵民使种土，而设官以售膏。既种土售膏矣，而乃多设局所，劝之使戒，是等于未禁也。何谓禁之不欲其绝？禁民不许吸烟，而禁民之官则吸烟如故；禁官不许吸烟，而禁官之官则吸烟如故。京师且然，外省尤甚，是不如勿禁也。至于十年期限，对于民人之迟缓，限满之日，万一不能禁绝净尽；对于外人之困难，皆议禁烟者所宜筹度，而未闻一筹焉。转瞬十年，禁者十九，尚不免于赔偿外人。顾十九亦岂易办？并十九而不能，则国事可想矣。

愚谓诚欲禁烟，宜划为三事，分别办理。三事者，一对于外人，一对于官吏，一对于国民。

今宜由外部照会英使，重申丙午十年禁绝鸦片进口之谕，照旧办理；一面请旨，缩短禁烟期限。除丙午至戊申扣足两年外，应由戊申年起，限期四年，一律禁止栽种者；限四年内，减尽吸食者；随时施禁，亦限四年禁绝。以十年之限计之，至此已逾六年，仅馀四年。即以此四年内为调查之期，届时由中国照会英国，请派英人二三十名，随同中国官吏分省调查，有栽种与吸食者，由中国严办。限四年内查讫，即作为英国承认中国禁烟净尽之据。我既免于枉任赔偿，彼亦从此遵守条约。较之十年期满，漫无布置，一经纠摘，便须估赔，其利害得失为何如也？此一事也。

禁限既短，施禁宜严。今禁令非不严也，然而官吏之吸食者如故。京师屡奉明诏，或有戒烟之人，若外省之官吏，则直奉行故事而已。自填供给不可信，同乡环保不可信，上官饬查亦不可信。谓宜每省简派禁烟大臣一人，以台谏中之清刚明决者当之，驰赴各省，廉察将军、督抚以下大小人员有吸烟者，径行檄调离任，限期戒之。不遵戒者落职，永不准当差缺，咨部存案。其将军、督抚大员，则奏明请旨，饬令离任。禁烟大臣以一年为满任，回京述职，办理无成效者罪之。此一事也。

官吏之禁，重在吸食；庶民之禁，重在栽种。今既厉禁官吏矣，即以后来之官吏禁民，实行按年减种之法，四年递减，以讫于尽。所减之数既多，一望可知，鲜有朦混。非如往者十年分减，十成与九成，相去无几，无从摘发也。中国产土，以甘、陕、川、滇为大宗，而甘、陕人民受害尤巨。宜请旨饬下甘、陕各督抚，从严设禁，毋稍弛懈。夫禁栽种者之宜严于西北，犹之禁吸食者之宜严于外省也。

此又一事也。

三事既具,朝令乃行。非然者,终不行;或强行之,亦犹弗行也。夫禁烟者,内政也。内政不行,耻在朝廷。抑禁烟之结果,外交也。外交失败,害于而国。然则吾政府其翻然变计以图之乎?

劝农业议

今中国农业不振,久矣。上之人鉴于商战辄败,则提倡轮、路、邮、电,使之交通;奖励商贩贸易,使之发达,曰求富强也。下之人困于生机日窘,则求佣于轮船、火车,施及客栈;求佣于大小工厂,施及行店,曰谋衣食也。吾意朝廷董振工商业不遗馀力,彼商贾细人奔走苦力者,又皆各得其所,宜乎家给人足,物值以平。乃观于比年之米价涌贵,生理日艰,竟有出人意计外者。

夫江浙,农国也,闻之民生困穷,一饱不易,无惑乎枭匪起。东三省,大陆也,闻之穷荒千里,垦牧绝稀,无惑乎胡匪张。不特此也,余江南人,更言江南。南京,都会之区,食用最贱。今则米薪蔬果、鸡鸭鱼肉之属,皆三倍其值而未有已。扬州亦然,仪征亦然。枭匪踪迹,向之迭扰苏、松者,今且渡江而北至吾扬州。人性岂好乱?亦饥寒困苦有以迫之而已。不悯其饥寒之苦,动以剿除为功;不察其困苦之由,猥以招抚从事。吾以为无一当者。

然则道将如何?必曰务重农业。武成垂训,所重民食;仲尼论政,足食为先。汉时一人耕之,十人聚而食之,贾谊虑其不给。唐时农之家一,而食粟之家六,韩愈谓民且病。古今相去弗远,今事较古益厉。夫生殖日繁,而田畴不加辟;食货翔贵,而耕夫不加多。此经国者所宜深虑,而未闻或虑焉。诚使铁路毕举,矿山尽开,工商业无不振,其从事于彼者,无不欣欣然乐其生。一旦无所得食,以养此亿兆待哺之士,吾不知其能免于作乱与否?一旦作乱,吾不知其能免于危亡与否？

美洲民物最盛，虑滋生之繁，无所得食也，一意讲求农事，国日益强。日本限于地小，虑一朝用兵，无可告籴也，亦一意研究农学，用无不给。中国民数多于美，而告籴难于日，且系天然陆产大国。愚谓宜由部臣请旨，特设农务大臣，或特设农部，专一课农。以徙民实边，力垦旷土，浚其利源。徙民政策，宜先尽贫民迁徙。如前议所谓僧道、游惰、盗贼等类，苟授之田，教以耕作，彼亦何尝甘为僧道、游惰、盗贼耶？以禁米出口，随时平价，塞其漏卮。更通饬疆臣，转行府州县地方官吏，概令添设课农专员，劝励农政，著为考成。凡水利、屯垦、树艺、畜牧之属，皆是由部定章，以时察考。不及格者，与以撤参。农民报赴边屯垦者有奖，内地报兴办水利者有奖。其水利、屯垦成绩优异者，奖其官吏。十馀年后，农业勃兴，自奉有馀。

或且因时制宜，以大宗米粮出口为商战之计。米粮，亦货物也。以我无用之米粮，济彼日用饮食之所必需，彼未尝不欢迎也。夫农业与商业，固有息息相通之势，然而农业之影响大矣。

征烟酒议

尝恨言财利者，税及鱼盐，算及间架，重困小民之生计，实则收数细微，毫无裨益。烟酒者，习俗所常用，实可以不用者也，暴征之不为虐，顾纵之自由贸易，斯亦不平甚矣。

外人于烟、酒、糖三者，谓之消耗品，税则极重，有值百抽百，或抽百二十者。中国近虽加征烟、酒、糖三项，为数绝少。且糖非日日需用之消耗品，应免重征。若烟、酒者，固中国日日需用之消耗品也。以国中四百兆人计，妇女、幼稚去其半，为二百兆；嗜烟、酒者居其半，为二百兆。夫嗜烟、酒者，固有月需烟数斤，酒不止数斤者。今则平均以少数计，每一人岁需烟一斤、酒一斤，此二百兆人者,当岁需烟、酒各二万万斤。以每斤烟酒加征银二分计之,岁当得银八百万两,用以抵鸦片之税入,有馀裕矣。

此项税则,有利无弊。岁入巨款,绝不病民,一也。筹抵他税,苛细从减,二也。酒价暴贵,道无酗人,三也。吸烟者少,耗费用节,四也。市酒不易,酤者渐稀,米粟以富,五也。市烟不易,种者岁减,田亩以增,六也。有理财之责者,曷亦思所去取矣! 洋酒、纸烟,一律加税。值百应加若干,与本国烟酒同论。此节应由税务大臣与税司提议,防[1]中国烟酒价昂时,洋酒与日本纸烟将浸灌内地也。

税奇淫议

西人分百货为三品:曰日用品,布帛、米粟、鱼盐、蔬果是也;曰消耗品,烟、酒与糖是也;曰奢侈品,凡衣服、饮食、器用之不衷于常,而价值贵重者,皆是。此项品物,范围最广,而行销亦最捷。经国者不思有以正之,小之足为人心风俗之忧,大之必有病国殃民之象。害于道德,施于财货,数十年后,何以图存?

今约以奇淫之品类分别言之。绸缎纱罗,我所自有,久为常服,今纨绔者必以重值御外国绸缎,一奇淫也。呢布、哈喇风行全国,坚韧适用,今学、军、警三界必沿用外国细呢,一奇淫也。近年南京绸缎机房千馀家,一律歇业,即因囤货不能出售之故。磁为中国天然出产品,制造弗良,不闻提倡,辄以洋磁代之,一奇淫也。毡毯本系绒质,产自中国。中国工艺不讲,无花纹、色泽之鲜,然亦不闻力求改良,辄以洋毡、洋毯代之,一奇淫也。他如衣饰之奇衺[2],饮食之异味,陈设之美观,器用之时派,舍中国所有而求之外国者,

1 防,原本作“妨”,据文义改。

2 奇衺,原本误作“奇衺”,据文义改。

皆以奇淫概之。

夫以中国固有之产物而论,制苟涉乎技巧,犹见屏于古人。今商战时代,与古昔殊。制造必求其精,简陋无以制胜,自不能概以先王之律相绳,然其为物,本属奇淫,实无裨于服用。而资本重大,并不足以赛胜于外洋者,吾意商部犹将禁之,矧其为外国所产之物,一意糜我金钱者耶?重金立尽,当之者吾民;利权莫挽,当之者吾国。由今之道,无变今之俗,虽在盛时,犹且不可,况于今日?《礼》曰:"国家靡敝,则车不雕几,甲不组縢,食器[1]不刻镂,君子不履丝屦,马不常秣。"今世君子亦知国家之靡敝矣,然而奢靡成风,俗尚百变。中无所有,而襮于外。夕货于人,朝以自饰。愚夫不知大计,若鱼游釜,若燕在幕。民穷则乱,国穷则亡。其故甚微,其患甚[2]大。

今拟由农工商部通饬各商会,将本管地面行店一律清查,饬令该行店造具常年出售货物品类、数目表册,汇齐申部。有关于前项奢侈品者,由部批出,严定税则,百抽五十。通行商会,传知各行店,一律完税,始准行销。完税之法,应饬令商会按照原报之出售货物表册,内开有奢侈品若干,即勒令缴税若干。既税之后,如该行店下届不愿出售此项货物,应饬令于每年前一个月内,呈明商会"下届不复出售某项货物",即由商会将某项奢侈品税豁免。一面饬令该行店将本年出售各项货物,开具清单,呈由商会加盖图记,榜于该店门首示众。凡清单内所未有者,如敢私售,查出重罚。所有罚款及税银数目,均由商会随时报部。该银两即发商生息,汇成大宗,由商会筹办工商业小学堂,呈部请示办理。公家取税于售物之商家,商家即索偿于用物之买主。既不关于海关贸

1 食器,原本误作"食刻",据《礼记·少仪》改。

2 甚,原本误作"其",据文义改。

易，自无虑夫外人竞争。行之期年，货经重税，价值骤昂。寓禁于征，嗜好必变。国奢示之以俭，藏富及于小民，吾国经济上之前途，庶有豸乎！

戒赌博议

赌之为害，大矣。

功令：职员聚赌者有罪，平民聚赌者则官惩之。今无论平民也，官吏聚赌者以为常；无论小官也，大官聚赌者以为常。麻雀之牌，风行海内。一掷百万，视若固然。官吏嗜好于上，绅商沉溺于下，旷弃职守，荒废岁时，愚以为圣朝不宜有此。

今整饬百度，甄核群僚，谓宜特谕民政部以时纠查，谕都察院以时按劾。其外省人员，责成疆吏督同该长官，设法查禁，违者揭参。绅商饬由商会晓谕劝阻，民人饬由巡警晓谕劝阻，赌具饬由商会协同巡警禁其出售，虽不能尽，庶几较稀。

兹事虽细，亦论吏治与民治者所应有之一问题也。

惩缠足议

辛丑以来，诏禁汉人妇女缠足。京师、天津、上海等处开会劝禁，迄未通行，而尤以西北各省痼蔽为最甚。两宫深畏扰民，故但令劝禁，而未令查禁。愚以为苟不查禁，终无禁时。顾查禁又甚难，或则滋扰，或则遗漏，或则贿免，犹之未查未禁，法当审慎出之。迩来政府对于新政之繁，以缠足为细故，置之不议不论之列。

夫缠足非细故也。西国重女学，中国重母教。女学不修，则倚赖男子，男子之生计以蹙；母教不明，则殃及子孙，子孙之德慧以堕。夫欲重女学、重母教者，则必令女子皆入学堂，则必禁女子毋使缠足。今缠足者满天下，欲其入学肄业，胡可得也？女子不入学校，欲其通女学、娴母教，以佐其夫、诲其子，胡可得也？且学校之功用，以家庭教育为始基，进之则为胎教。人必有胎教与家庭之教育，然后始能递升至幼稚园，至初等小学，以至于能受社会教育而止，所谓完全教育也。今放任二百兆女子不令之学，一旦为人妇、为人母，以有子孙，顾安得所谓学与教者，以资家庭教育与夫胎教？学部知教育之宜从蒙学办起，而不知从女学办起，亦弗思之甚矣。

愚谓不禁女子缠足，末由使之入学；不责女子入学，末由得完全之教育。宜通饬京外学臣，每省城地方责令筹设初级师范女学一处，延请天津、上海等处女教习为之师。以十四岁至四十岁之女子为学生，或放足或不放足，暂听自便。此外省府州县及乡镇村屯地方，户口满百家以上者，皆责令筹设蒙养女学一处，即初等女小学是也。以老儒曾习师范者为之师，以七岁至十二岁之女子为学生，一律责令放足。不放足者，毕业不给证书，亦不给与修业、退学等项凭照。

今妇女之不放足者，其在年长，习惯已深，不过惮于开放而已。若幼女，则惟婚嫁之是虑，其言曰："令女放足，适人为难。"锢蔽不通，兹为已甚。今迫令放足，当触其所忌以图之。令凡幼女不入学堂，及在堂不满三月，或在堂甚久未经放足，并未得有毕业、修业、退学文凭者，女不得辄嫁，男亦不得辄娶。有婚嫁者，责成该管巡警于三日内，调取新妇在学所得之文凭，送局查核。查核无弊，即行销毁，或与存案，惟不得给本人。并无文凭者，由局饬传男女两姓主婚人到案，罚以金，两姓分认。伪造文凭者，严惩之。文凭有伪印信者，科其馀罪。

夫男女之有婚嫁，人生之幸福也。今以不任放足之故，致令婚嫁后受种种之困难，当亦为人情所不愿。人情所甚不愿者，必规避之。缠足者无可规避,则开放而已矣。

夫以筹设学堂为考核放足与否之地,以调阅文凭为赏罚放足与否之地,不劳多人,不近妇女,有禁止之实,无骚扰之患,且以补教育行政之所不逮焉。以此查禁,未见其难,奈之何今人多不顾也?

民国春秋

自　序

昔孔子作《春秋》，而乱臣贼子惧。朱子作《通鉴纲目》，正莽、操之罪，书扬雄"莽大夫"。终宋之世以迄于元、明、清，历四代八百馀岁，罔敢有篡窃之臣。

自清政不纲，共和肇建，君臣之义解，而国家之义昭。民之于国，本为一体。若夫上自元首，下尽小吏，实为国家佣役。以民畔国，犹且不可，以佣役而窃魁柄、干国纪，则法所必诛矣。

辛亥以来，大盗凭陵于上，群枭睥睨于下，伪以欺世，黠以盗权。国有常刑，孰不当戮？逝者已矣，国难未已。

吾惧夫畔国者之始终逃刑，堕坏我法纪也；又惧夫乱国者之日起，阢陧我邦家也。爰本古义，直书今史，善则纪之，恶亦不遗。惟细事不书，不足以惩劝者不书。起辛亥武昌革命，至丙辰袁世凯死，为《民国春秋》第一编。

昔赵宣子为法受恶，仲尼称之。今之君子，倘亦喻此义乎？

民国五年七月十三日，严伟书于海上

民国春秋

纪元前一年

十月

十日，黎元洪以武昌革命为湖北都督，清湖广总督瑞澂逃。

十二日，清以陆军大臣荫昌督师，攻武昌。

十四日，清以袁世凯为湖广总督，节制军务，召荫昌回京。

二十一日，湖南革命。清湖南巡抚余诚格逃。

二十二日，清召集临时资政院。

二十三日，陕西革命。

二十五日，贵州革命。

二十八日，山西革命。清山西巡抚陆锺琦死之。

二十九日，云南革命。

三十日，江西革命。

清将冯国璋焚汉口，火三日。

十一月

一日，清以袁世凯为内阁总理大臣。

三日，黄兴入武昌，为总司令。

四日，陈其美据上海，为沪军都督。

六日，苏州革命，以清江苏巡抚程德全为江苏都督。

浙江革命。

七日,盗杀清山西巡抚吴禄贞。

八日,广西革命。

九日,安徽革命。

十日,广东革命。

福建革命,清闽浙总督松寿、福州将军朴寿死之。

十二日,山东革命,以清山东巡抚孙宝琦为山东都督。孙宝琦旋附清。

奉天军民立保安会,以清东三省总督赵尔巽为会长。

十三日,清袁世凯入北京。

十五日,西藏拉萨兵变,清驻藏大臣联豫逃。

二十四日,黄兴与清军战,败绩。

二十六日,清将王占元陷汉阳。

清监国摄政王载沣以信条十九条誓告太庙。

二十七日,四川革命。

十二月

一日,外蒙古库伦活佛哲布尊丹巴僭称帝。清驻库大臣三多逃。

二日,苏浙沪联军克南京,清两江总督张人骏、江宁将军铁良逃,江南提督张勋败走山东。

三日,与清军休战。

六日,清袁世凯使摄政王载沣退位。

九日,清袁世凯以唐绍仪为议和全权代表。

十四日,江苏、浙江、福建、广东、广西、湖南、湖北、江西、安徽、河南、直隶、奉天、山西、陕西、四川、贵州十六省代表四十九人会于南京,始建临时共和政府。

十七日，以伍廷芳为全权委员，与清唐绍仪议和。

二十五日，孙文归国。

二十九日，十七省代表复会于南京，以孙文为大总统。

民国元年

一月

一日，孙文即位于南京，建国号为中华民国，始用阳历纪年。

三日，以黎元洪为副总统。

七日，伊犁来归。

十六日，清袁世凯被击，不中。

二十六日，清军谘使良弼被击，死之。

清袁世凯令诸将段祺瑞等，以军人十四万人奏讽清主逊位。清授袁世凯一等侯，不受。

二十八日，参议院始开会于南京。

二月

十二日，清主下诏逊位，并颁我优待条件。

十三日，孙文辞职。

十五日，参议院选举袁世凯为临时大总统。

十七日，俄人侵我胪滨府，旋退。

十八日，以蔡元培使北京。

二十日，选举黎元洪为临时副总统

二十九日，北京兵变。

三月

三日，天津兵变。

九日，广州兵变。

十日，袁世凯即位于北京，誓守约法。大赦。

十一日，始颁《临时约法》。

十三日，以唐绍仪为国务总理。

十五日，易各省督抚名号为都督。

十九日，女子唐群英等始求参政。

二十七日，苏州兵变。

三十日，以黄兴为参谋总长，不受。

三十一日，黄兴请为南京留守，仍统辖南洋各军，许之。

清前陕甘总督升允释兵去国。

四月

一日，罢南京临时政府，颁《参议院法》。

六日，川军驻西藏拉萨者，始与藏兵战。

十一日，驻南京江西兵变。

驻滦州淮军兵变。

十三日，以黎元洪遥领参谋总长事。

令汉、满、蒙、回、藏五族通婚姻。

十五日，黎元洪通电，请设民政长官。

二十一日，国务院成立。

二十六日，黑龙江库玛尔兵变。

二十九日，参议院开会于北京。

黄兴始征国民捐。

五月

一日，参政院互选，吴景濂为正议长，汤化龙为副议长。

四日，江西玉山县兵变。

七日，新疆乱民戕害都督袁鸿祐。

十日，以锺颖为西藏办事长官。

十三日，以胡瑛为新疆青海屯垦使。

十七日,财政部与四国银行订立垫款合同。

二十二日,英人侵我片马,旋退。

二十四日,黄兴条陈国民捐办法,并劝办国民银行。

三十一日,黄兴请罢南京留守,许之。

六月

一日,俄人侵我伊犁,旋退。

八日,始颁国旗及陆海军旗制。

十三日,山东省城兵变。

十五日,藏兵内犯,陷里塘。

国务总理唐绍仪弃官走天津。

十六日,始令川军征藏。

十七日,以陆徵祥为国务总理。

十九日,奉天省城兵变。

三十日,禁止勒派国民捐。

以那彦图为乌里雅苏台将军,兼管图什业图、车臣两盟事务。

七月

一日,湖南、江西、广东、福建水。

江西景德镇兵变。

三日,安徽芜湖兵变。

五日,川军克复里塘,未几复陷。

八日,河南洛阳兵变。

十日,四川都督尹昌衡督师征藏。

教育部召集临时教育会议。

十三日,美国政府改订待遇华侨新律。

二十日,安徽省城兵变。

二十九日,颁勋章令。

三十一日,陈其美始请罢沪军都督。

八月

一日,江苏浦口兵变。

安徽滁州兵变。

五日,湖北省城退伍军变。

十日,颁《中华民国国会组织法》。

颁国会议员选举法。

十五日,诛前湖北军官张振武、方维。

安庆兵变。

十七日,始颁礼制。

十八日,藏兵内犯,陷巴塘。

十九日,颁《蒙古待遇条例》。

内蒙科尔沁右翼前旗札萨克郡王乌泰叛,陷洮南府镇东县、大赉厅。

二十日,陆徵祥罢,以赵秉钧为国务总理。

库伦内犯,陷科步多。

二十四日,直隶通州兵变。

三十日,浙江处州大水。

九月

一日,西藏达赖喇嘛使人诣锺颖行成。

复克里塘。

四日,颁省议会议员选举法。

七日,湖北沙市兵变。

九日,以孙文全权筹办全国铁路。

十日,滇军征藏,克复盐井。

十五日,奉吉黑联军讨乌泰,败之,克复洮南诸郡县。

二十日，晋蒙古王公之内附者爵一位。

二十二日，伦敦新借款成。

二十四日，湖北省城兵变。

二十五日，露布“八大政纲”。

二十九日，令各省查禁秘密结社集会。

十月

三日，始颁服制。

七日，褫夺乌泰世爵。

十日，澳政府改订待遇华侨新章。

十九日，加封内蒙活佛章嘉“宏济光明”名号，甘珠尔瓦“圆通善慧”名号。

二十一日，颁《印花税法》。

二十二日，改乌梁海七旗副都统总管等为世爵。

二十三日，克复科步多。

二十八日，令阿尔穆灵圭召集东蒙十旗会议于长春。

封西藏达赖喇嘛为“诚顺赞化西天大善自在佛”。

始设国史馆。

十一月

六日，令各省保护回籍商民。

九日，俄国驻使以《俄蒙协约》来告，拒之。

十三日，四川铁路国有。

十四日，陕西省城兵变。

十五日，始颁《暂行审计规则》及《审计国债用途规则》。

十六日，津浦路黄河铁桥成。

十七日，蒙兵内犯，陷开鲁县。

十八日，始颁《国籍法》。

十九日，奉天安东兵变。

二十三日，蒙古王公联合会通牒各国，拒《俄库协约》。

二十六日，废府、厅、州治，皆为县，以知事为县长官。

二十七日，以谭人凤为长江巡阅使。

二十八日，以黄兴督办汉粤川铁路。

十二月

二日，教育部设读音统一会。

五日，克复开鲁县。

六日，芜湖兵变。

十日，南昌兵变。

十一日，以王闿运为国史馆长。

库伦内犯，掠锡林郭勒盟十旗。

十二日，乌兰察布盟来归。

十五日，颁《戒严法》。

十六日，以汪瑞闿为江西民政长。

二十五日，以中国银行为国家银行。

尹昌衡报川边肃清。

二十九日，南京下关江岸陷。

三十日，山西河东观察使张士秀作乱，自为民政长，以李鸣凤为都督。

二年

一月

五日，烟台兵变。

十日，召集国会。

令各省长官召集省议会。

令各省未简民政长者，以都督兼任。

令交通银行发行兑换券，用中国银行兑换券章程。

始颁《外交官领事官服制》。

库伦、西藏私订协约。

十九日，令参谋、陆军两部严拿张士秀、李鸣凤。

二十三日，库伦私遣专使至俄。

二十九日，督办汉粤川铁路黄兴辞职。

二月

三日，以岑春煊督办汉粤川铁路。

六日，吉林延吉兵变。

十七日，热河兵变。

十九日，颁《民国元年六厘公债条例》，债额二万万元。

二十二日，清隆裕太后殂。

三月

六日，汉口大火。

七日，河南大风，火车停驶。

十一日，滁县兵变。

十九日，湖北商民裘平治请改帝国立宪国体，令湖北民政长逮治。

二十日，盗击伤前农林总长宋教仁于上海。

二十二日，宋教仁卒。

二十四日，上海英法租界捕房获盗应桂馨、武士英。

二十六日，以张謇督办导淮事宜。

二十八日，藏人作乱，逐办事长官锺颖。

二十九日，扬州十二圩大火。

三十一日，颁《中国铁路总公司条例》。

四月

二日,颁《省议会暂行法》。

三日,江苏地震。

四日,库伦内犯东蒙各旗。

八日,国会两院开会。

十日,奥国借款成。

二十六日,五国借款成,以客卿监督盐政。

参议院互选,张继为正议长,王正廷为副议长。

二十八日,众议院互选,汤化龙为正议长。

三十日,互选,陈国祥为副议长。

广东、湖南水。

五月

一日,赵秉钧有罪,免。以段祺瑞为国务总理。

七日,内务部秘书洪述祖有罪,免。

二十四日,盗杀江苏第二军军长徐宝山。

二十五日,蒙古盗匪劫掠科尔沁各旗,令奉天都督遣兵剿之。

二十八日,上海制造局被袭。

二十九日,《中日满韩通商条约》成。

六月

八日,湖南铁路国有。

九日,夺江西都督李烈钧官,以黎元洪遥领江西都督,欧阳武为护军使。

十二日,苏路沪嘉线国有。

十四日,移广东都督胡汉民为西藏宣抚使,以陈炯明为广东都督。

十五日,河南盗白狼陷禹城县,知县叶承祖死之。

十七日,督办汉粤川铁路岑春煊辞职。

广西水。

十八日,保定军官学校校长蒋方震自戕。

二十日,升允传檄作乱。

二十七日,安徽水。

二十九日,湖南水。

三十日,移安徽都督柏文蔚为陕甘筹边使。

七月

一日,蒙边肃清。

六日,俄人侵我齐齐哈尔,旋退。

十一日,陕西神木县乱民戕害知事刘汉青。

十二日,李烈钧以湖口乱,欧阳武以南昌应之。

十五日,黄兴以南京乱,程德全弃官走上海。

十六日,以段芝贵为江西宣抚使,攻江西。

十七日,以朱启钤摄国务总理。

安徽乱,以胡万泰为都督。

十八日,陈炯明以广东乱。

十九日,复以段祺瑞为国务总理。

以张勋为江北镇抚使,攻徐州。

二十日,福州乱,仍以孙道仁为都督。

二十一日,胡万泰出走,柏文蔚入安徽。

二十二日,令冯国璋、张勋督师攻南京。

以倪嗣冲为皖北镇守使,攻安徽。

二十三日,以冯国璋为江淮宣抚使。

夺孙文筹办全国铁路全权。

陈其美乱于上海,攻制造局,不克。

二十五日，湖南乱，仍以谭延闿为都督。

段芝贵克湖口。

二十六日，以龙济光为广东镇抚使，攻广州。

二十八日，以郑汝成为上海镇守使，御陈其美。

二十九日，黄兴弃南京遁。

三十日，南京军民迎程德全归旧治，不应。

贵州大旱。

三十一日，段祺瑞罢，以熊希龄为国务总理。

八月

一日，吉林大水。

四日，陈炯明出走，张我权为广东都督。

熊克武以重庆乱。

六日，解散江西省议会。

七日，柏文蔚出走，胡万泰奉迎倪嗣冲。

八日，何海鸣复以南京乱，第八师师长陈之骥擒之。

解散广东省议会。

九日，福州平。

十日，直隶水。

十一日，龙济光入广州。

南京复乱，以何海鸣为临时总司令。

十三日，上海平。

湖南平。

十六日，解散湖南省议会。

直隶永定河决。

十八日，段芝贵克南昌。

二十二日，杀众议院议员伍汉持于天津。

二十三日，洛潼铁路国有。

九月

一日，张勋、冯国璋及雷震春等克南京，大掠。何海鸣逃。

二日，杀众议院议员徐秀钧于江西。

山西水。

三日，程德全罢，以张勋为江苏都督。

参议院议长张继辞职，改选王家襄为议长。

七日，湖南省城兵变。

九日，始令各路统兵大员整饬军纪。

十一日，以梁启超为司法总长，张謇为农商总长。

广西大水。

十二日，国会两院开合议会。

重庆平。

以冯煦、魏家骅筹办江宁赈抚事宜。

十八日，广东水。

二十三日，蒙匪陷经棚。

二十五日，颁《议院法》。

二十七日，白狼窜湖北，陷随县、枣阳县。

二十八日，江西大旱。

三十日，以张弧为盐政署长。

十月

一日，奉天中日铁道联轨。

四日，颁《大总统选举法》。

六日，选举袁世凯为大总统。

七日，选举黎元洪为副总统。

八日，江西都昌县土匪戕害知事罗成藻。

十日,袁世凯即位。

十三日,安徽大旱。

复召集东蒙各王公至长春会议。

西藏宣抚使陈贻范与英人会议藏务于印度西谟拉。

十五日,白狼复窜河南,陷新野县。翌日,陷邓县。

与日本订立《满蒙铁路合同》。

二十三日,咨国会修改《临时约法》。

二十八日,以赵倜会办河南剿匪事宜。

二十九日,克复经棚。

三十日,陕西水。

十一月

四日,解散国民党。

解散国民党籍之国会议员。

七日,始禁止各省增发纸币。

十二日,解散国民党籍之各省议会议员。

十四日,国会两院以不足法定人数辍会。

十六日,江苏江阴兵变。

二十六日,召集政治会议。

二十七日,令各省逮治升允。

十二月

八日,云南大理兵变。

十日,召兼领湖北都督事黎元洪入都。

十二日,以李经羲为政治会议议长。

十三日,葬清德宗景皇帝、孝定景皇后于崇陵。

十五日,政治会议开会。

十六日,以张勋为长江巡阅使,冯国璋为江苏都督,赵秉钧为直隶都督。

十九日，兼领湖北都督事黎元洪辞职。

二十一日，以张謇为全国水利局总裁。

云南地震。

三十一日，颁《知事奖励条例》《惩戒条例》。

三年

一月

八日，以归化城、张家口、多伦诺尔、赤峰、洮南、龙口、葫芦岛等处为商埠。

九日，禁止哥老会开山立堂。

十日，解散国会。

十一日，制验契条例。

白狼陷光山县。

十六日，制解款及额外增收各奖励条例。

白狼陷商城县。翌日，陷固始县。

二十日，河南都督张镇芳有罪，褫职留任。

二十一日，江西民政长汪瑞闿有罪，逮问。

二十三日，白狼窜安徽，陷六安县。

二十六日，召集约法会议。

以赵倜督办豫南剿匪事宜。

三十一日，全国水利局与美国红十字会订立《导淮借款合同》。

英人求我云南思属艮东土司地，不许。

二月

三日，解散各县自治会。

七日，始颁《国币条例》。

十二日,熊希龄罢,以孙宝琦为国务总理。

始与美商美孚公司合办煤油矿。

十三日,张镇芳罢,以陆军总长段祺瑞兼领河南都督。

十五日,江苏东海防营兵变。

十六日,行第一届知事试验。

十八日,司法总长梁启超辞职。

十九日,以梁启超为币制局总裁。

二十日,颁《崇圣典例》。

二十五日,山东乐安县乡民戕害知事王文域。

二十六日,赵秉钧暴死。

二十八日,解散各省议会。

三月

三日,安徽铁路国有。

四日,以熊希龄筹办全国煤油矿事宜。

八日,白狼窜湖北,陷老河口。

九日,设清史馆。

十一日,颁《褒扬条例》。

广东黄冈兵变。

北京南苑航空学校初演飞机。

十三日,白狼陷紫荆关,窜陕西。

十五日,俄国撤退辛亥年驻扎京津军队。

十八日,约法会议开会互选,孙毓筠为正议长,施愚为副议长。

三十日,设平政院及肃政厅。

四月

一日,中法实业借款成。

二日,白狼陷孝义县。

五日，以各县知事兼理司法事务。

十日，颁《纠弹条例》。

十七日，云南临安县兵变。

十八日，以陆建章、赵倜督办西路剿匪事宜。

二十日，黑龙江第一路防营变。

二十二日，白狼窜甘肃。

二十八日，行第二届知事试验。

汪瑞闿褫职。

二十九日，广东梅县兵变。

五月

一日，改《约法》。

废国务院官制，于大总统府设政事堂。

以徐世昌为国务卿。

二日，以杨士琦为政事堂左丞，钱能训为右丞。

四日，白狼陷秦州。

六日，云南革弁何荣昌戕害迤西镇守使谢汝翼。

八日，设统率办事处。

十八日，湖南醴陵大水。

二十日，黑龙江第一路防军复变。

二十三日，制省、道、县各官制。

易各省民政长为巡按使，观察使为道尹。

二十四日，制《参政院组织法》。

二十六日，遣散政治会议。

以黎元洪为参政院院长。

二十七日，内务部请开放京畿名胜。

二十八日，筑京师环城铁路。

三十一日,废国税、地方税名目。

六月

一日,库伦活佛私通牒驻京各使。

二日,甘军败白狼于伏羌,白狼逃。

五日,令各省巡按使监督司法。

颁《官吏犯赃治罪条例》。

十日,白狼东窜至陕西。

十四日,令限制古物出口。

十五日,令各省巡按使监督财政。

十六日,浙江铁路国有。

设审计院。

二十日,参政院开会。

二十四日,张家口兵变。

二十七日,前顺天府尹王治馨犯赃被劾。

二十八日,塞尔维亚人击杀奥国皇太子菲的南。

二十九日,以参政院代行立法院。

三十日,设将军府于京师、将军行署于各省。

改授各省都督上将军、将军有差。

七月

一日,设礼制馆于政事堂。

广东、广西、湖南、江西水。

二日,颁《惩治盗匪条例》。

三日,江苏、安徽、山东蝗。

白狼东窜至河南。

五日,颁《祀天通礼》。

六日,西藏会议中辍。

十三日，湖南郴县[1]、衡阳县兵变。

十四日，始广上海法国租界。

二十日，安徽屯溪镇兵变。

二十四日，东三省胡匪掠濛江县知事，戕抚松、滨江两县知事。

二十五日，日本撤退辛亥年驻扎京津军队。

二十八日，制《文官官秩令》。

奥塞宣战。

三十一日，财政部制《官产处分条例》。

八月

一日，俄与德、奥宣战。

三日，制《民国三年内国公债条例》，债额一千六百万元。

四日，设内国公债局。

河南灾。

英德宣战。

五日，赵倜击白狼于石庄，戮之。

德军入中立国比利时境。

六日，颁《局外中立条规》。

八日，制《县佐官制》。

始禁各省募集内外债。

十一日，设中立办事处于政事堂。

十五日，日本求青岛租界于德。

藏番内犯，川军击破之，获仓储巴及碧梧两土司。

十六日，川边经略使尹昌衡有罪，褫职逮问。

二十二日，陕西大雨雹。

1　湖南郴县，原本误作“湖南彬县”，据文义改。

二十三日,日德宣战,以英国兵舰攻击青岛。

二十六日,颁祀孔典礼。

三十日,安徽灾。

九月

一日,行第三届知事试验。

二日,日本陆军入我龙口。

三日,以龙口、莱州及胶州湾附近等处,让为交战国战地。

七日,浙江旱。

九日,中蒙会议代表毕桂芳、陈箓与俄人、蒙人会议于恰克图。

十三日,山西水。

十四日,山东水。

十七日,诛赃吏、前直隶霸县知事刘鼎锡。

甘肃巡按使张广建进方物,不受,斥之。

十九日,湖北旱。

二十日,川边乡城兵变。

二十四日,始颁《中国红十字会条例》。

二十五日,日军据我潍县车站。

二十八日,上丁,初祀孔子。

清史馆始征书。

十月

五日,日军据我青州车站。

六日,日军据我济南车站。

十日,阅兵。

召集京师小学生,亲颁训词。

十一日,制有奖储蓄票一千万元。

设新华储蓄银行。

十六日，前甘肃民政长张炳华有罪，褫职。

十七日，临清关监督安茂寅有罪，褫职。

二十一日，诛赃吏王治馨。

二十二日，始弛广东赌禁。

二十七日，制《立法院组织法》《立法院议员选举法》。

三十日，设筹备立法院事务局，以顾鳌为局长。

十一月

七日，日本陷青岛。

十二日，江西财政厅长王纯犯赃被劾。

十三日，以谭学衡督办广东治河事宜。

二十二日，江西财政厅火。

二十九日，宋育仁以倡复辟论，勒回四川原籍。

十二月

一日，四川达县兵变。

六日，海军总长刘冠雄被劾。

十二日，云南永平县兵变。

二十日，四川泸城[1]大火。

福建归化县兵变。

二十一日，扩充三年公债，债额八百万元。

二十三日，冬至，初祀天于圜丘。

二十四日，颁《暂行刑律补充条例》。

二十七日，币制局总裁梁启超辞职。

二十九日，改《大总统选举法》。

制《地方自治试行条例》。

1　四川泸城，原本误作“四川炉城”，据文义改。

三十一日，内史监长阮忠枢进《开国法鉴》。

四年

一月

一日，制附乱自首特赦令。

始设无线电报于广州、吴淞。

七日，令各省巡按使巡视所属。

九日，王闿运弃官归湖南，以杨度为国史馆副馆长。

十日，江西南浔铁路成。

川边营长陈步三以兵变。

十六日，以蔡锷督办经界局事务。

十八日，日本以要我条件二十一事来。

二十七日，开采陕西宜君煤油矿。

二月

一日，设翊卫处，以蒙古王公为都翊卫使、翊卫使有差。

二日，始与日本公使会议新交涉条件。

八日，前江苏民政长应德闳有罪，褫职。

十七日，山西垣曲县兵变。

二十二日，考验留学外国毕业者，授秩有差。

甘肃平凉兵变。

三月

五日，杀前四川民政长张培爵。

十二日，制《国民会议组织法》。

十三日，张同铁路成。

十四日，日本以陆军三万人来。

十六日，库伦内犯，扰开鲁县各蒙旗。

十八日，遣散约法会议。

十九日，诛前西藏办事长官锺颖。

二十三日，日使日置益堕马伤，外交总长陆徵祥诣使馆会议。

二十五日，禁止排斥日货。

陈步三伏诛。

二十六日，令张镇芳、袁乃宽设盐业银行。

二十八日，初祀关壮缪、岳忠武。

四月

一日，制《四年内国公债条例》，债额二千四百万元。

诛赃吏、前新疆伊犁县知事廖焱。

五日，财政部请释前清赃吏蔡乃煌。

九日，四川大旱。

二十日，修正会计年度，始一月，尽十二月。

二十一日，行第四届知事试验。

审计院倡办官吏储金。

令毕桂芳至伊犁勘界。

二十七日，农商总长张謇辞职。

二十八日，设全国烟酒公卖局。

山东济宁商民以勒派印花税罢市。

二十九日，以蔡乃煌为江苏、江西、广东禁烟特派员，专卖印度鸦片。

五月

一日，江苏扬州商民以征收落地税罢市。

七日，日本以绝交书来。

十三日，始令筹议海防。

十七日，安徽芜湖商民以施行新税罢市。

二十三日,制国乐。

二十五日,中日《山东条约》及《南满东蒙条约》成。

二十八日,制《中央解款考成条例》。

三十一日,陆军总长段祺瑞辞职。

六月

一日,以浦口为商埠。

七日,中俄蒙议订条文成。

九日,诛前绍兴军政分府司令王金发。

库伦活佛去帝号,来归。

十二日,封库伦活佛为外蒙古博克多哲布尊丹巴呼图克图汗。

十四日,设全国生计委员会于政事堂。

十六日,以陈箓为都护使,充驻扎库伦办事大员。

《中美解纷免战条约》成。

十七日,四川财政厅长兼代巡按使刘莹泽犯赃,褫职逮问。

十九日,奉天省城有炸弹入日本商店,日本囚我法政学校学生三人。

二十日,财政次长兼盐务署长张弧有罪,免。

交通次长叶恭绰有罪,免。

二十一日,福建巡按使许世英有罪,被劾。

二十二日,制《惩办国贼条例》。

浙江大水。

二十三日,安徽、江西、湖南、湖北水。

二十九日,濮阳河塞,予徐世光勋四位。

复禁抵制日货。

七月

六日,以李家驹、达寿、汪荣宝、梁启超、施愚、杨度、严复、马良、王世澂、曾彝进为宪法起草委员。

九日，诛酷吏、四川金堂县知事陈锡。

十一日，湖北财政厅厅长胡文藻犯赌，褫职。

十四日，广东大水。

十七日，广东省城大火。

二十日，广西大水。

以徐世光督办近畿疏通河道事宜。

二十一日，前四川巡按使陈廷杰有罪，逮问。

以王达筹办京兆地方自治事宜。

二十四日，江西大水。

二十七日，令设模范小学于京师。

二十八日，江苏、浙江大风。

二十九日，奉天大水。

三十日，河南蝗。

三十一日，始颁《国民小学令》。

八月

四日，诛赃吏、广西融县知事杨道。

六日，日本始归我青岛海关。

七日，黑龙江水。

八日，河南水。

十三日，教育部召集全国师范校长会议。

杨度、孙毓筠、严复、刘师培、李燮和、胡瑛假美国人古德诺学说，设筹安会于北京，提倡君主立宪国体。

十五日，总检察厅检察长罗文幹辞职。

二十四日，杨度等通电各省军民长官，求同意。

日本军队始退至青岛。

二十五日，设中日条约实施委员会于政事堂，施行《中日新约》。

三十日，段芝贵、梁士诒、朱启钤、周自齐、张镇芳、唐在礼、雷震春、江朝宗、吴炳湘、袁乃宽通电各省，征国体请愿书。

九月

一日，设民国实业银行。

三日，以驻英公使施肇基为会议西藏交涉专使。

四日，湖北蝗。

九日，肃政院请解散筹安会，不报。

十日，释许世英，勿问。

十四日，盗陷甘肃环县，戕知事李祎。

二十六日，开国货展览会于北京。

参政院代行立法院请召集国民会议，决定国体。

十月

五日，教育总长汤化龙辞职。

八日，代行立法院请召集国民代表大会，决定国体。

制《国民代表大会组织法》。

以顾鳌办理国民代表选举事务。

十日，顾鳌通电各省，指示选举运用要义。

陆军总长王士珍、海军总长刘冠雄、奉天将军段芝贵、直隶巡按使朱家宝等请改国体。

十九日，复以叶恭绰为交通次长。

二十三日，以筹安会理事刘师培为参政院参政。

朱启钤、周自齐、梁士诒、张镇芳、阮忠枢、唐在礼、袁乃宽、张士钰、雷震春、吴炳湘等，以四十五字之文，通电各省，征推戴书。其文曰：“国民代表等，谨以国民公意，恭戴今大总统袁世凯为中华帝国大皇帝，并以国家最上完全主权奉之皇帝，承天建极，传之万世。”

二十四日，平政院长周树模辞职。

二十七日，国务卿徐世昌辞职，以陆徵祥为国务卿。

三十日，督办经界局事务蔡锷辞职。

三十一日，以交通银行为国家银行。

令大理院院长董康，肃政史蔡宝善、麦秩严、夏寅官、傅增湘，稽查国民代表选举事务。

十一月

一日，全国水利局总裁张謇辞职。

十日，盗杀上海镇守使郑汝成。

十一日，追封郑汝成一等彰威侯。

十五日，予筹安会理事刘师培上大夫。

十六日，胜福以呼伦贝伦来归，仍以为副都统。

二十一日，参政院参政梁启超辞职。

十二月

五日，上海肇和军舰被袭。

十一日，代行立法院决定改中华民国为帝国，自称国民代表大会总代表，上书劝进。

十二日，大总统袁世凯叛。

令各部院筹备称帝典礼。

十三日，陆徵祥率群臣诣居仁堂觐贺。

十四日，令参政院推荐帝国宪法起草委员。

十五日，封副总统黎元洪为武义亲王，副总统不受。

董康、蔡宝善等稽查选举事竣，覆命。

十六日，以清宗室溥伦为参政院院长。

十八日，令旧侣耆硕均勿称臣。

十九日，强封副总统黎元洪为武义亲王，副总统固辞不受。

设大典筹备处，以朱启钤、阮忠枢为处长。

二十日，以徐世昌、赵尔巽、李经羲、张謇为“嵩山四友”。

二十一日，封龙济光等四十九人为公、侯、伯、子、男。

蔡锷、唐继尧通电请罢帝制，不许。

顾鳌通电各省，焚毁秘密文电。

二十三日，蔡锷、唐继尧以云南独立，讨袁世凯。

二十四日，杨度、孙毓筠奉表庆祝并劝进。

京师环城铁路成。

二十五日，晋各部院参事司长、厅长为简任官。

二十七日，参政院奏进宪法程序。

二十九日，代行立法院奏请用兵云南。

贵州军民通电请罢帝制，不许。

三十一日，以明年为洪宪元年。

五年

一月

一日，以总统府为新华宫，群臣毕贺。

制洪宪元年度总预算。

云南军民开拥护共和纪念会。

二日，云南政府以蔡锷为护国第一军总司令，李烈钧为第二军总司令。

三日，大典筹备处通电京外，对内称洪宪元年，对外暂称民国。

四日，以周自齐为贺日皇加冕专使。

五日，代行立法院复请用兵云南。

令曹锟攻云南。

大典筹备处拟定新国旗式。

十日,顾鳌以民意变更国体、拥戴袁世凯通告国人。

十一日,贵州巡按使龙建章弃官逃。

十五日,湖北将军王占元、巡按使段书云奏:石龙见宜昌,请宣付史馆。

十六日,日本政府拒周自齐使日。

二十一日,护国军克叙州。

二十五日,戴戡以贵州独立。

二十六日,制洪宪元年度路电邮航特别会计预算。

二十九日,阮忠枢进《新朝金鉴录》。

二月

一日,肃政厅请废洪宪年号,撤大典筹备处,解散参政院。不报。

十日,都肃政史庄蕴宽始请辞职。

十二日,护国军克泸州。

十四日,外蒙贡使、车臣汗那旺那林等来觐,行跪叩礼。

二十三日,始令不许呈递劝进文电。

二十八日,令以五月一日召集立法院。

二十九日,令参政院代行立法院闭会。

三月

一日,议加盐价充军饷,盐务署顾问丁恩不允。

停止大典筹备处经费。

三日,护国军弃叙州。

陆荣廷以陈炳焜摄广西军务,自帅师至柳州。

五日,顾鳌请以国民会议议员当选人作为立法院议员当选人。许之。

七日,护国军弃泸州。

十日,制《洪宪元年六厘内国公债条例》,债额二千万元。

令政事堂设政治研究会。

以熊希龄为湘西宣慰使。

十一日,四川将军陈宧电奏:川军入云南。

以曾鉴为川南宣慰使。

制《颁爵条例》。

十五日,梁启超以广西独立。

二十日,以蔡乃煌、凌福彭、李翰芬帮办广东防务。

二十一日,陆徵祥罢,复以徐世昌为国务卿。

二十二日,罢帝制,复称大总统。

复召集代行立法院开临时会。

二十三日,以段祺瑞为参谋总长。

废洪宪年号。

四月

一日,令立法院议员依照《选举法》办理,不以国民会议当选人为立法院议员。

二日,代行立法院请追销国民代表大会总代表名号。

八日,广东军民诛蔡乃煌。

十一日,浙江独立。

十二日,参政院参政杨度、孙毓筠有罪,免。

十七日,广东独立。

《中义公断条约》成。

十九日,处赃吏王纯无期徒刑,褫夺公权全部终身。

二十一日,制《政府组织令》。

二十二日,徐世昌罢,以段祺瑞为国务卿。

二十三日，以张作霖为奉天将军兼巡按使。

二十五日，以冯德麟帮办奉天军务。

二十六日，复以张弧为财政次长兼盐务署长。

二十七日，两广军民奉岑春煊为两广护国联军都司令。

二十八日，冯国璋电请袁世凯退位。

五月

一日，冯国璋召集各省代表至南京会议。

二日，两广军民奉梁启超为护国军都参谋。

三日，以许兰洲帮办黑龙江军务。

六日，内务总长王揖唐以部令为袁世凯护过。

七日，护国军设军务院于广东肇庆，以唐继尧为抚军长，岑春煊为抚军副长，遥奉副总统黎元洪为大总统。

八日，改政事堂复为国务院。

十二日，梁士诒以国务院令，停止中国、交通两银行营业。

十三日，上海中国银行股东会以上海分行独立营业。

外交总长陆徵祥罢。

陕西独立。

十九日，盗杀陈其美。

二十日，释赃吏刘莹泽，勿问。

二十二日，四川独立。

二十五日，法制局局长林长民罢。

二十九日，湖南独立。

令将各省区军民长官请改国体及劝进文电刊布。

六月

六日，袁世凯死。

七日，段祺瑞奉大总统黎元洪即位。

严山文牍

张　序

岁丙辰，余应河间冯公之约，居金陵节署之西园。仪征严君觉之以所著《民国春秋》一册见示，寓衮钺于书法，规紫阳之《纲鉴》，肝胆轮囷，洒然异之。自是缟纻相投，音问无间。近又以《严山文牍》属为弁言。

强项之称，大府惮其风采；神君之誉，部民留其去思。乃至通识玄览，切古铄今。汝南月旦之评，老泉辨奸之论，等于周鼎象物，牛渚然犀。即论其文，亦与宁都叔子、吴江甫草相伯仲。

仆老矣！胥疏江湖，学殖荒落。读二三豪俊为时出之句，辄为之击碎唾壶，中夜起舞。质之严君，其亦有击楫渡江之感乎？

壬戌六月立秋后十日，吴县张一麐。

余　序

吾友严君觉之,辑其近二十年来所为文牍,而系之以年。

盖自清季以来,世运之嬗变,政令之纷更,尽举数千百年之成法,而改弦易辙于二十年之间。马骇舆而民骇政治,丝愈棼而举棋不定。民国肇造,一变而为朋党水火之争,再变而为蜩螗沸羹之局。而小夫竖子,仰视天而俯画地,膏唇拭舌,言人人殊,如蓬转风,与时回变,徒骋诡辩,为游谈资耳。

君既不屑以迈往之韵而俯同流俗,独袖手静观于弈局之旁,验其已往而策其方来。所谓心所为危不敢不告者,一一见之于书牍之中。其论列时政之阙失,必洞垣一方而发其症结,使病者无可为讳,而后进之以针石焉,以故小试辄小效。君亦以此益意自负。至于军国之大议,根本之至计,裁决危疑,经纶世务,君之所烛照而数计者,当轴者或漫不加省焉。

或曰:“天下事,肉食者谋之,乌用是强聒者为?”君则以为,吾言出而无裨于时,无益于国,则括囊可也。如曰不然,无宁蒙失言之讥,而不忍婞婀脂韦,以求谐于世。故往往言人之所不能言,且言人之所不敢言。然岳岳者固不敢平视君,亦乌能深知君哉?

昔吕伯恭语陈同甫曰:“未可谓世莫能用也。虎帅以听,谁敢犯子?”同甫颇以此自慰。君才似同甫,而高致泊然,未尝有抑塞磊落不平之气。盖同甫尚欲以言见,君则以为吾言之验否。关于二十年来之世变，而己无与焉，即所养可知矣。是编之存，其犹吹剑首者之一吷也夫！

岁在壬戌四月既望，诸暨余重耀序。

王 序

光绪戊申，今大总统徐公开府关东。仪征严公觉之以布衣入幕府，指陈阙失，有廉悍名。其明年，徐公内召，代之者文诚公锡良。公又相文诚，参事法科。岁庚戌，胜朝以庆邸、泽公诸贵人秉政，公极论亲贵内阁之害，以书抵文诚。文诚善之，不敢以闻于朝。不一岁，而武汉变起矣。

公既以直言极谏，为项城所不容，出为县令江南，沛亦浮沉郎署。如是者，忽忽遂已十年。既而公卜居金陵，沛适来苏观政，时相过从。壬戌四月，公方游梁、宋归。时沈阳悍将，陈兵畿辅，势张甚。沛心焉忧之，以为天下之乱方始。公不谓然，且曰："吾虑沈阳狡狯，未必决斗耳。果能得一酣战，不出七日，事且大定。"其后一一皆如公言，奇矣！

公以书生佐大府，事徐公、锡公及赵公次山尔巽、程公雪楼德全，皆一时名督抚。自辛亥后，佣贩走卒，乘时窃位，贵者开府。公一切唾弃之，官南汇一年，但诣韩公紫石国钧白事，终不谒都督张勋。改官武林，狎侮巡按使屈映光备至。调中州，惟见张公鸣岐凤台，终不谒督军赵倜。向来长官于属吏，往往有贤不肖之见存。公则以青白眼对长吏，贤者事之，不肖者掉头不顾而去，终其身不一参谒，可谓孤行己意者矣。

沛受知于公最深，然知公之深亦莫如沛。方沛客奉天时，巡警总局总办王治馨与公初不相识。公恶其贪秽，上书徐公劾之，至再至三，不得请不已，时论怪之。其后王卒以赃败，乃知公有先见之明。

公既裒集其丙午以后所为文牍，刊印成书，征序于沛，因论公之学识、气节，以风当世。孟子曰："吾之不遇鲁侯，天也。"杜陵之诗曰："志士幽人莫怨嗟，古来才大难为用。"公之用否，当视世之隆污。来日方长，公慎自爱护可也。

壬戌五月，杭县王沛拜序。

钱 序

余佐令君凡八人，而严侯觉之、王侯召前、杨侯畦韭及今知事赵侯雪岑，皆号为能举其职。至严、杨二侯，则尤以伉直不慑上官闻。杨侯之去职也，以争本境米粮出口。记其呈大府牒有曰："苟利于民，虽去就，以之。"而严侯之官温岭也，亦以争设查米局事言于大府曰："如所请不当，则请罢黜，以让贤者。"又曰："某虽辞职，但身任地方，权衡轻重，专擅之咎，匪所敢辞。"贤哉！二公心迹若一。余虽不敢自谓知二公者，而一意为民，不稍以荣辱系心，则固非今日俗吏所能为也。

严公明于治体，尤擅文学。官无锡日，余尝见其亲治官牍，不假手僚友，而语彻中边，虽老吏勿如。上官遇有贤者，或亦曲徇其意，而固不能数数觏也。公去无锡，又官苏之南汇，浙之温岭、平阳等处。公自谓官无锡仅六月，最尽心民事，他处不如也。然余读公所治官牍，则皆用意周挚，固不敢谓公厚于锡者，遂乃薄于人也。

岁辛酉，谒公于宁垣，出示近年官私著述甚富，受而读之。余曰："欲观公之治行者，视此；欲识公之志节者，视此。"公雅擅声诗，然诗以道性情，固不若文以道政事之为用大也。公近献吴孚威诗有句云："相期揽辔共澄清。"又可以见公之志矣。

公浮沉末吏，不为得志，而年甫强仕，向用未已。虽小子，亦知公之成就固有待也。谨书此，以为异日券。

壬戌二月，无锡钱基厚谨序。

严山文牍卷上

上陕西刘提学使廷琛论学务书丙午

窃以今天下之急务，无过于教育普及。比尝调查陕西教育之状况矣，高等学堂二，优级师范学堂一，中小学堂约能及百，蒙学堂约能过千，而所谓半日学堂、女学堂者则未之有。就现有学堂之形式论之，两高等、一优级师范，形式尚有可观，中学堂仅具形式，小学堂则形式不一，蒙学堂并无形式之可言矣。更以各学堂之精神论之，两高等学堂程度最高，然而开办已逾四年，今犹不能卒业。教员或有实心任事之人，学生绝无力求进取之意。其有一二热心之士，往往在堂数年，便已废然思返。耗费巨款，汩没人材，以此两堂为甚。然此两堂犹能严课程、萃贤俊，堂中学生大抵抱忧时爱国之心，不失为今之志士者也。其次则优级师范学堂，堂中学生皆两高等遗弃之士。往岁规模甚狭，学生无几。今岁奉学部文，催令扩充堂舍，须致学生八百人。学部之意，期在造就多数教员，以谋教育普及。其见甚是，其谋甚疏，今亦不暇追论。就今日堂中学生不及二百人论之，其能竭尽热诚，自愿学成师范，为将来陕省学界效力者，实无几人。优级师范生如此，则中小学堂之学生及附属师范各生之思想更可知矣。大抵学生之入学堂，并不知科学之利益，不知师范之责任，不知学成之效力。彼其心思，近则求有噉饭之地，远则求有出身之日。以此多数人求噉饭、求出身之心，而驱之强入学界，责以不素习之科学，则亦安望其能有效果哉？至于初等小学，则阻力又甚于此。自罢科举、立学堂以来，乡民之遣子弟入学者，日少一日。不曰科举已停，无复出路，则曰学堂之立，为学洋人。年来州县竭力催促，迄无大效。甚至民间宁愿出其悭囊之所畜积，但立一学堂以塞官吏之口，而相戒不遣子弟入学。夫朝廷所以汲汲皇皇，振兴学务者，谋教育普及也。今官吏因循粉饰若此，学生委靡涣散若此，愚民反抗自阻若此，而又益以财政之困难、人才之消乏，苟不变计，前途甚危。今宜权量缓急，因势利导，不宜拘守部颁定例，自阻新机。谨具办法如左。

按本省学务所最缺之点有二，曰：无半日学堂，无女学堂。所当亟谋进步者有一，曰：全省初级小学。此三者，皆普及教育内所有事也。所当认真考课者有一，曰：全省之劝学所。诚以欲求教育普及，必求下流社会不生阻力，乃能获效。否则，愚民有宁糜巨资，不愿入学者矣。所最消乏之点有三，曰：无合格之中学教员，无合格之高等小学教员，无多数之初等小学教员。所亟当预备者有二，曰：半日学堂教员，女学堂教员。所亟当整顿及变通者有二：曰高等以下各学之管理员，曰各府州县之儒学。所亟当厘正宣布者有三：曰高等学堂及两级师范并中小学堂卒业之年限，曰各学堂学生卒业后之出身及位置，各学堂现时派定或认定之唯一学科。所亟当调查者有三：曰全省官立、私立、公立各等学堂之数目及名称；曰全省举、贡、廪、增、附、监及屡经考试之童生，并在任、在籍之儒学各若干人，共若干人；曰全省已有各学堂之经费各若干金，共若干金。所亟当变通调剂者有三：曰三原宏道学堂之当改最优级师范，曰各厅州县之高等小学堂当改初级师范，曰各府所立之中学堂当甄别选取合格学生。省城高等学堂亦然。

今夫教育之当求普及,人人知之。近闻北洋袁少保拟行强迫教育,意甚佩之,而窃料其必无成就。何也?今拟教育普及,必使国内男女及学年者无不入学,即或逾学年者,亦宜有以教育之,使具普通智识。然发端有二难:一无经费,一无教员。今不论中国全体,姑以本省言之。陕民八百万人,老者、孩提者、残废者、病者、已为匪者、经商他省者、有重要职业者、出仕者、学成者,约去五百万人,馀三百万皆亟待教育者也。约一教习教学生三十人为一学堂,一学堂岁费约五十金。以三百万人计之,需教习十万人,学堂十万所,经费五百万金。为问:今之办学堂者,何术以得此十万小学教员、五百万小学经费哉?蒙为此言,非以普及教育为不可行也,将望夫主持学务者善为之计也。

今就本省学堂而论,两高等、一优级师范学生约共五百馀人,年需额支经费约五万金。中小学堂未及调查,以全省府厅、州县每处一学堂计之,约共百区。以学生百人计之,约共万人。每区以额支经费约需千金计之,约十万金。夫每年以十五万金造就此一万五六百人,姑无论其何年始能卒业,即以目前卒业而论,此一万五六百人者,谓将为本省造就之普通国民耶?则仅能得三百分之一,曾何补于社会!况学生颇有不能自保名誉者乎。谓将为本省造就之科学人材耶?则所谓科学者,但有其名,而无其实。无论毕业、修业之人,恐持其所长无所用之。谓将为本省造就之蒙学师资耶?则学科不能尽合初级师范。且本省议普及教育,岁需教习十万人,此戋戋者又奚足置齿牙间也?若论岁费,仅十五万金,似不甚巨。然而年复一年,长此不变,但以无裨实济言之,虽百金犹可惜,况十五万乎?此不能不亟变通者也。

今州县办初等小学堂,一意强迫,不能劝诱。民情甚顽,激刺内生,故有延不举办者,亦有办而无实者。姑就大荔论之,辖村四百,分保四十,每保一学堂,是四十学堂也。每学堂岁费五十金,是二千金也。以通省府厅、州县百馀计之,平均计算,皆以二千金为额,是二十万金也。以二十万金之巨,不能实行教育,轻于一掷,不恤民怨,故今日之学堂,未有受社会之欢迎者。此则又当变通者也。

今之学堂,大抵遵奏定章程办理,有高等,有中学,有高等小学,有初等小学。初等小学始萌芽教习,学生皆不尽能合度,当别论之。惟高等小学毕业升中学,中学毕业升高等,高等毕业升大学,乃为科学完全之地,此奏定不易之章程也。乃就今之高等小学与中学二者程度论之,实无阶级可分。教习既无一定资格,学生亦无一定优劣,学科亦无一定区别。其截然判为中学与高等小学者,则以府县分设为之区别而已。今改官制,将以府县为平等,府治不加尊于县治,则学堂之名目,亦不能以府治设立之故,遂加尊于县治所立学堂。且高等小学堂循例卒业,必将升入中学。今中学程度与高等小学齐,断无勉强升入之理。夫高等小学程度既与中学无殊,而中学之程度又去高等甚远,是高等小学学生永无推升中学之日,而中学学生又无推升高等之日,徒多设阶级以阻学者之进步而已。不特此也,今日中学与高等小学两级学生,乃至有四十馀岁之人。其他不至四十岁者,亦多年龄不合。加以学问浅薄,智虑短少,万不能从容研究科学,当递升大学之任。夫既不能当递升大学之任,则其所谓科学者,终归于无用,明矣。强之使来,授以不素习之科学;及其不能,则不得不麾之使去。此学生之所以惶惑涣散,而无兴趣之可言也。此不得不亟与变通者也。

蒙尝谓,今之中学、高等小学各生,其年龄、学业万不适中学与高等小学之程度,万不能充将来高等学堂之学生。苟能因材器使、量与变通,则莫不能充初等小学堂之教习者。夫学生之名,不加尊于教习。然而此曹以无能之故,优为教习而不优为学生者,则以学生递有升迁，成就甚大，教习则终身教习而已。且变此曹学生而为教习，非外之也。今教育普及，急需多数教员以维持之。苟得多数教员以维持本省小学，使之勃兴，是又祷祝求之而不可得者也。此必当变通尽善者也。

然则变通之道将如何？亦曰因势利导而已。已有学堂之无效果，则以学生之来，为噉饭计，为出身计也。当就其平居之思想以利用之，毋拂其来意。未有学堂之不能办，则以学堂之设不见谅于民，而筹款维艰也。当避其所忌，以诱掖之，毋强其所难。兹二说范围甚广，请申言之。

今拟组织全陕学堂之说曰：留省垣高等学堂一区，改三原宏道高等学堂为甲级师范学堂一区，改省城师范学堂为乙级师范一区，留各府州县已立之中学堂约共十区，改各厅州县已立之高等小学为丙级师范学堂约九十区，改各县城乡已立之初等小学为小学堂约若干区，再议设半日学堂若干区、女学堂若干区。各学堂之名称，一高等、两师范及中学丙级师范等处仍称学堂，以符定制。其馀小学堂、半日学堂、女学堂等，于公牍上仍称学堂，于该学堂所应悬之匾额，则称小学堂为义学，半日学堂为半日义学，女学堂为女义学，以避乡愚之猜阻。于学界上实能占切实之进步，不宜拘于名词之不可改，以自阻泥也。

今更拟改良全省学堂之办法曰：省垣高等学堂，宜于今年另行甄别，以二十二岁以内之聪强子弟、学有根柢者为合格。客籍生不加甄别，听其在堂肄业。其有愿就他项学堂者，听。额设二百人，额缺待补，不宜滥竽充数。自丁未年起，定限五年毕业。此为造就专门科学，备升大学之选。凡甄别不及格者，改归甲级师范学堂。此项甲级师范学堂亦另甄别，以年在三十五岁以内之举、贡、廪、附，学有根柢者为合格，五年毕业，备充各中学堂教员之选。凡甄别不及格者，改归乙级师范学堂。其乙级师范学堂亦另甄别，以年在四十岁以内之举、贡、廪、附，学识开敏者为合格，三年毕业，备充各丙级师范学堂教员之选。凡甄别不及格者，改归丙级师范学堂。惟丙级师范学堂不加甄别，凡年在二十二岁以外、五十岁以内之生童等，皆可入选。其在堂肄业之聪强子弟，富于学识，年在二十左右者，则拔取送入中学肄业。而以此项丙级师范生予限半年毕业，备充各小学堂教员之选。并以此种毕业生分为五班，以三班充小学堂教员。以一班予限半年，令研究简字教授法，另设简字教授传习所。备充半日学堂教员之选。以一班予限半年，择其年高谨饬者。令研究女学教授法，另设女学教授传习所。备充女学教员之选。此外，则中学堂宜即严行甄别，以年在十五岁以外、二十一岁以内之聪强子弟，略具学识者为合格，五年毕业，备升高等学堂之选。凡甄别不及格者，一律改归丙级师范学堂。至于各处拟设之小学堂，亦宜略加甄别。凡年在十四岁以外者，概令分别优劣，送入中学堂或半日学堂肄业，而以合格学生，予限四年半毕业，备升中学之选。馀如半日学堂、女学堂，事属创举，无所沿革，当另具办法，兹篇从略。

各学堂之组织办法既定，然后严檄州县，立劝学所，实行劝学办法。劝学人员不尽职者，该州县官吏得以设法惩办。更于省垣设管学研究所，招致各府州县之在任、在籍各项教职，并举、贡、廪、附、生、监之无资格入学堂者，入所研究管学规则。以年在四十以外、六十以内，身体健壮、品谊端方者为合格，予限三个月毕业，各就乡里，派充该处之各项管学事务。其原有管学之员，非经三个月研究有得者，不得滥充。至于各项学堂岁支经费，应即量与增减。苟无大谬，听其自为。惟小学堂即原名之初等小学。需用经费最多，前谓教育普及必须得五百万之巨资乃能有济，愚谓此款不可力筹，不可强摊。但为之养成多数合格之初级师范，散之民间，此曹自不甘于寂寞,必将输其所得之新智识,告其父兄,教其子弟。更得劝学所之演说,以浸淫灌输之。开化者多,斯求学者众,则必有输资自办者。是不言教育,而教育乃得真际;不求普及,而普及自在意中。夫然后知因势利导之易为功夫,然后知拘守定章之无实用。

苟能率由是道,行之十年,蒙窃以为陕西学界必将特别放一异彩。十年以往,情势大异,当沿当革,是又在后之人奋起而变通之,今不复赘。惟裁择施行,地方幸甚!

告谕同州中学堂学生提倡学生自治文丙午

照得本监学承提学使命令,有监察本学堂全体学生之责。因念诸生既已来学此邦,自必顾惜名誉,恪守规律。惟本学堂创办之初,一切规则未遑议及。准之《奏定学堂章程》内开各节,不无疏漏。查京师、天津、上海等处,自高等小学以上,皆有学生自治规则。本省师范学堂去年倡议学生自治,为庸妄顽劣之教习压制,事迄不行。其他各学堂,亦鲜有能合全体学生躬行自治者。人格日卑,可胜浩叹。本年七月,朝廷颁布明诏,预备立宪。既已预备立宪,必将试行自治。惟是聚多数无能力、无智识之人,而骤责以自治,断非常人所能。学界中人,为四民之代表,故自治之道必始于学堂,而后可以扩充及于四民。

夫自治者,人群固有之责也。抑自治者,国家无穷之望也。国家成立之形式,在于能治人。国家太平之原因,在于人人皆能受治。国家成立与太平之要素,亦曰人人自治而已。是故居今日而言,当务之急,舍自治,无由下手;舍学堂内诸生试行自治,无由下手。今日者诸生负笈而来,受治于人者也;异日者,诸生学成而去,则治人之人矣。治于人者固当自治,即治人者亦何尝不当自治?治人者而不自治,则贪酷庸劣之官吏日以多。治于人者而不自治,则狱讼刑罚之现象日以甚。今日诸生居治于人者之地位,姑与诸生言治于人者之自治。更就本学堂诸生之质地,而订自治之规则如左。

一曰戒嗜好。吸食水、旱、鸦片烟宜戒,饮酒、博弈宜戒。

二曰戒喧谑。喧哗宜戒,戏谑宜戒。

三曰戒游惰。偶一游散则可,惰则成废人矣,是宜切戒。

四曰戒卑鄙。货财器用,衣服饮食,琐屑之事,往往易启竞争,浸成卑鄙无耻之习,宜痛戒之。

五曰戒轻薄。友朋之间,固不可以轻薄之言语举动相处。遇有星期放假出外时,尤宜庄雅自持,不可稍涉轻薄,有碍名誉。一人之名誉不足惜,全体学生之名誉致足惜也。切戒,切戒!

六曰戒躁妄。一事之起,群哗而来;一事之终,群哗而去。己身本无意识,一味浮躁狂妄,是可耻也,而不知耻,奈之何哉?是宜切戒!

七曰戒依赖。吾国人多依赖性质。今诸生来学,姑与言学务上之依赖,如倩人代己,事事退缩是也。有依赖性,必无独立性,终身安能有成?戒之,戒之!

八曰戒固执。孔子大圣,学于四夷;周礼既失,必求诸野。反是,则固执矣。诸生之来自田间者,于时局不无隔阂,宜与开明有识者共处,以时讲习。固执一己之成见,无益也。凡自忖素无识解者,宜以“固执”二字为戒。

九曰戒骄慢。学无新旧,人无长幼,皆宜虚心求益,不可妄以意气加之于人。骄慢者,人弗与处。幸力戒之。

十曰戒妒忌。己本不能而妒人之能。已幸能矣,而妒人之能,皆非器量远大者所宜出也。幸力戒之。

右列十戒妨过也。诸生倘能戒之,当再举十事以勖。

一曰遵门禁。星期放假,遇有要事,告假始得出堂,否则,不能自由出入。

二曰严自习。课馀之暇,当设自习一课。自习之条目,或习国文,或演科学,或看报纸,均无不可,不得聚众闲谈。

三曰勤问难。问难愈多,识解愈明,心思愈细,此学者所同认也。或于教习问难,或于同学问难,均无不可。

四曰广规谏。友朋相处,以勖道德、励学问为能事。故贤者当规谏人,亦当纳人之规谏。宜广其用,令普通学生皆有规谏于人与受人规谏之责。

五曰守法律。法律者,国家所以治人之具。人能自治,必自守法律始。凡一切干名犯义之事,皆宜避之。能守法律,斯合乎君子怀刑之义,不愧为学界中人矣。

六曰尚公德。德业不自私,学问不自私,货财不自私,利害不自私,必公诸人人而后已,是曰公德。人必有公德,而后可以应世,不可不讲。

七曰谋合群。近人好言团体,而往往以数十人同学之学堂,反不知合群举动,是无团体也。人必合群,而后有观感,有激刺。贤者得以教学相长,不肖者无由厕身其间。不讲群学,则个人主义弥漫浸淫于大千世界,吾不知横流之所止矣。

八、求独立。合群以结团体,独立以振精神。不讲合群,则人心涣散;不讲独立,则人格卑污。是故能合群者,必能独立;不能独立,断不能合群也。

九、任义务。天下之大,匹夫有责。匹夫不得高官厚禄,而有天下之责者,何以故?曰:义不容辞也。今天下不可收拾,人人皆有担当宇宙之责。学界中人,为四民之代表,其责尤重,然则诸生亦莫不有义务矣。诸生义务,为类不一,如担任演说,如捐资兴学,皆是也。

十、顾大局。今之不竭力于义务者，皆不顾大局之人也。彼以一日之安为百年之计，如鱼游釜，如燕在幕，曾不若嫠妇之忧宗周，漆室之叹鲁国。茫茫大陆，阒其无人，吾国前途，何堪设想？诸生以自治为进德之基，立身之本。吾愿诸生之进而顾全大局，想诸生必乐许之。子曰："士不可以不弘毅，任重而致远。"程明道曰："苟存心于爱物，于人必有所济。"诸生当交勉之。

右列十事，进德修业必由之途径也。诸生听之！本监学今日以此提倡诸生自治，异日即以此监督诸生自治。自治之成绩日章，即诸生之名誉日章也。本监学虽不与有诸生之名誉，亦甚幸诸生之能赠我以名誉矣。勉之，望之！此谕。

编制局新订京外官制评议丙午

伟[1]尝作《政本书》，以为欲图自强，必清内治；欲清内治，必自改官制始。一得之愚，诚不敢谓有当于天下大计也。今岁朝廷议行[2]宪政，将以改官制为入手之处。圣明刚断[3]，意乃与匹夫同。既读诏书，私自庆幸。诏下不及两月，编制局诸贤决定草案，京外官制，颇有改革。圣主从而裁之，于时京内官制遂改。闻诸贤方拟各直省官制，已有端倪，大约不日又当请旨宣布矣。伏读九月上谕，有云："此次斟酌损益，原为立宪始基实行预备。如有未尽合宜之处，仍着体察情形，随时修改，循序渐进，以臻至善。"大哉王言！虚衷若揭。谨绎"随时修改"之意，则此次定议，原可变通。凡在臣民，皆可献替[4]，意所欲言，不宜秘密，言而未当，必无馀罪。今据邸抄传

1 伟，《政本书》作"觉"。此篇下同，不复注。
2 议行，《政本书》作"议立"。
3 刚断，《政本书》作"乾断"。
4 献替，《政本书》作"献议"。

述已经发表[1]之京内官制，复据报纸所载未经颁行[2]之直省官制，辄以己意评而议之。有近似者五，有快心者三，有不可解者四，有大谬者二，有失策者六[3]。谨以私议贡诸政府及编制诸公，可乎？

所谓近似云者，近似而未尽似之说也。譬之刑部，今改法部，似矣。然吾国迄无上下共守之法，所谓法部者，其事迹不越乎狱讼、刑罚而已。此则名似而实则未尽似。譬之邮传部，管今之商部事务[4]，似矣。然部务实管轮船、铁路、邮政、电报暨江海堤塘、黄河工程诸事，今名之曰邮传，未能赅也。此则实似而名则未尽似[5]。合工部、户部为农工商部，似矣。然工部之设，实掌营缮，今设邮传部，性质与工部同，固不得谓以工部并入商部也。若以工艺制造为言[6]，则工艺制造原系商部所管[7]，与昔之工部无涉，亦不得谓以工部并入商部也。今农工商部之设，以工艺之工与工程之工相混，似是而非，莫大于此。至于农政，凡水利、屯垦、树艺、畜牧诸大政，原可划入农工商部。[8]惟户部兼有[9]管领[10]土地、户口、农田、粮赋之责，吾不知商部亦能兼管其事否耶？徒取其名而无其实，殆将浑不似矣[11]。直省

1　发表，《政本书》作“发见”。

2　颁行，《政本书》作“发见”。

3　失策者六，《政本书》作“失策者八”。

4　管今之商部事务，《政本书》作“分商部强半之职”。

5　未尽似，《政本书》下有注“愚谓当称工部”。

6　为言，《政本书》作“为商部责任而言”。

7　原系商部所管，《政本书》作“系商部分内之事”。

8　至于农政凡水利屯垦树艺畜牧诸大政原可划入农工商部，《政本书》作“农字一义，当指农政而言，谓凡属水利、屯垦、树艺、畜牧之类，不妨令商部兼课其成”。

9　惟户部兼有，《政本书》作“然户部之部务又有”。

10　管领，《政本书》下有“天下”。

11　浑不似矣，《政本书》下有注“愚谓当只称商部，别议设一农部，或曰户部，说见下失策一段”。

官制，谓将增设十司，似矣[1]。然十司性质，当以曹司隶于督、抚，非以监司临夫州县。法当厚其禄而卑其秩，专其责而损其权。倘仍以监司之制行之，则不复似督、抚之设。鉴于督、抚同城之为患[2]，谓将遍设总督，不设巡抚，似矣[3]。然省治大小，万有不齐。非分设督、抚，无以为鼓舞英杰之具。且驻防之将军、都统不裁，则一省之权弗专，虽改抚为督，何益？苟仍以因循敷衍之政策行之，[4]则不复似。此近似之五则也。

所谓快心云者，吾意在此，恐廷议未必遽合于吾议，而不图廷议竟与吾议合也。自议宪政以来，伟恐政府诸公将一以欧美[5]之制行之，则都察院将废。夫宪政未成，而台谏骤罢，则近数年内将无复纲纪之可言矣。不意圣明洞烛事理，谕留都察院衙门勿废。此一快[6]也。海军虽未立部，然廷议已默许之。伟曩恐廷议不果立部，继恐一议[7]立部，政府将以应有尽有之习惯行之，但立一部而不计部臣与部属人才之有无也。[8]今兹措置，允合私议。此一快也。外省官制虽未露布[9]，然职任闲散之道府，闻将尽行撤废[10]。力裁冗员，莫

1 似矣，《政本书》作“似有鉴于外省庶事之不治者”。

2 鉴于督抚同城之为患，《政本书》无。

3 似矣，《政本书》作“似有鉴于督抚牵扯之为患者”。

4 虽改抚为督何益苟仍以因循敷衍之政策行之，《政本书》作“倘仍以粗疏敷衍之政策行之”。

5 欧美，《政本书》作“各国”。

6 一快，《政本书》作“一端”。此文全篇皆如此，不一一标注。

7 一议，《政本书》作“苟议”。

8 政府将以应有尽有之习惯行之但立一部而不计部臣与部属人才之有无也，《政本书》作“政府将以操切之手段行之，猝立一部而不计部臣与部僚之有无也”。

9 露布，《政本书》作“宣揭”。

10 撤废，《政本书》作“撤去”。

急于此。此又一快也。

所谓不可解者，其一，则内部未立是也。编制局明明议立内部，该部职掌之内容虽未尽悉，然内政部之名则固已喧腾人口矣。夫内部职掌繁多，曩作《政本书》约略言之，仍多未尽。今约以事体之精者论之，则有议覆京外章奏，讨论[1]国内政治，延揽天下人材之责；以事体之粗者言之，则有管领各局、如新拟内部所设之五局等类。各馆、如国史馆等类。稽勋处、伟所拟名，掌京外王公、文武大小百官出身、登进、升黜、调迁、休致、终养、病故等各项册籍。制禄处[2]伟所拟名，掌京外王公、文武大小百官岁支廉俸数目，及罚俸、赏俸等项册籍。等项之责。兹部不立，万事无绪，譬之振衣者不知挈其领也。其二，则步军统领衙门未裁。方今警察部实掌地方之责，则步军衙门为骈拇。此而不裁，何以副修改官制之意？其三，则各科给事中仅去六科名目，而不裁给事中之缺。其四，则外省官制虽有移易，迄无裁大小佐贰杂职之说。大抵今拟官制，主其事者，只能任劳，未能任怨，故不喜多裁一缺、多废一署，但求改定官制后，不使一夫失所[3]，而不顾设官之复杂也。

至所谓大谬者，一则内阁政权未能恢复，而军机之制如故也。伏读上谕，谓军机本由内阁分设，取其近接内廷，入值承旨，办事较速。皇上睿虑周详，宜无可议。然内阁之设，宰相衙门也。为宰相者，宜其有真。使内阁衙门不可用，当亟废之。既不能废，当存其真。伟意即以当入军机者令入内阁，即以军机入值之处设政事堂，为内阁臣工承旨办事之处。名与军机异，实与军机同。其不同者，军机无衙门，为退值会议之地，而内阁有衙门也。军机无

1 讨论，《政本书》作“提议”。
2 制禄处，《政本书》作“核俸处”。
3 一夫失所，《政本书》下有“为计”。

定员，权分而责有所诿；内阁有定员，权专而责无可诿也。夫使为宰相者，而无一衙门为退值从容会议[1]之地，又多其人数，以嬲之导之，有所诿卸，而不肯担任大事，谓非大谬，其谁信之？一则吏部[2]未能裁撤也。吏部之决当裁撤者，曩作《政本书》已详论之。近读报纸，亦谓探闻廷议有决裁吏部之说，嗣有谓缓至一年后始裁者，今则一切依旧。夫官人之制，渐易铨选而为辟召，渐易辟召而为选举，则吏部几无一事可为。于此而犹不忍废弃[3]，毋亦为吏胥作之伥乎？有天下者，不务为治，而务为吏胥作伥，非大谬之尤者乎？

更以失策诸端论之。礼部内容，既兼光禄、太常、鸿胪三寺之职，其组织与部一体，窃谓非宜。以设官之性质论之，礼部为执役之官，而非执政之官。愚意执役之官，宜别立名目，俾与部异。曩作《政本书》，改礼部为大礼府，与钦天府、内务府、宗人府、太医府、銮仪府，凡六衙门，同为执役之官，而以内阁及十二部为执政之官，以示区别。前闻编制局有典礼院之设，意良嘉之，不知何以忽仍旧制？此不得不谓之失策也。六部之中，兵、刑、工皆易今名，无论矣。吏部当裁者也，礼部当变者也，而卒不果。户部当因其旧[4]，且需极意整饬者也，而忽裁之。此等举措，不知何人实主其成。今设农工商部，意谓户部所管一切之财政既已隶度支部，更以户部所管之水利、屯垦、树艺、畜牧各项隶诸农商，则户部宜若闲曹无所用之矣。抑知户部之设，所以管领[5]天下土地、户口、农田、粮赋者也。

1 会议，《政本书》作“聚议”。

2 吏部，原本、《政本书》均误作“吏都”，据文义改。

3 废弃，《政本书》作“决裁”。

4 因其旧，《政本书》作“沿其名”。

5 管领，《政本书》作“管理”。

有天下，然后有户口；有土地，然后有农田。有户口与农田，然后有粮赋，然后一切杂征随之，然后有以制国用。自后世以户部管财政，遂沿其末而遗其本。于是所谓户部者，只能钩稽仓库而已。粮赋不均，不问也；田野不辟[1]，不问也；户口不清，不问也。甚至土地为外人盗窃[2]，亦不之问。是谓户部不称其职，是谓国家务责之以细事而忘其要职[3]。今改官制，当惟本之是图。伟意编制局当议别设财政一部，而以户部专掌天下土地、户口、农田、粮赋、水利、屯垦、树艺、畜牧之事，俾专其责而考其成，庶几乎农政修而海内富，与商部同心合力，以致富强。今乃不此之务而妄[4]裁之，所谓中国以农立国者安在耶？且欧美以商立国，皆能注意农政，置农政大臣以郑重之。吾国陆海之区，反不知注意农政，何失策之多也！其次，若翰林院。翰林院者，固上谕所谓文学之班也。今学部成立，求贤甚急。翰林院诸臣而解学务，则学部将倚赖之，畀以京外提学[5]之任，不能听其闲散无聊也。设令翰林院诸公而不堪提学之任，则所谓文学者，等之骚人墨客之所为，固无当于天下大计。夫以无当于天下大计之人，而崇其秩、优其名、厚其禄，于义何取？以伟所拟，设官之性质有四：曰执役，曰执宪，曰执政，曰行政。若翰林院衙门，固无当于此四者之性质也。为今之计，即不能决然裁去，亦当令附于学部，不宜任为独立衙门，[6]并易其名曰翰林馆。凡学成未仕者皆入之，或以文字供奉内廷，或专一业以供任使，或一意精研，始终

1　田野不辟，《政本书》作“田畴不治”。

2　盗窃，《政本书》作“串卖”。

3　以细事而忘其要职，《政本书》作“以他政而忘其固有之职”。

4　妄，《政本书》作“亟”。

5　提学，《政本书》作“办学”。下文均同，不复注。

6　不宜任为独立衙门，《政本书》下有“其附属学部之制，或改为通儒馆，或改曰翰林院”。

不愿入仕，亦可奖以官阶，与邀荣宠。变而通之，是在明治理者，非一孔之儒所得而妄议也。[1] 其次，若仓场衙门。仓场当隶户部，为附属衙门，今无所隶，便成独立。窃谓仓署积弊甚深，宜乘此时决然裁去。京员俸米，可颁折色。直省漕粮，只供进御。宜将该衙门所管仓廒废去一半，酌留一二，存储粮米，以财政部或户部司员监之，不置堂官，废其独立衙门之制。其于裁并冗员之议，或有取乎！[2] 其次，为审计院。伏读上谕，谓审计院为核查经费而设，所以慎度支、虑冒滥也。今设度支部，应有完全理财之权。夫负理财之重任

---

1 所得而妄议也，《政本书》下有："其次为大理院。今改大理寺为大理院，正卿秩，正二品，为独立衙门。说者谓司法、行政权限攸分，觉窃以为不然。司法者不挠行政之权，行政者不预司法之事，固也。然法部之与大理院实共一事，今但当以大理院属法部，正其名曰大理厅，为最高裁判所；其次为各直省提刑司，其次为各县之裁判知县，以次递属于大理厅，与大理厅同属于部，为法部所设之三等裁判衙门。其裁判权限内所属之事，一以大理厅为咨禀之地，法部不必与闻。即大理厅裁判之事件，亦与法部无涉。然一切裁判所当施用之何项法律，则法部实主其议，大理厅以次奉而行之，毋敢有异。此则司法者不挠行政之权，行政者不预司法之事之实际也。今必别大理院为独立衙门，而后谓之权限分明，是泥于司法、行政当分之说，而不得其解者之所为，非划一政权之计也。譬之巡警，各县有巡警知县，各省有巡警司，京师有巡警总厅，是三等巡警也，然皆隶于警部，不闻总厅改为独立衙门。今大理院当隶法部，与巡警总厅当隶警部同。且司法、行政权限制之当分，非独法部一也，警部亦然。警部为司法之地，总厅为行政之地。无论厅员不当侵部臣司法之职，即部臣亦不能挠厅员行政之权。若必泥于司法、行政当分之说，是巡警总厅亦必为独立衙门也。此天下必无之事也。"

2 或有取乎，《政本书》下有："其次为军咨府。伏读上谕，谓海军部、军咨府未设以前，均暂归陆军部办理。所谓军咨府者，组织如何，性质如何，虽未尽知，然玩上谕语意，其拟设为独立衙门可知。觉意，自海、陆两部以外，似别无大军政应立专衙门者。军咨府之设，大约为行军咨访一切事宜之处，固不得谓之骈枝。然海、陆军政，万有不同，军咨府万不能合海、陆军政而一贯之。倘设独立衙门，恐负其名而无其实。今拟海、陆两部各设一军咨处，附于两部，如大理厅之于法部，翰林馆之于学部，或较独立为得计乎！"

者，讵无核查经费之责？责有归矣，何事别立衙门为之骈拇？倘谓度支部不任核查经费之责，则部臣滥入而滥出之，不知审计院虽负其责，于事何济？且东西各国，负理财之任者，无不兼负核查经费之责。豫算以筹出入之宜，报告以坚天下之信任。天下士庶，皆得而调查之。是不独部臣自负核查经费之责，即天下人民，何一不负核查经费之责者？胡为乎以不预理财之人，而责之以无谓之审计也？必不得已，降审计院之地位曰审计处，为财政部之附庸[1]，全部核查经费，取办于此。豫算焉，报告焉，听天下臣民皆得而调查焉。苟如是，是亦足矣[2]。其次，为各直省拟设之地方官。据报纸谓，将以府、州、县为三等县，每县置首领官一人，以府、州、县充。下设四股[3]，以佐贰充之，分任裁判、粮赋、警察、学校四事，而尽裁向来之佐贰杂职。其制不为不善，然而伟敢必其无益于治也。今之所患不在无分任裁判、粮赋、学校、巡警之人，而患其人不能胜任，其权不能平均。何也？昔之知县，可谓首领官矣，其能表率僚属，恭己无为者有几？昔之县丞有督粮之责矣，昔之典史有监狱之责矣，昔之城守营有巡警之责矣，昔之儒学有学校之责矣，其能实心任事，不挠于人，不诿于人者有几？今变佐贰杂职之名目，而设四股；沿旧有州县之名目，而设知府、知州、知县，其能异于昔之正佐者几希。其不能异于昔之正佐者，势也。非故不能也，一因其人不能胜任，一因其权不能平均。今之所谓州县者，强半客气用事之人；所谓佐杂者，强半毫无知识之人。以毫无知识之人，责以切近之政，

1　附庸，《政本书》下有“如大理厅等附属各部之制”。

2　是亦足矣，《政本书》下有注：“觉著《政本书》论财政部一节，及《下学斋》厘财、政议二篇，论财政部宜用中央集权之政策，然后天下财政乃得而理；必如前议，然后审计院之审计，乃有下手之处。”

3　下设四股，《政本书》下有“或云四部”。

则有时不能举。一不能举,则客气用事之人遂夺其权以去。此不能胜任之为害也。幸而得人,幸而人人皆能胜任,然而行政者为四股佐贰之人,监察行政者为府州县首领之人。行政者号令不能径行于民,监察行政者又不屑躬亲细事。有其权者靳之而不用,无其权者求之而不得,则权势不均之为害也。且三等县之制,亦未尽善。夫既分县为大、中、小三等,则必以土地之广狭、户口之众寡、粮赋之多少、商务之盛衰,为大、中、小三等之别。今以知府辖地为大县,直隶州辖地为中县,知县辖地为小县。夫知府辖地,不必其土地广、户口众、粮赋多、商务盛也;知州、知县辖地,不必其土地小、户口寡、粮赋少、商务衰也。曩之知府、直隶州驻扎处所,特取形胜而已。今分大、中、小三等县,则不能以形胜为断。既不取其形胜,则所谓大、中、小三等之制者,于义何居?此亦失策之一则也。

惟资政院为博采群言而设,令通国贤达得与国政,可为议院基础。集贤院之设,仿日本元老院之制,亦可采用[1]。盖实行变法,必有亲贵、元老枉被裁撤之人,不可无一地以位置之。两汉之奉朝请,两宋之领祠禄,皆其意也。

伟至愚极妄,不揣冒昧,辄以己意所拟官制述之,分京外设官之性质为执役、执宪、执政、行政四大端,而又参以新制,曰议政,曰访政,凡六门。执役之官六,皆在京师,曰钦天府,曰大礼府,曰宗人府,曰内务府,曰太医府,曰銮仪府。执宪之官三,在京师者,曰起居院,曰都察院;在各省者,曰巡按使[2]。执政之官十三,皆在京师,曰内阁,曰内政部,曰外政部,曰藩部,曰户部,曰海军部,曰陆军部,曰财政部,曰民政部,曰法部,曰学部,曰工部,曰商部。以新设

1 采用,《政本书》作“暂置”。

2 巡按使,《政本书》作“巡按府”。

局处及各馆隶内部[1],以审计处隶财政部,以仓场厅隶户部,以巡警总厅隶民部[2],以翰林馆隶学部,以轮路邮电总局隶工部[3],皆不得为独立衙门。或由部臣定作额缺[4],或由部臣定作差使[5],应由各部审度行之。无论额缺、差使,其秩不得逾正三品。行政之官六,在京师者,曰顺天府尹;在各省者,曰宣政大使、宣政使,不得并设。[6]曰宣政[7]所辖之各司,曰各县行政正佐官,曰各乡行政正佐官。其京外各官之组织,说详《政本书》中,语赘不及细述,述其大概而已。此外,则在京师设资政院为议政衙门,用以为博采群言、组织议院之地;设集贤院为访政衙门,用以为优礼退闲大臣、使奉朝请之地,皆为独立衙门。数年后,宪政成立,资政院应归消灭;改上议院。耆旧凋零,集贤院宜可[8]裁撤。此权宜一时之设施也。总之,重要[9]衙署当设立者,不宜因循;闲冗衙署当裁并者,不宜姑息。权衡此次设官之宜于独立与附属者,不宜卤莽;审度[10]今昔设官之性质,与筹所以组织者,不宜模糊。四者兼之,斯可与议官制,斯可拟改官制。而不然者,毋宁仍旧贯之为愈也。

再,京师衙门名称繁多,故审其地位之闲要,以正其名。今制,以阁、部、院为最尊之名称,其次曰府,其次曰馆、曰厅、曰局、曰处,

---

1 隶内部,《政本书》下有“以军咨处隶海、陆军部”。

2 民部,《政本书》作“民政部”,且下有“以大理厅隶法部”。

3 以轮路邮电总局隶工部,《政本书》无。

4 额缺,《政本书》下有注“如大理厅之属”。

5 差使,《政本书》下有注“如各局处之属”。

6 在各省者曰宣政大使宣政使不得并设,《政本书》作“在各省者,曰总督府、都抚府(不得兼设)”。

7 宣政,《政本书》作“督抚”。

8 宜可,《政本书》作“便合”。

9 重要,《政本书》作“紧要”。

10 审度,《政本书》作“审量”。

此外不得别立名称。阁一，曰内阁；部十二，曰内部[1]至商部；院四，曰起居院、起居注改。都察院、资政院、集贤院；府六，曰钦天府、钦天监改。大礼府、礼部改。宗人府、内务府、太医府、太医院改。銮仪府。銮仪卫改。此外，各旧有、新设之衙门，拟改为阁、部、院、府之附属者，皆曰馆、厅、局、处；其原名馆、厅、局、处者，不再更设[2]。若翰林院必改称翰林馆[3]，审计院必改称审计处，夫然后阁、部、府、院之名称乃尊。尊其名，即所以重其任也[4]。

近代建置疆吏评议丙午

自秦废封建而为郡县，始犹以郡统县，后乃郡县平等，于是乃有封疆大吏之设。疆吏之名词，在上古为方伯、连帅，在后世为州刺史、州牧、州都督、各道节度、各省督抚。我朝沿明之制，亦曰督抚，参以旗员之将军、都统，复参以武职之提督、总兵。其与督抚同具开府之制者，又有漕运、河工、盐榷、织造等衙门，其职甚繁，不可殚纪。

夫百官之设，以为民也。京师为政法根本之地，发号施令，各有职司，以故衙署不能简略。至于直省地方，则宜详于亲民之官。其监督亲民之官之大吏，取一已足，恶用重叠？今直省既设督抚以督，隔省辖抚，已形不便，又贰以管理旗民之将军、都统，更杂以镇守地方之提督、总兵。若夫河漕衙门，不理民政，且已裁撤，则又不

1　内部，《政本书》作“外部”。

2　不再更设，《政本书》下有“若大理院必改称大理厅”。

3　翰林馆，《政本书》下有“军咨府必改称军咨处”。

4　重其任也，《政本书》下有“外省则尽去旧日之名称。曰府，则总督府、都抚府、巡按府，每一省得二府。曰县，则昔之府、厅、州、县，每一省平均约得百县。曰乡，则昔之乡镇大埠，每一县平均约得若干，当研究之。丙午十月初十日”。

暇追论。督抚同城之弊已革,故不及。要之,皆详于大官而略于小官者。顾炎武有言:“小官多者,其世盛;大官多者,其世衰。”证以今之政象,良非虚语。

今预备宪政,京外官制颇有改革,独无议及各直省开府之大吏者。以为其制已善,则吾未见其可。以为其制未善而姑听之,则又何以副修改官制之义?原夫国家当日设官之初,总督以治全省军务,巡抚以理全省政刑,将军、都统以辖旗民,提督、总兵以资镇守。夫提督、总兵,决不干预民事者也,而江北提督则辖道府、理刑政,与两江[1]总督同。将军、都统,决不管理地方者也,而伊犁将军则管伊犁地方,且节制新疆全省文武,与陕甘[2]总督同;热河都统则辖道府、理刑政,与直隶总督同。至于盛京、吉林、黑龙江已置郡县,制如行省,则三省将军之制又与各督抚同。各省巡抚不仅理政刑,兼理军务,则又与总督同。各省总督不仅理军务,兼理政刑,则又与巡抚同。夫同一为开府之大吏,同一为监督亲民之官之大吏,乃或曰将军,或曰都统,或曰总督,或曰巡抚,名称不一,莫此为甚。又有以将军、都统、提督兼管督抚之事者[3],事权不一,莫此为甚。至于驻防将军、都统之无谓,镇守提督、总兵之无益,则又滥设大官之尤甚者。

伟[4]曩作《政本书》,谓宜尽去今之大小武职,以镇守地方之任责之警察,以预备战陈之任责之陆军,是绿营之提督、总兵可裁。又谓宜尽去各省驻防人员,以旗民与汉民同受督抚管辖,是驻防之将军、都统可裁。至于承旨开府、监督亲民之官之大吏,则

1 两江,《政本书》作“江宁”。

2 陕甘,《政本书》作“特设”。

3 督抚之事者,《政本书》下有注“指前项伊犁将军而言”。

4 伟,《政本书》作“觉”。下同,不复注。

宜废去总督、巡抚[1]、将军、都统等一切名目，正其名曰宣政大使、宣政使[2]。总计东三省、新疆及内地十八省，并伊犁将军驻扎之伊犁、热河都统驻扎之承德[3]、江北提督驻扎之徐州[4]，亦划分为三省，都为二十五省。伊犁省占新疆之西境强半，热河省占直隶之北境弱半，江北省占江苏之北境弱半。废去苏州省治，隶于江宁，以宁苏火车既通，凡百政事易于达宁故也。至于江北分省之议，前议多不便者，大抵以形胜、财赋为词。今天下一家，固无所用其形胜。苟将财政集权于中央政府，则又无虑经费之难支矣。热河分省，宜由京北分线，自京师北境至于蒙古而止，以内地方皆隶之。新疆二万里，地方辽阔，约分万里隶伊犁，万里隶新疆，界线宜徐审之[5]。今拟凡有关于交涉及军务省分，或辖境较大、商务较繁之省分，或地处边要、逼近强邻之省分，应即作为疆吏要缺[6]，馀皆作为疆吏简缺[7]。以盛京、吉林、黑龙江为东北边要省分，甘肃、新疆、伊犁为西北边要省分，四川、云南[8]为辖境较大之地，湖北、广东为商务较繁之地，直隶、江苏则为关于交涉及军务最重之地，宜皆置宣政大使一缺，馀置宣政使一缺，[9]各治其地，不相统辖。别置巡

1 总督巡抚，《政本书》无。

2 宣政大使宣政使，《政本书》作“督抚”。

3 承德，《政本书》作“承德府”。

4 徐州，《政本书》作“徐州府”。

5 徐审之，《政本书》下有注“每省酌置督抚一人，开幕府，设各司以治之。其督抚之名称，则曰总督大臣、督抚大臣。《政本书》已备言之，兹更不及。其督抚分设之地，则以该省分大小简要为衡”。

6 要缺，《政本书》下有“置总督”。

7 简缺，《政本书》下有“置都抚，约二十五省”。

8 云南，《政本书》无。

9 宜皆置宣政大使一缺馀置宣政使一缺，《政本书》作“皆置督抚，督抚各治其地”。

按使一人，纠弹群吏[1]，说详[2]《政本书》中。疆吏名称既一[3]，窃谓不独内地之将军、都统等名称可裁，即藩地如内外蒙古、青海、西藏亦可裁去镇守将军及领队大臣、参赞大臣、办事大臣、帮办大臣等名目，一以行省之制行之[4]。

方今编制局筹拟各省官制，谓宜乘此时机[5]，由厘定官制王大臣入告皇太后、皇上，仰秉宸谟，决以乾断，变通疆吏之建置，厘正疆吏之名称，并筹以藩地改省之制，次第推行。其有裨于内治，实非浅鲜。伟不佞，一得之愚，不敢自私，谨以质之当代君子[6]。

读东督[7]新订东省官制书后丁未

丙午五月，伟[8]曾作《政本书》。其《职官表》一篇虽未尽当，然固有可采者。至秋七月，朝廷预备立宪，议改官制，于时廷议多与

1　别置巡按使一人纠弹群吏，《政本书》作“别以巡按大臣一人，监之制，如督抚”。

2　说详，《政本书》作“亦详”。

3　既一，《政本书》下有“以总督都抚”。

4　行之，《政本书》下有：“分内、外蒙，前、后藏及青海为五省，各置总督，并内地为三十省。其创设行省之法，但令该地人民公议举一总督（大约不外以向来之酋长充之），然后选派京外三、四品人员，通达治体、晓畅时政者一人，特旨简为该省巡按大臣。（巡按大臣常年驻藩，经费宜由藩部筹给，该大臣不得向该地需索一钱，以崇天朝体制。）令巡按大臣，以行省之制晓之，为之组织省会，组织县邑，定其税课，便其交通，徐以施行新政。（该总督如不自振作，或抗不遵办，由巡按揭参，饬令地方另议公举。）所有该省总督以次官吏，皆用土人充选，但以吾法部勒之。不出十年，必有明效，此亦慎固吾圉之一道也。”

5　谓宜乘此时机，《政本书》作“觉谓宜乘此机”。

6　当代君子，《政本书》下有“幸忠莀大臣察而教之。光绪丙午十一月十五日”。

7　东督，《政本书》下有“徐大臣”。

8　伟，《政本书》作“觉”。下同，不复注。

吾书合者。及新官制发表，伟取而读之，始而愉快，继以歉仄，爰有《编制局新订京外官制评议》之作，嗣复作《近代建置疆吏评议》[1]，冀见用于当世[2]。

丁未夏五，读徐菊人[3]督部所订东三省官制，私自庆幸，以为各直省官制或有终议改订之时。盖徐能以新制行于东省，则必有效，则必有令内地各省相继改革[4]之一日。虽然，徐所拟之官制善则善矣，然而吾犹有憾。愿以吾说，供诸徐督部之一览。

夫东省督、抚兼设，似抚臣为地方官，而督臣以钦差临之者。然而三省事务，必取决于督臣，抚臣不得专之，是抚臣副督臣也。伟以为，抚臣之权太狭。自近年来力矫督、抚同城之弊，于是裁三巡抚，此次复令督、抚同城，诚不知朝廷命意之所在也。夫既以抚臣副督臣矣，又于督、抚之下增设承宣、谘议二厅，各以参赞掌之。参赞之职，固非闲曹可比，然而其秩甚尊，逼近巡抚。设此参赞专属督臣者，则必逼抚臣之地位；设此参赞兼属抚臣者，则又分督臣之特权。又况东省行署特用京部之制，合堂、司为一署。督、抚既同为堂官，七司既各为司官，又于督、抚之下，七司之上，置所谓两参赞者，毋乃政权太分，恐非所以一僚吏绅民之观听也。伟以为，两参之职可罢。旧制督、抚与司道分署理事，督、抚事体繁多，一人断难兼顾，或可用今制，设置两参以分其劳。若今制，堂司同署理事，断无以两参横亘堂司之间之理。七司之外，设督练处，所以重军政一事权也。

1 评议，《政本书》下有“皆寄都中友人，嘱登报纸”。

2 当世，《政本书》下有：“虽然，此文之曾登报纸与否，与夫当世贵人曾采与否，均不可知。（近读报纸，颇觉时政有与吾书合者，窃自快慰。）觉之一身留滞关陕，固无知时局何矣。”

3 读徐菊人，《政本书》作“于报纸得读徐”。

4 改革，《政本书》作“改良”。

伟意,凡为封疆大臣者,宜皆有整军经武之权,即宜有分曹治事之吏。譬诸学务,督、抚兼之矣,而提学司即为督、抚之一曹司。譬诸警务,督、抚兼之矣,而巡警司即为督、抚之一曹司。推之练兵,何莫不然?督、抚既兼练兵之任,即宜设军政司之一曹司,奈何特设督练处,以示别于七司乎?伟以为督练处之名目及组织情形,宜示变通。督练之外,别设提法使,隐示司法独立之意,规画良精。然所谓提法使者,仍受督、抚之辖制,以司法官而禀行政官之命令,则司法之谓何矣?伟以为,宜令提法司有直接政府之权,且异其名称以旌别之。

曩作《政本书》,于督、抚名称及衙署之组织略有变通。又特于每省设执宪官,取前明巡按御史之制,于各省设巡按使以督过之,与今东省官制略同。只以书生之谈,流辈所弃,明知不能见用于世,故亦弁髦置之。今者徐督部既排众说,更订新制。宏纲一举,经纬万端。伟不敏,窃欲以吾说贡之徐督部,或者刍荛之言不无一二可取者乎?

伟之言繁缛不文,诚不愿多有论说,遂蹈迂赘,贻大雅讥,今言尽于此矣。幸当道贤豪不弃,则伟所拟《皇朝内外职官纪要一览表》,与夫曩作《政本书》及书中《职官表》两事,皆可以资商榷而备采择者也。既涉狂赘,故终言之[1]。

上东督徐菊帅世昌请核减文牍以求治理说帖戊申

按,京外衙署之必须藉文牍以行政者,以文牍有二用。一因京外相去太远,属上相去太远,必藉楮墨以代语言。一因无谓之条例太多,例行之成案太多,必藉案卷以资遵守。文牍之关于行政者,

1　言之,《政本书》下有“光绪三十三年丁未五月二十八日书”。

不过如是。职是之故，京外大小文武衙门，莫不以文牍往来为求治之具。政愈多，文牍愈冗。必求备焉[1]，必求繁且重之式焉，以云有裨治平，吾斯之未能信。

今者，东三省既创改官制、变通政体，以为内地行省之倡。奉天行省已用各部制度，行堂、司同署办事之法。夫各部收发京外衙门公文，皆由堂官署衔，司官但司核议叙稿而已。堂、司之间无文牍往来之烦，皆以"当面回堂"数语取决而去，为司官者更无径向京外衙门收发公文之理。故部中统一二十二省，二十二省者，但知有一大部，不知有所谓堂官几人、司官几缺也。今奉省之制则不然，堂、司之间互行文书，明明同署办公，日日晤对，乃必以照例之文牍往来其间，何所取义？又，行署各司对于省内外道府州县，皆有收发公文之权。夫既以各司隶行署矣，又听其自行收发公文，一国三公，吾谁适从？按之治理，不宜若是。

愚以为必求核减文牍之法毅然行之，始与改定官制、堂司同署办事之义符合。一面省其牍案之劳，即一面课以切近之事，似有合于吾帅求治之盛意。谨具核减东三省省外各衙门文牍办法如后。

一、奉天省除独立衙门若提法司等署外，馀若承宣、谘议两厅交涉，诸司皆作为附属衙门，隶于行署。行署长官为督、抚，始有收发京外各衙门文书之权。该厅司应每日入署，听候督、抚、宪发交文件，核议呈堂。

一、通饬各道府厅州县，嗣后无论关于何项禀牍，只备文一份，径申行署，不得分呈其他衙门。

一、咨明京外各衙门，嗣后无论何项公文，概咨行署核办，由行署咨覆，不必分行其他衙门。行吉、黑两省者，不在此例。

1　焉，原本误作"马"，据文义改。

一、现今行署既有承宣厅文牍科，应无论各项公文到署，皆由该厅交文牍科科员分门别类，编号登簿，呈送参赞，核过数目，即饬分交各该司核议。

一、京外文书，譬如以星期第一日到行署，即日分发各司。第二日，各该司核议就绪，或拟堂稿、堂札、牌示，或拟奏咨堂稿，均限第三日回堂。由各该司面承堂谕，即将该案作为完结。以后每日递推，第二日文到，即限第四日结；第三日文到，即限第五日结；第四日文到，即限第六日结，星期停办。

一、各该司办结之案，即将原案并所拟或批或札，或牌示或奏咨各项底稿，凡经督、抚、宪核准照行者，皆由各该司汇送承宣厅，由参赞指挥科员，用督、抚双衔宣示发行。

一、凡承宣厅宣示发行以后之旧文书，即于当日汇交原管之各该司收领。各该司应于行署办公处所择地存储，由司派员一人常川驻署，管理呈送文书、收领文书暨各处调发文书等事。

一、承宣厅不储案卷，但由文牍科科员将每日所收所发各项文件分类编记，以备稽核。

一、承宣厅所收各衙门公文，如有关于特别事件或非该各司分内所应办者，应将此项文件一律汇交谘议厅核议，亦将该件数目编号登簿。

一、两厅七司对于督抚、对于同官、对于省内外各道府厅州县，皆不得互行文书。遇有应商事件，厅司则每日会议磋商。遇有应行发表事件，皆禀明督、抚，以督、抚之衔行之。

一、厅司各员遇有特别事件，非偶坐片刻、聚谈数语所能取决者，可各具说帖，互通书信，备陈意见，以待磋商。此项书信、说帖，皆可呈堂，皆可存卷。

一、奉天七司皆已建立衙门，应以该衙门为该司官吏退署休沐之所。凡办行署公事,必须到署核办,就署完结。

一、该各司嗣后不得自行署衔牌示、批判及有文移各衙门等事。

右件,就鄙意所及,条举大概。昔朱子见艺祖开国时文卷只一小束,叹曰:“毕竟英雄底人,作事不同。”然则以人而为案牍所困与夫以案牍困人者,皆非英雄底人,彰彰明矣。总之,既欲图治,必先芟除繁文,然后能匀出精神,商榷庶政也。

上徐菊帅请责成州县勿派多员监视说帖戊申

原拟第一条“请派员密查州县贤否”一节,援引直隶办法,未尝不可试行。惟州县既由公署考核委用,用人之道,首贵勿疑,似不宜以防范小人之心施诸牧令。果有劣迹,立与撤参,未尝不可示儆。若必增添委员,按属密查,诚恐委员奉差,状尤艰窘,恐未必人人能贤也。昔东坡谓,养马者马瘠,则添一人牧之,而马愈瘠。胡文忠[1]谓可以悟用人行政之要。今委员密查州县事,颇类此,应请毋庸置议。

第二条,佐职禀揭州县,事类告讦,应一并暂从缓议。

第三条,拟设自治期成会,事属可行。惟地方程度甚低,州县得人,自能设法提倡,否则,概属空谈。拟请饬由提学、民政两司通饬州县筹办,或俟奉天府自治局办有成效后,再行推广。

第四条,接见僚属,笔记贤否。

第五条,慎重地方办事官,所陈均有至理,似可采用,统候钧酌。

1　胡文忠,原本误作“曾文正”,胡林翼《札委员查访节孝》云:“东坡谓,牧马者马瘠,则添一人以牧之。添一人,而马愈瘠。此可悟用人行政之要。”见《胡文忠公遗集》卷八十六。据改。

上徐菊帅州县办理新政不宜开支津贴说帖戊申

按,学务、警务暨一切新政,皆系身膺民社者应有之责。州县既有公费养廉银两,即不应巧立津贴名目。今提学司以康平县忠令私立名目开支经费一案,呈请拟定章程,设法查禁。应请通饬省内外道府、州县,将地方自筹款项举行新政,业经为地方官吏筹有津贴者,一律将办理情形、津贴数目限期呈报,以凭饬禁。并饬嗣后凡有办理地方学务、警务,拟即就地筹款者,皆令先将筹款方法及拟定开支数目,并各项用途,先行造具表册,呈报核夺。有筹款近琐屑者,开支近浮滥者,均由公署核驳。倘该官吏有呈报不实,及并不呈报、擅自筹支之处,一经查出,定即分别撤参示惩。如蒙照拟办理,即行文通饬,毋庸拟议章程,并乞裁酌。

上徐菊帅核议赵荣章提倡垦务说帖戊申

中国本一大陆产国,自宜专注农业,以为民食之原。古人图治,首重民食。仲尼论政,足食为先。

迩来朝廷提倡工商业不遗馀力,于是商贾细人、奔走苦力及从役于轮船、火车及大工役者,人益繁多,食料翔贵。夫江浙农国也,近则民生困穷,一饱不易,于是枭匪盛。东三省大陆也,以日俄乱故,民户凋残,生聚不讲,于是胡匪多。古者一人耕之,十人聚而食之,犹恐不给。今则一人耕之,千人、万人聚而食之,宁有家给人足之理?故无论修铁路、开矿山、讲工艺制造品,施之于今,皆非救急之务。何也?无民食以养此亿兆待哺之人,则必作乱。一旦作乱,虽金帛委地,何救危亡乎?

美洲民物滋盛,农业勃兴。东瀛限于地小,诚恐一旦用兵,无所得食,亦极意经营农政。吾国对于现今商战时代,自不得不奖励商业,以资提倡。而愚意如真求安内攘外之道,当自重农业始。何也?农事修,则民生俯仰有给,无内乱之虞;农事修,则大宗米粮出口,有生利之道。外人虽制为丝茶磁器,夺我天然之利,然有米粮出口以济其饮食日用之穷,彼未尝不欢迎也。该员赵荣章所请提倡垦务各节,未为无见,章程另签呈阅。

上徐菊帅请厘正地方官官制说帖戊申

窃维图治之道,在乎得人;用人之道,在乎器使。欲求器使之,必适其宜,必自厘正官制始矣。

奉省百度维新,行署官制业已改订,虽目前不无尚待更正之处,然大端已定,修改非难。惟省内外道府察吏之官,州县亲民之官,一切循用旧制,曾未议及更改,似不足以震惊聋聩,安奠地方。

大凡天下事之图始者,与夫更张旧制、震世骇俗者,其难较之寻常流俗事业,奚啻万倍?惟其甚难,益无容诿,即今日官制问题是已。矧行署既改官制于先,地方官制自不能不酌量变通于后。无论迟速,终须拟改,如其置之,何以图治?

古称治乱国者,利用重典。愚谓大乱之后,凡办事者宜用敏捷之手腕,加等之速率,以促成之。稍一俄延,气馁过半;因循泄沓,终无了时。

今奉天改立行省,已期年矣。天下喁喁,延颈东望,庶几奉省以创始之规则、法制,为内地各行省之导师。不亟因时整饬,无论各地方官有以窥测在上者之意见,相与敷衍,抑且无以塞望于天下。愚昧之见,是否有当,仰乞裁夺施行,地方幸甚!

上徐菊帅请颁发表册饬查全省各差缺盈馀说帖戊申

按,议改官制之先,必预筹改良禄制之法。欲议改良禄制,必预先调查通省有若干缺，缺若干人；有一县而请委员帮审者，是一缺二人；有一县而学官或不到任者，是该缺无人。差使若干，奉差者若干人。该差缺内，应领之养廉、公费、薪水、津贴岁若干金，例受之陋规、平馀、杂税、行户岁若干金，大小衙门互相馈遗已成例款者，以陋规论。每岁因公例出之各项用款岁约若干，除用应馀之私囊岁约若干，皆须清查数目，汇由公署总核，以凭通盘筹算，为改良官制后制禄之标准。谨条举意见如左。

一、拟由公署核定行查之表册格式，呈奉核准后，发交官纸局印刷若干份，盖印编号，颁发省内外大小差缺人员，依式填写实在数目。省内限十日呈报，省外限一月呈报，逾限撤参。

一、所发表册内，应用督、抚双衔，晓谕该现膺差缺人员，使知此次行查之理由，俾令从实填报，毋蹈欺饰。

一、此次行查后，拟以通省呈报到齐之日起，由公署覆核。其有情节支离、迹近隐匿者，应请一面暂将该员撤省，一面遴委谨饬之员接任，密令到任后，按照原报数目核查，有无情弊。一经查出弊端，即将原报人员从重参处。

一、此次行查后，倘有发觉隐匿之案，则此次通省填报之表册皆不能据为信史。应一面将呈送表册另卷存储，一面颁发空白表册，通饬另行填报。经一次惩办后，似不宜再有以上情弊。

右四则，系行查各差缺出入款办法之意见。

一、筹改新官制，务宜详于亲民之官。凡监司、道府重叠无谓者，皆宜裁去。此次既经清查，全省官吏入款数目应由公署核算，此项入款以每缺岁给若干金计，能养若干人，即可设若干缺。或入款较多而设官已备，应即另款存储。或设官较多而款不敷用，应即另支库款。大约经此次综核以后，断无不敷支用之理。

一、新官制施行后，应一律由行署颁给俸禄。该差缺内向来所入之款，除应领库款不计外，馀若陋规、平馀、杂税、行户等项，皆令照按原报官表册内开之数，按数征收，随同地丁钱粮报解行署，交省库收管。

一、该差缺内，向收之陋规、平馀、杂税、行户，有近烦扰累及细民者，或由厅议饬酌减，或由该管官吏禀请酌减，应查看情形，量与办理。以后不得于原额之外另有增加，违者以赃私论。

一、官吏俸禄，必须领之省署，自系不易办法。惟去省较远之州县赴领为难，似宜量与变通。拟嗣后颁定禄制时，定为月俸，每月领若干金，复合成一年整数，共若干金。通饬大小官吏，于每年春季第一次报解省库钱粮税饷杂款时，按照本管所收之款，将本身差缺内本年全俸扣领，造具领结，盖印签名，随同批解库款之文书，一并呈递行署存案。本年内该员如在任获满一年，自应全俸全领。倘年内遇有撤任、卸任等事，应将领俸按月核算，与后任交清，方准离任。如有亏欠丝毫之处，准后任据实禀揭，按照挪用正帑亏空条例，一面将该前任奏参查抄，一面由省库补发后任损失银两，务令足额。

一、新官制、禄制施行后，应请奏咨立案，永远遵行，并声明无论何人，概不得藉口库款支绌，减扣成数，违者以故违朝旨论罪。

右五则，系行查款项关于改官制、禄制之意见。

上徐菊帅为重订行署官制宜加详慎说帖戊申

谨按，奉天行署官制，系属创设，随时修改，必详必慎。近值本厅拟议重订厅司道官制，愚谓此次修改，关系匪轻。一则事经第二次磋商奏定后，倘有一二不合施用之处，未便再行提议重修。一则奉省官制既定，必将逐渐推行于内地各省。倘以权宜调剂之道行于其间，不惟无裨于奉，且令内地各省有所藉口，推波逐澜，将不可挽。后之议者，宁知此时、此地用人之难？必归咎于奉天始谋之不善。然则无论为一隅计，为大局计，必宜加详加慎，以期久远而利推行。谨条举意见，对于行署官制宜变通者五事如左。

一、组织。（甲）奉省除督练处、提法司业经独立，暂毋庸议外，惟民政司与巡警道责任不专，迹近复设。谓宜裁巡警道一缺，以所管事务移付民政司办理内外。巡警总局即径受民政司辖制，专办巡警。（乙）曩议行署各司之性质，为督抚下之曹司，非州县上之监司；又议现今道缺，既不分领府州，不得仍沿旧例称道，想蒙钧览。今宜改劝业道为劝业司，合民政、交涉、旗务、提学、度支、劝业，共为六司，制较划一。（丙）每司设司使一人，视所管事务之繁简，酌分数科，设一、二、三等科员，下设正副司书，皆仍其旧。惟宜裁去佥事名目，以省阶级而专责任。盖佥事地位，上逼司使，下侵科员，多此一级，适足延宕公务而已。两厅亦然，参赞下，即为科员，分一、二、三等；为司书，分正副，亦裁佥事不设。阶级既少，机关自灵，无承转之烦，有直接之利，计无便于此矣。

二、品级。（甲）今两道秩正四品，度支司秩从三，其他司秩正三，参差不齐，莫可究诘。意者将上下其品级，以为互相升转之地。不知前此道员转臬司，臬司转学司，学司转藩司，本非政体，久不得人，奈何从而效之？今宜一律秩从三品或正三品，其升转之法见下。（乙）厅司属官，最高不得逾五品。今裁佥事，当令一等科员秩五品，二等科员秩六品，三等科员秩七品。凡厅皆从正，凡司皆从从。其正副司书，在厅者秩从八品、正九品，在司者秩正九品、从九品。昔秦汉三公府史，秩不逾六百石。本朝部属，亦断至五品而止。今厅司设属，皆督抚间接之吏。督抚秩不尊于古之三公，今之尚、侍，讵有督抚间接之吏，秩视阁部直接之吏而又加优之理？且昔之布政司使秩从二，其本司属官秩止六品。今奉省各司使秩正三，其属官已有秩从五者，不可谓非迁就之极矣。查部属郎员、主事、小京官占五、六、七三品，今以三等科员准之；司务、笔帖式占八、九品，今以正副司书准之。以督抚所属之厅司，设属乃与各部体制埒，不可谓不僭，岂可更设官至四品耶？

三、委任。今奏调、投效人员多达官，依右开官制，除督抚厅司长官外，秩止五品，借补为难。然而今拟官制，欲行之百年，欲昭示万众，只能以官制故，委曲以谋用人之方；不当以用人故，牵就以成官制之累。今拟仿唐制，凡秩尊而借补之职较卑者，留其本秩，曰判某官事；秩相若者，销去本秩，曰知某官事；秩较下者，留其本秩，曰摄某官事。将来如离奉省，仍以本秩论。

四、升转。向来大小官吏，皆有升阶，俾资升转。然昔之升阶，凌杂无序。设官所以图治，卒之为人择缺，无为缺择人者。治道零替，由来久矣。愚意任官之道，除内而军机内阁，外而督抚参赞，应由朝廷特简贤能；下而府厅州县，应由督抚特选普通学有根柢者，酌量任用，别为升转外，徐则皆宜令占一门，使之从仕升转之时，不越于所占本科之外。大抵设官分总揽、专司二种，用人分特任、例任二法。总揽庶政者，如内而军机内阁，外而督抚参赞，下而府厅州县，皆总汇一方面之庶政，而操执政之权者也。若是者，用人宜特任。专司一事者，如分隶内阁之各部，分隶督抚之各司，分隶府县之各佐治官吏，皆专司素所研究之一事，而负行政之责者也。若是者，用人宜例任。凡朝廷及该管之长贰，认为某某有全材，可大任，不拘科目而拔用之。朝廷或简某部尚、侍入内阁，入军机，为督抚；某部丞、参为巡抚，为参赞、督抚；或调某部司员、某司科员，为府厅州县者，皆特任也。凡依照下开升转之途径，积劳迭转，始终专司一事者，皆例任也。人材下中多而奇特少，故为例任，以待循资求仕之人，使之专精一业，藉以自效；为特任，以待深明治术之人，使之专制一面，以展其材。政体改良，莫先于此。今姑举学务一官，按其品级，具列升转之途如下，馀官准此。

<table>
<tr><th>从九品</th><th>正九品</th><th>从八品</th><th>正八品</th></tr>
<tr><td rowspan="2">学司副司书</td><td>学司正司书</td><td>州县视学员</td><td rowspan="2">厅视学员</td></tr>
<tr><td>学部录事</td><td>学部司务</td></tr>
<tr><td rowspan="2">升正九，二项</td><td rowspan="2">升从八，第二项</td><td>第一项，升正八，一项</td><td rowspan="2">升从七，二项</td></tr>
<tr><td>第二项，升学界各级执事员</td></tr>
<tr><th>从七品</th><th>正七品</th><th>从六品</th><th>正六品</th></tr>
<tr><td>府视学员</td><td rowspan="2">学部小京官</td><td rowspan="2">学司二等科员</td><td rowspan="2">学部主事</td></tr>
<tr><td>学司三等科员</td></tr>
<tr><td rowspan="2">升正七，一项</td><td rowspan="2">调从六，一项</td><td rowspan="2">升正六，一项</td><td>调从五，第一项</td></tr>
<tr><td>升从五，第二项</td></tr>
<tr><th>从五品</th><th>正五品</th><th>从四品</th><th>正四品</th></tr>
<tr><td>学司一等科员</td><td rowspan="2">学部郎中</td><td rowspan="2">学部右参议</td><td rowspan="2">学部左参议</td></tr>
<tr><td>学部员外郎</td></tr>
<tr><td rowspan="2">升正五，一项</td><td rowspan="2">升从四，一项</td><td rowspan="2">升正四，一项</td><td>升从三，一项</td></tr>
<tr><td>特旨，可简提学使</td></tr>
<tr><th>从三品</th><th>正三品</th><th>从二品</th><th>正二品</th></tr>
<tr><td rowspan="2">学部右丞</td><td>提学司使</td><td rowspan="2">学部右侍郎</td><td rowspan="2">学部左侍郎</td></tr>
<tr><td>学部左丞</td></tr>
<tr><td>调正三，第一项</td><td>第一项，转左丞后候升</td><td rowspan="2">升正二，一项</td><td rowspan="2">升从一，一项</td></tr>
<tr><td>升正三，第二项</td><td>第二项，升从二，一项</td></tr>
<tr><th>从一品</th><th>正一品</th><th></th><th></th></tr>
<tr><td>学部尚书</td><td>大学士
官衔</td><td></td><td></td></tr>
</table>

（续表）

才堪大用者，升下开第一项			
积劳宜赏者，升下开第二项			

右表其概略如此。他若京师大学监督之定为三品，各省省视学及学务议长之定为五品，及其他学务上差使，虽品秩未定而职任颇专者，皆可以资学务人员之升迁调徙也。

五、俸廉。官制既定，必改差遣员为补署员。亦既补署，当予廉俸，不宜沿用公费薪水、津贴等名目。今厅司人员公费，薪水数目少，而津贴数目多。准之禄制，无此办法。谓宜通用俸廉名称，酌中制定俸禄银两，为朝廷一定不易之制。然后声明东三省为边远省分，请于额俸外，再加养廉银两，为督抚临时调剂之制，即以旧有公费薪水当今之俸银，以津贴当今之养廉银。惟制定俸银，欲其行之久远，欲其利于推行，谓推行十八省。故俸银宜厚。而养廉银无论如何从优，不得越于俸银数目之上。盖重禄所以劝士，而限制养廉银，亦所以虑滥出也。嗣后，内地各省改定官制，只许开支俸银。边远省分，如甘、新、滇、黔，乃许援照奉省例，额外酌加养廉。无论为俸为廉，必须发给十成足银，不得有折扣名目，喧腾人口。盖国家之于官吏，予之有额，厚薄唯意。既不能厚，毋宁使薄，未有厚予以多数，而薄靳其少数以为利者。曰折曰扣，讼言于廷，非政体也。

上徐菊帅请厘正劝业巡警两道名称说帖戊申

查奉省行署新设官制，凡六司两道。不统一称司，而别劝业、巡警两缺名之曰道者，得毋以行省旧制，向来司、道并设，体制不齐，碍难画一，于是有不得不分称司、道之势？

愚意以为不然。昔之称司、道者，司为大府，道为次官。故省治设布政司以行政，按察司以司法；而省外边远辽阔之区，则分数府州而为一道，兼行政、司法二者，以移于布、按二司而听命焉。道员者，两司佐治之官也。其名之曰道者，以分数府州之地方，故谓之道。道之上，必系有数府州之地名；其兼管兵备、粮储、盐法、茶马者，则赘“兵备”等字样于下。未有不分领府州而亦可称之曰道，如今之劝业、巡警两道者也。

明以来之官制，布政司为开府大员，称方伯。方伯连帅，周牧伯也。按察司为开府大员，称廉访。廉情访事，汉刺史也。其上别无大官，其下则直接于守令，道员分领府州，佐治两府，故司、道虽齐等，而道员则为次官。自设督抚后，全省行政、司法之权，悉操于督抚。行政、司法之权限不清，盖由督抚专制一省政、刑之故。自督抚之地位视之，一似司、道平行，无甚殊异者。岂知今之两司，在昔固尝为大府乎？愚意未设督抚以前，两司为监司大员，道员为佐治官。既设督抚以后，久宜更改而未尝更改者，习焉不察故也。今奉天官制维新，愚谓必以督抚当昔之布政司，而设一司法大臣，与督抚同开府者，当昔之按察司。督抚既代布政为监司大员，则今之交涉、提学以下各司，皆曹司也。虽名曰“司”，性质迥异。夫既改监司之性质为曹司，则劝业、巡警二者，亦当以曹司之例处之，毋庸称“道”，斯名实符，而权限清矣。

按，从前布按衙门，亦有理问、经历、大使、司狱等类属官。今隶各司于督抚，与昔之布按所以处理问、经历等官地位略同。所不同者，昔之布按品秩略下，故所定曹属之品秩亦下。今之督抚品秩稍高，则所定曹属之品秩亦必与之俱高；昔之布按事体颇简，故分设曹属亦简。今之督抚事体甚繁，则分设曹属，亦必与之俱繁。时势不同,组织必异。名称虽同,地位则异。因议厘正劝业、巡警两道名称缘由,涉笔及此,伏候裁择。

上徐菊帅请行查兼薪人员饬即停止说帖戊申

谨按奉省新制,兼差人员,不复兼薪。历经帅谕,通饬在案。去年巡警道成立,八月分该道册领全署人员薪水,曾奉帅批,有“佥事以下人员,如兼局所差使,曾领有本月薪水者,著即缴出,以符定制。行知该道”在案。乃卷查八月以后,该道册领薪水各案,兼差人员,无不兼支薪水。讫于今日,殆将一年。是前此帅谕虽已备案,但未遵行。应请饬下度支司,将前项兼薪人员查出职名,或予追缴,或与停支。其他处官厅有类此者,一律办理。事关财政,似宜稍加整饬。谨冒昧以闻。

上菊徐帅请查办巡警总局总办王治馨说帖戊申

窃以巡警为内治之要图,货财乃生人之大命。为细民者,重视其货财与生命等。以筹办巡警之故,乃不惜捐其所有,以维公益。窃意办巡警者,宜如何撙节爱护,以对吾民。乃闻奉天巡警总办王道治馨,自任警务以来,捐税日益重,警政日益荒,收入、支出之款日益混。无惑乎警政之不洽舆情也!

夫所谓捐税日益重者,巡警局月捐所入,按其名目为十一种,课及驴车,杂及蔬果,苛细烦琐,亦云极矣。乃者开办房捐,官民虽迕,又将实行。今日款绌,则取诸民;来日大难,又取诸民,而公家曾不闻稍一撙节。然则民之担任赋税者,正不知其数量之终极也。

所谓警政日益荒者,岗位寥落,不及闾巷,则警察弗周;路有污秽,遗矢道旁,则卫生不讲;沟渠淤塞,泥淖当路,则阻碍交通;马路就毁,砖石抛弃,则工程莫保。四者之中,闻马路工程近已不归该局兼管,责在工程总局。然马路垂坏,巡警亦当移知工程局,使之修理,不当一切听之。其馀三者,则警务上所当整顿也。

所谓收入、支出之款日益混者,考该局六月分所收捐款仅止一万八千八百馀元,而出款则达至三万三千馀两。今姑不论出款之是否实在,亦不论其他入款之是否实在,姑就该局册开戏捐一项言之,原开六月分戏园四家,收入捐洋六百零八元九角。今就该四家调查,则实报捐洋约一千七百元上下。较之原开,实侵吞一千馀元之多。一款如此,他款可知。又城内外妓捐,该局册开收洋一千馀元,闻所收亦复垂三千元。因未确查,未敢指证。今经济困难,百端待理,而该局罗掘民财,隐匿不报。以财政论,则病公家;以警务论,则违警法;以侵冒论,则吏治污;以盘剥论,则民生苦。

拟请饬下该局总办,按照上开各节,迅速整顿。捐税必求其轻,已报捐者仍之,嗣后不准再立名目,取捐于民。筹添岗位,筹办清道卫生及修筑事宜必求其实,马路必求其爱护勿损。嗣后出入款目,宜由该总办督饬科员核实开报,并责令每届月终,将出入款目填列详细表一纸,榜示该局门首及各城城门,必求其信。无当之局用,必求其节。其办理捐务及收支各员,宜严加诘问,科以应得之辜;追其赃私之款,必求其水落石出,毋稍袒护。

此事有关于巡警至巨,不稍整饬,将日益加甚。剥民之瘠,奉彼之肥,既非地方之福,重贻外人之诮。为此,不揣冒昧,辄有陈请,伏候核行。

上徐菊帅为奉天省城罢市请惩办王治馨及局员说帖戊申

窃查巡警总局,内容腐败,款目不清,物议沸腾,舆情嫉视。前曾上陈钧座，仰蒙采纳，饬人查办。闻该局杂捐十一项，仅查戏捐、妓捐，数目不符，亦已加倍。其他各捐，虽未行查，要在不实不尽之列明甚。嗣蒙札饬该局，曲加训诲，不即苛责。伏读钧札，有曰：“务使舆论翕然，自能严惩违抗。”仰见钦帅惠爱寅僚、体恤民隐之至意，钦佩莫名。

乃者据都人士言，谓该局月收捐款一万馀元，实则四五万元不止。近收房捐时，始谓能收数万元，嗣后可以不领度支正款。近复宣言远近，谓房捐一项至多不过万元。该局所派委员出验房屋，估价收捐，收受重赂，以多报少。官绅士商，人人侧目。以故民怨沸腾，佥谓该局剥夺民财，隐匿公款，工于藉口，荧惑宪聪，致有今日商民罢市之举。奉省接近辇毂，日俄杂居，久成重地，观听所系，讵宜有此？前将军在奉时，捐税繁多，怨咨未已，尚未激成罢市之案。内地各省亦有创办房捐地方，并未闻民间以罢市相抵制者。

夫巡警者，所以卫民，而有苛政猛虎之叹；收捐者，所以行政，而有假公济私之嫌。该局总办王治馨奢淫骄纵，罔恤人言。所用捐务人员于姓等，罔利营私，工于谄附。应请迅赐刚断，将该道王治馨立予撤差；该捐务人员于姓等查出职名，一并撤参。仍将历年舞弊情形，交巡警道严查究办。所有房捐及其他各捐，仍令缴纳。惟改派收捐人员，严定章程，一切核实，昭告庶民，用示大信。

钦帅公忠廉介，正直无私，蚩蚩者而有知识，必将感动奔走，维持大局。诚如钧札所云：“必使舆论翕然，自能严惩违抗。”若不顾舆论，而但以违抗之罪加之，于民未见其能有当也。越位之言，诚知无当，惶恐惶恐。

上徐菊帅再请惩办巡警总局人员并筹善后办法说帖戊申

窃自本月十六日罢市以来，民情汹涌，危险万端。仰赖钦帅德惠素敷，舆情爱戴，得免暴动，匕鬯不惊。今已市易如故，宜若可以释然。然而观听所在，未可遂以无事置之。

前陈便宜，谅蒙钧鉴，今宜稍示惩罚，以顺人心。《传》曰："民之所好好之，民之所恶恶之。此之谓民之父母。"今预备立宪，朝廷已有"庶政公诸舆论"之言。舆论所在，即公理所在。巡警总局总办王治馨蛊惑大宪，摧残小民，好利喜谀，不恤舆论，以故激成全省罢市，为本朝开国二百馀年未有之举。向来但有州县罢市，未有省会罢市；但有一二商行罢市，未有全省商行罢市。此次省外如开原、铁岭等处，亦于同日罢市，尤为未有之奇。损辱威重，散失利权。闻罢市仅二日，东洋商店已售货万馀金。仰维朝廷视民如伤，岂宜容留此辈？应请俯采前议，迅将该道撤差。所有善后办法，谨以管见略陈于左，伏乞鉴核施行，地方幸甚！

一曰更正巡警总局之名目及其地位。今奉省有民政司，又有巡警道，名义、职掌，已不甚专，乃巡警道对于两局兼谓乡镇总局。又无管辖之力，是一巡警而四官厅也。今除民政司与巡警道，关系官制定案，应俟另案奏明更正；乡镇总局，应筹改为承德、抚顺两县警局外，所有巡警总局应即改为奉天府巡警局，责成奉天府知府办理。以该府为总办，遴委会办一员，驻局办事。一应事宜，会同该府，禀承巡警道筹办。诚以巡警权重，易滋事端。以知府小官为之，劝惩之道易施，功过之分较易也。

一曰严惩局中捐务人员，并淘汰其馀官吏。该局捐务课人员借端舞弊，指不胜屈，日以酒食、娼赌为事。应请俯采前议，即予查出职名，一并撤差参革。仍将历年侵蚀情形，饬下巡警道查明罚办。

其馀局员，虽不尽通同作弊，然表邪影曲，理所必至。况该局自王治馨受事后，所有局员概不禀请堂委，亦不用局札委派，但凭王道手书一纸，饬某人当某差，即作为受事、领薪之据。似此荒谬，不知所用是何流品。应请一并查明，酌加淘汰，以善其后。

一曰另议抽收房捐数目。今房捐已成骑虎之势，不办则损辱官厅威重，然亦必酌定数目。闻之向抽铺捐，有一月捐洋三元者。今除三元照收不计外，又加房捐十元。似此横暴情形，无怪民不堪命。应请札行巡警道，会同商务总会，从新拟议酌中捐收数目，呈候核夺，饬遵再行照办。

一曰示谕城厢，另定收捐处所。今巡警总局抽收各捐，侵渔吞噬，大有值百则抽八十之势。又收捐时，种种留难。常有一商店诣局送捐款，奔走至三四次，始蒙该局验收，麾之使去。敛怨已深，宜招民怒。宜令该局将所有捐款数目开册呈报，饬下巡警道，转饬商务总会及公议会经理人，如数代收，按月赴巡警道缴纳，由道发局动用，永远不准该局自收一钱。巡警道宜将各种捐款刊发三联执照，盖印发行，以杜他项侵渔之弊。如该商会等有不遵定章、浮收[1]捐款者，准商民呈控严办。并示谕城厢，一体知照。

一曰仍饬巡警局报告出入款目。今只整顿入款，于出款一方面，尚未筹及核实撙节之法。宜仍饬将嗣后出入款目，列表榜示通衢，以昭民信；并饬下巡警道，将该警局按月动支各款核实节减，以杜浮滥。

上徐菊帅为编纂图书处办事棘手拟改设调查局说帖戊申

谨按，编纂图书处成立以来，奔走十馀人，消磨五十日。同人

1 浮收，原本脱“收”，据文义补。

钻研故纸，旦夕不遑，成绩杳然，其难可见。非编纂之难也，其难在选择；非选择之难也，其难在调查。调查不详，挂一而漏万；选择不良，舍精而取粗。二者皆非吾帅编纂图书之意。

然而各处文卷，浩如烟海。各官署既不能自行选择要件，呈送到署，本处人员又不能前诣该处章阅而句读之。其各处所派检卷委员，亦复懵于公事，情形与本处人员等。交涉、旗务两司，迄未派人到处。近者以承宣厅新旧卷簿，集各处之大成，为万事之总汇，乃以该卷簿为提纲挈领之具，按由摘选，检卷备阅。行取之卷，十不得五；因分存各处，展转移置之故。甄录之件，十不得一。且同人分阅，取舍各异。所取之件，瑕瑜互呈；所舍之件，玉石俱弃。曩筹办法，谓当由调查时期，进为选择时期，再进乃为编纂时期。今调查与选择，二者既已多所棘手，正不知何日始能蒇事，与本处《开办纲要》内“限期告竣”之语未符。

又《纲要》内开编纂之主用，一则曰供宪政编查馆之需要，二则曰为统计报告之预备。今从事编纂，就令克日告成，亦无当于前项二者之用。何以言之？编查馆之需要，皆统计、报告所属之事，非有所求于故纸。就统计、报告两事而论，报告者，关于行政上已往成绩之查验；统计者，关于行政上未来事业之措置。以考绩言，则报告为要；以临政言，则统计为急。今编纂资料，皆不足以当统计之选；其堪以备报告者，亦复寥如晨星，首尾不具。倘令率尔成书，恐不足以告功于朝野。且令他人之觇国者，妄加非议，非计之得也。

愚谓今当变通编纂图书处办法，比照《宪政编查馆咨送调查局章程》，暂设调查政务处，或径设调查局，将本处所办事件改为长期办法，归并调查处办理，一面从事编纂应行报告事宜，即一面预筹统计事项。

夫以长期之调查与短期之调查比，其难易详略为何如？以编制故纸与统计庶政比，其轻重缓急为何如？敢贡其愚，敬希裁择。

上徐菊帅为提法司权限不清事务丛脞亟宜整饬说帖戊申

谨案，东省创设提法司，树司法独立之规，为内地改良之渐，法良意美，宜无间言。然而创始之初，容有斟酌未善之处，久之则权限不清，事务丛脞。谓宜设法变通，以规完美。今分晰言之。

所谓权限不清之故，有四。

一、提法司对于督抚。今司法独立，提法司似宜直接法部，责任乃专。乃者刑事案件判决后，仍由提法司呈报督抚，递转达部，是何异于从前按察司之对于督抚？且按察司呈报案件，督抚有审核、准驳之权；其递转达部也，设有疏虞，督抚同处。今督抚让独立之权于提法司，于裁判等情，曾不过问，顾乃分其直接大部之权，为之担负处分，担负责任。无论碍及提法司之权限不清，抑督抚无故代人受过，亦弗值也。

一、提法司因受诉案件对于高等审判厅。今裁判改良，凡民人起诉者，起初级，终高等；起地方，终大理院。无诣提法司控诉之理，提法司亦无收受民人控诉之责。提法司之不任收受民人控诉者，犹之京师法部之性质也。盖提法司为司法行政官吏，非裁判官吏也。今该司沿内地按察司之习惯，有放告权，有收受控诉权，有批答权，而高等审判厅之职荒矣。

一、提法司因文移之关涉对于高等审判厅。今裁判阶级：一初级，二地方，三高等，四大理院。四者层层独立，不相牵制。然则高等审判厅之对于提法司，与大理院之对于法部相等。彼大理院固不必受成于法部，今高等审判厅乃必受成于提法司，文移来往，若隶属然。此岂裁判独立应有之制？

一、提法司对于外府厅州县。今省城高等审判厅，号称奉天全省之高等审判也。无论有初级、地方两审判阶级者，应递接至高等而止。即彼省外府厅州县向无审判厅者，亦应暂以州县治为初级审判区，以府厅治为地方审判区，递接以至高等，此事理之必然者也。乃省外府厅州县对于提法司，仍依曩者对于按察司之习惯，一应事件受成于司，该司亦竟承认，若不知有奉天全省之高等审判厅者然，若该厅不应与闻外府厅州县诉讼情事者然。权限混淆，兹为最甚。

由权限不清之故，遂以生出事务丛脞之端。其迹有二：

一、人民上诉之不能提审。往者人民上诉案件，但非越诉，必与准驳，准必提审，或委邻封地方官审拟，无概交原衙门自审之理，所以伸冤抑而妨报复也。今提法司于人民上诉案件，往往批回原衙门自审。人民或不得已控于公署，公署以司法独立故，仍交提法司，该司仍交原衙门，是莫由控诉也。诚知人民上诉之案，十事九虚，概不与理，未始非计。然其中或有冤抑，则一案之微，已足召六月飞霜之变。仁人君子，讵所宜出？然而该司之不轻提省，又有其故。往者省城例设发审局，凡提省案件，例发该局审问，该局长官即首府知府，以臬司临之，无不如意。今首府不预审判，省谳局已撤，提法司独立于上。虽有提省案件，亦无发审之处。盖高等审判厅既不受不正当之诉讼，而提法司内又未设有裁判机关，是以该司成立以来屡受上诉，而未尝有一案之提审。不亟变通，人民相戒，弗敢上诉，则亦安用司法官吏为也？

一、裁判官吏与巡警官吏之混合。今省外巡警官吏中，往往有兼充审判、检查官吏者。凡该管区域内，细事、诉讼皆得问拟，时有扰害地方情形。盖巡警为行政上之官吏，裁判为司法上之官吏。以今巡警程度之卑劣，仅假以警事之权，犹虑骚扰，况重之以裁判权耶？提法司为筹办初级审判起见，兼虑重糜帑金，故设此调停之策，以巡警官兼裁判官，而不虞其害乃至此也。

夫提法司何以而致事务丛脞？则权限不清。何以致此权限不清？则性质未明也。今论提法司之性质有二：

一曰不正当之性质。（甲）沿内地按察司之习惯，仍有管领全省裁判、收受全省诉讼之权。（乙）沿司法独立之新名词，猥曰司法独立，而仍不免奉裁判权以受制于疆吏。

一曰必需要之性质。（甲）提法司实为法部之派出所，为司法行政官吏，而非裁判官吏。（乙）提法司职在筹办全省审判，检察各官厅事宜。（丙）提法司当直隶于督抚，于前项权限内应办事件，皆禀承督抚命令行之，如提学司之筹办学务者然。于裁判范围内，则任各级审判直接于大理院，决不干涉，如学堂教科权之付与教员者然。

由二性质观之，则提法司误用不正当之性质，以有今日权限不清、事物丛脞之弊。然则当使提法司造成必需要之性质，性质既改，办法可略述也。谨为述改良办法如下。

一、提法司当隶督抚，与各司道同。今司法独立论者，遂以提法司不当如他司道，而强为独立之制以别之。不知司法独立者有二义：一、最高之司法机关须独立也。最高之司法长官，有奉行立法部规定之法律，以监督其下司法官吏之权，故不得不独立。今提法司受监督于法部，决不敢枉法以徇人。虽隶督抚，庸何伤？一、各级之裁判机关须独立也。今裁判独立之制不完，而责提法司以莫须有之独立，宁非掩耳盗铃之计？果使各级裁判层层独立，提法司变为司法上之行政官吏，虽隶督抚，庸何伤？以日本制论，国中一司法省如今法部，其裁判机关则为大审院以下四级，与我国大理院以下四级同。日本别无提法司者，以日本无行省制度也。彼国土小，一司法省筹办全国审判官厅而有馀。我既以行省制度代表中央政府，有学部下之提学司，岂得无法部下之提法司？提学司者，筹办学务之行政官厅，而非学堂；提学司使者，其官吏，而非教习。提法司亦然，其官厅非审判厅，其司使非审判长。二司制度同，性质同，然则斤斤持其不可隶于督抚者，抑以未思故也。

一、提法司与高等审判以下各官厅离立，不任裁判，不受控诉。地方起诉，自初级至地方，至高等，至大理院，皆递接，无审判厅者。起州县至府厅，至高等，至大理院，皆递接，提法司概不与闻。

一、提法司不任案件之勘转。裁判独立，则向例案件必出奏及报部者，应改由高等审判厅转大理院汇奏。提法司既不任案件之勘转，即督抚亦不与闻勘转事矣。

一、提法司于司法上、用人上、筹款上有全权管理。提法司于各级审判厅，特不干涉其裁判而已。其奉行之法律，则提法司主之；法律不确，可诘也。其执事之官吏，则提法司主之；官吏不善，可撤也。其制定之经费，则提法司主之；款项不足或不实，可核也。至于筹办全省各级审判、检察官厅，尤为该司专责矣。

一、提法司有权管理全省监狱。省城监狱，该司以专科管之；省外府厅州县现今管狱人员，皆归该司节制。监狱改良事宜，该司以全权筹度办理。

一、提法司设科办公旧制，宜即变通。今该司设四科：曰总务，曰民事，曰刑事，曰典狱。愚以为弗当也。以今制度论，宜设五科：曰总务科，管司署一切事务；曰司法科，管奉行规定之法律，以监督裁判官吏；曰考验科，管全省裁判官吏之任用或罢黜；曰筹备科，管关于筹办审判、检察[1]各厅之必需款目；曰典狱科，管省城监狱兼

1 检察，原本误作“检查”，据文义改。

全省监狱改良事务。其旧设四科，皆罢之。

一、提法司除裁判事项外，其馀事故俱应禀承督抚办理，亦得禀商法部。

右开办法，只以规定于一时，然提法司主管事宜要不外是。愚以为，奉天官制实为内地各省之导师。今则若此，何以示人？谓宜亟与变通。谨贡其愚，伏候裁酌。

上徐菊帅请将奉天矿政调查局并入劝业道设科办理说帖戊申

谨案，奉天矿政调查局之设，始于光绪三十二年。縻巨帑十馀万金，迄未报开一矿，曰职在调查，不在开采也。

夫既专以调查为事，则两三年来，所有全省矿产当已调查完竣，早宜奏请裁撤。或谓零星矿产，随报随勘，撤则不便，然天下未有以长期之局所待偶然之调查者。该局设五分局，在锦州、岫岩等处，除监收煤厘外，闻收煤厘时，借端勒扣，流弊甚多。几无馀事。

查每年局收煤厘不足万金，而该总、分六局岁靡三四万金之多。如裁局而以地方官或其他厘局代收煤厘，如期报解，是所收未尝减损，而所省之费当得三四万金。以之兴办其他要政，当亦无不小补。

且裁并该局，归劝业道管理，本省已奉有宪政编查馆明文。馆发《各省劝业道官制细则》清单内，第五条曰“矿务科”，并谓“掌调查矿产、查核探矿开矿、聘请矿师及矿务公司各事项”，与今该局所掌略同。末云：“自劝业道成立后，一切农工商矿各局，悉令归并办理。”本省农工商总局业已奉裁，则矿政局已在裁撤之列明甚。应请饬下劝业道，即行依照馆章，设法归并该总、分局。官有房屋，应即查封，或作学堂，或作其他公所，续行议拟。是否有当，伏候饬下所司办理。

上徐菊帅请饬各厅司道预保贤员以备任使而饬吏治说帖戊申

尝谓天下之治，起于守令。守令之事不办，虽有良督抚、良内阁，亦末由以成治。今者励精图治，破格用人，风声所播，遐迩响应。窃以图治之道，欲兴利，必以除弊为先；用人之方，欲破格，必以选贤为务。奉省吏治疲敝，昏庸贪鄙之官吏相踵，安能责以地方之事？今被参撤者亦复不少，未闻稍有起色，则以继其任者之未必有过于前人也。且以前任官吏之不肖而退之，使继其任者无以复优于彼，亦何足以服前任之心，慰吾民之望？

诚知吾帅延揽英俊，鉴别流品，于任用官吏一事，亦已筹之有素，用之不违其材。然而群吏至多，采纳宁遍？才堪大受者，誉闻不彰，或且失之交臂；中材以下者，工于运动，或且视若天人。故《尚书》谓"知人则哲"，"惟帝其难"。《论语》亦称"先有司，赦小过，举贤才"，为为政之本。《尚书》之言，为人君发。凡在高位，操用人之柄者以之。《论语》之言，为群吏发。凡佐治大僚，职在赞襄者亦以之。今师其训，拟请饬下各厅、司、道长官，于所属当差人员中，择其心地光明、知民疾苦、洞悉时政、办事认真者，慎加选择，出考保荐。不拘京、外官，不拘官阶大小，不论有无官职。每厅、司、道至多无过四人，或一二人，或无人堪膺保荐，亦须声明。由督宪将所保人员汇阅后，饬下承宣厅考绩科依次存记；其由督宪特别选择，堪与存记者，一并交考绩科办理。嗣后，遇有府厅、州县缺出，即查照存记衔名，依次传到，由督宪挈同两参赞面加考验，始与补署。凡非曾由厅、司、道保送，经督宪饬与存记人员，嗣后不得补署外缺，以肃吏治而杜官邪。

其办法如下：

一、通饬各厅、司、道，于所属当差人员中，勤加试验，择其心地光明、知民疾苦、洞悉时政、办事认真者，出具切实考语，并具“堪膺府厅州县重任”字样，备文呈送。由督宪核阅后，饬下承宣厅考绩科分别注册。

二、由督宪特别选择之堪予存记人员，一并饬考绩科办理。

三、此项人员被存记后，依次选任委用。俟册开人员选用过半时，由考绩科科员禀，由左参赞呈请督宪，通饬厅、司、道，举行第二次保荐，另册存记。其第二次保荐人员选用过半时，仍援前案办理。

四、考绩科办理此项存记时，首记督宪特别存记人员为一班，次承宣厅保荐人员为一班，次谘议厅，次提法司，次民政司，次提学司，次交涉司，次度支司，次旗务司，次巡警道，次劝业道，共为十一班。此项册记，存科备案。

五、考绩科应将前项册记人员汇制一表，次序如右开式，分呈督宪及两参赞各一份，粘壁备查。

六、嗣后非经前项注册存记人员，不得补署外缺。

七、嗣后遇有府厅、州县缺出，应由督宪挈同两参赞，将册开名次最先之员传见询问，核与原开考语相符，又人地、衔缺皆称者，即与试署。否则，暂与扣除，以其次之员预备充补。如再不称，仍与扣除，以再次、三次之员充补。

八、凡存记人员暂与扣除者，下次缺出，仍许充补，依前条传见询问法办理。

九、凡存记人员遇有因公获罪，或因个人过恶以致名誉丧失者，责成原保长官揭报，即由督宪饬下考绩科，立将该员“存记”字样撤销。应否加与惩罚，另案核办。

十、凡存记人员业已任用，除因公获罪，查系薄谴、酌免置议外，遇有赃私冤滥，案情重大，被人禀讦，讯系属实者，本人撤参，仍惟原保之长官是问。

十一、凡存记人员依次传到者，先督宪特别存记第一名，次承宣厅保送存记第一名，次谘议厅，次提法司至劝业道之第一名，再次则为督宪特别存记之第二名，依此类推。

右开办法，实依照内地省分轮委之制而变通之。轮委之制，不论贤否，不加考核，但以到省先后为序，以故不能得人。然轮委有次，不当次者，能力虽大，运动莫由；当次者，虽不皆贤，匪尽不肖，故虽不能求治，尚可相与守法。今奉省人员拥挤，藩篱几决，运动钻营，讼言不讳。上欲重禄劝士，则要求加薪。上欲破格用人，则要求得缺。不有以限制之，势将不复可止。

《管子》曰："礼义廉耻，国之四维；四维不张，国乃灭亡。"谓宜甄别贤愚，保存秩序。诚如刍议，行之半年，则公论渐著，贤者当能效其尺寸之长。抑天演无情，不肖者或且弃其甲兵而走。于以澄清吏治，鼓舞群才，其道或不外此。谨贡其愚，伏希省察。

上奉抚程雪帅德全为东省现行官制与办事权限尚有滞碍急宜变通说帖己酉

东省自改设行省以来，官制初改，事权未清，行之两年，似尚有滞碍未惬之处，恐无以垂久远而利推行。谓宜设法变通，以竟前绪。

兹先述滞碍之事实，有七。

一、督抚会衔办事。内地督抚奏事，彼此互会后衔，已近于例行体制，无关要旨。然除奏事外，馀事概不会衔，尚觉名实相副。今东省一应事宜，皆须会衔办理。愚谓此制仅宜于重大事件，殊非寻常事件所宜。因寻常事件在吉、江者，决之巡抚，曾非总督所得与闻，是谓抚僭督权。其在奉者，虽经督帅承认，然略于吉、江而详于奉省,又嫌督抚办事无所区别,是谓督侵抚权。守此不变,则与内地督抚互会后衔者同一例行体制,于办事机宜无补也。

二、督抚同署办事。今东省以总督统辖三省,巡抚各办本省之事。夫以一人办三省之事,与以一人办一省之事,其责任既有不同,则其所办之事必因之而异。今以督抚同署办公之道行之,所办之事混而为一,所负之责任亦混而为一,殊非实事求是之义。

三、督抚与司道同署办事。今东省堂司同署办公,仿自京部,参以军署旧法,然实似是而非之制。何以言之?以京部及军署旧制论,堂官实为今之督抚,司官则非今之司道。诚以司道者,昔之监司大员,其位至三品,其官为使司。彼京部及军署之司官,秩不过五品止,抑然自认为曹司。夫岂今之众司道比?今制之误,由于以监司大员为曹司小吏,故往者司官例须亲笔办稿,而今之司道则不屑为。司官之下,不得再有属员,而今之司道必置群吏。司官办稿回堂,仅能签字,而今之司道则竟画行。甚者以外来公文,只有一分申报公署,于是以从前司道所办之事,无足重轻者,亦必用堂稿呈督抚批判。是谓督抚专亲细事。由是,重要事件,循例分司、分科办理,以科员之稿行督抚之命。虽经督抚核行,究之无大更改。是谓司道专断大事。加以督抚、司道之间呈批往来,仍莫之改。自呈、自批,自札、自行,仍莫之正。日言同署办公,究之办事情形,仍与内地院司无大区别。诸如此类,不胜枚举。

四、司道权力重而责任轻。今司道以办堂稿之故,曰事事禀承督抚,似乎权力轻矣。然而遇事必操先决之权,自非有大出入,督抚不遑指摘,则权力重。每办一事,必以督抚之衔行之,无论府县莫敢违,他司道亦莫敢违也,则权力愈重。夫既权力重矣,然以承办堂稿故,其责任又极轻。重大事以请于督抚,曰:“我不敢专事之!”成否、功效之美恶以诿于督抚,曰:“非我所办!”愚尝谓官吏权力重而责任轻者，莫若东省司道。守此不变，政体将为之累，非细故可比也。

五、分巡各道之责任未定。依丙午新官制，当废分巡道不设。今东省筹设分巡道者，非好为重叠无谓之官制，盖以东省边要险阻之地尚多，非有巡道以镇慑之，不足以安内而攘外也。惟巡道责任未定，今虽不至以内地之承转公文为职，然行政规则未奉宣示，亦一缺点也。

六、府厅、州县之制不一。府厅、州县，以东省之制为最不一。同一府厅，或有首县，或无首县；或有辖县，或无辖县。同一州县，或有本管府，或无本管府；或有本管道，或无本管道。制度不一，亟宜厘正。

七、府厅、州县之佐治员不备。依新官制，当以守令为长吏，下设群吏，以分任学、警诸大端。今丞尉佐职不能遽裁，佐治群吏未便复设，亦应一并筹办。

由以上滞碍之事实，骤欲谋一变通尽利之道，诚恐办法一误，失败维钧。谨权时势之所宜，期与前规相表里，酌拟变通之法有五。

一、对于前列第一、第二两条之办法。往者所定官制，具有深心。督抚非不应会衔办事，非不应同署办事。所谓会衔者，无正当之事实以区别之；所谓同署者，无分守职务以规定之，故滞碍多而便益少。今决此问题，不能以习惯上之办事相责，当求一根本上之规定。其法有三：

（甲）总督必移驻三省适中之地，如长春等处。凡外交上、军务上、旗务蒙务上、财政上、拓殖事业上之关系，皆以总督之意，商行三省巡抚办理；其他事务，则以巡抚之意，商行总督办理，或自行办理。凡彼此商行者，会衔；自行办理者，不会衔。平时总督驻扎有专署，其巡行三省时，则督抚依旧同署。

（乙）依钦帅前奏，总督暂不移驻他处，则东督、奉抚既须常在一省办事，必须将督权、抚权划清，责任亦须分定。然后督、抚办事，乃各有目的，不致为例行之事所束缚。此项办法容与徐钦帅原订办法稍有出入，应奏明请旨办理。

（丙）请暂裁奉天巡抚，以总督暂行巡抚事。俟总督定有移驻地方，再行请旨复设。

二、对于前列第三、第四两条之办法。堂司同署办公，本属善法，不宜轻改。今鉴于前弊，应设法变通，以祛前失而维现制。其法有二：

（甲）依京部堂官一级、司官一级之制，以督抚拟尚侍，以各司道拟郎员、主事。改道一律为司，降司使为司丞，秩正五或从四；降佥事为从五，为司丞副；降科员为六、七品，为司丞助理员。凡外来文书，以一分申公署，分司办理如旧制。各司既非监司大员，应将所属各局所解去，使之径隶公署。事无大小，一以督抚决之，是为督抚独负责任之制。

（乙）仍沿东省制保存司道、监司之名义，保存堂司同署办公之名义。惟有一要义，曰司道不得代办堂稿。其办法有七。（子）划一省事务为两级：一级至各司道止，一级至督抚止。凡重大事件，呈行省公署之督抚；寻常事件，各有专责者呈行省公署之司道。文书到收发处，呈督抚者，送至督抚，交由幕职办理；呈司道者，送至司道，交由科员办理。收发处不必拆封，即行照送。（丑）督抚所办之事，由督抚画稿，用督抚衔行；司道所办之事，由司道画稿，用司道衔行。所行之件，由画稿人担负责任。（寅）督抚所办之事，有必须商之司道者，可随时传该司道商酌，仍以督抚名义行。司道所办之事，有必须禀承督抚者，可随时诣督抚前请示，仍以司道名义行。（卯）凡外府厅州县及寻常局所事务，只呈司道。格于司道不行者，准呈督抚。其司道及独立各局所事务,统呈督抚办理。(辰)督抚所办之事,有应札行司道备案者,仍应札行。司道呈请备案者,一律照办。(巳)督抚除通饬事件及札行备案事件外,馀事可径传司道面谕,不必事事行文。司道除呈覆、呈报、呈请备案事件外,馀事可径诣督抚请示,不必事事行文。推之,各司道互相往来文件,除必须备案者外,馀事应一并会商办理,不必事事行文。(午)司道所办之事,应分重要、寻常两种。重要事件,或面谒督抚请示,或具呈候批遵行,不得擅自主张,以防流弊。其寻常事件,概令办结后,每月制一表,备注事由及大概办法,呈报督抚查核存案。

由以上办法论,责任专而权限明,办事多而行文少,似有合于同署办公之初义。是为督抚与司道分负责任之制。

三、对于前列第五条之办法。内地分巡道但司承转,毫无职任。今东省分巡道当明定职掌,使之分巡所属郡县,岁一二次。除官治、民治事务统归公署办理,巡道无庸过问外,至于镇压地方,抚绥民众,筹备边务,和辑外人,以及考察官吏等事,皆应责成巡道认真经理,随时呈报,藉资整饬。惟不得干涉地方行政事宜,以清权限。

四、对于前列第六条之办法。奉天、锦州两府,宜废首县,以知府办地方之事;所裁之承德、锦县二缺,应即移治他处。长白府无所辖之县,法库厅、庄河厅无被辖之府,应无庸议外,其奉天、锦州、昌图、新民、海龙、洮南、兴京、凤凰等府厅,皆不准复有辖县,以归一律。

五、对于前列第七条之办法。府厅、州县既列为平等,应设视学员、司警员、劝业员、督税员各一人,分理庶政。无审判厅者,暂设裁判委员一人,或二三人。其从前佐贰、杂职等缺,应一律裁撤,佐职分防地方。有地关紧要、宜于设治者,应饬民政司查勘,酌改县治。馀设警察分局一区,以资弹压。

右列办法,由现行之制度量与改革,每事参以办法二三条。能用甲,则乙、丙可废,否则,废甲用乙,废乙用丙。刍荛之献,是否有当,伏候裁择。

上程雪帅参阅李星使家驹**原折说帖**己酉

昨奉谕,参阅李星使《考察立宪官制》原折,陈说恳切,议论精审。除关系全局、造端宏大者暂免置议外,谨就立宪制度以推求直省官制之所宜,原折所陈,已具梗概,惟决定施行之法为难。何以言之?

厘定直省官制一事,届期尚远,骤欲提前试办,非专折请旨不行。幸东省本为特别官制,此事或可邀准。然责任内阁未立,即国务大臣权限未定。今议东省官制,凡事应属之国务大臣者,今则概无所属,必须督抚一力担任。若是,则省务大臣及其官属,与所谓中央政府特设官吏者,必至无所区别。督抚对于阁部之权限未清,斯又非东省特别官制所能补救。

惟原折所陈,以督抚为行政长官,为省务大臣。下设次官,视京部左右丞;设各局或各司,视部曹各司。此制与奉制相埒,惟奉制在监司大员分任曹司之事,办法较不同耳。其中央政府特设官吏,原奏譬之巡警道、关道、运司等衙门,愚意以为尚未尽是,应以各省之监督织造及宪政调查局、清理财政局等处当之。至于地方官吏一项,诚宜如原折所陈,府厅、州县引为同等,并分设补助官吏办理。

惟分巡道一官,为原折所未及。愚意边要荒僻、交通阻碍之区,仍宜设巡道,镇压地方,不理民事。特昔之分巡道为对于藩司之分巡,今则为对于督抚之分巡,体制宜稍优异从前。帅意欲设边务大臣,考查边境,筹画地方,实即分巡道应有之责任也。

参议院之设为现今最为适宜之制,然别设专院,迹疏而情不亲,仍不如径隶公署。今公署各科参事之设,本非以之办理例行公事,特以未尝别定责任,故不得不兼办寻常文书。

以正当办法论,府县既直隶于公署,即应以各曹司办公署例行之事,以督抚之意行之。别以各科参事组织一议事机关,慎用贤能,评骘庶政,亦有合于原折办法也。

上东督锡清帅良为公署放告收呈熟筹办法说帖己酉

今公署三八日放告收词,以故事论,前任所未尝有;以学理论,司法失其独立。律以上二义,似宜停止。

然以行省制度论,督宪以朝廷命,守此土,治此民,自当超然于普通行政官吏之外。彼大理院为全国终审之地,其被审结不服而叩阍者,朝廷犹当理之。今高等审判厅为一省终审之地,其被判结不服而又临时不解上诉于大理院,与过期不获上诉于大理院者,督宪亦当理之。至于未设审判厅,各州县之民人上诉者,苟非越诉,亦当准理。诚以督宪负行政上之最高责任,一民有冤抑,斯庶政不公平,事起于诉讼者小,患妨于治安者大。近者,公署放告收词,盖本乎此意行之,似又未便骤与停止。然以今放告收词之效果论,竟至无一可言,其故由于事实上、章制上之障碍,厥有二端:

一、对于提法司。未设审判厅地方,凡民人上诉者,公署收呈,以大半封交提法司代为批行,已非正当办法;其少半由公署自批,仍须一一通过提法司,或径发司审问。是公署以无审判机关之故,乃委之司,不知司署亦未尝有审判机关也。近变通办法,凡控经提法司奉判,不服之案,乃准上诉,馀概不收,饬令赴司呈控。然即以控司奉判不服之案而论,亦须预筹办法。驳者无论,准者当饬何人审理?如仍发司讯问,司署别无审判机关,岂能以提法使常为审判吏耶?是为事实上之障碍。

二、对于高等审判厅。已设审判厅地方，凡未经通过高等而越诉者，业经变通办法，概不收理，应置勿论。其案经高等审判厅判决而上诉者，该原告或临时不解上诉于大理院，或过期不获上诉于大理院，既认公署为高等审判之上级官厅而来诉，公署将斥之，则失放告之最初用意；将收诉而准之，又无提审覆审之理，是为章制上之障碍。督抚不能自行提审，提法司亦不能以督抚之委任提审，盖奏定审判独立之制使然。

解决第一问题，只有一义，曰饬提法司设一发审处。凡公署、司署收受未设审判厅地方人民之上诉案件，一经提省，即交该处审问，或由提法使自行莅审。俟全省审判厅成立之后，再行裁撤。此项发审处拟请以行营发审处改设，由提法使监督管辖。

解决第二问题，有三义。

一曰组织高等审判厅之上级审判机关。此机关成立，即为诉讼终审之地。其办法有二：（甲）请于朝，饬大理院特设分院于奉天，使不服高等审判厅讯判者，有就近上诉之地。惟分院体制尊，既有分院在奉，则督宪对于院厅裁判事宜不便过问。遇有放告收诉、拦舆收诉关涉院厅者，亦不便再予准理。（乙）请于朝，由奉自设大理分院，声明：奉属各级审判厅尚未全设，事务清简，请暂于提法司附设大理分院，以提法使办理分院事宜。并声明：凡案经高等审判厅判决不服，期内自请起诉者，仍遵定章，转大理院审拟；其案经厅判不服，并不解于期内起诉，嗣乃呈诉至督宪者，概交奉天大理分院审问拟办，即由督宪专案奏咨结案。俟全省审判机关完全成立时，再行奏明裁撤，由大理院自行组织办理。

二曰监督高等审判厅之裁判事件。前论组织该厅之上级裁判机关，万一部驳不承，即无办法。必不得已，惟有于控经高等审判厅判结不服之上诉诉词内，核其情理。驳者无论，准者札提法司查案呈覆。俟覆到时核其办法，当者无论，否者详述理由，参以意旨，札司行厅更正。案情虽定，案者亦必饬令覆审。惟行政、司法两权已分，骤欲合之，亦属不易，必专案奏咨办理，方能通行无碍。

三曰停止放告时收受控涉高等审判厅之上诉。前论监督裁判一节，万一部议又驳，即属事无可为。以愚意论，只有停止放告时收受控涉高等审判厅上诉案件之一法。惟督宪身膺疆寄，实与民生休戚相关，既不获于裁判范围内有所整饬，当加意考求法庭大小官吏，以资补救。盖督宪有委任提法司以司法行政之权，提法司有委任各级审判厅官吏以裁判之权。夫既有委任权，则考核权随之，赏罚权又随之，任免权又随之。诚以完全司法行政之权予提法司，以完全裁判之权予审判厅，厅员不举其职者，提法司惟厅员罪，以闻于督宪。厅员不举其职而提法司失察或容忍者，督宪惟提法司罪，以闻于朝廷。若是，则督宪无干涉裁判之实，而亦未尝不获整饬裁判之效，或亦策之无滞碍者。

以上数端，谨贡其愚，伏乞钧酌。

上锡清帅论捕盗安民并请以各州县暂领营务处提调兼衔专讯盗案说帖己酉

原章程规定各节，详明细密，略无遗义。惟参事于东省盗风之职，夙有所感。

东省本为丰镐旧都，风俗朴厚。从前军治时代，边境寥廓，民官稀少，以故直隶、热河、山东、河南等省匪徒乘隙而入，为地方害。然匪无百岁不死之理，人无生而为匪之势，何以百馀年来匪患益深，剿之不尽？此其故，非办匪之不力也。吏治不修，民生太困，今日之陈匪易尽，来日之新匪无穷。兵力几何，焉能剿此无尽之匪？民命有限，岂堪当此常驻之军？

近三年来，参事承乏法科，所批正法之犯约已千人，此外尚有军政科核批，及前督宪手批之案多起。剿匪不为不严，刑戮不为不重，然而匪不少息者，何也？患不在匪势之日张，而在盗源之未净。何言乎盗源未净？亦曰吏无养民之政而已。

参事之愚，窃谓各属所办巡警，本以保卫治安。今盗风如此，必先剿匪以安现在之民，亢必先养民以绝后起之匪。应请通饬各属，就警费内抽提十成之三，设教养院。饬令巡警，查明境内贫民、莠民，勒令入院学习工作。无业之民日少，斯小康之户日多。行之数年，必有匪势自败之一日，然后明定功过。地方有盗，咎在府县官吏；地方有盗而不获，咎在巡防弁兵。原章程第□条，以文武官员负同等之责任，似未尽协。地方官本以牧民，以捕盗之处分加之则过；巡防队本以捕盗，以牧民之无效责之则迂。又原章程第□条，亦多滞碍。

应请各属地方官均加营务处提调兼衔。无论有无审判厅地方，营队获盗，由营审问初供，以地方官覆审；巡警获盗，由警务长审问初供，以地方官覆审。均于覆审明确后，拟议罪名，径呈督宪核办。其不在就地正法范围以内者，即送审判厅，照普通刑事人犯办理。

是否有当，伏乞裁择施行。

上锡清帅为东省同署办公有名无实亟宜整饬说帖己酉

谨案，同署办公，所以通壅阂，求便捷，其制最善，而奉省通行至今，并未办到好处。其故因徐尚书以京部之制行之东省，令各司道以同署之故承办堂稿，以致权限混淆。不知京部与行省异：京部司员专为办稿而设，其秩卑，故其责轻；外省司道为监司大员，各有正当之主管事务。今虽同署办事，应以同署各办各署之事为不易方法。若以司道承办堂稿为同署办事，是则差之毫厘，谬以千里。

守此不改，则“同署办公”四字永远有名无实。

近二年来，缘是生出种种障碍，约举之，如下方。

一、司道以承办堂稿为名，用人甚多，不能稍减。其实每日所办堂稿，亦只寥寥数件。

二、堂稿应在公署核办，今司道科员均将文书带回各公所办理。是同署办公有名无实，且易泄漏，尤虑稽延。

三、堂卷分存各司道公所，易致纷乱。

四、堂稿只应督抚画行。今司道以办稿故，首先画行，体裁不正。

五、奏稿例应督抚据详核办。今司道以办稿故，尝有自办奏稿呈堂者，亦不相宜。

六、司道以科员办稿，遇事之疑难者，彼此相诿。今日民政司以堂札责度支司，明日度支司以堂札责提学司，深虞延误公事。

七、司道办稿，处处以司道意思拟之，处处以督抚堂衔行之。夫司道乃朝廷之命官，非督抚之幕友。司道本有命令属下之权，命令自己出，即一己担其责任。今以办堂稿故，自弃其命令属下之权而不用，事事以督抚之堂衔行己意，即事事以督抚之堂衔卸己责。权限不清，名义不正，至此而极。

八、前任督抚并无办稿之幕职，故司道承办堂稿，可以谓之特别制度。现既派令幕职各员办稿，又不废司道办稿旧制，名为两全，实则两害。

九、现制司道办稿毕，令幕职各科先核后呈。以幕职核改司道之稿，既不便过事挑剔，又不敢一概敷衍，是幕职实处两难。

十、幕职各科与司道同办堂稿，遇有堂文到收发处，幕职分其半，司道分其半。究竟何者当分司道，何者当分幕职，殊难规定。若以幕职办重要之事，司道办寻常之事，是督抚太轻司道。若以司道办重要之事,幕职办寻常之事,是幕职太负督抚。由前之说,则宜停司道之堂稿;由后之说,则宜撤今日之幕职。

右列各项,但就司道承办堂稿之滞碍言之。夫司道承办堂稿,本非同署办公应有之义。今司道各员误会此义,以为已副同署办公之名,转将堂稿、司稿一律带回各公所核办。皇皇公署,日午不闻司道各员之足音焉。今欲大加整饬,应责令各司道实行同署办公,而停止其承办堂稿。其法如下:

一、首先通饬各属,凡上呈文件,必备两份,分呈院司,不得单呈督抚,亦不得单呈司道。惟照例呈报本管司道备案之件,无庸督抚批示者,准呈由该管司道核办后,由各司道按期分类,汇案开单,呈报备查。其独立各局所及省外各道,均令专呈督抚。如有必须咨行司道之件,仍许分咨。至附属各司道之局所、学堂,仍呈由本管司道核转。应明定日期,饬令通行。

一、明定截止日期。传谕承办堂稿之民政、度支、交涉、提学、劝业各司道一律停稿,旗务处、调查局之堂稿亦即饬停。

一、重申同署办公之制。勒令各司道各将本署应办之事,带至公署核办。自司道佥事、科员,以至书记人等,均令依公署办事钟点入署办事,不得将公文带回住署。惟办结之事,准将案卷暂存各住署,将来另议整顿。

一、通饬全省旗民大小衙门,凡有文书到公署者,呈督抚,则于封面上书明"右呈奉天行省公署总督某(巡抚某)";呈司道者,则于封面上书明"右呈(咨)奉天行省公署民政司某(或度支司某)",其他类推。皆令投至公署,不得分投各该住署。

一、凡外来文书到公署时,责令公署号房按照封面所书地方分别呈送,公署各司道收发处发文时亦然。

一、各司道公所之号房,只准收私函,不准收公文。各司道管理公文之收发处，概令迁入公署办事。

一、通饬各司道局所，将从前堂卷限期呈送公署，交由文卷处收管。

由以上办法行之，一切堂稿自应由幕职各科承办。其未尽事宜须同时整顿者，条举如下：

一、须添设交涉科、学科，请添派该科参事，或以现有之各参事兼办，酌添助理各一人，书记各二三人，当无不足。

一、现在各科中，惟边务科事简，且与奏定官制不合。拟请裁去，依类分办。

右列办法如能克日施行，拟俟行之数月后，咨照吉、江两省一律仿办。敢陈其利如下：

一、堂稿由幕职自办，无须更添多人。各司道停止堂稿后，但办本管衙门之事。查内地各司道不过幕友数人，如藩司者始有文案委员，他皆无之，事亦不废。奉省事务较繁，不用书吏，原非他省可比，然亦不可任令太多。倘能停办堂稿，便可饬令再行裁减人员，藉省薪费，当复不少。利一。

一、各司道人员，责令全入公署办事。该司道住署中，供给各项人员之费即可酌减。利二。

一、督抚之稿由幕中秘密承办，督抚之威令、权力不稍下移。利三。

一、司道不办堂稿，责任专一，可专心办理本身职务。利四。

一、司道虽停止办稿，仍令同署办事，文移迅速，承禀便捷。司道仍得以随时随事面谒督抚，无虑隔阂。利五。

一、司道住署狭小，闻尚有请款修署。其故因科员众多，无处办事。今一律令入公署办事，所省实多。利六。

一、司道从此但有呈候批示之文。幕职各员秘密承办，既不露名,便无嫌隙,非若近来核司道之稿时,虞柢牾可比。利七。

一、幕职各科人员为差使,司道各科人员为实缺。将来司道事务清简,用人不多,可酌量奏明,改司道各科人员皆为差使,既可节省经费,亦以澄叙流品。利八。

以上所陈,是否有当,应否会议裁择,伏候钧酌。

上锡清帅为宪政编查馆解释法令议论纷歧碍难遵从说帖庚戌

窃自豫备立宪以来,以宪政编查馆为主持宪政之一机关。国家法令不由该馆属草,即由该馆核订。迩来法令细若牛毛,奉行之吏艰于索解,往往电馆请释疑义。此在该馆,宜如何慎重将事!乃考其实迹,凡属此项解释条文,无论与原义有无出入,该馆辄以馆臣名义径行,京外各衙门一律照办,实属非法。

宣统二年九月二十九日,准法部文,称准该馆咨,以覆山东巡抚电文,内开:本年直省高等审判厅依限成立,各该省原设发审局即应裁撤。查照奏定非常上告及再审之制,嗣后未设审判厅[1]地方,已结案件如果查有情节可疑、罪名未协者,应由司行令该管检察厅分别提起非常上告或再审,均归高等审判厅审理。其寻常招解到省之案,不论翻供与否,均归该厅勘转报司,分别照章办理,等语。咨令该部通行一体遵照,到奉。

当查此项电覆东抚办法,与历次规定办法不符。覆查该馆《核定法院编制法》原奏,内称:外省未设审判厅地方,一应汇奏、专奏死罪案件,暂由大理院覆判具奏,咨报法部施行。又该馆《议覆法部死罪施行办法》原奏,内称:外省未设审判厅地方,所有遣流以

1 厅,原本缺,据文义补。

下案件,例应咨部候覆者,仍由各督抚咨报大理院,俟该院核定咨部后,即由该部转咨施行。又该馆本年《核覆吉林提法司呈请解释原文》,内称:已设审判厅,招解在新章以前,未经院司审勘者,均应发回,改为由司申部;未设审判厅地方,仍照旧例办理。综以上各节所定,是未设审判厅地方,死罪及遣流以下案件,既由督抚奏咨,既照旧例办理,其为循例解由院司勘转无疑。以上三端,均经该馆奏咨有案,并未声请更正。兹复另生条文,以未设审判厅地方已结招解事务,责令高等审检官兼综并理。无论此项办法显违定章,抑与本省情形尤多窒碍。请悉言之。

本年《奉省奏设特别地方审判厅》业经声明:“凡未设审判厅地方,审理未结上控之案,或控关官吏,由院司发觉提审案件,并一切京控发回原省审讯者,均交该厅起诉。”是州县已结干驳之案,均在院司发觉提审范围之列。于馆章不及之处,定司法特别之规。凡以为维持审级、郑重狱讼起见,既经奏准照办,无容再有更张。则窒碍一。

高等未设分厅,推检员额有限,而遽责以处理全省五十馀属之事,审判虑有不当,检察虑有不周,案证虑有拖累。则窒碍二。

四级三审,已成定制。自非人民请求上诉,本无招解勘转之法。高等厅非州县比,岂可沿用州县办案成规,自紊其例?则窒碍三。

就令高等厅适用招解勘转之制,此项案件应否开庭公判,应否检察莅庭,章程既未明定,官吏何所适从?则窒碍四。

大理院覆判之制尚在,高等厅勘转之案谁属?属于法部,则院判经废,将与奏案不符;属于大理院,则厅判虽决,仍无丝毫之效。则窒碍五。

高等厅之于州县,既非上级官吏,即无监督之权。各州县遇案送厅,纵使原判极偏,亦复无从驳正。发回势有所不可,定谳心有所未安。则窒碍六。

向例州县刑事案件，徒罪解府，遣流解司，死罪解院。倘令一律归厅招解，则解府之徒亦当改为解省，非所以恤累囚。则窒碍七。

奉省胡匪鸱张，凡属立决盗犯，部准就地正法，本不在常犯解勘之例。倘与寻常死罪一律办理，勘者既无平反之实，解者殊增疏脱之累，非所以靖地方。则窒碍八。

应请奏明请旨，饬下宪政编查馆，将解释法令何以纷歧缘由查明覆奏，并请将奉省未设审判厅地方，一应死罪案件，仍照定章办理。是否有当，伏乞钧酌。

代锡清帅、程雪帅与法部戴少怀尚书书庚戌

日者使节东旋，良以予假，故未及躬陪谭宴，实歉于中。德全幸聆至论，时间既短，请益未能；教之弗终，未餍所望。敢以东省司法部现在情形，及良等筹拟变通各办法，敬为公告。东省审判官厅甫经设立，机关未具。奉天一省，为菊帅注意经营之区，较之吉、江为善，然事属创始，信用未孚。

良等莅奉之初，循例放告，积日既久。察其便民上诉既多，虑难中止。惟其间有二难：自审判厅设，督抚不复与闻厅务，则上诉之关于控告该厅者，无从覆审。难一。自发审处裁，一应府厅、州县未设审判厅者，凡有上诉，无从提审。偶一提省审问，则由提法司委托高等审判厅使之代审。既审既结，虽有弗当，末由平反；虽被控讦，无从准理。难二。

良等以为，欲去二难，宜申两请：一请设大理分院，以提法司兼其事。除案经高等审判厅业已终审者，毋庸更议外，其该厅第二审及特别审问之案，判结不服、遵限上诉者，仍由该厅送大理院。惟判结不服、未能遵限上诉，事后控经督抚查有的确冤抑者，拟即交

由大理分院审问。其地方审判厅第一审、第二审案件,事与前项相同者,一律办理;均俟结案后,由督抚另起奏咨。俟将来全省审判厅成立,再行奏请裁撤,由大理院自行来奉创设分院办理。一请设行辕发审处为提法司之审判机关,即以该司为发审处督办。凡未设审判厅各州县,如有上诉案件,察无诬枉、必须提讯者,即行提省发审。重案,饬该司诣处自审;其次案件,以承审委员两三人会审之。俟全省审判厅成立,即行裁废。

以上两事,均须奏请施行。惟现值整饬司法行政之时,是否与大部办事方针有碍?敝处以同舟之谊,不敢擅请,谨以质之。我公如有他项方法,可以不费更张而自然适用者,但求良等得以尽一日之心于民事,承教靡有不从。南箴之锡,翘首以待。

代锡清帅覆札萨克图郡王乌泰书庚戌

顷奉惠书,深荷大教。蒙情锢蔽,赖有贤王坐镇,使蒙汉得以相安,欣慰无似。

弟奉命来东,恭值朝廷变法图强,举行新政,责任重大,惧弗能胜。承示欲修明武备,为国家屏障北方,志深虑远,本应照办。惟陆军新制直隶中央,各省尚不能别募一军,外藩更无从多创营制。来示欲领用快枪,训练蒙队一节,格于部制,碍难准行。

前此白音大来就擒,既系贵旗台吉色勒卜一人之力,足见贵旗台壮以下各员,勇敢忠奋。即目前不领枪枝,其材亦皆可恃。嗣后蒙汉毗连地方,如有匪徒踪迹,尚希饬属协同官军缉捕,以靖地方。

至奉省、江省所派营队,不免始勤终怠,并闻有扰害蒙汉军民情形。该管官弁约束无方,殊堪痛恨。自弟东来,业经次第饬查,分别调归整顿。倪司使一军,尤无纪律,业将该司使倪嗣冲另案奏参革职。嗣后派赴蒙边各军,仍由敝处严饬,毋任滋事,乞释荩怀。

总之,蒙汉官吏,不大接洽,致未能相通以诚,办事不无棘手之虑。此后蒙旗事务,尽可由尊处驰函见商,敝处但能为力,无不竭诚相待。总期蒙汉官民䜣合无间,上以释朝廷北顾之忧,下以符率土乂安之庆。贵郡王想以为然。

手覆,敬颂爵绥。

上锡清帅陈明会议裁节学费办法不合说帖庚戌

此次所议撙节学费,源起于财政局之提议,为撙节经费也,顾其他议题皆未议决。即如裁撤承德、锦县二事,虽经多数可决,亦未得议长之许可。

夫冗官既不能裁,岂有正当之教育经费反可节省之理?财政局原议暨提学司所议各节,皆不赞成。其理由如下。

(甲)奉省教育经费,出于亩捐。亩捐者,非国家税,而地方税之一也。自治经费,例取于地方税。今学务款项,已用其半,讵得以地方已出之税,置之不议?甚且强以为官款,反令未成立之自治会担任将来教育经费之理?此不可行者一。

(乙)今预备宪政,首重教育普及。普及固不易言,然未有以多数学堂改作少数学堂以为整顿教育者,更未有以亟待入学之学龄儿童摈之不使入学,而以停止加班减费为得计者。去年谘议局议推广学务一案,经督宪札饬提学司照办,岂有未及一年反议收缩之理?此不可行者二。

(丙)提学司议办模范中学一处,而令奉天府担任经费。夫模范中学果应由司筹办,即不当责府筹款;果应由府筹款自办,即不当称为模范中学。诚以模范云者,由司筹办之各学堂直辖于司,而示各属以模范之谓也。今学司既拟饬府筹款,便不得认为学司直辖之学堂。此应改正者三。

（丁）提学司议裁撤四关各小学堂、归并四路模范小学堂办理一节，前于乙条已论及，宜扩充不宜减并矣。然减并之害，不徒于形式上不足以示人，即实际上亦复不便。查该处各小学生，强半为甫及学龄幼稚之人。从前学校分设，学童不出闾巷，即可就学、午餐，夜宿各就其家，不须伴人，往来甚便。如照司议，以十馀学堂之学童归并四处，学童就学不易，必有半途而去者矣。就令迫之，均不使去，然以不适舆情之学堂，将来招生亦必较少。就令学童依旧增多，然以多数好动之儿童聚于一堂，亦觉管理不易。盖中学以上各学校利于合校，而生多以节经费；而初等小学各学校，则利于分校，而生少以资管理。此应改正者四。

总之，案由撙节经费而起。现在财政局请裁各项冗费，均未议定办法。学费关系较重，自不能先议核减。重其所轻，而轻其所重，天下事无此理也。

上锡清帅论亲贵内阁书[1] 庚戌

古未有以亲贵为宰相者，周公之于成王，乃摄政，而非宰相。东西列国亦无亲贵内阁之史。我朝沿明制度，无独任之宰臣。军机者，本非相位。亲贵之入军机，同、光后始有之，绝非乾、嘉故事。乃以近日朝局论，几有以亲贵军机之馀波，演成亲贵内阁之现象者。心所谓危，不获终默。敢以愚虑所及，覼缕陈之。

夫立宪政体之下，何以必有内阁？亦曰：宪法以君主不负责任为原则，故以内阁负国家[2]之责任。则质之曰：宪法何以君主不负责任，必以内阁代之？亦曰：宪法以国会监督政府为原则。君主不

1 本文原载 1911 年 4 月 25 日《民立报》第 1 页“要件”栏，标题作“亲贵内阁论”，署名“严山稿”，文末有“完”字。

2 国家，《民立报》作“国务”。

可以受监督于人,故解除君主责任,增加内阁[1]责任,以当国会之冲。则又质之曰:宪法何为以国会监督政府?君主何为不受监督于人?亦曰:有国会之监督,则政府不敢肆,庶几朝无失政,国以久安。君主不适于国会之监督者,以监督之义尚实而不尚名。国会可以倾覆恶政府,改造良政府。若君主之神圣,则孰敢然?故曰立宪者,保君主之尊严,谋人民之乐利,致国家于健全者也。故曰立宪者,其国君统可以万世一系,而臣民永戴其德,矢无背叛者也。审若是,则亲贵内阁之适于立宪政体与否,概可知矣。

君主明明不负责任也,明明以解免责任保其尊严也。以亲贵为阁臣,则分属懿亲。数有朝请,天子或且下谋宰相之事。弊一。亲贵之于君主,属有尊卑,承旨则不职,独断则多迕,抗命则有罪。弊二。亲贵事事屈于宫禁,则内阁为虚设,更无责任之可言,贤者必不安于其位。弊三。亲贵或不称职,事必请命君主。徇其私请,为之决庶政,理万几,则号为至尊,实兼众职。解除责任之谓何?弊四。亲贵不由外吏起家,不习民隐,一旦当国,政见不洽舆情,则政府之受国会攻击,必亟易致朝野冲突。弊五。亲贵自庇于君主威福之下,以皇族积重之势,人莫之忤,易致陨越。弊六。亲贵与国会哄,国会竟不能要求退职或推翻政府,则立宪之真相全失。弊七。亲贵不胜国会之攻击以去,而人民或以推翻政府之能力,认为斥逐亲贵之能力;以藐视此一二亲贵故,因之藐视一般皇族,驯至君主威信必有堕落之一日。弊八。国会以攻击亲贵内阁不胜,至于解散,则人民始不过积憾于亲贵内阁,继必至府怨于立宪君主,驯至小民爱戴皇室之诚意将不复存。弊九。政治之体,一进而不可退,一发而不可收。人民始以专制之酷而亟求立宪,继必以立宪

1 内阁,《民立报》下有“之”。

之伪而复倡革命。鲁意十四失败之故,可为寒心。弊十。

故夫古之善为国者,匹夫执政,王子奉法;大臣立朝,亲弟就国。今以疏逖小臣为不可用,则何解于高宗之梦傅说,太公之望吕尚?以亲支宗子为不可舍,则何解于鲁三家之僭窃,晋八王之分携?若以满汉同朝,难于独任,则汉武顾命,兼有日磾;苻秦求贤,独重王猛。我朝建国垂三百年,岂犹致疑于汉大臣?藉曰疑之,亦当择贤于满蒙诸臣。人望所归,即以当国,何必亲贵?昔东平王苍不仕汉朝,名益尊显。日本皇族,多致身海陆军者。建功树绩,自有其所,何必内阁?

汉二千石内迁,便为公辅;唐贤牧伯征入,可司陶钧。李商隐诗:“况自贞观后,命官多儒臣。例以贤牧伯,征入司陶钧。”以中外大臣论,阁臣一职,惟求才于名督抚中,或有其人。京曹达官,伴食、坐啸,痼疾已深。举国以从,未见其可,况亲贵哉?

新官制议庚戌

今中国官制,淆乱极矣。丙午以前,官制太旧;丙午以后,官制太杂。古者非天子,不制度。官制不协,天子当以命于宰相,旁稽群庶而制定焉。未有其端发自一二臣工,聚三数不学小生,怀挟私见,枝节为之,而有当于事理者也。丙午之岁,官制稍改。嗣后东三省官制出,近者海陆部官制又出。支离破碎,识者非之。今以议会提前之故,又将有最新之官制出现于中央政府。吾非不欲亟得此新官制也,吾观吾国,“三事大夫,莫肯夙夜”;鄙夫事君,患得患失。吾虑夫新制作之无异于旧制作也。今之厘订官制者,亦曰宪政编查馆会议政务处而已。不揣固陋,请为馆、处诸君言之。

诸君亦知厘订官制之人,须自身具有左列之四种特质乎?

一、必忠贞勿贰之人,以国家之利害视如己身利害。凡设官分职，必以国利民福为观念，而无毫发私意搀杂其间者。

解说一：官制虽待钦定，然后施行。夫钦定官制之必以国利民福为观念，本不待言。第深宫日理万几，又笃信群臣特甚。万一手订官制之人，不能具此特质，则个人私意搀定之官制，必不能免。而朝廷信之既深，或竟以钦定之形式发布，则事后补救，殊难为力。

解说二：请举个人私意搀定之官制。往者各部之设丞、参暨参事官，翰林院之设秘书郎及升编检品级，都察院都御史之考核各道京师，巡警厅之设总分佥事暨争执佥事体制，东省之设左右参赞及争执参赞品级，并杂设无数之司道佥事，近者海军特设衙门。以上皆官制也，皆官制中无与于国利民福者也。当日情事，昭然在人耳目，谓非个人私意搀定之官制而何？

二、必刚健果决之人，认定官制为行政上之机关。凡非行政上应有之机关，必毅然扫除之，使不复存。而其力之伟大，几于无人敢议之者。

解说一：改订官制屡矣，有建设而无破坏。夫使旧机关而适用于今日耶，则不必改。今设新机关矣，而旧机关如故，是二机关也。夫不同一事而有二机关，尚且不可，如既有军机处，又有会议政务处之类。况同一事而有二机关耶？如既设民部警厅，犹以步军统领管理京师地面；既设学部，犹以礼部主持考优考拔之类。直以无人肯任扫除之责，以故至此。

解说二：今京师之旧内阁、军机处、宪政馆、政务处、旗制处，以及宗人府、内务府、太医院、銮舆卫、钦天监、吏部、礼部、都察院、翰林院、步军衙门、仓场衙门，皆在裁并之列。将来新官制发表后，计画虽不可知，若就丙午官制之成例言，翰林院且年赏数万金以资整顿，又何裁并之可言耶？

解说三：旗制终须改，而京师之八旗衙门、直省之驻防衙门、东三省之外城旗务衙门何以不裁？绿营终须改，而各省之提镇、参、游暨所属武缺何以不裁？已有劝学人员，何以各省教职尚在？已有佐治僚属，何以各省佐贰尚在？官制不善至此，岂非庸暗无能之人尸其咎哉？

三、必政治家，能确定行政上之系统与其权限暨其责任，然后统筹全局以定官制，务使官制具有整齐、完备、灵活三者之精神，而无一欠缺者。

解说一：厘订官制，万不能仅就官制着想，必就国中之巨细政务，条分类别。第一定本官治事之责任，第二定各官相互之权限，第三定上官监临之系统。苟能将国中庶政调查明晰，确立计画，斯官制不期善而自善。否则，徒依旧制，傅以个人之私意，杂以异国之名词，吾恐有匿笑其后者矣。

解说二：今国无内阁、军机，亦不具论。各部与督抚不相谋，似无系统；部院奏案可令督抚执行，似有系统。直省司道为督抚属官，似有系统；司道又直接受部院命令，似无系统。州县受考核于本管道府，似有系统；道府不能竟判州县之事，似无系统。其他淆乱不可名状者尤多。

四、必文学家，能选择官制上之适用名词，不为古义所拘，亦不为俗制所囿者。

解说一：自来厘订官制，沿用旧称，习焉弗改。一宰相也，而谓之大学士；一部院大臣也，而谓之尚书、侍郎；尚书为汉时司牍小吏，侍郎则执戟之士也。学士、侍读，名义甚专，何必列入内阁？郎中、员外郎，小京官，笔帖式，名义无取，胡为因仍旧贯？六科未复旧制，不当名给事中。御史遇事纠弹，何以分十馀道？甚至督抚已专方面，犹袭总督军事、巡抚地方之名。司道久失其职，尚沿承宣、布政、分巡、兵备之号。诸如此类，不胜枚举。官制屡改，奈何不议？

解说二：丙午以后，官制上之新名称，喜用丞、如各部左右丞、巡警厅丞、审判厅丞、国子丞之类。参、如各部参议、参事及东三省参赞之类。秘书、如翰林院秘书郎，资政院秘书长，各省秘书员、秘书官之类。官、如谘议官、参事官、秘书官之类。长、如议长、司长、科长、股长之类。员、如各处议员、科员、股员之类。副、如各处副议长、司副、副科员、副股员之类。某等、如东省科员分一、二、三等之类。某品如京师警官分六、七、八品之类等字。丞、参、秘、长四字殊雅，用多不当，员、副、等、品四字则不免于俗而用之者辈出，殊不可解。

解说三：近日海、陆两部设大臣、副大臣，下设谘议官、秘书官、司长、司事等项。名目不类实官，虽为各国通称，义无可取。

解说四：督办、总办、提调、监督等称，原系差使。乃近日于各项原有名目强添正、副、帮、协等字，甚有改差使为实缺者，不文已甚。

解说五：尤可笑者，各省添设巡警、劝业两道。问其职，则规画一省事务；考其名，则分巡一道名目。不知道员名目，由分巡之职务而起。往者，分行省之数郡为一道，以道员佐布、按观察之，其兼管兵、粮、盐、茶者，始赘“兵备”等字于郡名之下。盖未有不分领郡邑而亦可称之曰道，如巡警、劝业者也。今年大计，川督以巡警、劝业两道应否由藩、臬各司出具考语，电询吏部，该部竟以由司出考答之。宪政编查馆误订该道之名目于先，吏部即误认该道之职掌于后。不学无术之人，其思想乃一蔽至此。

试一观右列四义，则知具有此特质者之难。夫官制者，行政之机关也。机关不善，病国殃民。深思熟计，匹夫有责。请以吾人所希望之官制言之。

一、京师官制

首皇室事务：改内务府为宫内府，设府令一，正一品。附宗人署，以宗人府入之；国史署，以实录馆、国史馆入之；太常署，以钦天监、礼部入之；文学署，以南书房、翰林院入之；太医署，以太医院入之；卫尉署，以禁卫军、宫门侍卫、銮舆卫、上驷院入之；尚方署，以内务府上供事务入之。其他关于皇室事务，有专衙门者，准前制。凡署，皆设左丞一，从二品；右丞一，正三品，属府令。

次内阁：设丞相一，正一品。附枢密厅，以军机处、政务处入之；光禄厅，以吏部入之；法制厅，以宪政馆、法律馆、旗制处入之；统计厅，以考核专科、官报局、统计局入之；图籍厅，以度支部印刷局入之。凡厅，皆设左丞一，正三品；右丞一，从三品，属丞相。

次各部：改外务部为外部。改民政部为民部，以步军统领入之。改理藩部为藩部。海军部依旧，惟海军舰队未恢复以前，暂改为海军处。陆军部依旧，以八旗都统入之。改度支部为财政部，以税务处、仓场、崇文门入之。邮传部、农工商部、学部、法部皆依旧。各部设正卿一，从一品；少卿一，从二品，与丞相同任国政。

次特设衙署：设弼德院，以经筵、上书房、起居注入之；设军机院，以军谘处暨海、陆军司令部入之；设司直院，以都察院暨吏部入之，掌行政裁判；设审计院，掌会计检查。凡院，皆设正卿一，正二品；少卿一，从二品。设集贤院，优礼退闲大臣，以原秩入院，奉朝请，无官缺，无品秩，亦无掌院；大理院，暂依旧制办理。

二、行省官制

定行省边、要、繁、剧者为大省，裁总督，设宣政大使一，正二品。其次为小省，裁巡抚，设宣政使一，从二品。尽裁现制之各司道，于使署设民政、财政、提学、劝业、交涉五司，并因地制宜，得设典属、殖民、理河各司。各设司丞一，从四品。尽裁现制之守巡道，于省外寥廓、繁要、交通阻塞之区，暂立巡按司衙门，小省一处，大省二三处。将来交通便利、政治机关益形完备之时，应即裁撤。设巡按一，从三品，为使臣，分巡官吏。巡按一官，只察吏，不治民。与各司司丞，遇事禀承使臣办理，不得直接郡县。是为一级。

定地方边要、民俗悍鹜者为府，设府令一，从四品。民物殷阗、政事繁剧者，为州，设州令一，正五品。地僻民安、政简易治者为县，设县令一，从五品。其直、散各州厅，悉改府县，并裁现制之佐贰杂缺。于署中设民政、财政、提学、劝业四厅，厅设丞一。府丞从六品，州丞正七品，县丞从七品，为佐治官吏。遇事禀承府县办理，不得直接行省。是为一级。各属未设审判厅者，得暂由提法司委裁判官，就署设裁判厅办理，不入官制。

三、京外相互间之官制

有外官制行于京师而失其职者，如顺天府大、宛两县，其治权半为审判厅、巡警厅、督学局所夺。且府属四路二十馀州县，本属直隶行省，权限亦觉不清。法当移大、宛两县治城外，与四路各州县专属顺天，毋庸兼属直隶行省。凡城内巡警厅、督学局、八旗学务处，皆改作顺天府附属机关。晋府尹秩从二品，应设各司，并从行省制。

有内官制行于外省而其权下移者，如司法，如外交，如军政，如盐政，如关税，以及其他部务仰成于行省者，尚复不少，今宜一切改之。于各省建提法司，设提法使一；建军政司，设军政使一；建交涉司，设交涉使一，皆正三品。建盐政司，设盐政使一；建关税司，设关税使一，皆从三品。其他类此者，并改之直隶部院。

四、特设衙署之官制

属于陆、海两部之各镇、舰官制，属于外部之各使署官制，属于藩部之各路官制，属于法部之各法院官制，皆不在普通官制之列。

以限于篇幅，不及详议，当别论之。

五、旗营防营官制

八旗制度必变通，则军、都各缺须裁；防、绿营制已改良，则提、镇名目必去，故不论。

今官制略具矣，然犹未尽。试以地方官制论，令之与丞，官也；其四、五品，秩也。秩以表其官之差等，然则令不当有二、三品，丞不当有四、五品，明矣。今有人官于此，守此官，则治行甚美；转他官，则用违其材；如往者丞、尉、教职升县，粮监道升臬，臬升学，学升藩，藩升督抚之类。久任不迁，则无以劝；强晋其秩，则投之闲。如守令治绩甚优，一经过班开缺，反觉投闲置散之类。当奈何？复有官缺于此，阶级欲其少，职务欲其专。职务专，则常人虽同一品秩，弗容尸位；阶级少，则下僚虽明习职事，莫由登庸。近者各部丞、参之设，翰林院秘书郎之设，自三品至五品，增官无数。彼只欲多其阶级，以利迁转，遂不顾其职事之有无。可胜浩叹！又奈何？向者官吏有从品、加衔之制，久不足贵；其在任候补、候选之官，亦觉名实不符。

今当尽废前制，依汉制守令增秩之例。凡实缺人员积功待迁者，则请于朝，晋其品。如府令原品从四，晋二级，则曰从三品某府府令，章服体制、迁转，并视三品。表其例如下。

原官	原品	累晋品位	得迁之官	坐迁之级
府令	从四品	如至从三品	巡按	二级
巡按	从三品	如至从二品	宣政使	二级
宣政使	从二品	如至正一品	丞相	三级

虽然，增秩之例以待实官，其非实缺官吏，而积功者当奈何？曰：是宜别制勋阶，自正一品至从九品，略如现制商勋等级。锡以嘉名，隆其体制。非有功不赏，示与名器同重。

虽然，治道陵夷久矣。登庸不谨，仕途秽乱。虽有善制，亦安用之？近者捐纳停而运动兴，进取自由，升调自由，毫无法守，言之浩叹！侧闻宪政编查馆亦有编订文官考试任用章程之说，虑其太迟，聊复论之。

一、考试法。高官有升转法，无考试法，不必论。在法宜考取者，一、宫内府六、七品官，当由亲贵子弟有出身者预考。弼德、军谘两院人员，当由中外大臣保送，不加考试。二、司直院属官，当由法部、大理院所属官吏预考。三、审计院属官，当由度支部所属官吏预考。四、内阁属官，当由大学毕业生预考。五、各部六、七品官，当由专门学堂毕业生预考。六、府州县令，当由高等法律学堂、法政学堂毕业生预考。七、府州县丞，当由中等法律、法政学堂毕业生预考。八、各处小吏，当由中学毕业生预考。其第七、八两项，得暂以京外八、九品文官预考；第六项以上，得暂以京外六、七品文官预考。各部附属机关，应考人员尚多，自应就专门学堂毕业生预考，不具论。考试条目太繁，亦不具论。

二、任用法。凡考试得官者，依御史记名例，由主考衙门记名，以次传补。惟试验一年，期满方能补缺。

三、升转法。往者官吏升转无常格，久滋物议。今分吏材为两种：有政治思想者，为府州县令，可递升巡按、宣政使、宣政大使，至丞相；其或以专长调用他官，亦必稍加考验。有专门学识者，为府州县丞，可递升各司司丞、各部司官，至各部正卿止。其人不得调用上项官吏，亦不得转入其他衙门。至应升、应转人员，限于阶级者，则晋其品位以衔接之，如前表例。

四、荐举法。今保举极滥，不足为法。其滥也不一端，即正当之劳绩保举，亦非善制。仲弓问政，子曰“举贤才”，不曰“保劳绩”。今当定荐举法，使原保之臣工皆负责任，并废去寻常劳绩保奖。有殊勋者，增秩、赐金，以偿其劳，不得列荐。盖人才或恐其抑于下僚，而劳绩则职务之所应尽。荐才者,大臣以人事君之常;叙劳者,叔世以官为市之道。譬有耕佣于此,力田甚勤,其主嘉其劳,则厚其佣值,温语慰藉而已,若擢之使治庖,未有能适口者。今劳绩保举,亦此类也。观捕匪、救船、河工诸大保案,所保之官,皆道府州县。试问:捕匪、救船者,能任此官与否?

其与官制不相连属者,则官俸是。吾国官俸至杂乱。今论官制,则俸给问题固当别为规定,然此非吾人所能定也。今吾欲论定者,盖有三事:

一曰随品定禄。补官于朝,宜有禄赐,其额当以品秩定之。自正一品至从九品,分十八等。约正一品年禄二千四百元,以次递减至从九品年禄二百四十元,给国币。本条所谓禄,即今制所谓俸。现俸年额太少,不成政体,亟宜改正。

二曰随缺定俸。官品虽有高下之分,职务复有繁简之异,则有穹官而事务极简者,亦有末吏而职任极繁。法当于禄制外,别定俸制。约最多月不过五千元,丞相准之。最少月亦须百馀元,六、七品官准之。小吏少亦数十元,不宜更减。本条所谓俸,即现制养廉公费,第现制至不齐耳。

三曰随地定廉。职务相当,需要宜可一致;地方殊异,消费时有不同。有以薄俸而常若有馀者,亦有以多金而恒苦不足。法当于俸制外,别定养廉。约奉、吉、黑、甘、新、云、贵及蒙、藏地方人员,均应酌予廉银,但宜有定额,或当年俸二之一,次三之一,次四之一,以示限制。本条所谓养廉,即现制公费津贴。各省皆有,殊属非法。应定为边省人员津贴之款,他省不得援以为例。将来边省生计与内地相等,仍应裁撤。

吾尝言之矣:非天子,不制度。官制者,制度之一也。官制不协,天子当以命于宰相,旁稽群庶而订正焉。今朝廷既以新官制责之廷臣,吾知廷臣当不复以向者之官制进。吾用是以群庶之意,笔之于书,备商榷焉。谨议。

代友人与熊秉三希龄论东省官制书庚戌

日来静读尊议,忻服无已。此间官制,误于铺张扬厉,以致政费浩大,事权混淆,不可收拾,并为直省新官制之梗。硕画精核详尽,实足以祛东省目前之弊。推之各省,尤为简易可行。此议谅得次帅认可矣。京外官制,限于今年颁布施行。次帅承清帅后,应预官制之议,尊议旦夕必获采用无疑。

兹有欲商榷者二事,不敢终默。一为督抚与民政司之制。今边事多棘,督抚诚不可易,然不可以久。异日内阁诚负国务责任,国会诚足监督政府,则督抚之制必宜取消,以一政权。即以目前论,边省督抚,诚不可无。若腹地各省,似宜每省设一民政司,合三四省设一总督,乃觉总督与民政司之职权有异。一为府与厅州县之制。州县为民牧,职务最重,必令受成于民政司,不可以司辖府,以府辖县。今人知巡道之当裁,而不知府之与道同为赘疣。

总之,外官阶级只能有二:一执行官吏,一监督官吏。州县为执行官,民政司为监督官,而总督以代负国务之资格超然于上,最为简赅。若以州县不得其人为虑,而欲以知府监察之,依然十羊九牧之政。民政司能举其职,自能慎简乃僚。知府善,州县亦善。否则,滥用匪人,州县恶,知府亦未尝不恶也。

惟州县直接监督于民政司,中间阶级悬绝,贤者无由迁转。宜用汉令长之制,分县为三等:大县秩四品,中县秩五品,小县秩六品。始入官者,试以小县,以观其能。才者可以递迁,不才者可以递降。

若虑大省州县繁多,民政司无由考核,是又省区过大之弊。诚如尊议，司道既化为乌有，则析一大省为二小省，其事至易为之。总督者，尽可直请于朝，从容办理，绝无妨碍。

书至此，又闻次帅议于总督之下添设参赞二人之说，此制万不可行。必欲行之，亦宜设一参赞。若并设二缺，则政权不一，推诿之与倾轧，二者均不可免，且令属吏遇事，无所禀承，为患尤大。兹事确否不可知，幸公先事有以防之。馀不白。

上东督赵次帅尔巽请改现行章制说帖庚戌

谨按，东省自改设行省以来，行政之机关不一，在事之员司亦冗，所需之经费实繁。

以公署论，总督之下，治文书者，既有司道，又有幕职。今又设文牍总核处，外来文件，何者应分司道承办，何者应分幕职承办，何者应分总核处自办，殊觉纠葛不清。既办之后，司道之稿，科员拟，科长核，司道本官核，各科参事核，总核处又核，何其烦也！各科之稿，助理员拟，参事核，总核处核，亦未免于繁重。兼之会议厅一机关，统计处一机关，照宪政馆来电，应裁调查局，设统计处。皆须承办文书，殊觉复杂。此应整顿者一。

以司道论，既用监司衙门之制，不当以监司大员承办督抚文牍。既仿京师堂司同署之制，不当以曹司官吏而用监司品秩。既创院司同署办事之制，不当令司道各建衙署，尤不当以督抚堂稿携至司道本署缮拟。此应整顿者二。

以地方官论，州县既已遇事径呈公署，又任其呈由司道及本管道府层转到院府厅；既各有直辖地面，又责令承转所属州县文书。巡道既分司关税、交涉，本不暇过问所属府县之事，又令其坐拥监司之名。以故例行公事，由院而司道局所，而本管巡道，而府厅，而州县，凡四转乃达于下；上行文书，由州县而本管府厅，而本管道，而司道局所,而院,必分呈以听命于上。下行之制,其害三:其一,转折太多,延误时日;其二,经过之处,易致泄漏;其三钞写递送,人多费繁。上行之制,其害四:其一,禀承不专,难在下吏;其二,不敢擅断,难在道府;其三,疲于细故,难在院司;其四,误时费款,与前一致。此应整顿者三。

我帅重莅是邦,都人莫不望治。改革之道,本不一端。兹就愚虑,谨陈目前所宜改革者如左。

一、属于公署内部办事之改革

(甲)就新外官制应有之义而施其改革,惟其事尚缓。即由东省先办,亦须奏请,应候帅示再议。

(乙)实行院司同署办公,一应文书,均责成司道承办;原设幕职,即予裁撤;新设总核处,暂仍其旧。惟司道入署承办堂稿,人多费繁。前督宪极力主张,卒办不到,终归有名无实耳。

(丙)出司道于外,裁幕职各科。一应文书,均归总核处分科办理。惟所裁之幕职人员过多,半系熟手。总核处办事既须分科,不如仍存各科之为愈。

(丁)暂以各司道为行政官,毋庸入署兼办堂稿。暂以幕职各科为文案官,专办三省官署上呈文书。暂以总核处为内文案,专办督宪机密文电。

一、属于省外各属办事之改革

(甲)府厅、州县统为地方官,不相统辖。

(乙)向来上行、下行文书,由府厅承转至州县者,一律停止。

(丙)前项事件由本管道承转者,一并停止。

(丁)省外巡道专办关税、交涉事务,于所属府厅、州县之承转,一律停止。

(戊)巡道遇事,呈院核办,不得径下府厅、州县。如有紧急事故,必须径下府县者,仍一面呈院备案。

一、属于上呈文书之改革

(甲)各府县上呈文书、事为一司道专管者申报之文,以一分径报本管司道,请示之文以二分并呈院司。事为数司道兼管者申报之文,以数分分报司道;请示之文,以一分专呈院署。

(乙)各局处直隶院署者文书,径呈院署;分隶司道者,文书只呈司道。重要事件,亦须呈由该管司道转请院示,以专责成。

一、属于下行文书之改革

(甲)公署下行各属文件,必札由各主管司道转行,以期接洽。

(乙)司道下行文件,须径行各属办理,不得循例由府厅转行。

右列办法,极知浅陋,是否可用,乞交厅会议施行。

上袁总统书一壬子

天相中国,毁弃帝制,曾不数月,起阁下于山林,荷神州之艰巨。国事至重,祸乱方殷;来日大难,盛名难副。

伟生三十年矣,自甲午中东事起,心中识阁下者二十年。其间公之所为,自有清议,公今日宜自知之。然曾不一萦鄙夫之念者,盖与公无毫发爱憎之因缘也。旬日以来,爱公至深,忧之亦甚,非徇俗以公为天人也。吾国始有共和国体,始有民选之大总统,将来第一期之总统必以公当之无疑。吾为国民,公将为吾民选之主。吾惧夫吾共和政治之不易构成也,惧夫吾第一期民主之不克令终也。吾用是推爱人以德之义,致杞人忧天之愚,以为公告。

今夫清廷之所以亡,公知之乎?四海困穷,天禄永终。少助之至,亲戚叛之。彼三百年之君主也,百足之虫,死不宜僵,犹且如此。公以新造未成之业,鉴于覆辙,宜哀矜勿喜也,乃闻兴会勃发;宜戒慎恐惧也,乃闻意气骄甚。谀词日进,令德未闻。骄者败征,是宜深虑！秦始皇、隋炀帝，功高百代，以荒淫而破其家；汉光武、唐太宗，英姿无俦，以恭俭而享其国。公曷不引左右之人，一读往史，资为殷鉴乎？

侧闻幕中诸君子，不乏机智武健之士，实少沉毅严正之人。昔孟子讥齐王"好臣其所教，而不好臣其所受教"，公殆未能免此。今前朝一二忠鲠之臣，心不善公所为，必不复以直词进。其周旋左右者，果有管仲、魏徵其人相与朝夕乎？吾为公幸。如其无之，公不可不侧席求士也。

今善谀者，动以公拟华盛顿。伟愚，窃以国人知操、莽者多，而知华盛顿者盖鲜。伏愿阁下念创业之不易，凛守成之尤难，悲天悯人，朝乾夕惕，使华盛顿第二确现于中国历史，勿令后世儒生置公于操、莽之亚。国家幸甚！吾民幸甚！

伟不佞，伏处海滨，但吟梁父。倘阁下以至诚之意，愿闻其言，仆固有怀欲白，第鄙言质直，虑无以逃公怒耳。

上袁总统书二壬子

一昨上书，祈英朱使转致，谅邀鉴察。书词愚戆，勿以为讦。又别纸言处分乱军，亦虑未断。

今兹之乱，损辱国家，公亦望实俱丧。不务惩儆，犹欲姑息此曹，吾不知后此，公何以令天下？闻都邑残破，朝贵窜逃。首善如斯，他何足怪？

庚子之变，祸起顽民。北清震惊，万民涂炭。兹乃军人构衅，并庚子而不如。关东、关西，左右抗命；陇坂以上，回纥思逞。端隽因之，至于外蒙，祸犹其次，有触即发。公近不及察，远何以图？每一念之，不知死所。日来千怀百虑，欲一倾倒。

然伟之愿言者治道，倘乱事未已，则治理莫由。公显自前朝，百僚承旨，近谀远直，习焉不悛。今大业方新，存亡之机，间不容发，然惟公一心是赖。凡伟所言，宜致深省。远方贤豪，乃思效命也。

再致鄙词，期以三日，乱不即平，请从此逝。

上袁总统书三壬子

庄诵还示，深挹谦光。兵祸少平，益征戒惧。乱不极则不治，危不极则不安。吾国今兹，庶几望治；阁下此后，庶几少安。

虽然，大示以衰朽为词，意谓所行或有蹉跌，可藉颓龄，以告无罪。此非国民之所属望，亦非阁下所宜昌言。阁下五十之年，原非老至；以身许国，何得倦勤？今中国之存亡，民生之休戚，惟公一心是视。公不得以国家为儿戏，即不得以谩语对吾民。

往者清室秉权，政教不善。公以雄才，从民意起而覆之。此如摧枯拉朽，事本甚易。今后奠邦定国，布政安民，其绪万千，其难什倍。机权智数，可以取人国，不可以治人国；雍容揖让，可以处平时，不可以处乱时。伟愚，窃愿阁下捐弃故技，翻然改图，速定首都，不可就南。慎选僚佐，但期九州之治理，勿恃一己之材能。

伟所愿陈，尚有四事，不惮词费，愿终言之。

吾国廉耻道丧久矣。《管子》曰："礼义廉耻，国之四维；四维不张，国乃灭亡。"今满州不既灭亡乎？汉光武承新莽篡窃之后，深知士夫之顽懦，足为亡国之媒介，于是崇尚节义，表章隐逸。天下化之，治道称盛。夫尚廉重耻，亦厚风俗之一端耳，似于政治无预。而伟顾急为此言者，诚以国家之败，必由官邪；官之失德，必由宠赂。自来鼎革而后，胜朝贵显，等于沦弃；政所自出，端赖英贤。明太祖闻履声而斥危素，岂仇素一人哉？盖不如是，则亡国之妖孽，足以破新造之国而有馀也。抑又思之，欲人知耻，必察其廉。人之有耻者，必其性廉者也。廉亦一身之小德，初无足贵。顾反廉为贪，贪则取诸民者厚，小之丧身，大之亡国。不观唐德宗之琼林大盈乎？廉则思俭，俭则需于物者薄，始于生聚，终致富强。不观卫文公之衣冠布帛乎？今百司庸妄，恣为豪奢。竭泽而渔，终以墨败。齐民无知，渐习靡丽。供不给求，竞以诈取。苟不励行节俭，廉耻将无复存。廉耻之不存，则纲纪以颓，人才以尽，武力以弛，商业以敝，民病而国亦与之俱亡。然则尚廉重耻之道如何？曰：斥邪佞，诛贪猾；修法纪，严刑赏，更求贞亮刚介之士而礼敬之。其事甚易，公一反掌足矣。

更言民计。今五洲万国，未有如吾民之穷者也。前朝道、咸以后，疮痍未复，屡构外衅。庚子之变，创巨痛深。近十年来，涂饰新政，益攫民财。重以天灾横行，暴动迭起，一隅之损失，动值数千百万。阁下思之，二十馀省中，何时何地不有浩劫？农工商之不振，言之陨涕，念之寒心。夫欲国之强，教民为先；欲民之受教，富庶为先。今民之贫乏死亡，众矣。租税固不能蠲，而苛捐必去；要政虽不可废，而冗官必裁；负担纵未能平，而税法必改。民犹水也，水能载舟，亦能覆舟。彼长民者，务恤其隐，岂独为民哉？先之以恩，则从其令；先之以令，则从其刑。顾下之于上，不由其令，而由其意。阁下令曰能善视吾民者赏，吏不必遵也。必取贪残猾诈之吏，诛之、殛之，好恶与民共之，斯不令而行，不教而劝。民权不欲其长，而必通其情；民气不欲其嚣，而必顺其意。在阁下之调剂矣。

更言戎政。前朝李文忠之治海军，与阁下之治陆军，并世无双者也。乃李用之战日本而歼，阁下用之镇京师而乱。岂卒伍之过哉？募兵之初，纯驳相间；成军之后，纪律不严。将佐不恤兵艰，甚者以金钱为市；士卒但知哗饷，久矣无战斗之心。今南北诸军，号称百万，治军之吏，岂尽得人？乱机孔多，有触即爆。前朝三十六镇之制，与夫各省督练公所之设，计画尤迂，资费亦巨。伟愚，窃谓征兵之制，猝不易行。宜就南北诸军，择其慓悍猛厉者，与之资财，徙置塞上。东起吉林、黑龙江，西尽新疆、伊犁，南折四川、云南，编为十镇。朝夕申儆，对外使有同仇敌忾之心，对内教以亲上死长之义。顾此事行之甚艰，穷边万里，人无生趣；士卒猛厉，抚驭维艰。必求廉悍威重之将镇之，设俱乐部，以抒其悍郁之心；招随营伎，以绝其室家之念。奉令则赏以娱乐，抗命则立予诛锄。诚能行之，大利有九：沿边置戍，强邻震慑，一也；陆防巩固，足制蒙荒，二也；训士于边，人怀斗志，三也；猝有暴动，无害城埠，四也；老兵退伍，授田实边，五也；营戍相连，殖民甚易，六也；悍民远徙，内地肃清，七也；化散为整，省费过半，八也；将才缺少，聚则不匮，九也。依此区处，馀兵尚多。老弱有室家者，遣使归农；壮健而驯良者，练为巡警。或用以工代赈之计，兴大工役以消纳之。至于海军，必就沿海七省征兵教练。兹事宜从完全教育入手，亟亟从事，不戢自焚。公勿轻易言此，可乎？

更言外交。今中国之亡，久矣。徒恃列强以势力相牵制，莫敢首祸以扰和平，故吾得以屡犯危难，以有今日。吾谓今日恃人之不我斗耳，吾力更无外交可言。阁下交欢英美，支持危局，远近同佩。第国家新造，纵横捭阖之术可以济一时之艰，不足以固百年之计。欲恃兵力以为外交后盾，则又非十年不为功。今日之务，惟有益慎行人之选，德望、机智，相引为重。少有惭德，即非使材。前朝庸暗贪鄙之吏，万不足复备任使，宜斥逐之，勿令幸进，重贻国羞。公夙谙外情，尤重国际。远交近攻，言之匪易。但持静重态度，可矣！

伟言尽于此。现状危疑，正资刚断。其他职事，则有司存，故不复赘。昔人不弃挽辂三老之言。凡伟所述，其有当于挽辂与否，知人则哲，必能鉴别。惟阁下其图利之。

上袁总统书四壬子

旧邦新命，望治良殷。前书不蒙裁答，窃所未解。往者满清执政，忠言不入，不曰“知道”，即曰“留中”。阁下甫当大任，岂得便蹈覆辙？

且共和国体，阁下有必答人民之义务。吾民求见阁下，有必须接见之义务。乃前书不答，昨谒又不即见。阮君、吴君，既非阁下代表，伟岂能以诚相告？阁下须知，此时已处七级浮屠之顶，境地逼窄，危险万状。一有倾跌，求生不能。鄙人此来，以至诚爱护阁下，非有所干。讵阁下忽不加察，岂以不佞为怪物耶？昔周公吐哺握发，以见天下士。阁下乃欲深居简出，以求治理，岂非南辕而北其辙乎？

专此奉问，望有以释鄙夫之疑。苟令鄙人亲见政地肃清、国基巩固者，即旦暮去此，不更烦扰公矣！

上袁总统书五壬子

顷谒，仍未获见颜色，甚矣！公之为临时总统，沉沉贵重，不可方物。昔汉成帝尊严若神，朝政以敝；公孙述徒修边幅，马援弃之。彼实庸才乳臭所为，固宜若是。不意阁下亦然，此非国民之所望也。

今兵哄于北，士嚣于南。公于各省都督之用舍，不敢置议；于孙氏政府要求之无谓条件，不敢抗争；于各团体纷纷扰扰之请求，不敢限制。近则被困于暴戾之武士，远则受胁于妄诞之少年。威信已堕而不惧，号令甚隘而不耻。持此以往，但有深自闭匿，以听国内之乱，为外人笑而已。

吾民戴公为临时总统，以求治也，非以速乱；以图强也，非以示弱。公一身能力有几？平生驱策之人物有几？向之足了北洋事者，今未必了民国事。语曰："耕则问奴，织则问婢。"今民国肇基，公不谋于有道之士，乃欲以恶浊纷扰之政，因循苟且之谋，苟延旦夕，岂非庸聩？迩来读公命令，强作爱民之词。然天下事，非一言可了。公言之出，又不以诚，其谁听之？

夙闻公雄才大略，高视宇宙，以故伟亟愿见。万不料公乃木强不仁，庞然而大。孟子曰："訑訑之声音颜色，拒人于千里之外。士止于千里之外，则谗谄面谀之人至。与谗谄面谀之人居，国欲治，可得乎？"伟请不与公语，从此缄口结舌以去，可乎？

虽然，国事方艰，民命至重。伟诚不愿见第二次之国民政治革命，异日公当深念吾言。昨晤吴君，谓将与公为新闻纸上之通信。继念鄙言直率，虑损公威重，为无知少年所藉口。今为公搁笔，愿公好自为之。

与黄克强兴书壬子

公之志行卓绝，久矣钦仰。第国家新造，公私困竭，吾谓公当布衣蔬食，屏去浮伪，薄取俸给，半尽义务，以为天下倡。不意公一作留守，便如陈涉之为王，沉沉富贵，不可响迩。

兵，凶器也，不戢自焚。往者南北战争，诚宜募士，今则宜遣散矣。南京一月之饷，动数百万；告急之电，联翩而来。公一身已富贵，又欲竭全国之膏血以富贵公之同辈，是何为者？

力拒借款，所见诚是矣。既拒借款，宜必以裁节浮靡之款为己任，并以号召南方各省散兵归田，力行节俭，方成佳论。乃一则曰办国民捐，再则曰行不兑换纸币。公以为四百兆人，人人皆如公之急公好义耶？公夙以革命为救国，今但闻公作南京留守，不闻公有建设新中国之计画。今以拒款为爱国，亦但闻国民捐、不兑换纸币之声洋溢于耳，不闻公别有卧薪尝胆之谋也。

《传》曰:“国以民为本,民以食为天。”今无告之民,半不得食,公乃欲强之使爱国。离民而言国,救国何用?公勿谓共和告成,民格骤进,必不惜一死以爱国也。公亦共和国民之一,使公流离琐尾,日与江淮饥氓,鸟居兽处,愀然待毙,公将持何术以爱吾国?

公勿谓共和告成,政体大善,民无痛苦也。自武汉用兵,天下骚动。虽中间南北停战,已不能禁各处土匪之蜂起。商贾萧条,耕织并废,愚民蠢蠢,半为豪猾所持,薄产不保。游官、游士,穷无所归;贩夫走卒,失业尤众。率天下之人而询问之,独公辈数十百人较无痛苦耳。以一己目前之所能,强庸众万亿目前之所不能,曰爱国,曰救亡,而公则隐于国民之后,以待金钱之至而挥霍焉。

他人有此心,吾不暇责以其无心肝也。公所行异于群众,岂宜为此亡国之谋,为世大僇?谁为公画此计者,斩之可也。

与黎宋卿元洪、程雪楼德全两都督论国民捐书壬子

吾于国民捐一事,而不能不叹恨于两公之盲从黄氏也。两公久经患难,熟悉国情,处事持稳静态度,乃亦提倡国民捐,为附黄耶?为善其所为而和之耶?

吾论国民捐之结果,有三。

政府初建,信用未孚;承海内骚动之后,而使民为输财之谋,其势必无应者。不幸在事之人,贪功喜事,头会而箕敛之。其名曰捐,其实曰赋。氓之蚩蚩,岂能尽识爱国大义?相率而怨其上,甚者暴动反抗,事所恒有。且吾决其收入,亦必不丰。一观于提倡赞成此国民捐者之心理,则吞噬、挪移之弊,不卜可知。其结果,为国民嫉视政府。

财产之重，亚于生命。大乱之后，无人不被经济上之影响，于是群谋自卫之术。富者侨居租界，其次转徙无常，其次投身入教。倘再重以国民捐之横征无艺，则驱人人受保护于外国人也。其结果，为意中之国民附外。

庚子拳祸，伏莽未清。今兹革命，国人率以好乱之心应之，以有今日。国民捐缘起，以外国资本团窘我过甚也，则倡捐之始，必演说捐之缘起，以告国民。人多口众，其演说也，或多生枝节，或偏而不全，最足引起一般下流社会之排外心。仅使演说劝募，犹无害也。流氓、土痞，假国民捐之名义，诛求过甚，致民痛苦。一有奸人倡乱，必酿为烧教堂、伤外人之祸。此在东南各省，虑不致此。若西北深僻之乡，则未有能免者。其结果，为意外之国民排外。

吾书至此，有以普法战后法民醵资之事相诘难者，则正告之曰：是国民捐也，是国民自捐也。今“国民捐”三字，提倡之者三五贵人，非国民捐也。无已，其提倡国中贵民捐乎？

质吾言于两公，谓我何如？

与友人论内国公债与所得税书壬子

黄克强提倡国民捐，爱国之士和之，如响斯应。吾独不赞成国民捐与不换纸币，非知有民而不知有国也，以为爱国莫先于爱民也。

国民捐劝办之无大效，与强迫之易致骚扰，谁不知之？不换纸币易惹起经济上之恐慌，且摊派勒取之拂民意，谁不知之？然而不敢倡言反对者，则以国人热心之提倡为不可磨灭，且欲藉此以表示吾民之爱国心于外人也。审若此，何不倡办内国公债？何不倡办所得捐？以不换纸币抑勒国民而使之收受，不若以内国公债摊派于民而分期偿还之较有信用，明矣。以漫无限制之国民捐强人输纳，不若以官吏议员之俸入定抽所得税之较有标准，明矣。

为政不审民情之向背与民生之苦乐，但以官权在手，则以无上之权力，径行己意，其效有几？吾知国民捐之提倡，不换纸币之政策，非今日在官者言之，国民决无有愿言之者。愿言之者，非气盛虑疏之少年，即因利乘便之巨猾也。是故倡办所得税，非今之怙官权者所愿言也；试办内国公债，非今之攫财者所愿言也。

我爱国之同志乎！爱国有道，爱民而已矣；爱民有道，善护民之生命财产而已矣。凡一二虚憍之人提出之议论，必按以真理而不谬，乃为之鼓吹焉。盲从影附，施于寻常名士之议，且犹不可，况粗心浮气之政治中人耶？况政治中不谙事理之人耶？

国人昔尝提倡筹还国债会矣，试问其结果何如？满清时代，尝以爱国名义募民捐矣，试问其结果何如？

诚使外人逼我太甚，资本团监督之要求溢出于借款范围以外，国民相率起而毁家纾难，义之正也。今外人要求监督之点，在借款之用途。彼盖不信吾民有监督政府之能力，恐政府滥费其借款而无以偿，其直接但以求偿款之有着，其间接实以轻吾人之债务。吾人今宜愤恨者，盖在政府而不在外人。则今宜提倡者，为所得税而非国民捐。国民捐且犹不可，况不换纸币虐民之尤者乎？

请为之武断曰：国民捐与不换纸币，断不可行。不得已，求所以替，则试办内国公债与所得税而已。

与罗宜陆永绍论时事书壬子

来书诵悉。湘中之行，愚意可缓。今国是甫定，机关未完，人心甚嚣，政见各异。重以民穷财尽，上恬下嬉，旧社会恶劣之缘种种未去，新社会文明之具种种难施。昧者不察，以为满清退政，便已告厥成功。此乃政治观念薄弱之人，足下不应同此心理。此次革故太骤，鼎新甚难。足下须知，今日共和政体，乃由二三壮士血气之勇，一鼓作气,幸而得之耳,非吾曹乡曲小民瘏瘵思服之所求也。

今欲共和状态伦比欧美,则必多数人具共和之程度。程度不可骤长,则必使之明共和之意义。欲明此意义,则教育为先。欲行此教育,则财力为先。民之财力不能自裕也,必赖循良之长吏以休养之。吏之贤不肖,不能付诸民选也,民选地方官,鉴别不精,易为猾吏所蒙,蔽一。猾吏与劣绅相结,斯人民无控诉之门,弊二。官吏民选,中央之命令不易通行,必致四分五裂,弊三。必赖严明之政府以澄叙之。欲责政府以用人之效,必假以威权乃济。欲假政府以威权,必吾民有严重之监督机关乃济。

今南中志士,不务竭力组织国会,又不从事于参议院之整饬,徒防袁世凯若大盗,欲以武装制其侵轶;但务削夺其权,不复督课其事。其根性凡劣者,则望袁若天人,以为但言“共和”二字,即可太平;但袁氏就总统之职,即可无事。又其甚者,今日开会,明日结群,不曰男女平权,即曰财产均等。不知吾国之敝,吾民之穷,与此并无直接关系。

自武汉用兵,九州骚动。萑苻之盗,堕落之氓,抵隙而兴,因利乘便,公私积聚,劫夺一空;都市寻仇,快意白刃。都督则朝置暮易,群吏则此赏彼诛。商贾萧然,耕织并废;生命、财产,时时可危。朝野诸君子,不为吾民求一安身立命之地,乃仅以谭名理为救国,制文告为爱民。求治不追其受病之原,论事不究夫当务之急。持此以往,治乱可知。

弟拳拳之愚,窃愿足下号召海内外坚确质朴之士,引与北来,同心戮力,造一强有力之机关,或在议会之内,或在议会之外,皆可。监督袁氏。然后精研事理,鼓吹舆论,畀袁以无上大权,责袁以励精图治,以开明专制之道,为生聚教训之谋。期年以内,勿侈言文明;三年以内,勿轻谈武备。庶几元气回复,徐以求致富强。否则,惟有再乱而已。

弟在此与一友谈，友言此次革命，直可谓之官吏、学生之革命，其目的为排满。苟施政无术，徒肆纷扰。将来四民失业，必惹起佣夫贩妇之革命，其目的为求生。一之为甚，再则不堪。弟以为至言，并以告兄。望熟思审处，早赐裁答。馀不白。

与友人论中央政府权限书壬子

承问：各省独立，统一为难。中央政府无统治各省兵权、财权之能力，久之必拥虚位，外债不能成立，都下尤形危困。欲得一策，以巩固中央政府之地位，中央使得伸权力于各省，直接有其兵权、财权，以求治理。

所问甚要。愚以为天下糜烂，望治甚殷。此时作事，无奇策异谋可用，但从政治原理着想，即可奏效。谨答覆如左：

一、欲得各省之兵权、财权，必各省都督由中央政府委任，不得自行选举。

二、欲由中央政府委任各省长官，必中央政府造出一种威信，然后可以号令各省。

三、欲中央威信行于各省，必先具左列之三条件：

甲、必中央政府直辖之地，纲纪不紊，秩序回复，可以间执人口。

乙、必整饬官常，严刑峻法，罢除贪劣，以明罚敕法，威示有众。

丙、必行罚自总统之贵近，使各省闻之，服其无私，畏其刚断。

四、欲中央政府具以上之行为，必总统精选国务人员，使为全国所信仰，又有能力整理庶务，尤必使国务人员对于总统负极端之责任。总统得以己意任免之，以专责成。

由吾之说，得毋疑总统权力太大，虑有帝制之嫌。不知一国家犹一公司,公司之总经理,必有全权以用人行政。苟责其事事请命于股东,则股东自为总理可矣。惟国亦然。吾民但当慎总统之选,不当削总统之权;但当监督其用人行政,不当干预其用人行政。

惟参议院《临时约法》,殊不如此。吾谓项城而有智识,必当要求参议院修改《约法》。但必须声明左列之二条件:

一、国务卿由总统委任之。参议院于国务卿受职一个月后,认为不称职时,得弹劾之。国务卿一经议会弹劾,即应免职,重者治罪。

二、各省行政长官由总统委任之。省议事会于该长官受职一个月后,认为不称职时,得弹劾之。一经通过参议院,该长官即应免职,重者治罪。

虽然,参议院者,监督政府之唯一机关。今参议院腐败恶浊,乌足与言治理?欲由民选得一良好之参议员,手续既繁,时间亦费。且国会成立在即,彼时非由正当民选不可。今若行之,是期年内而劳民选两次,未免重为民累。愚意从前谘议局议员,实由民选而来,既无前朝官吏之嫌,尚为一般士夫所许。为今之计,莫若以谘议局改组省议事会,即以目前议员互选来京,为临时议会之代议士。且改革之际,出于各谘议局所主持者为多。以倡言反正之人为暂时代议之选,尤为理当而势顺。彼庸妄小生,欲并谘议局旧人,一概纳于满州官吏之中而排斥之。盲人瞎马,倒行逆施,足下当有以辟其谬也。